U0520892

上册

# 细说易经

徐芹庭 著

团结出版社

©团结出版社，2024年

图书在版编目（CIP）数据

细说易经 / 徐芹庭著. -- 北京：团结出版社，
2024.10. -- ISBN 978-7-5234-1183-4

I . B221.5

中国国家版本馆CIP数据核字第202455EW31号

责任编辑：方　莉
封面设计：闫冠美

出　　版：团结出版社
　　　　　（北京市东城区东皇城根南街84号 邮编：100006）
电　　话：（010）65228880　65244790
网　　址：http://www.tjpress.com
E-mail：zb65244790@vip.163.com
经　　销：全国新华书店
印　　装：固安兰星球彩色印刷有限公司

开　　本：168mm×240mm　16开
印　　张：41　　　　　　　　字　数：691千字
版　　次：2024年10月 第1版　印　次：2024年10月 第1次印刷

书　　号：978-7-5234-1183-4
定　　价：128.00元（全2册）
　　　　　（版权所属，盗版必究）

# 出版说明

《易经》是中国最古老的文化经典，是"众经之王""大道之源""中华文明的源头""中华传统文化的总纲领"，其思想智慧极其高妙，内容涉及哲学、政治、生活、文学、艺术、科学等诸多领域，是儒、道等各家共同的经典，影响十分深远，例如，孔子、老子的思想根植于《易经》；"其自强不息，与时俱进，厚德载物，知几应变"等思想，为中华民族的生存与发展，提供了宝贵、强劲且永恒的精神资源。

21世纪以来，随着中华复兴，弘扬中华优秀传统文化蔚为热潮，越来越多的人希望阅读、学习《易经》等国学元典。但《易经》文辞古奥、思想深邃，若无明师指点，一般人根本看不懂。

徐芹庭先生曾任多家大学教授，是著名国学家，尤精于易学；家学渊源，转益多师，淹博贯通，卓然成家。中国台湾地区曾于1966年发起历时多年的"中华文化复兴运动"，其中一大工程是聘请硕学大家，将国学经典作今注今译以普及推广；国学大师南怀瑾先生承担《易经》的今注今译工作，写至噬嗑卦后，指定徐芹庭博士主笔完成全书，并在1968年出版。徐先生研究易学已约六十年，著述等身，多部易学著作在海峡两岸多次出版发行，为近数十年来出版易学著作最多者之一，作品广受海内外读者好评。

然易学渊深海阔，学无止境，徐先生亦自强不息，日进无疆，于易学期达至善之境；经其哲嗣徐耀环协助，以旧著《细说易经六十四卦》《细说易经》二书为基础，重新安排、校订、修正，加以数十年精研覃思和晚年定论，而成这部新的《细说易经》。是书洞达源流，阐述幽旨。今简体字本亦得梓行，诚易学界盛事，易学者之必读也。

"君子以朋友讲习。"诚盼易学方家、对易学有兴趣的读者朋友，对我们的工作惠予赐教、切磋。

# 自　序

《易经》涵盖万有，纲纪群伦。挥之弥广，卷之在握；用舍行藏，观照自在。是机神的妙旨，人事的仪则。符号数理的意象，表之于外；内圣外王的大道，蕴之于内。是圣人钩沉致远，极深研几，崇德广业，开物成务的一门学问；探赜索隐，创业立功，近取远则，观象制器的高深哲理。是故学之而弥深，用之而弥精，尽古今，盖天下，没有比《易经》更高深、更美、更神奇的了！

注解《易经》的很多，论著《易经》的书文亦众。自古已有二派六宗之别；今人踵事增华，更生奇异的心思。可谓琳琅满目，各述所怀。增添儒林的盛事，蔚为国家的瑰宝，亦自可观。惟大道因多歧而亡羊，学者固望洋而兴叹！不得其诠，谁解深谛？像《观》"盥而不荐"之"盥"为禘祭，误为盥手；"豮豕之牙"与"童牛之牿"，以为畜牧。又如"丰其蔀日中见斗"，"先甲""后庚""黄裳元吉""无鱼之凶"，世人望文生义，误会圣人之深意，真是可悲可叹呀！

我历考文献，遍读载籍，或日夜闭门苦读，背诵全经；或冥然静坐观照，遗世安禅；以教以学，不厌不倦。不觉已有数十年之久，既已成先秦两汉至晋隋百家之《易学》《易经源流》《易图源流》《汉易阐微》《中国堪舆学》《细说易经》等书，凡数千万字，叙述历代易学之奥旨与微意，遍述千古以来易学家研思穷理的心得，在海峡两岸出版发行，以发先贤之幽光，导未来读者之觉路。

今复汇聚数十年教学之心得，成新版《细说易经》一书。分"音注""义译""象证"（合"象数""史证""今评"），将《易经》本文一一加以详解。研读本书，可以先阅读《易经》本文，先读《序卦》《杂卦》《说卦》三篇，然后再读《乾卦》以下六十四卦，最后阅读《系辞》上下；亦可先研《系辞》上下，再看《说卦》《序卦》《杂卦》三篇，再读六十四卦。至于象数的精蕴，当参本书"周易撮要"（在《杂卦》之后）。

《易经》教我们"积善之家，必有余庆；积不善之家，必有余殃"。君子斗志，不斗气。君子明大义，识大体，争千秋，不争一时。

《易经》教导我们：无欲则刚，有容乃大；存天理之正气，去人欲之私情。君子之道，暗然而日章；小人之道，灼然而日亡。积德行仁，智德双修；刚健自强，日进无疆；大中至正，天人合一。渐入内圣外王之道，与天地合其德，与日月合其明，如此才是长生久视之道。

愿与读者诸君共勉之！

徐芹庭　敬序

# 目　录

## 序卦译注 —————————————————————001
绪言 ——————————————————————002
《序卦》上经 ————————————————————004
《序卦》下经 ————————————————————007

## 杂卦译注 —————————————————————011

## 说卦译注 —————————————————————021
《易经》的原理与方法 —————————————————022
八卦与宇宙 —————————————————————026
八卦之卦德卦象 ———————————————————030
附录　张惠言《周易虞氏义》及徐昂《周易虞氏学》补《说卦》逸象 ——038

## 周易撮要 —————————————————————041
一、三才之位 ————————————————————042

二、六爻正位 ......042

三、既济定位 ......043

四、失位不正 ......043

五、贵贱之位 ......044

六、吉凶之位 ......044

七、中和、中正、中行及不中例 ......045

八、乘承据应例 ......046

九、往来 ......047

十、隔 ......047

十一、变、动、发与飞伏 ......048

十二、权变 ......049

十三、易位与利之正 ......050

十四、爻之 ......051

十五、卦主 ......052

十六、互体 ......053

十七、卦变 ......057

十八、八卦方位 ......059

十九、十二消息 ......060

## 六十四卦上经 ......063

乾 ......064

坤 ......085

屯 ......099

蒙 ......106

需 ......113

讼 ......120

师 ......127

比 ......136

| | |
|---|---|
| 小畜 | 144 |
| 履 | 152 |
| 泰 | 160 |
| 否 | 169 |
| 同人 | 176 |
| 大有 | 184 |
| 谦 | 191 |
| 豫 | 199 |
| 随 | 208 |
| 蛊 | 215 |
| 临 | 223 |
| 观 | 230 |
| 噬嗑 | 239 |
| 贲 | 247 |
| 剥 | 256 |
| 复 | 265 |
| 无妄 | 273 |
| 大畜 | 280 |
| 颐 | 288 |
| 大过 | 297 |
| 习坎 | 309 |
| 离 | 319 |

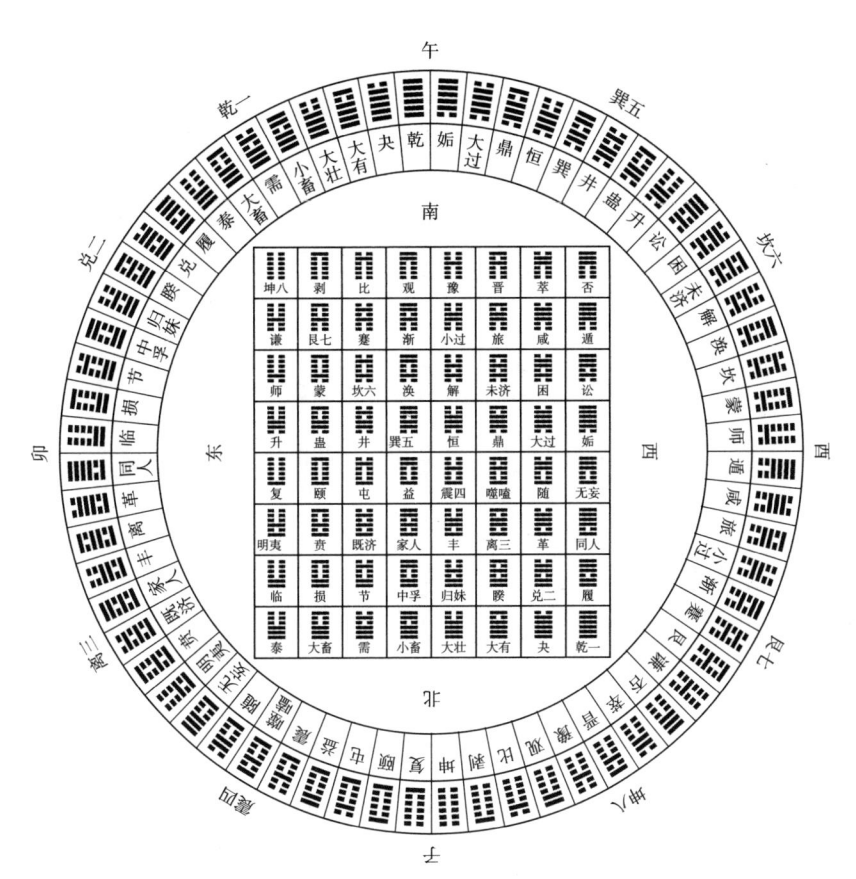

伏羲六十四卦方圆图

## 八宫卦序：六十四卦表

| 下卦＼上卦 | 1乾天 | 2兑泽 | 3离火 | 4震雷 | 5巽风 | 6坎水 | 7艮山 | 8坤地 |
|---|---|---|---|---|---|---|---|---|
| 1乾天 | 乾为天 | 天泽履 | 天火同人 | 天雷无妄 | 天风姤 | 天水讼 | 天山遁 | 天地否 |
| 2兑泽 | 泽天夬 | 兑为泽 | 泽火革 | 泽雷随 | 泽风大过 | 泽水困 | 泽山咸 | 泽地萃 |
| 3离火 | 火天大有 | 火泽睽 | 离为火 | 火雷噬嗑 | 火风鼎 | 火水未济 | 火山旅 | 火地晋 |
| 4震雷 | 雷天大壮 | 雷泽归妹 | 雷火丰 | 震为雷 | 雷风恒 | 雷水解 | 雷山小过 | 雷地豫 |
| 5巽风 | 风天小畜 | 风泽中孚 | 风火家人 | 风雷益 | 巽为风 | 风水涣 | 风山渐 | 风地观 |
| 6坎水 | 水天需 | 水泽节 | 水火既济 | 水雷屯 | 水风井 | 坎为水 | 水山蹇 | 水地比 |
| 7艮山 | 山天大畜 | 山泽损 | 山火贲 | 山雷颐 | 山风蛊 | 山水蒙 | 艮为山 | 山地剥 |
| 8坤地 | 地天泰 | 地泽临 | 地火明夷 | 地雷复 | 地风升 | 地水师 | 地山谦 | 坤为地 |

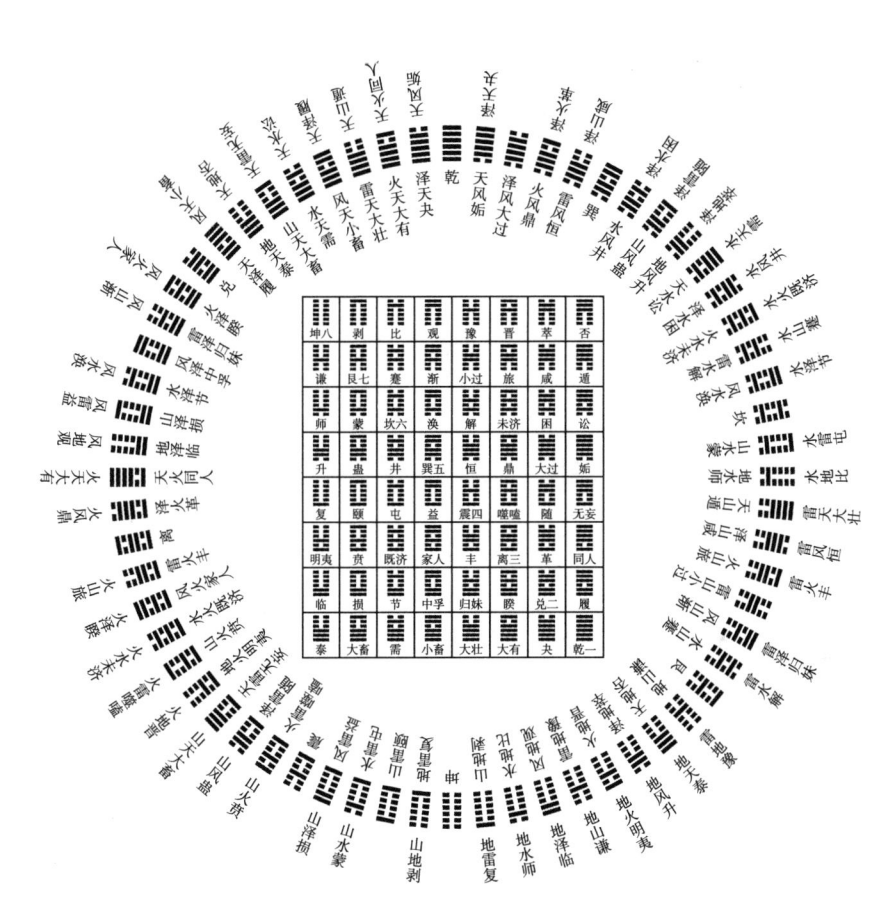

六十四卦反卦图

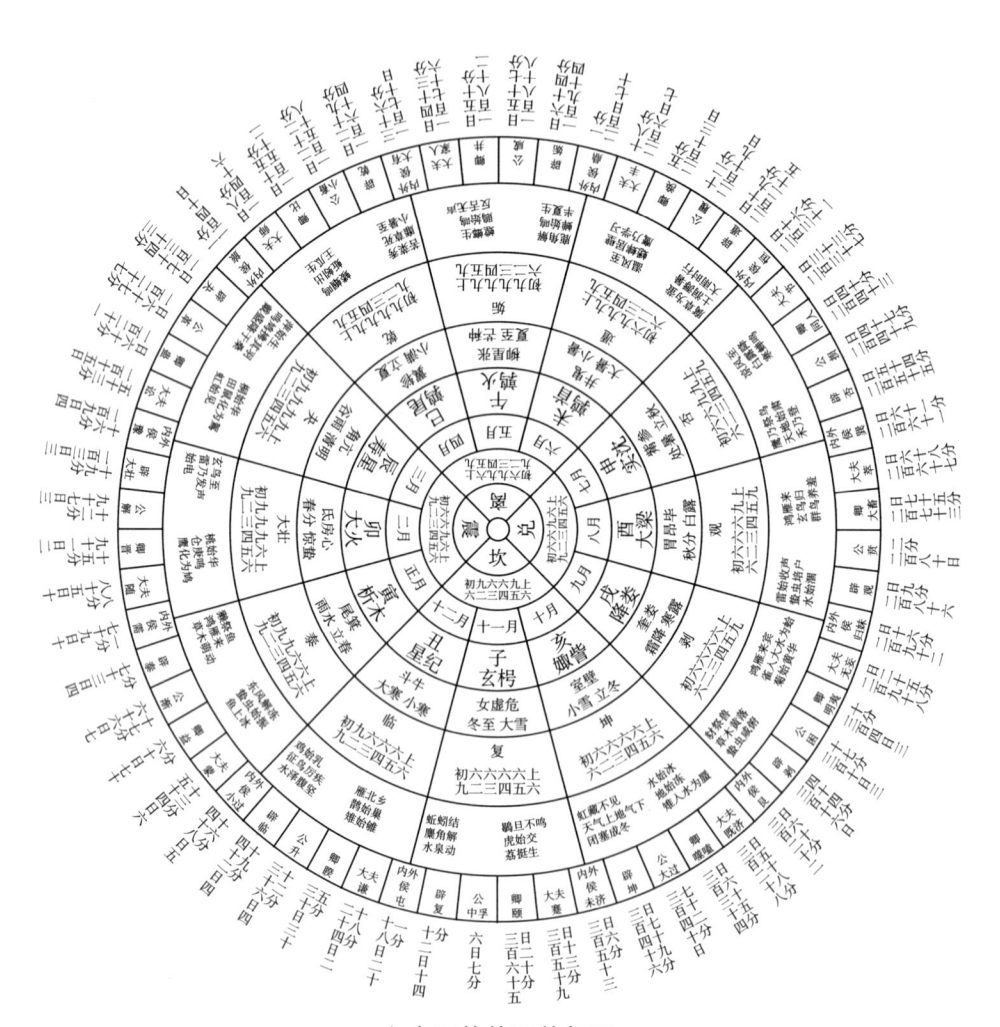

六十四卦卦运卦气图

# 易经六十四卦歌

RHYTHMS（拍律）52，51　　　　作词：徐芹庭（Hsu Ching-Ting）
TONES（音质）01，03　　　　　作曲：谢瑞乡（Hsieh Jui-Shiang）
4/4Fm（CASIO PIANO.CTK-500）速率100%

‖: 66 12 66 35 | 6　3 1 | 22 66 22 31 | 2·3 1 7 | 6 66 6 - |
   6·3  2  1  | 2·3 2 - | 1   61 5 1  | 3  5 6 5 |
   乾 坤 屯 蒙　需　讼 师　　比 小 畜 履 泰　否 同 人
   Chien Kuen Tuen Mong  Xu Song Shih.  Bi Xiao-Xi Leu Tai  Pi Tung-Ren

| 6 6 6·1 2 3 | 5·3 2 - | 2 2 3 1 2 | 1 7 6 - |
  大 有　　谦 豫 随　蛊 临　　观 噬 嗑 贲 剥　复 无 妄
  Da-Yo  Gian Yuh Suei  Gu Lin  Guan Shih-Ho Bee Po  Fu Wu-Wang

| 1 1 1·3 6 5 - | 1 2 3 2 - | 1 6 1 5 1 - | 3 5 6 5 - |
  大 畜　　颐 大 过　坎 离 咸　　恒 遁 大 壮　晋 明 夷
  Da-Xi  Yui Da-Gwo  Kun Li Xian  Hong Duen Da-Zhung  Jong Ming-Yu

| 6 6 6·1 2 3 | 5·3 2 - | 1·3 2 1 | 6 1 5 - |
  家 人　　睽 蹇 解　损 益　　夬　姤 萃 升　困 井 革
  Jia-Ren  Kuei Jien Jieh  Suen Yi  Gwai  Gow Tsuey Shong Ken Jing Ger

| 3 5 6 1 | 2 2 2·3 2 - | 6 1 5 1 | 3 5 6 5 - |
  鼎 震 艮 渐　归 妹　　丰　　旅 巽 兑 涣　节 中 孚
  Ding Zhen Gen Jiang  Guei-Mei  Fong  Lu Sen Tui Hwan  Jea Zheng-Fu

| 6 6 1 3 3 - | 2 2 - - | 1 - 5 7 | 6 - - 0 :‖
  小 过　既 济　　未 济　　　六　 十 四　卦
  Xiao-Gwo  Ju-Jih  Wei-Jih  Six - ty Four  Gwa

# 易经情义歌
## Song For World I-Ching Conference

TONES(音色)-00　　(速率)-72　　　　　作词：徐芹庭(Hsu ching ting)
Fm4/4　　RHYTHMS(拍律)-63　　　　作曲：谢瑞乡(Xlea liei xang)

‖: 5 6 i 6　5 · 3 ｜ 2 · 3 5 — ｜ 6 · 3 2 3 2　1 6 ｜ i · 5 6 5 3 5 3 2 ｜

‖ 3 · 5 3　2 ｜ 1 · 3 2 — ｜ 3 · 5 1 2　1 6 ｜ 5 — — — ｜

易　　　经　　　情　义　　　动　　　天　　　　　地
天　　　长　　　地　久　　　倍　　　欢　　　　　畅
I — Ching　　unites　　　　you　and　　　　me
Hap - py　　are we　　　　now and fore - ver

｜ 1 · 2　3 5 ｜ 3 · 2 3 — ｜ 1 · 6　1 6　1 2 ｜ 3 — — — ｜

世　　　界　　相　　亲　　　聚　　　一　　　　　堂
姊　　　妹　　弟　　兄　　　情　　　义　　　　　长
we　　are　the wo - rld　　out　of　　three
O - ver　an - d　o - ver　we　mis-s　ea - ch　o - ther

｜ 5 · 6　5 3 ｜ 2 · 3 5 — ｜ 6 · 3　2 3　2 1 ｜ 2 — — — ｜

开　　　创　　太　　平　　　最　　　幸　　　　　福
劝　　　君　　更　　尽　　　一　　　杯　　　　　酒
It　　is　　th - ro - ugh　Lo - ve　we　　see
Cheer　you　up　　　　for-get　thy　sor-row

｜ 5 · 3　2 3 ｜ 5 · 6 5 — ｜ 6 · 3　2　3 2 ｜ 1 — — — :‖

好　　　将　　此　　处　　　作　　　家　　　　　乡
此　　　处　　明　　明　　　是　　　故　　　　　乡
Our　　　in - ner　　　lan - d　co - uld　be
No　　mo - re　good-bye　to - day　and　to-mor-row

｜ 3 5 6 i 5 — ｜ 6 i 2 3　i — ｜ 2 · 3 2 i 6 5 ｜ i · 5 6 5 3 5 3 2 ｜ 1 1 1 1 — ‖

# 序卦译注

# 绪言

《序卦》是说明《易经》上经三十卦，下经三十四卦相次序的原理，乃《易经》的序文也。古人把序文列入书后，今则置之书前。于此可知宇宙人生发展变化的原理与现象，了解阴阳相反相生、相异相因的原理与法则，指导吾人趋吉避凶、逢凶化吉。

夫既有天地，万物斯生，由是广阔之宇宙万物始生，繁杂之人间万事于焉肇始。但八卦仅足以说明宇宙万物组成的八种要素，未足以说明宇宙人生变化发展的现象与法则，于是有八八相重，以组成六十四卦之必要。于是有屯卦以说明宇宙万物与人事之开始；有蒙卦以说明宇宙万物幼稚阶段之蒙昧；有需卦以说明需要等待、需要教养的现象；有讼卦以说明宇宙万事间之争讼……于是宇宙人生打成一片，可以参天地之化育，证天人而合一，达内圣外王之境地矣。

《序卦》构成方式有三种：

1.旁通：即错卦，六爻（卦爻的符号，阳—读为九，阴--读为六）的符号完全不同，如颐䷚旁通大过䷛。

2.反卦：即综卦、覆卦，六爻的符号倒反，如屯䷂与蒙䷃。

3.既旁通又反卦：如泰䷊与否䷋；随䷐与蛊䷑。

《易纬·乾坤凿度》谓："六十四象，以上下分之，阳三阴四，法上下分位。"先儒注谓："上下经反卦，两卦算一卦，则上下经各十八卦。其分合之妙如此。"六十四卦始于乾，以天为万物之始，刚健为做事的态度，故曰："天行健，君子以自强不息。"终于未济，象征着人类的文明尚未成功，仍需努力创造奋斗，谨慎认真以处理万事万物。故《象》曰："火在水上未济，君子以慎辨物居方。"方者道也，谨慎明辨是非，自处于大道之规范，所以防止失败，而迈向成功也。

上经多明天象，关系着宇宙乃至国家之大现象。下经多明人事，指示世事的仪则。六十四卦就是说明宇宙人生的现象与发展之法则。邵雍之《皇极经世》就六十四卦之次序作为其宇宙人类发展之过程，也就是以六十四卦（《序卦》）为其历史哲学之演进过程。

| 乾☰（天，代表刚健） | 坤☷（地，代表柔顺） | 屯☵☳（万事万物始生） |
| --- | --- | --- |
| 蒙☶☵（启蒙） | 需☵☰（需要等待） | 讼☰☵（诉讼，争讼） |
| 师☷☵（出兵作战行动） | 比☵☷（比较大小，霸王之道） | 小畜☴☰（小有存蓄） |
| 履☰☱（践履实践） | 泰☷☰（成功通达） | 否☰☷（失败不通） |
| 同人☰☲（与人相同，世界大同） | 大有☲☰（拥有者多而且大） | 谦☷☶（谦虚，谦逊） |
| 豫☳☷（豫乐，预备） | 随☱☳（追随，跟进） | 蛊☶☴（事业迷惑） |
| 临☷☱（治理） | 观☴☷（观摩，观光） | 噬嗑☲☳（合理，合情，合法） |
| 贲☶☲（修饰） | 剥☶☷（剥落） | 复☷☳（恢复） |
| 无妄☰☳（无有邪妄，真实不欺） | 大畜☶☰（大有存蓄） | 颐☶☳（保养生息） |
| 大过☱☴（大大的超过） | 坎☵（险陷） | 离☲（重重的光明） |
| 以上三十卦为上经，多示天象。 | | |

| 咸☱☶（感应） | 恒☳☴（恒久） | 遁☰☶（遁藏） |
| --- | --- | --- |
| 大壮☳☰（伟大强壮） | 晋☲☷（前进） | 明夷☷☲（光明伤害，黑暗时代） |
| 家人☴☲（治家，齐家） | 睽☲☱（违背） | 蹇☵☶（阻难） |
| 解☳☵（解除） | 损☶☱（减少） | 益☴☳（增加） |
| 夬☱☰（溃决） | 姤☰☴（遭遇） | 萃☱☷（聚合） |
| 升☷☴（上升） | 困☱☵（困苦） | 井☵☴（从下奋斗） |
| 革☱☲（革命，改革） | 鼎☲☴（烹饪，福禄） | 震☳（震动） |
| 艮☶（静止） | 渐☴☶（渐进） | 归妹☳☱（归宿） |
| 丰☳☲（盛） | 旅☲☶（羁旅） | 巽☴（卑顺行事） |
| 兑☱（和悦） | 涣☴☵（涣散） | 节☵☱（节制，节约） |
| 中孚☴☱（诚信在中） | 小过☳☶（稍有超过） | 既济☵☲（既已成功） |
| 未济☲☵（尚未成功仍需努力） | | |
| 以上三十四卦为下经，多示人事。 | | |

为帮助记忆六十四卦，朱熹有《六十四卦次序歌》，必须背诵：

  乾坤屯蒙需讼师，比小畜兮履泰否。

  同人大有谦豫随，蛊临观兮噬嗑贲。

  剥复无妄大畜颐，大过坎离三十备。（上经）

咸恒遁兮及大壮，晋与明夷家人睽。
蹇解损益夬姤萃，升困井革鼎震继。
艮渐归妹丰旅巽，兑涣节兮中孚至。
小过既济兼未济，是为下经三十四。（下经）

# 《序卦》上经

**有天地，然后万物生焉。盈天地之间者唯万物，故受之以屯。屯者，盈也；屯者，物之始生也。物生必蒙，故受之以蒙。蒙者，蒙也，物之稺[1]也。物稺不可不养也，故受之以需。需者，饮食之道也。饮食必有讼，故受之以讼。讼必有众起，故受之以师。师者，众也。众必有所比，故受之以比。比者，比也。**

【音注】①稺：音义同"稚"也，幼稚之意。

【义译】乾☰为天，为《易经》第一个卦，坤☷为地，为《易经》第二个卦（坤与乾卦旁通）。

天体的运行，构成吾人之时间；地球之形体，形成吾人之空间。有了时间空间，然后万物开始产生于其间，充满天地之间者，则万物是也，故接着第三卦屯䷂。

屯卦是充满的意思，也是万物开始产生的意思（天地万物形成的时代，在人则是开始创造事业的时期）。万物初生，必定是蒙昧的，植物则蒙在地里，动物则蒙昧无知，故接着第四卦是蒙䷃（屯卦的反卦）。

蒙卦是蒙昧无知、被蒙蔽的意思，是万物幼稚的阶段（文明初生时的野蛮时代，在个人则是受教育启蒙的时期）。万物在幼稚的阶段，不可以不加以养育，所以接着第五卦需䷄。

需卦是需要饮食的养育呀！凡是饮食的问题，必有争讼，故接着第六卦是讼䷅（与需卦相反），是物种为求食问题而竞争的时期。需卦在人则是需要和等待奋斗的时期，讼卦则是相互竞争的时期。

为争讼竞争求生存，一人不敌，即团结群众而攻之，故接着是第七卦师䷆。由家族而部落而国家，于是军队正式产生，是人类相争战的时代。在个人则是争取人和求职进取的时期。

"师"是由众多的人组成的军队。众多的军队，必有所比，故接着是第八卦比☷☵（师卦的反卦）。

比卦是比较的意思。比较的结果，最强大的人是众所亲近比附的（霸王称霸的时代，超级强国的时代，于个人则是最辉煌胜人的时期）。比较而不如人，就要亲近比附君上，以求吉利，所以比卦又有亲近比附的意思。

比必有所畜①，故受之以小畜。物畜然后有礼，故受之以履②。履而泰，然后安，故受之以泰③。泰者，通也。物不可以终通，故受之以否④。物不可以终否，故受之以同人。与人同者，物必归焉，故受之以大有。

【音注】①畜（xù）：蓄也，积蓄也。 ②履（lǚ）：行也，践履也。 ③泰：舒泰安定，成功通达。 ④否（pǐ）：阻塞不通，失败。

【义译】比较的结果，若不如人，必有所存蓄，故接着是《易经》第九卦小畜☴☰。小畜是稍有积蓄的意思。万物在蓄积以后，必须有礼节典章制度来加以分类裁制，然后方能付诸于实行，故受之以第十卦履☰☱（小畜卦的反卦）。

履就是履行实践的意思，人能本礼节去践履，而后必定能舒泰成功，然后安定，故接着是第十一卦泰☷☰。

泰卦是通达成功的意思，万物没有一直都成功的道理，故接着是失败、阻塞不通的第十二卦否☰☷（泰卦之反卦）。

由存蓄，而有典章制度去实行，而终至于国泰民安的成功时代，白天的光明过去一定是黑暗的，成功过后一定失败，于是又到了失败不通的时代，就是否卦。黑暗过去，即白天的光明，万物没有永久失败的道理，研究失败的道理，乃是与人不同，脱离群众。欲成功，则需与人相同，所以接着是第十三卦同人☰☲。

与全家人相同可为家长，与全乡、全县、全市、全省、全国的人大致相同，可为乡长、县长、市长、省长乃至国家领袖。若与全世界的人大致相同，则进世界于大同了。如此与人相同的，万物必归服之，所以接着是第十四卦大有☲☰（同人卦的反卦）。在个人则是功成名就、众人拥护、无所不有的时期。

有大者不可以盈，故受之以谦。有大而能谦必豫①，故受之以豫。豫必有随，故受之以随。以喜随人者，必有事，故受之以蛊②。蛊者，事也。有事而后可大，故受之以临。临者，大也。物大然后可观，故受之以观。可观而后有所合，故受之以噬嗑③。嗑者，合也。物不可以苟合而已，故受之以贲④。贲者，饰也。

【音注】①豫：预也，乐也。预备就能成功快乐，所以《易经》解豫为乐。②蛊（gǔ）：在《易经》蛊卦解为"做事业"；《左传》解做"惑"，是迷惑的意思。解决迷惑，所以就有事业可做了。 ③噬嗑（shì hé）：噬，食也，"啗也"（《说文》）；嗑，"多言也"（《说文》），《易经》解作合也，与"合"音义同。 ④贲（bì）："饰也"（《说文》），有文饰光彩貌。

【义译】得万物所归服，有了伟大成就的人，不可以自满，需守之以谦虚，所以接着是第十五卦谦☷。有伟大的成就而又能谦虚，必定是快乐的，所以接着是第十六卦豫☷（谦卦的反卦），由成就而谦虚而享受的欢乐时代。

快乐的事，必有人追随，所以接着是第十七卦随☷。随是追随、跟随的意思。

高兴地去追随人的人，必定有事业，所以接着是第十八卦蛊☷（随卦的反卦）。由快乐而生悲，事业失败，步入追随的时代，然后到创业的时代。蛊卦就是做事业的意思。有了事业，然后可以成为伟大的人物，故接着是第十九卦临☷。

临卦是治理下级的意思。临治万民是伟大的，万物在伟大以后，才可以受人观摩观光，所以接着是第二十卦观☷（临卦之反卦）。

由临治部下的时代，到观摩的时代。观是观望、观摩的意思，可以让人观光的，方能使人合心合意，所以接着是第二十一卦噬嗑☷。噬嗑是食而合之，亦即相合的意思。

万物不可以苟且相合，需要以体制修饰整顿之，所以接着是第二十二卦贲☷（噬嗑卦的反卦）。由观光到相合到整顿修饰的时代，贲就是修饰的意思。

**致饰然后亨则尽矣，故受之以剥。剥者，剥也。物不可以终尽，剥穷上反下，故受之以复。复则不妄矣，故受之以无妄。有无妄①然后可畜，故受之以大畜。物畜然后可养，故受之以颐②。颐者，养也。不养则不可动，故受之以大过。物不可以终过，故受之以坎。坎者，陷③也。陷必有所丽④，故受之以离。离者，丽也。**

【音注】①无妄：无邪妄也，真诚也。 ②颐：在上颌下颌（上下嘴巴）之间，包括面颊的整个嘴巴部位。食物以养人，故解作养。 ③陷：陷阱、险陷、陷落。④丽：附丽、附着、美丽。

【义译】做到整顿修饰，然后成功，就是到了盛极必衰的尽头（末尾）了，所以接着是第二十三卦剥☷，即盛极必衰、剥落剥夺的时代。

万物没有永久失败剥落的，剥落至极上，则必定返回下面，重新恢复奋斗，所以接着是第二十四卦复䷗（剥卦之反卦），到了剥极必复的时代。

能恢复到天理的仪则，就不会邪妄虚假了，所以接着是第二十五卦无妄䷘。无妄就是真诚没有虚假的意思。

有了不虚妄的真诚之心，然后可以大大地蓄积进德修业的盛事，故接着是第二十六卦大畜䷙（无妄卦的反卦，由真诚到大发展的时代）。大畜是蓄积得很多很伟大了。

万物在蓄积了以后，才可以保养，所以接着是第二十七卦颐䷚。颐就是保养的意思。

不保养就不可以有所行动，所以接着是第二十八卦大过䷛（与颐卦旁通），由保养到大大超过的极端时代。大过就是大大地超过的意思。

万物不可以永远都大大超过，在大超过的终极，必定会陷落危险的陷阱，所以接着是第二十九卦坎䷜。坎就是陷落的意思。

在陷落的时候，必定有所附丽攀附，方能离开危险，所以接着是第三十卦离䷝（与坎卦旁通，由沦陷到光明的时代）。离为火、为日，就是光明美丽的意思呀！

# 《序卦》下经

有天地，然后有万物；有万物，然后有男女；有男女，然后有夫妇；有夫妇，然后有父子；有父子，然后有君臣；有君臣，然后有上下；有上下，然后礼义有所错①。

夫妇之道，不可以不久也，故受之以恒。恒者，久也。物不可以久居其所，故受之以遁②。遁者，退也。物不可以终遁，故受之以大壮。物不可以终壮，故受之以晋。晋者，进也。进必有所伤，故受之以明夷③。夷者，伤也。

【音注】①错：同"措"，置也。　②遁：退避、隐避。　③夷：伤害也。

【义译】有了天地，然后就有万物的产生。有了万物以后，就有男女雌雄的分别。有了男女之后，就有夫妇的组成。有了夫妇以后，就有父母子女家庭的产生（家族）。很多父母子女集聚以后，就慢慢形成部落社会，而有君臣关系的产生。有部落君臣关系以后，就发展为严密的国家行政系统，有一层层的上下级关系的产生。有了行政系统层层的上下关系以后，然后设置很多的礼义制度来规范它。

以上说明咸䷞，咸卦是感应的原理，自天地万物、男女、夫妇、父子、君臣、上下皆需感应，方能相契，方能有所发展。尤其夫妇，更是一辈子长久的事情，更不可以不长久感应，故咸卦以后，接着是恒䷟（咸卦之反卦）。恒是长久的意思。

万物不可长久居其所而不变，故接着遁䷠。遁就是退让的意思。

万物没有永远撤退的呀，所以接着是大壮䷡（遁卦的反卦）。

万物没有永远强壮而不前进的道理呀，故接着是晋䷢。晋就是前进的意思。

不停地前进，必定有所损害，故接着是明夷䷣（晋卦之反卦）。夷是伤害的意思，明夷就是光明受伤害呀！

伤于外者必反其家，故受之以家人。家道穷必乖①，故受之以睽②。睽者，乖也。乖必有难，故受之以蹇③。蹇者，难也。物不可以终难，故受之以解。解者，缓④也。缓必有所失，故受之以损。损而不已必益，故受之以益。

【音注】①乖：乖戾、违背、乖违。　②睽（kuí）：违背也。睽卦，即违背之意。　③蹇（jiǎn）：艰难也，灾难也。　④缓：慢也。

【义译】在外面受了伤害的人，一定返回家，所以明夷卦之后接着是家人䷤。家人讲究修身齐家，家不能齐以至于家庭之道有所困穷，必定乖戾违背，所以接着是睽䷥（家人卦之反卦）。睽就是违背的意思。

违背必有灾难，所以接着是蹇䷦。蹇就是灾难的意思。

人与物不可以永远处在灾难之中呀，灾难终必要解除的，所以接着是解䷧（蹇卦之反卦）。解就是解除灾难的意思。

要解除人物的灾难不是很容易，往往是很缓慢的，缓慢必定有所损失，所以接着是损䷨。损是损失的意思。

损失而不停止，最后不能再损失了，必定会再增益，所以接着是益䷩（损卦之反卦）。益是增加、增益的意思。

益而不已必决，故受之以夬①。夬者，决也。决必有遇，故受之以姤②。姤者，遇也。物相遇而后聚，故受之以萃③。萃者，聚也。聚而上者谓之升，故受之以升。升而不已必困，故受之以困。困乎上者必反下，故受之以井。井道不可不革，故受之以革。革物者莫若鼎④，故受之以鼎。

【音注】①夬（guài）："分决也"（《说文》），决也。在此有溃决、排除、决去的意思。 ②姤（gòu）："遇也"（《说文》），遭遇的意思，阴阳相遇也。 ③萃："草貌"（《说文》）；聚集在一起，荟萃也。 ④鼎：烹饪煮食的器具，三脚两耳。革卦是除旧，鼎卦是布新。鼎革之际即指革命成功之初，改朝换代之始。

【义译】增加而不停止，势必至于溃决，所以接着是夬䷪。夬是溃决排除的意思。

溃决溃去了必定有所遭遇，所以接着是姤䷫（夬卦之反卦）。姤是遭遇的意思。万物相与遭遇，然后聚集在一起，所以接着是萃䷬。萃是聚集在一起的意思。

聚集而一起上升，就是升䷭（萃卦之反卦），所以接着是升卦。

上升而不停，终必受到困难，所以接着是困䷮。

上升受到困难后，必定返回下级从头做起，所以接着是井䷯（困卦之反卦）。

井就是井水、市井，处下级之位供养上级之人，井道常要清洗革除污染，处下位终必有改革迁动的机会，所以接着是革䷰。

革就是改革，可以改革万物，使生而变成熟的，没有比烹饪之器具锅鼎更重要的了，所以接着是鼎䷱（有鼎即有福禄矣。是革卦之反卦）。

**主器者莫若长子，故受之以震。震者，动也。物不可以终动，动必止之，故受之以艮①。艮者，止也。物不可以终止，故受之以渐。渐者，进也。进必有所归，故受之以归妹。得其所归者必大，故受之以丰。丰者，大也。穷大者必失其居，故受之以旅。**

【音注】①艮（gèn）：停止的意思，为山的象征。

【义译】主持烹饪福禄器具的人，没有比长子更重要的了，所以接着是震䷲。震为长子、为动。

万物没有永远行动的，行动必有终止，所以接着是艮䷳（震卦之反卦）。艮是停止的意思。

万物不可以永远停止，所以接着是渐䷴。渐是渐渐前进的意思。

渐渐前进终必得到归宿之处，所以接着是归妹䷵（渐卦之反卦）。归妹是象征着女子得到归宿的意思。

得到人的归往的人必定伟大，所以接着是丰䷶。丰是丰盛伟大的意思。

穷极丰盛伟大的人，最后必定失去他的居处，所以接着是旅䷷（丰卦之反卦）。

旅而无所容，故受之以巽①。巽者，入也。入而后说②之，故受之以兑③。兑者，说也。说而后散之，故受之以涣。涣者，离也。物不可以终离，故受之以节。

【音注】①巽（xùn）：卑顺谦让也，谦卑恭逊也。 ②说（yuè）：通悦。 ③兑：喜悦。

【义译】客旅在外而没有人容纳，就必须谦卑恭逊地去待人处世。所以接着是巽☴。

巽就是谦卑恭逊地适应（进入，能适应进入社会而后才能得到人的喜悦），所以接着是兑☱（巽卦之反卦）。

喜悦而后必定舒散，所以接着是涣☴。涣是离散舒散的意思。

万物不能永久离散，所以接着是节☵（涣卦之反卦），节制节俭。

节而信之，故受之以中孚。有其信者必行之，故受之以小过。有过物者必济，故受之以既济。物不可穷也，故受之以未济终焉。

【义译】节制节约而后方能使人相信，所以接着是中孚☴。

有了诚信在中必能实行在外，故接着是小过☷（与中孚卦旁通）。小过是稍微超过。

有超过万物之才者，必能成功渡过，所以接着是既济☵。既济是已经成功地渡过之意。

万物是没有穷尽的，所以接着是未济☲。未济就是尚未成功仍需努力，为《易经》六十四卦最终的卦，象征着世界永远没有末日，人类尚未成功，永远都要奋斗，永远要自强不息地努力。

# 杂卦译注

杂卦是不依序卦的次序而解说六十四卦的另外一层的意义。其文多有押韵，文句很美，其解释多以相旁通（错卦）或相反（综卦）的两个卦为一组而加以解释。六十四卦的卦义，于序卦已有初步的解说，但序卦的解说卦义，以有关六十四卦排列次序的意义为主，另外一层意义未暇详细说明，所以圣人再述《杂卦》，将六十四卦另外一层的含义不按次序娓娓道来，故曰《杂卦》。

其排列方法有四：

①旁通；

②反卦；

③既旁通又反卦；

④杂卦：非旁通，又非反卦。

## 乾，刚；坤，柔。

【义译】乾☰，乾为天，是刚健的意思；坤☷，坤为地，是柔顺的意思。

【象证】二卦旁通，乾为天，故为刚健；坤为地，故为柔顺。

## 比，乐；师，忧。

【义译】比䷇，水地比，是比较的意思。比较而最胜者，则为人们所亲附皈依，故乐。输者亲附于人，可以保功名福禄，所以是快乐的。师䷆，地水师，是军队的意思。军队需要出师作战。出师作战是国家成败安危所系，所以是忧虑的。

【象证】二卦反卦。比必用师，师胜方为霸。

## 临、观之义，或与或求。

【义译】临䷒，地泽临。临，治理，是上级治理下级。上治下当给予恩惠，故"或与"。观䷓，风地观，是观摩、观光、观望，是下级观望上级，下观上需要"相求"，故"或求"。然上治下有时亦需要"要求"下级，下观上有时亦需要"给予"，如送礼缴税，故曰"或与或求"。

【象证】二卦反卦。临极必下而为民，故临卦曰："至于八月（观卦为八月）有凶。"观极必上而为君，如武王观兵于孟津是也。

## 屯，见而不失其居；蒙，杂而著。

【义译】屯☳☵，水雷屯，是开始创业的意思。开始创业最重要的是要有周密的计划和行动，不可以孤注一掷，违背正常之道，故表现在外，不要失去自己"居处"之位。蒙☶☵，山水蒙，是蒙昧无知的意思。蒙昧无知，需要受教育来启蒙，而教育的方法或柔或刚，或体罚或鼓励，或劝导或严斥……多而繁杂，最重要的是要使教育有显著的功效。

【象证】二卦反卦。创业必多经教训教育，所以创业成功。

## 震，起也；艮，止也。

【义译】震☳，震为雷，是动的意思。动作必要起而行。艮☶，艮为山，是停止的意思。知止而不动心尚矣。

【象证】二卦反卦。孔子曰："时止则止（艮），时行则行（震），动（震）静（艮）不失其时，其道光明。"（《易·艮·彖》）

## 损、益，盛衰之始也。

【义译】损☶☱，山泽损，是损失、减少的意思，是衰微的开始。益☴☳，风雷益，是增益、增加的意思，是兴盛的开始。

【象证】损、益二卦为反卦。于此见盛极必损，衰极必益。

## 大畜，时也；无妄，灾也。

【义译】大畜☶☰，山天大畜，是蓄积多而且大的意思。蓄积得多而且大，欲使抱负之实行，则有"时运"存焉。如卫青、霍去病则得其时，李广、李陵不得其时。无妄☰☳，天雷无妄，是"没有邪妄"、真诚的意思，秉着"真诚"之心，有时亦有"灾害"。如岳飞、文天祥，虽因无妄之灾，然而矢志真诚，终扬名千古。

【象证】二卦反卦。大畜必无妄而后可以伟大，能真诚无妄必能大畜。

## 萃，聚；而升，不来也。

【义译】萃☱☷，泽地萃，是聚合集中的意思。升☷☴，地风升，是上升的意思。上升了，则不再回来矣。

【象证】二卦反卦。聚合集中一切力量，定能上升；已升矣，需聚合集中一切力量，方不致失败而跌下来。

杂卦译注 | 013

谦，轻；而豫，怠也。

【义译】谦☷☶，地山谦，是谦虚的意思。谦虚恭逊，必须尊重他人，而将自己看得很轻，方能做到。豫☳☷，雷地豫，是预备的意思，又是快乐的意思。因为能预备即能成功，能成功即能快乐，但快乐久了会流于懈怠，而失去成功。

【象证】二卦反卦。能谦虚必定成功而快乐，而终流于懈怠懒散。欲其成功而快乐，必先轻己而尊人，谦虚有礼。

噬嗑，食也；贲，无色也。

【义译】噬嗑☲☳，火雷噬嗑，噬是食，嗑是合，食而合之，是食的过程，故曰食也。贲☶☲，山火贲，是修饰。修饰需以朴素无色为基本，绘事后素，故曰无色也。

【象证】二卦反卦。噬嗑食而合情合理，犹如法官之判案，当合情合理地判结，故《易》曰："利用狱。"欲合情合理，需要修饰，修饰需以朴素无华为本，然后可以合情合理，尽善尽美。

兑，见；而巽，伏也。

【义译】兑☱，兑为泽，喜悦也。喜悦表现于外，人皆可见。巽☴，巽为风，是谦卑恭逊。谦卑恭逊，出自内心，其作用隐伏于内。

【象证】二卦反卦。兑悦在外，故与朋友讲习；巽逊在内，故巽以行权。

随，无故也；蛊，则饰也。

【义译】随☱☳，泽雷随，追随也。追随上级或领袖，勿有特殊缘故，如计谋功利之属，当心悦诚服百分之百地追随。蛊☶☴，山风蛊，是做事业之意。做事业当小心谨慎地整饰。

【象证】二卦反卦又相旁通。能追随上级必有事业，事业能整饰，则必能成功，而有人相追随矣。

剥，烂也；复，反也。

【义译】剥☶☷，山地剥，是剥夺的意思。剥夺终至于剥烂饰尽。复☷☳，地雷复，是返回恢复的意思。

【象证】二卦反卦，剥极必复，复盛至极，必再剥夺。

**晋，昼也；明夷，诛也。**

【义译】晋☲☷，火地晋，是进的意思。前进封官受赏，必须光明的时代，故曰昼也。明夷☷☲，地火明夷，是光明受伤害的意思，光明受伤害的黑暗时代，往往诛杀无辜。

【象证】二卦反卦。晋光明受赏之至极，而至极必乱，而至于明夷之黑暗时代无理诛罚。唯乱极必治，明夷之黑暗终会返至晋之光明。

**井，通；而困，相遇也。**

【义译】井☵☴，水风井，井水象征着居最下层之位，以养人，取之不尽，用之不竭，所以是通达而终至于成功。困☱☵，泽水困，是遇到了困难，困苦的意思。大凡一般亲友，遇到了困难困苦的时候，总会彼此相遇，等到成功了，即远走高飞而再遇则困难了；故困即相遇，成即相违矣。

【象证】二卦反卦。遇到困难，即从基层做起（井卦），从基层做起直至成功，成功后必接着失败，而遇到困难。

**咸，速也；恒，久也。**

【义译】咸☱☶，泽山咸，是感应的意思。有感应则事速成，如天地、父母子女、夫妇、男女、上下、君臣有感应矣，则事速成，未感应则不易成。恒☳☴，雷风恒，是恒久的意思。

【象证】二卦反卦，能感应则能速成而长久，能恒久于行事，则事速感应。

**涣，离也；节，止也。**

【义译】涣☴☵，风水涣，是离散的意思。节☵☱，水泽节，是停止浪费，能知止、有节制的意思。

【象证】二卦反卦。离散矣，必有以节制，而停止离散。能节制矣，事定容易成功，成功后亦随之而将蹈涣散之危。故天下事合久必分，分久必合，治极必乱，乱极必治，治乱分合相仍，此《易》之理也。

**解，缓也；蹇，难也。**

【义译】解☳☵，雷水解，是解除灾难之意。即受灾难矣，欲其解除，则受难者恒觉其缓慢。蹇☵☶，水山蹇，是灾难之意。

杂卦译注 | 015

【象证】二卦反卦。蹇难望能解除，难已解除，则易失之怠惰，终致重履蹇难。故历史往往重演，祸不单行，于治乱兴亡之道，可不慎矣。故乾卦九三曰："君子终日乾乾，夕惕若厉。"良有以也。

**睽，外也；家人，内也。**

【义译】睽䷥，火泽睽，是违背、乖戾的意思。因为违背，所以不能团聚于内，而互相"见外"。家人䷤，风火家人，是家中的人团聚在内的意思。家中"父母子女、兄弟姊妹、夫妇妯娌"各守正道，各本正位，"父父子子、兄兄弟弟，夫夫妇妇"，则家道团聚于内，而能齐家治国矣。

【象证】二卦反卦。睽违于外，必思所以团聚于内；久在内，则必有相外者矣。圣人于其消息盈虚而慎焉。

**否、泰，反其类也。**

【义译】否䷋，天地否，是阻塞不通，失败的意思，正是小人得志，天下大乱之时，故卦辞曰："不利君子贞，大往小来。"泰䷊，地天泰，是通达安定、成功的意思，正是有作为之时，故卦辞曰："小往大来吉，亨。"

【象证】二卦反卦，亦相旁通。天下大势否极泰来，泰极否至，故君子于否泰之际，持国保家，不可不慎焉。

**大壮则止；遁则退也。**

【义译】大壮䷡，雷天大壮，是非常强壮的意思。非常壮大之时，应当止于礼义规范。且到了非常壮大之时就要"知止不殆"了，如侵略他人，必遭天谴。遁䷠，天山遁，是退后、撤退、退避的意思。

【象证】二卦反卦。壮极必退，退极必壮。

**大有，众也；同人，亲也。**

【义译】大有䷍，火天大有，是拥有众多而伟大的意思。同人䷌，天火同人，是相同于人，与人相同则人就亲近你了。与一家一市一省一国之人相同相亲，则可以为家长、市长、省长、国君矣。与世界人大致相同，则世界大同，世界人物皆相亲相爱矣。全同不可能，只要大同就可以了，可以容纳小异的。中国文化主张"道并行而不相悖"，故主张"大同"。爱其所同，敬其所异，促世界于大同，君子之风度也。

【象证】二卦反卦。大有拥有众多则人相亲同矣，能同人则拥有众多矣。

革，去故也；鼎，取新也。

【义译】革☲☱，泽火革，是除去故旧、革命、改革的意思。鼎☲☴，火风鼎，是烹饪的器具，是常除去旧物而布置新的东西。人类为谋新鲜与熟食，则常用鼎以取新，引申之有"福禄"的意思。

【象证】二卦反卦。除去故旧，所以布新也，布新需先除旧，故除旧布新之际，改朝换代之时，常曰鼎革之际。

小过，过也；中孚，信也。

【义译】小过☳☶，雷山小过，是小有超过的意思。虽小有超过，也算超过呀，故曰："小过过也。"中孚☴☱，风泽中孚，是诚信在中的意思。诚信在中，人则相信你了。

【象证】二卦相旁通（错卦）。有过人之才，才能使人相信你，人能诚信在中，使人相信，则具超过之才。

丰，多故也；亲寡，旅也。

【义译】丰☳☲，雷火丰，是丰盛的意思。丰盛之时，则多事故矣。旅☲☶，火山旅，是旅行在外的意思。旅行在外，则亲友很少矣。

【象证】二卦反卦。丰盛之极，如不节制而骄奢如唐玄宗，必羁旅在外；羁旅在外能惕励奋斗，如少康、勾践必中兴而丰盛，大振其国。

离，上；而坎，下也。

【义译】离☲，离为火，火性炎上。坎☵，坎为水，水性润下。

【象证】二卦旁通。炎上而光明至极，必郁蒸而为雨水滂沱而润下；润下之极，亦必至炎上之晴天。上极必下，下极必上。此理之常也，为人亦然。

小畜，寡也；履，不处也。

【义译】小畜☴☰，风天小畜，是小有蓄积的意思。履☰☱，天泽履，是履行而不停留的意思。

【象证】二卦反卦。小畜之时，蓄有未足，需行而不处以蓄以积，能履行矣，势必至于小有蓄积。

需，不进也；讼，不亲也。

【义译】需☵☰，水天需，是需要等待之意，故不前进。讼☰☵，天水讼，是诉讼争讼而不相亲密的意思。

【象证】二卦反卦。何以待而不前，以不亲故；不亲，故需要等待。

大过，颠也；姤，遇也，柔遇刚也。

【义译】大过☱☴，泽风大过，是超过太多，将至于颠扑的意思。姤☰☴，天风姤，是遭遇的意思，是阴柔遭遇阳刚，一阴遇五阳，小人遇君子的意思。

【象证】二卦既不旁通也不相综，称杂卦。但同以巽为下卦。大过卦，超过太大，势必至于崩倒，天下至于崩乱，则是君子小人相遭遇之时。小人而逼退阳刚之君子，则是超过太大，最终必至于崩倒颠扑矣。

渐，女归待男行也；颐，养正也。

【义译】渐☴☶，风山渐，是渐渐前进，天下需渐渐前进的事很多，如女孩子嫁夫君，需待男生"纳采、问名、纳吉、纳征、请期、亲迎"六礼具备然后方可行嫁，而不致失败。如随意苟合，不以礼行，则与禽兽何异？如不渐渐彼此互相了解而行，则或有家不能齐之虞。王安石变法之失败，行之不以渐，而突变也。颐☶☳，山雷颐，是保养的意思，保养需合正道方可。

【象证】二卦杂卦，非反卦亦非旁通。然同有艮，艮为止，故止而勿急，凡能渐渐前进，必能颐养日隆；欲颐养日隆，必行之以渐。女渐归待男而行，则养得其正矣。欲养之正，亦需积渐而行也。

既济，定也；归妹，女之终也。

【义译】既济☵☲，水火既济，是既已经渡过彼岸，在已经成功之后的意思，在既成之后，则事已定矣，已在安定中，已成定局矣。归妹☳☱，雷泽归妹，是得到归宿的意思，得到归宿是一般女子最终的目的。

【象证】二卦非反卦亦非旁通，是谓杂卦。但意义可以相成，已经成功，而成定局，如女孩子之终得到归宿，得到终身的依托。既得归宿则成定局矣。昔者男管外而女管内，既济定者，男之事已成也；归妹女终者，女子管家之事成定局也。

**未济，男之穷也；夬，决也，刚决柔也。君子道长，小人道忧也（"忧"或作"消"）。**

【义译】未济☲☵，火水未济，是尚未渡过彼岸，尚未成功之意。尚未成功，正是男子困穷之时，正需努力以赴。夬☱☰，泽天夬，是决去、排除的意思，象征着五个阳刚的君子齐心协力，去排除一个阴柔的小人，是君子之道增长，小人之道忧愁之时。小人所以自处之道，莫过以勿惮于改过而勇于迁善，则忧去而能生存矣。如过遂不改，或惮于迁善改过，终致消亡而遗臭万年，如秦桧、刘瑾、和珅是也。

【象证】二卦非反卦亦非旁通，是杂卦，然意义可以相成。未济之所以穷，在君子之尚未成功，受小人之压抑。夬卦一阴而高居五阳之上，象征一小人而在五君子之上压抑君子，此君子之所以穷也。刚决柔，君子之道增长，则可化未济之穷，而至于成功。而小人改过迁善，勿压抑君子，则不至于被决去排除，而得身安而家国可保，君子亦不至于困穷矣，是同迈向善道，而共进于治国平天下，而日趋大同之治也。故在《杂卦》之最终。

# 结语

宋儒蔡氏以为从"大过，颠也；姤，遇也，柔遇刚也"以下八卦，不依相反或相旁通之理，以为有错简，而改为"大过，颠也；颐，养正也。既济，定也；未济，男之穷也。归妹，女之终也；渐，女归待男行也。姤，遇也，柔遇刚也；夬，决也，刚决柔也，君子道长，小人道忧也"。似此，则更顺，更合于相反相旁通之理，而且前后一致，首尾贯通。

然所以命名为《杂卦》者，除不依《序卦》六十四卦次序予以解说外，抑或于相反相旁通之中，加以错综而交杂之以解说，故谓之《杂卦》。

# 说卦译注

《说卦》说明圣人创作《易经》的原理和方法；组成宇宙人生的基本要素与原理即八卦；八卦的方位、卦德、卦象。学者必先理解，方能入《易》之门。

## 《易经》的原理与方法

昔者圣人之作《易》也，幽赞①于神明②而生蓍③，参天两地④而倚⑤数，观变于阴阳而立卦，发挥于刚柔⑥而生爻⑦，和顺于道德而理于义，穷理尽性⑧以至于命⑨。

【音注】①幽赞：高深的赞研。 ②神明：圣而不可知之谓神明。 ③蓍（shī）：占筮所用之蓍草。 ④参天两地：阳为天、为奇数，一、三、五、七、九属之。阴为地、为偶数，二、四、六、八、十属之。参天（阳为天，参天故取奇数三：一加三加五为九）两地（阴为地，两地故取偶数两：二加四为六），谓阳为九，阴为六也。 ⑤倚：计算也。"天一地二，天三地四，天五地六，天七地八，天九地十。"（《系辞》） ⑥刚柔：刚为阳，柔为阴。 ⑦爻：阴阳符号的称呼。"—"为阳爻，"--"为阴爻。 ⑧性：仁义礼智之性，德性也。 ⑨命：谓知天命也。

【义译】此章说明从前圣人有六个原理和方法创作《易经》：

一是高深地研究到神明最高境界，而天人相应，产生蓍草（用以占筮，教人趋吉避凶，而知未来宇宙人生变化的详情。商代以龟腹甲、牛肩胛骨占筮，而周文王作《易》，易之以蓍草，仁之至也）。

二是以天和奇数一、三、五、七、九为阳的象征，以地和偶数二、四、六、八、十为阴的象征。天一、天三、天五，三天相加为九，地二、地四，两地相加为六。于是以九代表阳"—"的符号，以六代表阴"--"的符号。阳的符号"—"读作九，阴的符号"--"读作六。

三是观察阴阳的变化都是相反相生、互为倚伏者。如白天为阳，晚上为阴，白天（阳）去，即是晚上（阴）来，晚上（阴）过去，即成白天（阳）来。治（阳）极必乱（阴），乱（阴）极必治（阳）；福（阳）兮祸（阴）所伏，祸兮福所倚。成功（阳）为失败（阴）的开始，失败为成功之开始……因而制定两两相反相生、相异相成、互为倚伏的六十四卦（参见《序卦》《杂卦》）。

| 阳— | 天 | 男 | 日 | 明 | 成 | 生 | 益 | 泰 | 复 |
|---|---|---|---|---|---|---|---|---|---|
| 阴-- | 地 | 女 | 夜 | 暗 | 败 | 死 | 损 | 否 | 剥 |

四是发挥于刚（阳）柔（阴）的原理，而制定阳的符号"—"，阴的符号"--"，而称之为阳爻和阴爻。

五是和谐于道德的规范，并顺着道德去做，而同时用智慧去调理于道义。如为朋友之义而犯法矩、危害国家，则不道德矣。故《易经》是教人和顺于道德而调理于道义，德智双修的。

六是穷研宇宙人生的道理（智），竭尽仁义道德的德性（德），德智双修，以合于圣人的标准，犹需乐天知命。

此六者即是圣人创作《易经》的原理和方法。

**昔者圣人之作《易》也，将以顺性命之理。是以立天之道①，曰阴与阳；立地之道②，曰柔与刚；立人之道③，曰仁与义；兼三才而两之④，故《易》六画而成卦⑤。分阴分阳，迭⑥用柔刚，故《易》六位而成章。**

【音注】①立天之道：天道独阴则阴气晦冥，水潦遍地，万物不生；独阳则阳焰亢天，旱灾频生，万物不长，故天道必阴阳和谐。 ②立地之道：地道纯刚则动植之物无法生存；纯柔则万物将沉陷而不能站立。柔就是阴，刚就是阳，必刚柔相和，然后万物遂生。 ③立人之道：人道纯仁则小人无以入其罪；纯义则易干法网。仁为阴，义为阳，必仁义相协，而人道可全。 ④三才而两之：天地人三才，皆需两两相成，故《易》六画成卦。 ⑤六画而成卦：凡六爻初与二为地位，三与四为人位，五与上为天位，是六爻三才之位也；初三五奇数之位为阳位，二四上耦（偶）数之位为阴位，每卦六爻就是如此细分阴阳之位，间杂而成章法。 ⑥迭：轮流、更换、间杂之意。

【义译】从前圣人创作《易经》，是顺着仁义道德之性和天命之理。所以用三才两两相异相生之理而制成每卦有六爻的位置。六爻由下而上，最下面的一爻称为初爻，谓开始的第一爻，依次为二、三、四、五爻，第六爻称为上，是说最上一爻。

阳爻称九，阴爻称六。乾卦六爻为初九、九二、九三、九四、九五、上九；坤卦六爻为初六、六二、六三、六四、六五、上六。其余六十二卦，皆是此六爻阴阳排列而成。

立天道的位置是第六爻（上爻）为阴位，第五爻为阳位；建立人道的位置，是第四爻为阴位，第三爻为阳位；建立地道的位置，是第二爻为阴位，第一爻（初爻）为阳位。

兼备三才，而各含阴阳二位，所以六画才能成一卦，分初三五奇数之位为阳位，二四上偶数之位为阴位，间杂着阴阳的位置，所以《易经》有六位，才成章法。（六爻正位乃以既济为准者也，见六爻正位图）

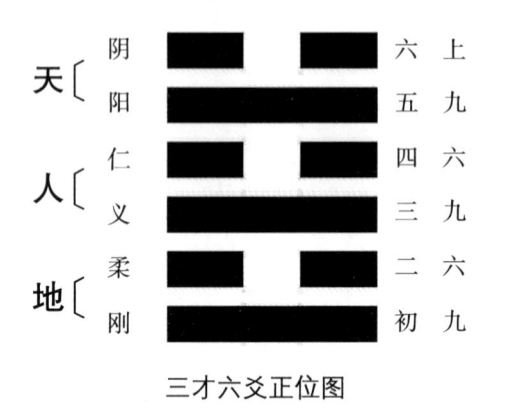

```
天 ┥ 阴      ▬▬ ▬▬      六 上
    阳      ▬▬▬▬▬▬      五 九
人 ┥ 仁      ▬▬ ▬▬      四 六
    义      ▬▬▬▬▬▬      三 九
地 ┥ 柔      ▬▬ ▬▬      二 六
    刚      ▬▬▬▬▬▬      初 九
```

三才六爻正位图

凡六十四卦三百八十四爻，合于初三五阳位、二四上阴位者。谓之得正得当，多半为吉，不合者为失位、不当、不正，多需变回正位始得正得吉。

**天地定位，山泽通气，雷风相薄①，水火不相射②，八卦相错。数往者顺，知来者逆③，是故《易》逆数也。**

【音注】①薄（pò）：同"迫"。 ②射：照射也。又音yì，厌倦也，如"无射于人斯"（《周颂·清庙》）。 ③逆：预算，逆料也。《易经》即逆料未来成败吉凶之书也。

【义译】乾☰为天而在上，坤☷为地而在下，顶天立地，形成宇宙的时间空间。

艮☶为山、为陆地，兑☱为泽、为海洋，二者气流交互相通，形成高低气压，交相感应。秋、冬天时，西伯利亚、蒙古高原陆地，形成气压中心，向海洋吹送，即为大陆性季风，寒流方向多由西北陆地而来，向东南方吹送。春、夏天时，太平洋、印度洋形成气压中心，向大地吹送，即为海洋性季风。台风方向多由东南海洋形成向大陆吹送。这就是"山泽通气"。

震☳为雷，巽☴为风，其势常交相迫击，台风起时常有雷电豪雨，而雷电起时，常有风雨随之，故曰雷风相薄。

坎☵为水、为月，离☲为火、为日，日月不互相照射，白天日来，月则隐去，晚上月来，日则隐去，故曰"水火不相（照）射"。又水火相灭相生、相反相成，为人类与万物生存最重要之条件，故不相厌倦。

乾、坤、艮、兑、震、巽、坎、离八卦，其卦画既两两互相阴阳交错，如乾三阳、坤三阴，坎阳在中而上下为阴，离阴在中而上下为阳，其所代表之象，天地、山泽、雷风、水火，亦两两相反相成，相异相生，故曰"八卦相错"相旁通也。此八卦圆而图之，就是伏羲八卦方位图，亦即先天八卦图。

算过去之事，从今日今时，顺推昨日某时，乃至过去某年某月某日，有史料可顺而察知，故曰"数往者顺"。至于将来之事，则需以数字之神秘学来逆算。而《易经》正是以数学用蓍草来逆算未来吉凶的学问。

【象证】邵子曰："乾南坤北，离东坎西，震东北，巽西南，兑东南，艮西北。自震至乾为顺，自巽至坤为逆。"

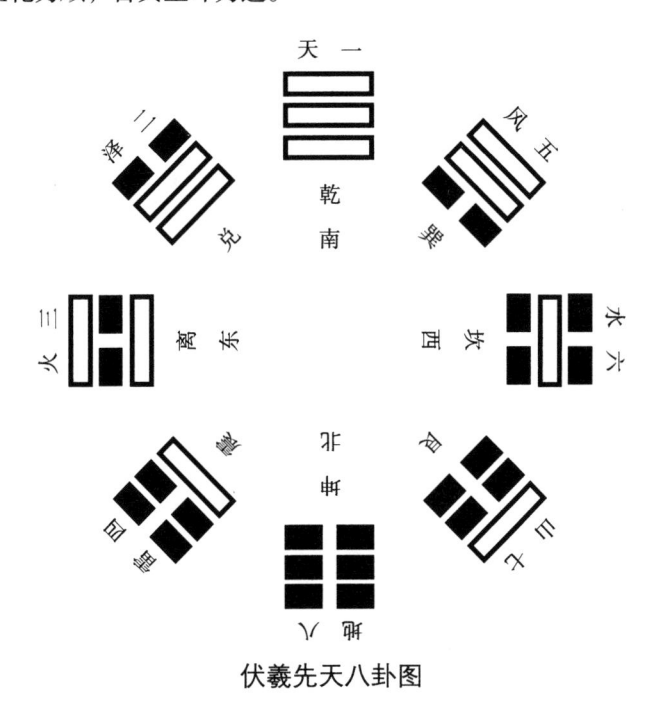

**伏羲先天八卦图**

此八卦图示，乃指立体方向而言。故与今日地图平面方位"上北下南，右东左西"者相反。又地球是圆形的，如把八卦图倒反之，即与今日地图方位完全相同矣。邵子谓自震（一阳）至乾（三阳）为顺，自巽（一阴）至坤（三阴）为逆，阳顺阴逆，阳左阴右。

乾一兑二离三震四巽五坎六艮七坤八，盖由乾三阳，自上而变一阴成兑，

说卦译注 | 025

中爻变阴为离，上中俱变阴为震，下变阴为巽，上下俱变阴为坎，中下俱变阴为艮，上中下俱变阴为坤。由是以乾一兑二离三震四巽五坎六艮七坤八依次相重，遂成六十四卦。

# 八卦与宇宙

**雷以动之，风以散之，雨①以润之，日以烜②之。艮以止之，兑以说③之，乾以君之，坤以藏之。**

【音注】①雨：坎为水、为云、为雨。　②烜（xuǎn）：光明照耀也。　③说：悦也。

【义译】上明八卦天地风雷水火山泽形成了宇宙，同时说明其与宇宙人生之关系，此则明八卦之作用。

震为雷，是用以鼓动万物的。巽为风，是用以吹散舒通宇宙气流的。坎为雨水，是用以润泽万物的。离为日，是以其光明照耀万物的。艮为山为陆地，是万物所止、停留、生存的所在，同时也有阻止气流的作用。兑为泽为海洋，是万物所喜悦观赏的。乾为天，是君临万物的。坤为地，是储藏万物的。

**帝出乎震，齐乎巽，相见乎离，致役乎坤，说言乎兑，战乎乾，劳乎坎，成言乎艮。**
**万物出乎震；震，东方也。齐乎巽；巽，东南也。齐也者，言万物之絜①齐也。离也者，明也；万物皆相见，南方之卦也；圣人南面而听天下，向明而治，盖取诸此也。**
**坤也者，地也；万物皆致养焉，故曰"致役乎坤"。兑，正秋也；万物之所说也，故曰"说言乎兑"。战乎乾，乾，西北之卦也；言阴阳相薄也。坎者，水也，正北方之卦也，劳卦也，万物之所归也，故曰"劳乎坎"。艮，东北之卦也，万物之所成终而所成始也，故曰"成言乎艮"。②**

【音注】①絜：洁也。秋为西方之位。　②此章即世所传文王后天八卦方位图之根据。或以一日释之，或以四时五行释之，或以其作用、卦象释之，盖互相备也，学者举一反三可也。

【义译】万物出现于震，震是东方的方位，是春天的象征。中国居地球之北半球，作《易》的圣人，看到太阳从东方出来，万物始出现，故曰"帝（万物）出乎震"。震为东方的卦，于一日正是卯时（早上五时至七时），太阳出来的时间。

万物整齐于巽，巽为风、为空气、为入，风能疏通气流，使万物享有清洁新鲜的空气。巽是东南的卦位，齐的意思是说万物的整洁齐一呀！日照东南方在早上辰巳二时（七时至十一时），万物欣欣齐整，普被阳光与新鲜空气，故曰"齐乎巽"。

离为火、为日、为光明。万物有了光明，才能彼此相见。正是日当午时（十一时至十三时），万物都能被照见的时候。是南方的卦位，北半球南面向阳之故。古圣先王坐北朝南而听治天下，象征着面向光明而治理天下，大致是从此获得启示的。离卦代表夏天。

坤象征着地，万物由地而获致养育，所以说"致役乎坤"。于方向正是通向西南，于一日正是下午的未申二时（十三时以后至十七时以前）。

兑卦是喜悦之意，正是秋天万物收成将至冬天收藏（放假）的时候，是万物所喜悦的。于方向正是西方，于一日正是夕阳西下，"夕阳无限好"的酉时（十七时至十九时），故曰"说（悦）言乎兑"。

战竞于乾，乾为天、为刚健，人生需要刚健战斗。于方位为西北，西北寒地，乾卦纯阳，故"战"。于一年则在秋冬之际，阴气方盛，故"战"。于一日则在戌亥二时（十九时至二十三时），阴（黑暗、寒冷）阳（光明、温暖）交相战竞。

坎是水，是冬天的象征。于一日正是子时（二十三时至次日一时）深夜，于方位正是北方的卦位。正是黑暗、寒冷万物所归息的时候。水行不舍昼夜，善洗涤万物，故是"劳卦"。

艮为山、为止。于一年正是十二月和一月的卦，于一日正是丑寅二时（早上一时至五时），于方位正是东北方。艮为山，日出于东山之上为一日之始，日没于西山之下为一日之终；一月是一年之始，十二月是一年之终，故艮卦正是万物的终点，也是万物的开始，在终而又始的阶段，故曰"成言乎艮"。

【象证】以图示八卦，方位、卦象、卦德、四时、五行、十二月、十二时，与帝出之时用表作一隅之举。

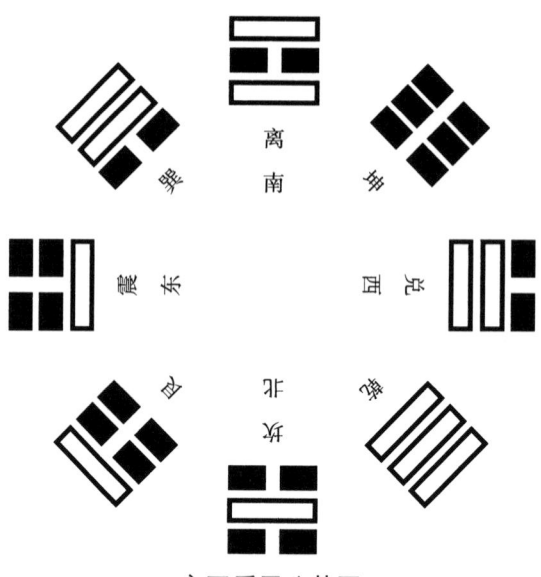

文王后天八卦图

## 八卦关系表

| 八卦 | 震 | 巽 | 离 | 坤 | 兑 | 乾 | 坎 | 艮 |
|---|---|---|---|---|---|---|---|---|
| 帝 | 出 | 齐 | 见 | 役 | 悦 | 战 | 劳 | 成 |
| 卦象 | 雷 | 风 | 火 | 地 | 泽 | 天 | 水 | 山 |
| 卦德 | 动 | 入 | 明 | 顺 | 悦 | 健 | 险 | 止 |
| 方位 | 东 | 东南 | 南 | 西南 | 西 | 西北 | 北 | 东北 |
| 四时 | 春 甲乙 |  | 夏 丙丁 | 中央 戊己 | 秋 庚辛 |  | 冬 壬癸 |  |
| 五行 | 木 | 木 | 火 | 土 | 金 | 金 | 水 | 土 |
| 十二月 | 二 仲春 | 三 季春 四 孟夏 | 五 仲夏 | 六 季夏 七 孟秋 | 八 仲秋 | 九 季秋 十 孟冬 | 十一 仲冬 | 十二 季冬 正 孟春 |
| 十二地支 | 卯 | 辰 巳 | 午 | 未 申 | 酉 | 戌 亥 | 子 | 丑 寅 |
| 二十四时 | 5-6.59 | 7-8.59 9-10.59 | 11-12.59 | 13-14.59 15-16.59 | 17-18.59 | 19-20.59 21-22.59 | 23-24.59 | 1-2.59 3-4.59 |
| 二十四山向 | 甲卯乙 | 辰巽巳 | 丙午丁 | 未坤申 | 庚酉辛 | 戌乾亥 | 壬子癸 | 丑艮寅 |

于上表吾人即能看出八卦与帝（万物）出现的详情，及其与四时、五行、四面八方、十二时、十二月、二十四小时的关系。

万物始出现于震，于十二时辰正是早上五点至六点五十九分之卯时，太阳始出，万物始出现于吾人眼前；于方位为东方，太阳从东方出来，东方始出现光明；于四时为春，为一年（春夏秋冬）的开始；于五行为木；于天干配甲乙，故甲乙东方木，木始欣荣于春；于二十四山为甲卯乙，震卦东方的方位；于十二月为仲春二月，农人耕田始作，万物始萌动；于卦象为雷，雷鸣应春为万物始生之候；于卦德震为动，万物皆需动然后能生，虽植物亦需穿破地表始能出现于大地。

万物终止于艮，艮为山，日从东山始出，从西山而终息，故其方位为东（始）北（终）；于十二月季冬（终）与正月孟春（始）；于十二时为丑（黑夜之终）与寅（白天之始），故为万物所成终而所成始。其余六卦亦依此类推可知。

此非特可以看到四时由春而夏而秋而冬，四面八方顺时针方向由东、东南、南、西南、西、西北、北、东北，亦可看出五行由木生火，火生土，土生金，金生水，水非土莫载，故垫之以土。

一日之时辰，由卯时而午时而夕阳西下（酉时）而夜（子时）而黎明渐生（寅时）之次序……后之制罗盘者，即取后天八卦之巽、坤、乾、艮，配以十二地支，加上甲乙丙丁庚辛壬癸（戊己土居中央除外），配成二十四山向，亦导源于此。

罗盘针传入欧洲，使欧人发现新大陆，开启了现代文明。飞机轮船，甚至太空梭，其方向操纵之最始源流，可以说是说卦中文王八卦之方位了。学者可不深思吗？

**神也者，妙万物而为言者也。动万物者，莫疾乎〔雷。桡①万物者，莫疾乎〕②风。燥万物者，莫熯③乎火。说万物者，莫说乎泽。润万物者，莫润乎水。终万物始万物者，莫盛乎艮。故水火相逮④，雷风不相悖⑤，山泽通气，然后能变化，既成万物也。**

【音注】①桡（náo）："曲木也"（《说文》）；或"乱也"（《集韵》）；划船的桨也叫桡，此处引申为划散也，舒通也。　②"雷。桡万物者，莫疾乎"此句从《周易集解》补入。　③熯（hàn）："干貌"（《说文》）；或音义同"暵（hàn）"，干燥也，烘炙也。　④逮："及也"（《说文》）。　⑤悖（bèi）：背逆也。

【义译】此章重申八卦是宇宙万物构造形成的八个基本因素。神明，就是神妙莫测，使天地万物（乾为天，坤为地）自然化成之意。震动万物的，没有比雷（震为雷）更厉害的了。舒散万物的，没有比风（巽为风）更厉害的了。干燥万物的，没有比火（离为火）更强烈的了。和悦万物的，没有比泽（兑为泽）更令万物喜悦的了。润泽湿润万物的，没有比水（坎为水）更能润湿的了。能够终始万物的，没有比山（艮为山）更盛明的了。

所以水和火是相及相济、相异相继的，坎为水、为月，离为火、为日，日出月没，月出日没；雷和风是相异相成，如风起而雷雨作，雷雨作而风起，不互相背逆的，山（陆地）和泽（海洋）气流气压是相通的，然后才能形成天地万物的变化，而创造构成万物呀！这就是《易经》的"创世记"呀！

# 八卦之卦德卦象

## （一）基础篇

乾，健也。坤，顺也。震，动也。巽①，入也。坎②，陷也。离③，丽也。艮，止也。兑，说也。

【音注】①巽：《彖辞》或直作"巽"，或以巽为木解之。巽者，卑顺之意。②坎：陷也。《彖辞》中多作"险"。　③离：丽也。《彖辞》多作"明"。

【义译】乾为天，天的运行刚健不息，故为健。坤为地，能顺于天，又能容物，故为顺。震为雷，雷是震动万物的，故为动。巽为风，风无孔不入，故为入。坎为水，大江大河、沟渎坎陷之水常能误陷人，故为陷为险。离为火为日，光明四照，美丽之极，万物所附丽，故离为丽为明。艮为山，山体静止，万物止息，故为止。兑为泽，万物所喜悦，故为兑。

【象证】此八卦之卦德，学者必须背诵谨记于心，方能研读《易经》。

乾为马，坤为牛，震为龙，巽为鸡，坎为豕，离为雉，艮为狗，兑为羊。

【义译】乾刚健，有马的象征。坤和顺，任重道远，有牛的象征。震为雷为动，象征着龙的善于变化行动。巽为风为入为号令，鸡司报晓，鸡鸣不已于风雨，故有鸡的象征。坎为水为豕，为猪为湿故。离为明为美丽，故有雉鸟的象征。艮为山为静止为狗，狗能止物。兑为悦为羊，为吉祥喜悦。

【象证】此以八卦配动物之象。亦可顺推其他动物，经中抑或取之，学者亦需深记。

**乾为首，坤为腹，震为足，巽为股，坎为耳，离为目，艮为手，兑为口。**

【义译】乾为天，尊而在上，故象征人身的头。坤为地，能包藏涵容，故为腹。震为动为足，以其震阳在下善动也。巽为入为卑顺，故为腹部以下，足以上之股。坎阳在中象耳，离阴虚在中象目，离为明故为目。艮为止为手，手所以止物也。兑为泽为口，兑上缺象口。

【象证】此八卦配人身之象。即《系辞》所谓近取诸身，学者亦当深记。

**乾，天也，故称乎父。坤，地也，故称乎母。①震，一索②而得男，故谓之长男；巽，一索而得女，故谓之长女。坎，再索而得男，故谓之中男；离再索而得女，故谓之中女。艮，三索而得男，故谓之少男；兑，三索而得女，故谓之少女。③**

【音注】①乾为天、为父，坤为地、为母，以天地者万物之父母故也。 ②索：求也。 ③震为长男，坎为中男，艮为少男，得乾父之初爻、二爻、三爻故也，为阳性的卦。巽为长女，离为中女，兑为少女，得坤母之初爻、二爻、三爻故也，为阴性的卦。

【义译】乾为天，天尊在上，犹家中的父亲；坤为地，保养万物，犹家中的母亲。震长男，为父母初次交索而得的男性，犹震阳之在初爻，故震为长男。巽长女，为父母初次交索而得的女性，犹巽阴之在初爻，故巽为长女。中男中女者，父母依次交索而得之男女也，犹坎阳离阴之在中爻，故坎为中男、离为中女。少男少女者，父母最后交索而得之男女也，犹艮阳兑阴之在最后第三之爻位，故艮为少男，兑为少女。

### 八卦配人伦表

| 乾 ☰ | 巽 ☴ | 离 ☲ | 兑 ☱ |
| --- | --- | --- | --- |
| 父 | 长女 | 中女 | 少女 |

| 坤 ☷ | 震 ☳ | 坎 ☵ | 艮 ☶ |
| --- | --- | --- | --- |
| 母 | 长男 | 中男 | 少男 |

【象证】此以八卦配人伦（家庭）之象。

## （二）推广篇（八卦广象）

**乾为天，为圜①，为君，为父，为玉，为金，为寒，为冰，为大赤，为良马，为老马，为瘠②马，为驳③马，为木果。**

【音注】①圜（yuán）：同"圆"。　②瘠：贫瘠、瘦弱。　③驳：颜色不纯也，色彩杂多也，斑驳也。

【义译】乾为天的象征。天体圆形，故为圆。天至高无上，如君之临治万民，父之顾养子女，故为君为父。天纯粹如玉，刚健如金，故为金为玉。乾在戌亥西北之位，九月十月之交，为寒冰之初始，且乾体刚健，故为寒为冰。大赤，乾盛阳之色。乾为马，马之健而纯者为良，健而变衰者为老，瘦而弱为瘠，颜色斑驳众多者为驳。乾为天为圆，圆而在上，故为木果。

【象证】此为乾卦的广象，盖为推广乾卦与万物的象征，作一隅之举也。

**坤为地，为母，为布，为釜①，为吝啬，为均，为子母牛，为大舆②，为文，为众，为柄，其于地也为黑。**

【音注】①釜（fǔ）：煮饭菜的大锅。　②舆：车也。

【义译】坤为地，生养万物，故为母。坤地为顺，广大能包容万物，故为布。能供养万物，故为釜。阳大，阴小，坤属阴，守约而不能广，故为吝啬。万物均取于地，地无私焉，故为均。坤为顺为牛之地，生生相继不息，故为子母牛。容载众多之万物，故为大舆。使万物欣欣向荣、美丽，故为文。生养众多，故为众。操纵万物，故为权柄。坤为阴为黑暗为地，故其于地也为黑。

【象证】此节为推广坤卦的象征，作一隅之举。

**震为雷，为龙，为玄黄，为旉①，为大涂，为长子，为决躁，为苍筤②竹，为萑苇③；其于马也，为善鸣，为馵④足，为作足，为的颡⑤；其于稼也，为反生；其究为健，为蕃鲜。**

【音注】①旉（fū）："敷"之古字；分布也，敷陈也。　②筤（láng）：苍筤竹，幼生之竹，其色青苍可爱。　③萑苇（huán wěi）：芦苇也，丛生河边、山边，亦称芦荻。　④馵（zhù）："马后左足白也。"（《说文》）⑤的颡（sǎng）：白额之马，俗谓之戴星马;"的"者,"明也"(《说文》),"白也"(《广雅》);"颡",额也。

【义译】震为雷的象征,善动荡、善变化,故有龙的象征;为天地阴阳之合,天玄地黄,故为玄黄。雷声分布广远,故为敷。一阳在下,二阴在上,似路,故为大涂(途)。

震为长男、为动、为木、为东方、为青色,故为长子、为决躁、为苍筤竹、为萑苇。

以其为雷、为动、为阳、为足,故其于马为善鸣、为馵足、为作足(起动之马)、为的颡。阳左阴右,阳白阴黑。阳在下,故其于稼穑为反生,如花生、甘薯等果实在下者皆是。

其终极的变化,由动故变刚为健,长子变父;由震阳而变巽阴,故为蕃鲜。蕃者,盛多;鲜者,鱼也;一解作春时草木繁盛新鲜。

【象证】此节为推广震卦的卦象,作一隅之举。

巽为木,为风,为长女,为绳直,为工,为白,为长,为高,为进退,为不果,为臭①。其于人也,为寡发,为广颡,为多白眼,为近利市三倍。其究为躁卦。

【音注】①臭(xiù):嗅也,气味也。

【义译】巽有为木、为风、为长女的象征,《尚书·洪范》曰:"木曰曲直。"从绳可以量木取直,工匠以绳直墨斗量木制器具,故为绳直,为工。

风无色,香臭之气味皆随风传播。风向进退不定,风在高空中亦吹送不停,木向高空渐次长高,故为白、为长、为高、为进退、为不果、为臭。

风吹则木叶尽脱,如人之寡发。巽二阳在上,一阴在下,有似于人之广颡,阳多阴少,阳为白,阴为黑,故其于人也为寡发、为广颡、为多白眼。

巽为卑顺、为入、为风、为长、为高,无孔不入,善适应环境,故以比近利市,则可获利多也,故为近利市三倍。

其终究之变化,以极卑顺的巽阴,变刚动的震阳,故为躁卦。

【象证】此为推广巽卦的象征,而作一隅之举。

坎为水,为沟渎①,为隐伏,为矫②輮③,为弓轮。其于人也,为加忧,为心病,为耳痛,为血卦,为赤。其于马也,为美脊,为亟④心,为下首,为薄蹄,为曳⑤。其于舆也,为多眚⑥,为通,为月,为盗。其于木也,为坚多心。

【音注】①渎(dú):"沟也"(《说文》),谓沟渠也。亦可解为"独也,各独出其水而入海也"(《释名》);古人以江、河、淮、济为"四渎"。 ②矫:正也,使曲者变正直也。 ③揉(róu):揉也,使直者曲也。 ④亟(jí):"敏疾也"(《说文》),即急切也;又音qì,数也,每每、屡次之意。 ⑤曳:牵引。 ⑥眚(shěng):眼病,引申为灾难之意。

【义译】坎为水,水隐伏在下,水流善变,或曲或直,水性直射如弓,运行如轮,弓轮为矫揉所成,故为沟渎,为隐伏,为矫揉、为弓轮。

坎为险,故为加忧,为心病。坎为耳,为心病,故为耳痛。坎为水在地中,犹血在人身中,故为血。血红色,故为赤。

坎阳在中,阴虚在下,为险陷,故其于马也,为美脊、为亟心、为下首、为薄蹄。因涉险心病,故拖曳。其于车也,为多眚,为盗。

水性流通,故为通。坎为水,凉性,故为月。坎阳在中,故为坚多心之木。

【象证】此为坎卦之广象,作一隅之举。

**离为火,为日,为电,为中女,为甲胄①,为戈兵。其于人也,为大腹,为干卦②,为鳖③,为蟹,为蠃④,为蚌,为龟。其于木也,为科上槁。**

【音注】①胄(zhòu):战甲头盔。 ②干卦:干燥之卦也。 ③鳖:甲鱼。 ④蠃:一说"螺蠃(luǒ)"(《说文》),薄卢也,似蜂而小。取螟蛉(桑虫)之子,殪而食其子。"螟蛉有子,蜾蠃负之。"(《诗·小雅·小宛》)又音luó,"本作螺"(《广韵》),田螺之类也,如《尔雅·释鱼》云:"蠃,小者蜬。"郭璞注:"大者如斗,出日南涨海中,可以为酒杯。"又附"蠃"郭璞注云:"即蜗牛也。"余详考上下文,当解为"螺"为是。

【义译】离为火、为日、为明、为电,有电火而后有光明。上下皆阳刚,刚阳在外,有似甲胄、戈兵。

离中虚,故其于人也为大腹。离为火,燥万物者莫熯乎火,故为干燥之卦。鳖、蟹、蠃、蚌、龟,其外形皆上下坚刚,似离卦之中虚外实之象。

离为火,火性炎上,故其于木也,为树枝上枯槁之木。

【象证】此为推广离之象征,作一隅之举。

**艮为山,为径①路,为小石,为门阙②,为果蓏③,为阍④寺⑤,为指,为狗,为鼠,为黔⑥喙⑦之属。其于木也,为坚多节。**

【音注】①径:小路。 ②阙:皇宫门外的望楼。 ③蓏(luǒ):果蓏,草本植物所结成的果实，如草莓、西瓜之类。 ④阍（hūn）："常以昏闭门隶也"（《说文》），即守门者也。古有阍人为"掌守王宫中门之禁"（《周礼·天官》）。 ⑤寺："寺之言侍也，取亲近侍御之义"（郑玄）；古有寺人为"掌王之内人"（《周礼·天官》），盖太监守卫之类也。 ⑥黔（qián）：黑色。 ⑦喙（huì）："口也。"（《说文》）

【义译】艮有山的象征，一阳在上似小路，为少男，故为小石；一阳在上、二阴对峙在下而中虚，有似门阙；阳实在二阴之上，故为果蓏。艮为止，为门，故为阍寺。

艮为手，故为指。狗能止盗，故为狗。鼠之刚在齿，鸟之刚在口，鸟嘴多黑，皆艮阳在上之象，皆山上之物，故为鼠，为黔喙之属。艮为山，阳在上，故为坚而多节之木。

【象证】此为艮之广象，作一隅之举。

**兑为泽，为少女，为巫①，为口舌，为毁折，为附决。其于地也，为刚卤②。为妾，为羊。**

【音注】①巫："巫祝也，女能事无形，以舞降神者也。"（《说文》） ②卤（lǔ）："盐泽也。天生曰卤，人造曰盐"（《广韵》），含有盐分的湖泊，如青海湖与罗布泊等。

【义译】兑为泽、为少女、为口，故为巫、为口舌。兑为正秋，秋天万物萧条，故为毁折。兑一阴于阳上，如泽有众水归附，又有溃决之势，故为附决。兑为西方，为海洋，故为刚卤。兑为少女，故为妾。为悦，故为羊。

【象证】此为兑卦之广象，作一隅之举。

【笺注】"古者民之精爽不携贰者，而又能齐肃中正，其智能上下比义，其圣能光远宣朗，其明能光照之，其聪能听彻之，如是则神明降之，在男曰觋（xí），在女曰巫。"（《国语·楚语》）

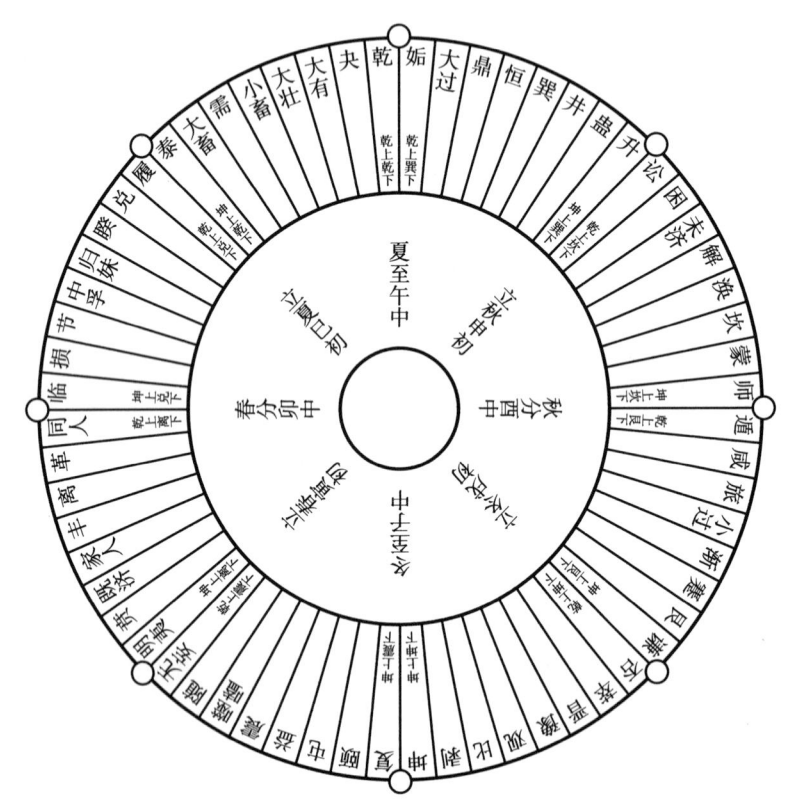

先天六十四卦节气图

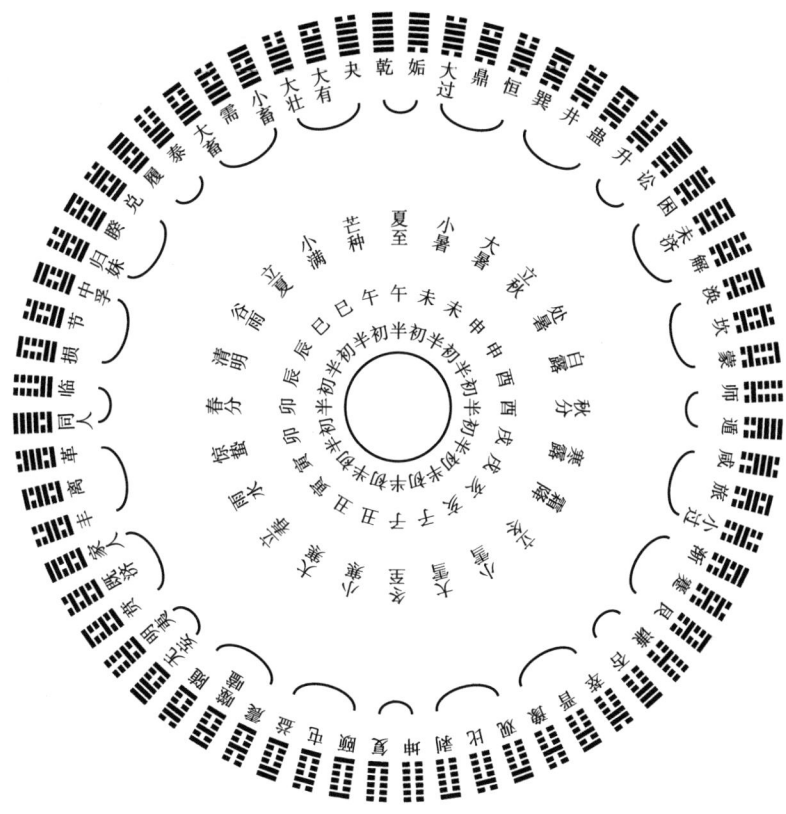

先天六十四卦节气图

# 附录  张惠言《周易虞氏义》及徐昂《周易虞氏学》补《说卦》逸象

张惠言及徐昂补《说卦》之逸象表：

| | |
|---|---|
| 乾 | 王、先王、明君、神、人、大人、圣人、贤人、君子、武人、行人、物、易、立、直、敬、畏、威、严、坚刚、道、德、盛德、行、性、精、言、信、善、扬善、积善、良、仁、爱、忿、生、详、庆、天休、嘉、福、介福、禄、先、始、知、大、盈、茂、肥、好、施、利、清、治、大谋、高、扬、宗、族、高宗、甲、老、旧、古、大明、远、郊、野、门、道门、百、岁、顶、朱、衣、圭、著、瓜、龙。（张惠言） |
| | 顶、繻、角、小君。（徐昂） |
| 坤 | 臣、顺臣、民、万民、姓、小人、邑人、鬼、形、身、牝、母、躬、我、自、至、安、康、富、财、积、聚、萃、重、厚、致、用、包、寡、徐、营、下、容、裕、虚、书、迹、近、疆、无疆、思、恶、理、体、礼、义、事、业、大业、庶政、俗、度、类、闭、藏、密、默、耻、欲、过、丑、积恶、迷、乱、弑父、怨、害、遏恶、终、永终、敝、穷、死、丧、冥、晦、夕、莫夜、暑、乙、年、十年、户、义门、阖户、闭关、盍、土、积土、阶、田、邑、国、邦、大邦、万国、异邦、方、鬼方、裳、绂、车、輹、器、缶、囊、虎、兕、黄牛、牝牛。（张惠言） |
| | 顺、大难、永、大牲、陆、基。（徐昂） |
| 震 | 帝、主、诸侯、人、士、兄、夫、元夫、趾、出、行、征、作、逐、惊走、警卫、定、百、言、讲论、议、问、语、告、响、声、音、鸣、应、交、征、反、后、后世、从、守、左、生、常、缓、宽仁、乐、笑、喜笑、笑言、道、陵、祭、邑、禾稼、百谷、草莽、鼓、筐、马、麋鹿。（张惠言） |
| | 兴、奔、奔走。（徐昂） |
| 巽 | 命、命令、号令、教令、诰、号、号咷、处女、妇、妻、商旅、随、入、处、入伏、利、齐、同、交、进、退、舞、谷、长木、苞、杨、木果、茅、白茅、兰、草木、草莽、杞、葛藟、薪、庸、床、绳、帛、腰带、繻、蛇、鱼、鲋。（张惠言） |
| | 桑、栋。（徐昂） |

| | |
|---|---|
| 坎 | 圣、云、元云、川、大川、河、心、志、思、虑、忧、谋、惕、疑、艰、蹇、恤、悔、逖、忘、劳、濡、涕洟、眚、疾、疾病、疾疠、疑疾、灾、破、罪、悖、欲、淫、寇盗、暴、毒、渎、孚、平、法、罚、狱、则、经、习、入、内、聚、脊、要、臀、膏、阴夜、岁、三岁、尸、酒、丛木、丛棘、蒺藜、棘匕、穿木、校、弧、弓弹、木、车、马。（张惠言） |
| | 积、北、美。（徐昂） |

| | |
|---|---|
| 离 | 女子、妇、孕、恶人、见、飞、爵、日、明、光、甲、黄、戎、折首、刀、斧、资斧、矢、飞矢、黄矢、网、罟、瓮、瓶、鸟、飞鸟、鹤、隼、鸿。（张惠言） |
| | 占、窥、画日、日中。（徐昂） |

| | |
|---|---|
| 艮 | 弟、小子、君子、贤人、童、童蒙、僮仆、官、友、阍、时、斗、星、沫、霆、果、慎、节、待、制、执、小、多、厚、取、舍、求、笃实、道、穴居、石、城、宫室、门庭、庐、牖、居、宗庙、社稷、鼻、肱、背、腓、皮、肤、小木、硕果、硕、豹、狼、小狐、尾。（张惠言） |
| | 拘。（徐昂） |

| | |
|---|---|
| 兑 | 妹、妻、朋、友、讲习、刑人、刑、小、少、密、通、见、右、下、少知、契。（张惠言） |
| | 西。（徐昂） |

说卦译注 | 039

# 周易撮要

## 一、三才之位

凡六十四卦，卦有六爻。其初爻与二爻为地之道；三、四两爻为人之道；五、上两爻为天之道。"昔者圣人之作《易》也，将以顺性命之理，是以立天之道，曰阴与阳；立地之道，曰柔与刚；立人之道，曰仁与义。兼三才而两之，故易六画而成卦。"（《说卦》）此之谓也。故初爻、二爻，地位；三爻、四爻，人位；五爻、上爻，天位。

【象证】☰乾九二："见龙在田，利见大人。"

郑玄曰："二，于三才为地道。"

☰乾九三："君子终日乾乾，夕惕若，厉，无咎。"

郑玄曰："三，于三才为人道。"

☰乾九五："飞龙在天，利见大人。"

郑玄曰："五，于三才为天道。"

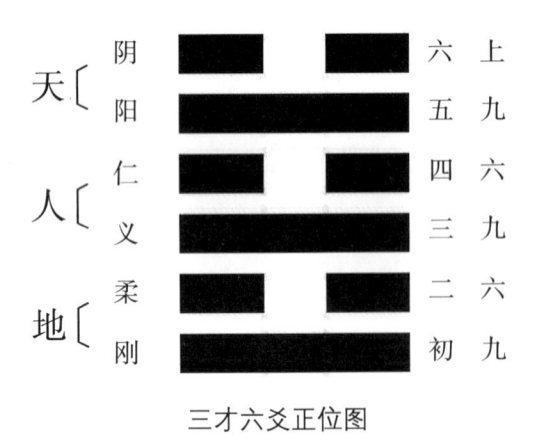

三才六爻正位图

## 二、六爻正位

凡六爻之位，初、三、五为阳位，二、四、上为阴位。因"分阴分阳，迭用柔刚，故《易》六位而成章"（《说卦》）。此之谓也。是以六爻合于此者谓之"当位",或曰"正""得位"。

【象证】䷂屯初九:"磐桓;利居贞,利建侯。"

虞翻曰:"'得'正'得'民,故利居贞。"

䷜坎六四:"纳约自牖,终无咎。"

虞翻曰:"'得位'承五,故无咎。"

䷤家人六二:"无攸遂,在中馈,贞吉。"

荀爽曰:"六二处和'得'正。"

## 三、既济定位

《杂卦》云:"既济,定也。"六爻初、三、五为阳位,二、四、上为阴位。䷾既济《象》云:"刚柔正而位当也。"故凡爻之失正者,多欲使之变正,六爻皆变正,则成䷾既济矣,故谓之"既济定位"。此虞氏注《易》之例也,荀氏亦偶用之。

【象证】䷟恒《象》:"观其所恒,而天地万物之情可见矣!"

虞翻曰:"圣人谓乾乾为道,初、二已正,四、五复位,成'既济定'。乾道变化各正性命,有两离象重明丽正,故化成天下。"

䷪夬九二:"惕号,莫夜有戎,勿恤。"

虞翻曰:"惕惧也。二失位,故惕,变离,离为戎,变而得正,故有戎。四变成坎,坎为忧,坎又得正,故勿恤。谓成'䷾既济定'也。"

䷯井上六:"象曰:元吉在上,大成也。"

虞翻曰:"初、二已变,成'既济定',故大成也。"

## 四、失位不正

六爻初、三、五为阳位,二、四、上为阴位,曰六爻正位;不合此者,谓之"失位",或曰"失正",或曰"不正"。即"乾六爻二、四、上非正,坤六爻初、三、五非正"(虞翻《系辞下·杂物撰德注》)。

【象证】䷇比六三:"比之匪人。"

《子夏易传》云："处非其位。"

☷☰ 否六三："包羞。"

荀爽云："今以'不正'，与阳相承，为四所包，违义失正而可羞者，以位不当故也。"

☵☰ 讼上九："或锡之鞶带，终朝三褫之。"

《九家易》云："初、二、三、四，皆'不正'。"

案：由是知王弼"初、上，无位"之说，误矣。

## 五、贵贱之位

《易纬·乾凿度》谓："初为元士，二为大夫，三为三公，四为诸侯，五为天子，上为宗庙。"汉儒注《易》，言及爻之贵贱者，多与此同。

【象证】☵☰ 讼上九："或锡之鞶带，终朝三褫之。"

荀爽云："鞶带，宗庙之服，三应于上，上为宗庙。"

☷☰ 泰六五："帝乙归妹，以祉元吉。"

《九家易》云："五者帝位。"

☴☳ 益六三："益之用凶事，无咎。有孚中行，告公用圭。"

虞翻云："三公位。"

☳☵ 解上六："公用射隼于高墉之上，获之，无不利。"

虞翻云："上应在三公。"

## 六、吉凶之位

六爻之中，二与四、三与五皆同功而异位。然二多誉、三多凶、四多惧、五多功，此中四爻，吉凶之位也。因"二与四同功而异位，其善不同；二多誉，四多惧，近也，柔之为道，不利远者，其要无咎，其用柔中也。三与五同功而异位，三多凶，五多功，贵贱之等也，其柔危，其刚胜邪？"（《系辞下》）

【象证】☰☱ 履九四："履虎尾，愬愬，终吉。"

虞翻云："四多惧，故愬愬。"

☷ 否六二："包承。小人吉，大人否，亨。"

荀爽云："二与四同功，为四所包，故曰包承也。小人二也，为一爻，独居间象相承得系于阳，故吉也。"

# 七、中和、中正、中行及不中例

六爻之中，二居内卦之中，五居外卦之中，故皆谓之"中"，亦曰"中行"或"中和"。若二为阴，五为阳，合于六爻之正位，则多以"中正"称之。至于三、四两爻，以其居六爻之中，抑或以"中"称之。位非二、五，则曰"不中"。

【象证】☳ 恒九二："悔亡，能久中也。"

荀爽云："能久行'中和'，故曰能久中也。"

☵ 需九五："需于酒食，贞吉。"

荀爽云："处'中'居正。"

☶ 渐《象》："进得位，往有功也。进以正，可以正邦也。其位刚，得中也。"

虞翻云："三在外体之中，故称得'中'。"

☶ 艮六五："艮其辅，言有序，悔亡。"

虞翻云："五动之中，故以'中正'也。"

☴ 益六三："益之用凶事，无咎。有孚中行，告公用圭。"

虞翻云："三为'中行'。"

☰ 乾《文言》九三："君子终日乾乾，夕惕若，厉，无咎。"

虞翻云："位非二五，故'不中'也。"

虞氏又以☷复初为"中"，此则"中"之变例也。☷复六四"中行独复"，先儒多以四为"中行"。而虞氏独以☷复初为"中行"，此乃变例，于《易》中所仅见者也。

【象证】☷ 复六四："中行独复。象曰：中行独复以从道也。"

虞翻云："'中'为初，震为行，初一阳爻，故称独；四得正应初，故曰：'中行独复以从道也。'俗说以四位在五阴之中而独应复，非也；四在外体又非内象，不在二五，何得称'中行'耳。"

# 八、乘承据应例

凡某爻在某爻之上曰"乘",多指阴爻在阳爻之上而言。凡某爻在某爻之下曰"承",多指阴爻在阳爻之下而言。故明儒来知德曰:"《易》中言'乘'者皆在上也,言'承'者皆在下也。"

【象证】☵坎六三:"来之坎坎,险且枕,入于坎窞,勿用。"

虞翻云:"三失位,'乘'二,则险;'承'五隔四,故险且枕。"

☳大壮九三:"小人用壮,君子用罔,贞厉。"

虞翻云:"应在震也,三阳君子,小人谓上,上逆故用壮。谓二已变离,离为罔;三'乘'二,故君子用罔。"

☵坎六四:"樽酒簋贰,用缶,纳约自牖,终无咎。"

虞翻云:"得位'承'五,故无咎。"

☶遁九四:"好遁,君子吉,小人否。"

虞翻云:"得位,'承'五,故无凶咎矣。"

☵蹇初六:"往蹇,来誉。"

虞翻云:"以阳'承'二。"

阳爻在阴爻之上曰"据"。阴爻而乘阳,则多危;阴爻而上承于阳,则有依而多助;阳爻而下据于阴,则多功而有益。

【象证】☲贲《彖》:"贲,亨;柔来而文刚,故亨。"

虞翻云:"人谓三,乾为人。文明,离。止,艮也。震动离明。五变'据'四。"

☵坎九二:"坎有险,求小得。"

虞翻云:"'据'阴有实,故求小得也。"

凡初与四、二与五、三与上,阳以应阴,阴以应阳,若初九应六四之类,曰"应"或曰"应与"。若初九之阳以应九四之阳,则曰"无应"或曰"敌应"。有应则多助,无应则少助。☲未济《彖》云:"虽不当位,则刚柔应也。"谓六爻阴阳皆相应也。

【象证】☶遁九五:"嘉遁,贞吉。"

虞翻云："当位'应'二，故贞吉。"

☱履初九："素履，往无咎。"

虞翻云："'应'在巽，为白。四失位，变往得正，故往无咎。"

☶艮《象》："艮其止，止其所也。上下'敌应'，不相与也。"

虞翻云："两象相背，故不相与也。"

## 九、往来

凡爻在内或由外而之内称"来"，凡爻在外或由内而之外称"往"。

【象证】☳屯卦："屯：元亨，利贞，勿用有攸'往'，利建侯。"

虞翻云："之外称'往'。"

☱履初九："素履，'往'无咎。"

虞翻云："在外称'往'。"

☳复卦："复：亨。出入无疾，朋'来'无咎。反复其道，七日'来'复，利有攸'往'。"

虞翻云："在内称'来'。"

☳震卦："震：亨。震'来'虩虩，笑言哑哑。震惊百里，不丧匕鬯。"

虞翻云："之内曰'来'。"

☱咸九四："贞吉，悔亡，憧憧'往来'，朋从尔思。"

虞翻云："之内为'来'，之外为'往'。"

## 十、隔

"隔"者，间隔也，碍难也，凡隔于他爻而不得"应""据""承""乘""往""来"者，由于间隔同类之爻也。此虞氏用以注《易》，荀氏间亦用之。故徐昂云："位不得正，不但本爻不利，抑或不利于相近之爻，此'隔'例所由生也。阳长则同性之阳爻相助，阴息则同性之阴爻相助；而阳欲得阴，往往忌同性相近之阳爻；阴欲得阳，亦往往忌同性相近之阴爻；隔于阳爻者视阴爻为多。同人卦以三阳通五阳而隔于四阳，此例之特异者也。"

主隔之爻不得位者变而之正，阻障自消。故被隔者利其之正。初位内卦之始，上位外卦之极，皆不相隔，二、三、四、五介乎初上之间，均有阻障之嫌。"（《周易虞氏学》）详哉言矣。

【象证】䷐随六二："系小子，失丈夫。"

虞翻云："应在巽，巽为绳，故称系小子。谓五兑为少，故曰小子。丈夫谓四体大过，老夫故称丈夫，承四'隔'三，故失丈夫。"

䷞咸九四："憧憧往来，朋从尔思。"

虞翻云："欲感上'隔'五，感初'隔'三，故憧憧往来。"

䷲震上六："震索索，视矍矍，征凶。"

虞翻云："上谓四也，欲之三，'隔'坎，故震索索。三已动，应在离，故矍矍者也。"

# 十一、变、动、发与飞伏

凡阳爻变为阴爻或阴爻变为阳爻曰"变"，亦称"动"，或称"发"。是以《易》之为书也不可远，为道也屡迁，变动不居，周流六虚，上下无常，刚柔相易，不可为典要，唯'变'所适"（《系辞下》）。故徐昂曰："虞氏注释卦爻，无论阴阳，或言'变'，或言'动'，例不胜举，又或称'发'。"盖物极必变，阳极变阴，阴极变阳，天下之理也。"变"也、"动"也、"发"也，其义一也，皆言爻之变动也。

【象证】䷃蒙初六："'发'蒙，利用刑人，用说桎梏，以往吝。"

虞翻云："初'发'成兑，兑为说，坎象毁坏，故曰用说桎梏。"

䷁坤六三："履霜，坚冰至。"

虞翻云："三失位，'发'得正。"

䷠遁九三："象曰：系遁之厉，有疾惫也。畜臣妾吉，不可大事也。"

虞翻云："三'动'入坤，坤为事，故不可大事也。"

䷕贲《象》："贲，亨；柔来而文刚，故亨……文明以止，人文也。"

虞翻云："人谓三。乾为人。文明，离。止，艮也。震动离明。五'变'据四，二五分则止文三。故以三为人文也。"

䷳艮六四："艮其身，无咎。"

虞翻云："艮为止，五'动'乘四，则妊身，故止诸躬也。"

☷坤《文言》："坤至柔而'动'也刚。"

《九家易》云："坤一变而成震。阴'动'生阳，故'动'也刚。"

"飞伏"者，变、动之机先也。朱震曰："凡卦见者为飞，隐者为伏。"（《汉上易丛说》）或言卦或言爻，皆言其将动之势，故称"飞伏"。

盖既有卦爻矣（飞），其势必将有变，特先则伏藏而未发耳，故称"伏"焉。《史记·律书》云："冬至一阴下藏，一阳上舒。"谓阳见阴"伏"也。荀、虞、九家皆以此注《易》，其源或出于《京氏易传》。

【象证】☷坤上六："龙战于野，其血玄黄。"

荀爽云："下有'伏'乾。"盖坤六爻皆阴，皆变则为乾，今见坤，未见乾也，故称"下有'伏'乾"。

☷坤《文言》初六："履霜，坚冰至。"

荀爽云："坤下有'伏'乾，履霜坚冰至。"

☷坤《文言》六三："含章可贞。或从王事，无成有终。"

荀爽云："六三阳位，下有'伏'阳。"

☱睽《象》："说而丽乎明，柔进而上行，得中而应乎刚；是以小事吉。"

虞翻云："应乾五'伏'阳，非应二也。"盖睽六五，阴爻居五，失位不正。将变故称"伏阳"。

☱困《象》："泽无水，困；君子以致命遂志。"

虞翻云："君子谓三，'伏'阳也。"

# 十二、权变

正以行常，权以应变。权者，变而为权宜之计也，亦即"巽以行权"也。

【象证】徐昂曰："爻本得正，而变为不正，权也。变正为不正，而终复正位，权而不失乎经者也。☶渐上九（'鸿渐于陆，其羽可用为仪，吉。'）虞注云：'三已得位，又变受上权也。'张注云：'《系》曰："巽以行权。"☶渐、☲家人皆体巽。'按巽上爻应三，取三权变，巽之行权在此。☲家人上体巽三权变。（《象传》张注：'所谓权也。'）☲家人由☶遯初至四，☶遯二、三、四互巽，三本得正，而消成否，与上易位，即权变也。"（《周易虞氏学》）案：详哉言矣。

张惠言《虞氏消息·论权》云："凡卦不成☵☲既济者多为☴☲家人。"

徐昂曰："凡先变成☴☲家人而后成☵☲既济者，亦家齐而后国治天下平之道耳。"案：然则权变之义深矣。

## 十三、易位与利之正

凡六爻中有二爻以上失位，互易其位则得正者，谓之"易位"。凡相应之爻有失位者，则得位者利失位者之正（前往变正），遂得相应，谓之"利之正"。

### （一）易位

其"易位"之法有二：正例、变例。

1. 正例：徐昂曰："凡卦中有数爻皆失位者，以相应之爻易位为正例。如初、四相易，二、五相易，三、上相易皆是。☷☱萃初六（'有孚不终，乃乱乃萃，若号一握为笑，勿恤，往无咎。'）张注云：'初、四易，爻之正也。'六三（'萃如，嗟如，无攸利，往无咎，小吝。'）注云：'三之四非正。'即因初、四相应，三、四相承而非相应者也。"（《周易虞氏学》）

2. 变例：徐昂曰："位高者可求于下，位下者不宜于上，☶☵蒙五当求二，二不当求五，此乃一例。其由下往上者如☶☱损九二（'利贞，征凶，弗损，益之。'）虞注云：'二之五成☴☶益。'上九（'弗损益之，无咎，贞吉，有攸往，得臣无家。'）虞注云：'谓三往之上。'此又一例。"（《周易虞氏学》）案：此上为"易位"之法。

### （二）利之正

"利之正"者，"是皆因相应之关系而欲同归于正，乃能相得也"。其基本有六种："初得位而四不得位，初利四之正。四得位而初不得位，四利初之正。二得位而五不得位，二利五之正。五得位而二不得位，五利二之正。三得位而上不得位，三利上之正。上得位而三不得位，上利三之正。"（徐昂《周易虞氏学》）

然亦有变例者二：

其一，徐昂曰："（若）阳乘阴吉，阴承阳吉，二阳相值或二阴相值，承上乘下皆不利，故利失位者之变动。䷩益二、三皆阴爻，而三失位，二利三之正，已得以阴承阳也。䷟恒四阳失位，五阴亦失位，四利二上之五，已变之正，得以阴承也。䷭升、䷯井二、三皆阳爻而二失正，三皆利二之正，已得以阳乘阴也。'承'者，下利上之变；'乘'者，上利下之变。例可类推。"（《周易虞氏学》）

其二，徐昂曰："其有利变而阴乘阳、阳承阴者，以阳实阴虚相得，别为一例。䷩益三、四皆阴爻，四利三之正，䷎谦、䷭升五上皆阴爻，上皆利五之正，虞氏所谓已得以为实也。䷍大有三、四皆阳爻，二利四变。䷴渐五、上皆阳爻，五利上之三。此乃阳得阴以为虚是也。"（《周易虞氏学》）

案：此利之正之变例也。其有利变而阴乘阳、阳承阴者，以阳实阴虚相得，别为一例。益三、四皆阴爻，四利三之正，谦升五上皆阴爻，上皆利五之正，虞氏所谓已得以为实也。大有三、四皆阳爻，二利四变。渐五、上皆阳爻，五利上之三。此乃阳得阴以为虚是也，此利之正之例也。

## 十四、爻之

凡六爻中有二爻以上相往来，而另成一卦者，谓之爻之。其形式有"互易""推迁""上息"三种。

### （一）互易

即第五爻与第二爻互易。

徐昂曰："互易如䷊泰五之二为䷾既济，第五爻与第二爻互易；䷋否二之五为䷿未济，第二爻与第五爻互易。此例最多。"（《周易虞氏学》）

### （二）推迁

即初爻移置上位，二三四五上爻递降为初二三四五爻。

徐昂曰："推迁如䷊泰初之上为䷨损，䷊泰卦初爻移置上位，二三四五上爻递降为初二三四五爻；☷☰否上之初为☴☳益,☷☰否卦上爻移置初位,初二三四五爻递升为二三四五上爻。☰☶遁上之初为☳☰无妄,☳☰大壮初之上为☶☰大畜,例可类推。"(《周易虞氏学》)

## （三）上息

多阳变阴，阴变阳。

徐昂曰："上息之卦多阳息阴、阴息阳，如☶☷谦三之坤初为☷☳复，上息☰☱履。☶☷谦卦第三爻降至坤初为☷☳复，将原有初爻阴化为阳，二四五上爻皆阳息阴，原有第三爻位阳化为阴（上息☰☱履）。☷☵师二之坤初为☷☳复，上息☰☲同人，即☷☵师二降之坤初，三四五上爻皆阳息阴，原有第二爻位阳化为阴。"(《周易虞氏学》)

# 十五、卦主

卦主者，卦中之主爻也。☴☳无妄《彖》云："刚自外来而为主于内。"此卦主之谓也。一般以五君位为卦主；变例如☷☲明夷以上六为暗主，指纣王。

一阴五阳之卦，则阴为之主。一阳五阴之卦，则阳为之主。五阳得正者多以阳为卦主，五阳失正而二阴得正者，则或以二阴为卦主。为卦主而不得正者多宜变之正，余皆视其爻之在卦中之地位而定。

【象证】徐昂曰："无妄由☰☶遁之外卦上九刚爻来至内卦降初之下，乾元得正，故为卦主，六十四卦莫不有主，孔子特举其例以发凡耳。"(《周易虞氏学》)

☷☵师九二："象曰：在师中吉，承天宠也。"

张惠言云："'卦主'九五。"

☴☳无妄初九："无妄，往吉。"

张惠言云："初为'卦主'。"

☳☵解初六："无咎。"

张惠言云："解主九二。"

☳☱归妹九二："眇能视，利幽人之贞。"

张惠言云："'卦主'在四。"

## （一）如何识"卦主"

徐昂曰："《易》学诸家所定之卦主，有合乎定则者，亦有与虞氏消息相合者。卦主必得其位，失位而为卦主，必变而之正，☰乾卦主九五、☷坤卦主六二。"（《周易虞氏学》）

## （二）"卦主"之法

1. 一阳五阴之卦：以一阳为卦主，如☷复初九、☷师九二、☷谦九三、☷豫九四、☷比九五、☷剥上九。

2. 一阴五阳之卦：以一阴为卦主，如☰姤初六、☰同人六二、☰履六三、☰小畜六四、☰大有六五、☰夬上六。

3. 二阳四阴之卦：以一阳或二阳为卦主，如☷屯初九、☷需初九、☷蒙九二、☷蹇九五、☷萃九五、☷颐上九。

4. 二阴四阳之卦：以一阴或二阴为卦主。一阴为卦主，如☰家人六二、☰大畜六五、☰睽六五、☰鼎六五。二阴为卦主，如☰遁初六、六二，☰巽初六、六四，☰离六二、六五，☰中孚六三、六四，☰兑六三、上六。

5. 二阴四阳之卦：以一阳为卦主，如☰无妄初九、☰大壮九四、☰需九五是也。

6. 三阳三阴之卦：阳爻卦主，如☷随初九、☷益初九、☷泰九二。阴爻卦主，如☰否六二、☰旅六五。

7. 卦主为阳爻者，或兼取阴爻：☷师、☷蒙、☷泰、☷解卦主九二，☷颐卦主上九，皆兼以六五为卦主。

8. 卦主为阴爻者，或兼取阳爻：☰睽六五兼以九二为卦主。

案：以上为徐昂《周易虞氏学》之"卦主"之说也。

# 十六、互体

"互卦"亦称"互体"，或称"体"。刘师培《经学教科书》云："互体"有九，卦变有七。吾师高仲华夫子著《周易研究》，从而阐述其义，谓说《易》用互体以与正卦相参。谓之"互体"，此即太卜所用占法，而《说卦》所谓"分阴分阳，迭用柔刚"者也。《易大传》所谓："杂物撰德，辨是与非，则非其中爻不备。"即"二与四同功而异位""三与五同功而异位"者，是谓二至四、三至五，两体交互成一卦也，是为"互体"之正例。

至于变例有四爻、五爻、二爻、一爻之互，兹分述之如下：

## （一）二至四三爻互卦之法

即《易大传》所谓"二与四同功而异位者也"。
【象证】☷蒙卦郑玄注云："'互体'震而得中。"
☰同人《象》郑玄注云："卦'体'有巽。"

## （二）三至五三爻互卦之法

即《易大传》所谓"三与五同功而异位者也"。
【象证】☰大畜六四郑玄注云："'互体'☳震。"
☲离九四郑玄注云："'互体'☱兑。"

## （三）中四爻互卦之法

谓此卦二爻至五爻，易为他卦上半下半四爻，而中增二爻，以另成一卦者也。亦可以二三四爻为下卦，三四五爻为上卦互成。
【象证】☰大畜九三虞翻注云："二已变，二至五'体'☷师象。"
☲睽初九虞翻注云："四'动'得位，二至五'体'☷复。"

## （四）下四爻互卦之法

谓以此卦初至四四爻，易为他卦上半下半四爻，中增二爻，而另成一卦者也。

【象证】☴蛊六四虞翻注云："四阴'体'☱大过本末弱。"

亦可以初二三爻为下卦，二三四爻为上卦互成。

【象证】☷☳无妄《象》虞翻注云:"'体'☶☳颐养象。"

## (五)上四爻互卦之法

谓以此卦三至上四爻易为他卦上半下半四爻,中增二爻,而另成一卦者也,此为正例。
【象证】☶☰大畜六五虞翻注云:"三至上'体'☶☳颐象。"

此正例亦可以三四五爻为下卦,四五上爻为上卦互成,此为变例。
【象证】☳☲丰上六虞翻注云:"三至上'体'☳☰大壮屋象。"案:此尚增一阳爻变例是也。

## (六)下五爻互卦之法

即以初至五五爻,另加一爻,以成一卦者也。
【象证】☳☷豫《象》虞翻注云:"初至五'体'☵☷比象。"

亦可以用初二三爻为下卦,三四五爻为上卦互成。
【象证】☱☷萃《象》虞翻注云:"五至初有☴☷观象。"

## (七)上五爻互卦之法

即以二至上五爻,另加一爻,而互成他卦者也。
【象证】☲☰大有九三虞翻注云:"二变得位,'体'☲☴鼎象。"

亦可以二三四爻为下卦,四五上爻为上卦互成。
【象证】☶☵蒙《象》虞翻注云:"二至上有☶☳颐养象。"

## (八)两画互卦之法

亦谓之半象。凡每卦初与二为下半,五与上为上半;其二与三、三与四、四与五，皆兼有上半与下半。

【象证】☷ 震二、三，坤象。☵ 巽四、五，坎象；☵ 大有四、五，坎象。☵ 震三、四，坎象。☰ 涣五、上，乾象。☴ 兑三、四，巽象。

## （九）一画互卦之法

亦即爻体也。

【象证】☴ 贲六四郑玄注云："六四巽爻也。"

☷ 萃《象》郑玄注云："'四本震爻'，震为长子；'五本坎爻'，坎为隐伏，居尊而隐伏，鬼神之象；长子入阙，升堂祭祖祢之礼也，故曰王假有庙。'二本离爻'也，离为目，居正应五，故利见大人矣。"

☵ 井九二郑玄注云："九二坎爻也，九三艮爻也。"

## （十）八卦正位图

八卦正位：初九：震。

　　　　　六二：坤、离。

　　　　　九三：艮。

　　　　　六四：巽。

　　　　　九五：乾、坎。

　　　　　上六：兑。

来知德《八卦正位图》

乾在五　乾属阳，五以阳居阳位，故为正位

兑在六　兑属阴，六以阴居阴位，故为正位

离在二　离属阴，二以阴居阴位，故为正位

震在初　震属阳，初以阳居阳位，故为正位

巽在四　巽属阴，四以阴居阴位，故为正位

坎在五　坎属阳，五以阳居阳位，故为正位

艮在三　艮属阳，三以阳居阳位，故为正位

坤在二　坤属阴，二以阴居阴位，故为正位

# 十七、卦变

## （一）旁通之法

凡一卦六爻皆变而成他卦者，谓之"旁通"。《乾文言》云："六爻发挥，旁通情也。"陆绩注："乾六爻发挥旁通于坤。"明此"旁通"之法所由仿也，明儒来知德即谓之"错卦"。如☰乾与☷坤旁通，䷋否与䷊泰旁通，☳震与☴巽旁通是也。

凡此卦与彼卦旁通，则此卦之义互见于彼。如䷆师与䷌同人旁通，䷌同人九五言"大师克相遇"，而䷆师六五言"长子帅师"。䷺涣与䷶丰旁通，䷶丰九四言"遇其夷主"，而䷺涣六四言"匪夷所思"。

## （二）相错之法

有旁通之卦即有"相错"之卦。故《易大传》曰："八卦相荡。"《说卦》曰："八卦相错。"如☰乾与☷坤旁通，而䷋否与䷊泰即为☰乾☷坤相错之卦。☳震与☴巽旁通，而䷟恒与䷩益即为☳震☴巽相错之卦。

凡此卦与彼卦相错者，则此卦之义，亦互见于彼卦。如䷃蒙䷰革为䷮困䷕贲之相错，故䷃蒙六四称"困蒙"。䷤睽䷦蹇为䷷旅䷻节之相错，故䷦蹇九五称"象曰：大蹇朋来，以中节也"。

## （三）变化之法

一爻变易者为变化之法。《说卦》云："然后能变化，既成万物也。"虞翻云："谓乾变坤化。"《左传·昭公二十九年》云："在乾之䷫姤。"又曰："䷁坤之䷖剥。"均一爻之变化也。

【象证】☰乾初九变䷫姤，九二变䷌同人，九三变䷉履，九四变䷈小畜，九五变䷍大有，上九变䷪夬是也。

## （四）反复之法

亦即"反卦"，凡六爻倒反者为"反复"，即倒反以观之者也。☰乾《文言》与☷复《象》皆云"反复其道"，即此之谓也。盖"反复"者，六爻倒反之谓也。如☷临反复之则为☷观，☴渐反复之则为☷归妹。来知德谓之"综卦"。

【象证】☷观《象》："风行地上，观；先王以省方，观民设教。"

虞翻云："☷观反☷临也。"

☴渐《象》："渐之进也，女归吉也。"

虞翻云："反成☷归妹。"

## （五）往来之法

一爻移易者为"往来"。☵蹇六四"往蹇来连"。荀爽云："欲往之三，不得承阳，故曰'往蹇'也，来还承五，则与至尊相连，故曰'来连'也。"此"往来之法"所由仿也。

【象证】虞翻注☶蛊《象》云："☷泰初之上。"

虞翻注☷临云："二五易位成☵屯。"

## （六）上下易之法

即"两象易"也。有三种：

1.三与六互易：如《系辞下》："易之以书契，盖取诸☱夬。"虞翻注云："☱履，上下易也。"☱夬、☱履即"两象易"。

2.一与四互易：如☴小畜《象》虞翻注云："☷豫四之坤初为☷复。"☷豫、☷复即"两象易"。

3.上下卦互易：☶大畜《象》虞翻注云："此☱萃五之复二成☷临。"☱萃、☷临亦"两象易"。故惠栋《易例》云："☷豫者，☷复两象易也；☱萃者，☷临两象易也。"

## （七）升降之法

一爻交易为升降，创于荀爽。凡阳爻在下者当升上，阴爻在上者当降下；意谓君子当升，小人当降。盖升降者，二与五易，初与四易，三与上易；若本卦无可易，则以此卦之二爻，交彼卦之五爻，以此卦之初爻交彼卦之四爻，以此卦之三爻交彼卦之上爻；即《系辞》所谓各指其所之也。

【象证】☰乾《文言》："日月合其明。"

荀爽云："☷坤五之☰乾二成☲离，☰乾二之☷坤五为☵坎。"

☰乾《文言》："九四：或跃在渊。"

荀爽云："☰乾者，君卦，四者臣位也，故欲上跃居五下者，当下居☷坤，初得阳正位。故曰：上下无常，非为邪也。"

☰乾《文言》："隐而未见，行而未成，是以君子弗用也。"

荀爽云："隐而未见，谓居初也；行而未成，谓行之☷坤四，阳居阴位未成为君，☰乾者君卦也，不成为君，故不用也。"

☷坤《象》："坤，含弘光大。"

荀爽云："☰乾二居☷坤五为含，☷坤五居☰乾二为弘，☷坤初居☰乾四为光，☰乾四居☷坤初为大。"

# 十八、八卦方位

### 八卦之方位表

| 震 | 巽 | 离 | 坤 | 兑 | 乾 | 坎 | 艮 |
|---|---|---|---|---|---|---|---|
| 东 | 东南 | 南 | 西南 | 西 | 西北 | 北 | 东北 |

此表据《说卦·帝出乎震》一章所制。宋儒以之为文王八卦之方位，抑或称后天八卦之方位。

虞氏亦以此注《易》。如☴小畜九五，☷泰九四，☲离大象，☳震上六，☱归妹《象》及六五，☴中孚六四，☵既济九五，皆以震东兑西易。☷☵蹇之利西南，则以坤为西南方而言。又有月体纳甲之方位，盖以坎月在西南，震象位西，兑象在南，乾坤在东而言者也。

周易撮要 | 059

徐昂曰："虞言坎为月，月生西南者，据月体纳甲方位而言，震象三日出庚，位西方，兑象见丁，位南方。《系辞传》：'八卦成列，象在其中矣。'虞注云：'象谓三才，成八卦之象，乾坤列东，艮兑列南，震巽列西，坎离在中，故八卦成列，则象在其中。'此以月体纳甲方位解释八卦，举东西中而缺北方者，盖北方即东方乾坤与中央坎离会合之处。"（《周易虞氏学》）

## 十九、十二消息

消者，谓阴阳之消剥也；息者，谓阴阳之增长也。阳消则阴息，阳息则阴消，此一定之至理也。十二消息者，谓以十二卦配十二月，以状阴阳消息之情况者也。

冬至之时，一阳始生，序属仲冬，于月为十一月，于卦为☷☳复。虞氏注云："阳息坤。"谓十月孟冬，于卦为☷☷坤，坤无阳至十一月一阳生，谓阳气自坤中而生出一阳也。

十二月季冬，二阳始生，于卦为☷☱临。虞注云："阳息至二。"谓阳生长至二爻也。

正月孟春，三阳生，于卦为☷☰泰，俗称三阳开泰者，此之谓也。虞注："阳息坤。"谓阳生满于坤之内卦也。即阳息至三也。

二月仲春，四阳生，于卦为☳☰大壮。虞注："阳息泰也。"谓阳从☷☰泰三阳中增长至四阳而成☳☰大壮也，即阳息至四也。

三月季春，五阳生，于卦为☱☰夬。虞注："阳决阴，息卦也。"谓阳息至五，其势足以消去阴也。

四月孟夏，阳盈满，于卦为☰☰乾，六阳俱长。

五月仲夏，一阴始生，于卦为☰☴姤。虞注："消卦也。"谓阳消之卦也。

六月季夏，二阴生，于卦为☰☶遁。虞注："阴消姤二也。"谓阴消阳至二也。

七月孟秋，于卦为☰☷否。虞注："一阴消乾。"谓阴消去乾之内卦而成否也。

八月仲秋，于卦为☴☷观，阴消阳至四也。

九月季秋，于卦为☶☷剥，言阴消阳至五，将至剥落也。

十月孟冬，于卦为☷☷坤，此阴盈满之卦也。

此即十二月消息也，亦谓之十二辟卦。辟者，君也，主也，谓主于一年十二月阴阳消息者也。创自孟氏，焦氏、京氏亦从而推衍之，郑、荀、虞亦用此释《易》。今存孟京《卦气图》，以十二消息为辟卦，坎离震兑分主春夏秋冬、东南西北，为四方伯卦，余四十八卦，分属公卦、侯卦、大夫卦、卿卦。其中侯卦以内外卦分主二位。此四十八卦及十二辟卦成圆周，以三百六十五又四分之一日规之，每卦分主六日七分，一日为八十分，统谓之杂卦。京房《上封事》谓"（杂卦）并力而乘消息"者，谓群臣并力而凌君也。此已详具于孟氏及京氏《易阐微》之中，今不备叙。

## 十二消息表

| 月 | | 卦 | | 建 |
|---|---|---|---|---|
| 十一 | 仲冬 | ䷗ | 复 | 子 |
| 十二 | 季冬 | ䷒ | 临 | 丑 |
| 一 | 孟春 | ䷊ | 泰 | 寅 |
| 二 | 仲春 | ䷡ | 大壮 | 卯 |
| 三 | 季春 | ䷪ | 夬 | 辰 |
| 四 | 孟夏 | ䷀ | 乾 | 巳 |
| 五 | 仲夏 | ䷫ | 姤 | 午 |
| 六 | 季夏 | ䷠ | 遁 | 未 |
| 七 | 孟秋 | ䷋ | 否 | 申 |
| 八 | 仲秋 | ䷓ | 观 | 酉 |
| 九 | 季秋 | ䷖ | 剥 | 戌 |
| 十 | 孟冬 | ䷁ | 坤 | 亥 |

# 六十四卦上经

# 乾

乾为天

| 卦体 | 下卦乾 | 上卦乾 |
|---|---|---|
| 卦象 | 为天 | 为天 |
| 卦德 | 为健 | 为健 |

| 错卦 | 反卦 | 下互卦 | 上互卦 | 消息卦 | 附注 |
|---|---|---|---|---|---|
| 坤卦 | 乾卦 | 乾卦 | 乾卦 | 建巳辟卦 | 九二，下卦为离卦二、四二爻变为坎 |

乾为天、为阳、为君、为父、为君子、为龙，是宇宙万物之始，故为《易经》第一卦。

太史公《史记·屈原列传》云："夫天者，人之始也；父母者，人之本也；人穷则本反。故劳苦倦极，未尝不呼天也；疾病惨怛，未尝不呼父母也。"《帛书·二三子问》以龙能变化于天地、海洋与人间，是故《易经》以龙象乾。

乾①：元②亨③利贞④。⑤

【音注】①乾：为天、为刚健的意思。又有为龙为君王的象征。 ②元：伟大。 ③亨：亨通，成功。 ④贞：正也。 ⑤卦画下之辞为卦辞，文王所作，以示全卦的德象。

【义译】具有乾卦像天一样刚健德性的个人、国家或团体，是伟大成功的；欲永远保持伟大成功，利在坚固地守着正道。

【象证】乾为天，上下卦都是天，天广大无边，六通四辟，无所不通，所以是元亨；天行云布雨，一秉至公，毫无私欲私情，普利万物，所以元亨；天纯正，日月往来，春夏秋冬，皆依正道循环不息，浩瀚天星皆各守正道而不相侵犯，所以天道永远坚固地守着正道，利贞。天道永远利贞，故永远伟大成功。

君子及为人君王者，法天而行（天人合一，以人合天），则在伟大成功后，一定要永远坚固地守着正道，方能有利，元亨方能永享，如伏羲、神农、黄帝、尧、舜是也。虽一时未能元亨，然能坚贞持正，则亦能永远伟大成功，如孔子、孟子是也。若元亨而不守正，则其伟大成功如昙花一现，终必失败，如唐玄宗是也。君子知之，故元亨矣，利在坚贞持正；虽未元亨，而能利贞，终必元亨。故曰："乾，元亨利贞。"

乾为健，上下皆刚健。国家或团体能如此则必元亨，欲永远伟大成功，则需坚持正道，方为有利。我中华民族称雄世界五千余年（元亨），而从未消灭一个国家，只有文化的融合，没有武力的侵略，济难扶倾，兴灭国，继绝世，薄来厚往，如此坚守正道（利贞），故永远伟大成功（元亨）。如清末之助朝鲜抗日、助越南抗法，二战抗日卫国，并助印度、韩国、越南独立。故中华民族是永远伟大成功，永远刚健不息，永远秉持"乾，元亨利贞"的。

《象①》曰：天行健②，君子以自强③不息④。

【音注】①象：《象辞》，孔子所作。在《象辞》之后，总释一卦之卦象，而以

六十四卦上经 乾卦 | 065

人事明之者曰《大象》，所以明示天人合一、以人合天之旨者也。在爻辞之后，解释爻辞者曰《小象》。 ②健：刚健。无欲则刚，有容乃大，无欲则能专心致志，故能存天理之正道，去人欲之私情，方能刚健。 ③强：自勉图强也；"彊"之假借，"健也"（《广韵》）。 ④息：止。

【义译】《象辞》上说：天的运行是刚健的。君子当效法天道，天人合一，自勉图强，努力奋进，永恒不息。

【象证】乾为天为健，上下往返皆为乾，故天行健。君子法之，天人合一，当以自强不息、奋斗努力，无一毫停止懈息，方能以人合天。孔子发愤忘食，乐以忘忧，不知老之将至；孔子语子贡曰："生无所息。"（《列子·天瑞》）生命不息，奋斗不止也。

## 初九①：潜②龙③勿用。

【音注】①初九：《易经》的符号，阳爻（—）曰九，阴爻（--）曰六，《易经》的爻位，自下而上。初是最下一爻，最下一爻是阳则曰初九，是阴则曰初六。 ②潜：深藏。 ③龙：是动物的神，能兴云布雨，利益万物，常用以比喻君子或国王。古人望子成龙者，欲其子为君子，为人上之人也。

【义译】乾卦最下第一爻初九，象征着潜藏在深渊的龙，不能施用。

【象证】乾为天，天道变化多端似龙，故乾卦也有龙的象征。龙是兴云布雨利益万物的，正如君子、国王的政治教化需利益万民一样。今龙潜藏在深渊，不能利益万物，所以不能施用。正如君子不得其时，或遇乱世隐居不仕，如颜渊、崔子是也，如诸葛孔明在隆中未遇刘备之时是也。

三才之位，初与二是地位，初九在地下，乾为龙，故曰"潜龙"。又初九变阴，则下卦巽为入，潜入地下，亦为潜龙之象。龙潜地下，君子隐居不仕，无以施其才，故"勿用"。

于贵贱之位，初是士的位置。于六爻之位，初是阳位。初九以阳爻居阳位，得到正位，正宜安分守己，坚守正位，故曰勿用。如强要用，不安分守己，则如古今中外政变败亡之士，触法犯矩之徒，"殷鉴不远"，可不慎乎？

## 《象①》曰："潜龙勿用"，阳在下也。

【音注】①象：此以下至《文言》曰以前，乃解释爻辞之《小象》，保留后汉郑玄以十翼解经之《易经》原本。自坤卦以后《大象》置《象辞》之后，《小象》置爻辞之后，乃王弼之《易经》注本。至于古代《易经》原本，则先总聚六十四卦的卦爻辞（经）而置之于前，分《上经》三十卦，《下经》三十四卦，然后方总聚六十四卦的《象辞》上下，依次为《象辞》上下，《系辞》上下，《文言》《说卦》《序卦》《杂卦》，共十二卷。

【义译】初九：潜龙勿用，因阳在最下之位。

【象证】初九：于三才之位，为地下之位，故曰潜。于贵贱之位，为士农工商。乾为阳，凡人在下位，抱负未能实行，故勿用；如用，则如反叛分子之乖戾而受凶灾也。

## 九二①：见②龙在田③，利见大人。

【音注】①九二：下面算起第二爻是阳爻曰"九二"，阴爻曰"六二"。 ②见：又音 xiàn。 ③田：地上为田。

【义译】乾卦九二象征着龙出现在田上，犹如君子德智已足，宜进一步利见大人物，方能一展所学。

【象证】九二：以阳居阴位，不得正位，变为阴爻则下卦为离，离为火、为目、为见；乾为龙，故曰"见龙"。地上曰田，二在三才之位为居地位之上，故曰"在田"。二于贵贱之位为大夫，欲有所作为当利见大人物，得其提拔，方能一展所学，普济万民。

龙出现在田上，犹未能兴云布雨利益万物，欲普利万物，只有进一步飞升天上方可。大夫欲博施济众普利万民，得升高位，需大人提拔。如姜太公以东夷之人而垂钓陕西，欲利见文王耳；得文王提拔，创周代八百年江山，本身及后代受封为齐王，享无疆之福。

## 《象》曰："见龙在田"，德施普也。

【义译】九二见龙在田，需利见大人，方能得到好的职位，而普遍地施恩德于民。

【象证】二居大夫之位，在内卦之中，而以阳居阴，未得正位，故必利见大人，方能得其权位，而施展其救国救民之抱负，如伊尹、太公之见商汤、文王，方能一展长才，普利万物。

## 九三①：君子终日乾乾②，夕惕③若④厉⑤，无⑥咎⑦。

【音注】①九三：从下面算起第三爻是阳爻故曰九三，阴爻则曰六三。 ②乾乾：乾为刚健，乾乾是非常刚健。 ③惕：警惕，敬谨，小心谨慎。 ④若：如。 ⑤厉：危。 ⑥无：《易经》有"无"之"无"，皆作"无"，今人或作"旡（jì）"，错字也。无，《说文》以为古文无也。旡，饮食气逆不得意。二字义别，确勿混。 ⑦咎（jiù）：过失也，灾害也，归罪也。

【义译】乾卦九三：指示君子每天都要非常刚健地努力，从早到晚都非常小心谨慎，就像危险在身边一样，如此就没有灾害了。

【象证】九三位在上下乾卦之间，故曰"乾乾"，九二不得正位变阴爻，则下卦离为日，三在其上，故曰"终日"，故曰"夕"。九四亦不得正位变阴爻，则二、三、四此三爻为坎，坎为危险，故需惕厉小心。

初三五为阳位，九三以阳爻居阳位得到正位。三才之位，三和四为人位，九三得人之正位，故曰君子。于贵贱之位，三为三公，犹今各部会首长。

君子身居三公之位，为国家之高级公务员，为国家做事需终日乾乾，从早至晚警惕小心，方能保国家以无咎，而自己方得平安。凡公务员，务必如此，则吾国必能强盛矣，可不勉哉！如周公"思兼三王，以施四事（禹汤文武所行之事），其有不合者，仰而思之，夜以继日，幸而得之，坐以等旦"（《孟子·离娄下》）；又如吴汉为汉光武帝做事，终日不出公家之门；诸葛孔明一生功业皆成于小心谨慎，终日乾乾。故周公辅周成王，定八百年之江山；吴汉佐光武称霸，成东汉之帝业；孔明能使刘备鼎立三国。皆由"终日乾乾，夕惕若厉"之故也。

亦有以"夕惕若，厉，无咎"断句者，则解作：从早至晚，警惕的样子，虽危无咎矣。

《象》曰："终日乾乾"，反复道也。

【义译】乾卦九三需以乾乾夕惕，一而再，再而三，行而复行，刚健又刚健，都在大道之中，以执行其任务，方能胜任高级领导、高级公务员。

【象证】三为三公，需整日刚健不息，警惕小心。

做负责尽职之公务员，方不违大道，方得保国无忧，不致颠越。如文王创业时日昃不暇食，东汉光武帝带领军队时日夜忧勤，诸葛孔明一生谨慎，皆成功业。

**九四**①：**或跃**②**在渊，无咎。**

【音注】①九四：从下面算起第四爻是阳爻曰九四，阴爻则曰六四。 ②跃：跳升。

【义译】乾卦九四象征着跳升上来，或者仍然降下深渊，无所过咎。

【象证】二四上为阴位，九为阳爻，九四以居四之阴位，不得正位，或有变化，故曰"或"。九四变阴，则上卦变成巽，巽为股、为入，故曰"跃"。

九二、九四皆变则二三四爻成坎，坎为穴、为险陷，故曰"渊"。九四不得正位，或跃升上卦，或仍在下卦；四与初位置相当，初在三才为地下之位，故曰"在渊"。皆由时运之不得已，或由自己之咎由自取，故无所过咎。

九四于三才之位为人位，不得其正，于贵贱之位为诸侯之辅相天子者。遇时运之来，则跃升而起，如舜、禹、周公、诸葛亮、司马光、张居正皆曾为三公，而跃升为宰辅。若时运不遇，为在渊之隐士，如庄光、许由古今隐士是也。或跃升或在渊，皆时运际合，不怨不尤，柔而能刚，坚守正道，故无所归罪，无所过咎。

**《象》曰："或跃在渊"，进无咎也。**

【义译】九四或跃在渊，是说只有前进跃升才没有过咎呀。

【象证】九四变阴，上卦成巽，巽为股、为入，故曰"进"。唯进则能实现服务君国之抱负，故无咎。如退而在渊，或陷于过咎，或埋没一生，壮志未酬，如东汉冯衍历仕新莽，更始后又入仕光武，因与外戚来往，遂禁锢乡野，潦倒以死；三国嵇康保吕安遭诬蔑事，司马昭遂刑杀之。不亦悲乎！

**九五**①：**飞龙在天，利见大人。**

【音注】①九五：从下面算起第五爻是阳爻曰九五，阴爻曰六五。贵贱之位五为天子之位，故古人以"九五"喻天子之位。

【义译】乾卦九五象征着龙飞升天空，正可以兴云布雨，利益万物。正如人间的君王领袖，已居天子之位，欲博施济众，治国平天下，必利见伟大的人物。君臣同心，刚健不息，大中至正，方能君临天下，利益众生。

【象证】乾为龙，九四不得正位变阴爻，则三四五爻互成离卦，离为飞鸟，故曰"飞龙"。三才之位，五与上为天位，故曰"在天"。五于贵贱之位为天子，九五以阳爻居阳位得到正位，又在外卦之中，正是大中至正之位。天子居之，正当如天之"云行雨施，品物流行"，如龙之飞跃天中，兴云布雨，利益万物，而德教加于民，普利天下，使天下和平而臻大同之治。

欲达此目的，则宜利见伟大贤能之人，得其辅佐，礼贤尊贤而用贤，则天下治矣。如尧之用舜，舜之用禹，禹之用益，商汤之用伊尹，文王、武王之用姜太公，刘邦之用张良，刘备之用孔明，皆能治天下，以成帝王之治，而德教加于百姓、行于四海。乃若夏桀、商纣不用贤而亡，悲乎！故"利见大人"为成大业者之最重要因素。

《象》曰："飞龙在天"，"大人"造①也。

【音注】①造：至也。

【义译】九五："飞龙在天"，唯有伟大人物方能到达这个地步。

【象证】九四变巽为股、为人，故曰"造"也。九五大中至正，以居天子之位，如飞龙在天，能兴云布雨，普施万民，此唯有伟大人物方能至此也。如尧、舜、禹、汤、文王、武王是也。"造"一解作创造，亦通。

上九①：亢②龙有悔③。

【音注】①上九：最上一爻是阳爻曰上九，阴爻曰上六。　②亢：高傲，过分的高；另《说文》云"人颈也"，也是高的意思。　③悔：反悔，懊悔，悔恨，是"悔吝者，言乎其小疵也"（《系辞上》）。

【义译】上九：太高傲的龙，不能兴云布雨，利益万物。人如果刚健而太高傲的话，一定失败，失败一定有悔恨懊恼。

【象证】乾为龙，上九以阳居阴不得正位，以居最高之位，于三才之位，上在天位之上，故曰"亢龙"。

龙而高亢矣，不能成利物之功。人如不能谦虚下人，虚怀若谷，而骄傲奢侈，以处极盛极高之位，最后必定失败，而致悔恨，如夏桀、商纣、隋炀帝是也。

《象》曰："亢龙有悔"，盈①不可久也。

【音注】①盈：骄满也。

【义译】上九："亢龙有悔"，是说骄傲自满的人不能长久呀。

【象证】上九：居九五之上，不得正位，高亢过度，所以致悔。如唐玄宗中兴后，乃骄奢淫佚，宠杨贵妃，致安史之乱；清高宗自命十全老人，宠和珅为相，贪腐公行，使清朝由盛而衰，皆骄满之患也。

**用九**①：**见**②**群龙无首**③，吉。

【音注】①用九：使用阳刚之道也；九为阳的符号（—），用者使用也。　②见：音义同"现"，表现也。　③群龙无首："毋首群龙"也，无为群龙之首也，不做最高领袖也。

【义译】使用阳刚之道，表现在外，不做最高领袖，就吉利。

【象证】乾为龙、为君子、为君王、为天子，欲为领袖者需阳刚阴柔兼济，用九之外，必知用六之道。故"君子知微知彰，知柔知刚，万夫之望"（《系辞下》）。知阳刚武力而不知用阴柔智谋，此项羽所以失败而自刎于垓下也；商纣言能掩过，文能饰非，而纯用刚暴的政治，无有温柔之恩惠，所以丧国。

所以欲用阳刚之道而表现于世上，则不做最高领袖则吉，做最高领袖则凶也。如必用九，双方愿意，为一家之长可也；为十室之家宰，尚不致大凶也；为落后民族之酋长则可也；为文明国之领袖则不可也。

《象》曰："用九"，天德不可为"首"也。

【义译】用九：使用阳刚之道，是说纯用阳刚之德，不可以做人首领。

【象证】使用阳刚，需济之以阴柔，刚柔兼备，文（阴）武（阳）并用，方能为人领袖，项羽唯用刚武，所以失天下。今势利小人做主管，皆知用九以对部属，用六以对上级；君子则表里如一，兼用刚柔也，以待人处世，以做领导。文天祥曰："内外一诚，终能长久。"

《彖》①曰：大哉！乾元，万物资②始，乃统天。云行雨施，品物③流行。大明终始，六位时成，时乘六龙④以御⑤天；乾道变化，各正性命⑥。保合大和，乃利贞。首出庶物，万国咸宁⑦。

【音注】①彖（tuàn）："豕走也"（《说文》），断也。《彖辞》者，孔子所作，以卦象、卦德解释卦名及卦辞，而决断其所以吉凶与应用之理者也。南宋以后谓之《彖辞传》，而以卦辞为《彖辞》，非也。　②资："货也"（《说文》），凭借也，资取也，依靠也。　③品物：庶物，万物也。　④六龙：乾为龙，乾卦六爻故曰六龙。　⑤御：驾御，运用。　⑥性命：性者，德性；命，天所赋之天命与人生的命运。　⑦万国咸宁：天下太平也。

【义译】《彖辞》说：伟大呀！乾卦伟大，乾为天，万物都依靠着它才开始有生命，也都统一包括在它之下（元者，大也）。它以云雨的施行，使万物生生不息地繁荣发展流行（亨者，通也，成功也）。吾人当深切地大明白阴阳终始的道理，六爻之位以时而成，时常运用乾卦六爻的道理，以驾御行驶于天下（人事之元亨）。天道的变化，是使万物各正其性命（利贞）。吾人的利贞则宜：①保有性命；②相合于人生；③非常和谐于人群乃能利贞（人事之利贞）。天首先创造万物，君子或君王体天而行，以人合天，则宜使天下万国皆得安宁太平。

【象证】乾为天，故为万物资始；乾为龙，故施行云雨，流形万物；乾为君子，故宜"大明终始"，知随时运用六爻六位之原理，以驾御天下，主宰宇宙。乾为天，故使万物各正性命，各安天命而"首出庶物"。

乾为君子，君子宜保此性命，合于人生，非常和谐于人群，乃能利贞而元亨，而平定天下，咸宁万国。如孔子曰："大哉，尧之为君也。巍巍乎！唯天为大，唯尧则之。荡荡乎！民无能名焉。巍巍乎！其有成功也；焕乎！其有文章。"（《论语·泰伯》）又曰："曰若稽古帝尧，曰放勋，钦明文思，安安，允恭克让。光被四表，格于上下。克明俊德，以亲九族；九族既睦，平章百姓；百姓昭明，协和万邦。"（《尚书·尧典》）是以尧之法则上天，巍巍大哉，钦明文思，协和万邦，正是乾卦《彖辞》的注脚。

"大明终始"者何？六爻始于初，通于二，极于三，革于四，盛于五，终于上，此六爻之始终。阳，为日、为始、为治、为成功；阴，为夜、为终、为乱、为失败。阳极（终）生阴（始），阴极生阳。故日去夜来，夜去日来。人事亦然，治极必乱，乱极必治，故成功过去必定失败来，失败过去必定成功来。君子知之，于成功之终点，不骄傲而仍自强不息，复转为更大经营之初始，终则有始，所以免失败而开启更大的成功。如此，成功之终点，复迈入下次成功的开始，复经之营之，确保永远成功。此理不易明，故需深切地体会，故曰"大明终始"。凡人皆有始无终，能贯彻始终者已鲜，而能尽始终之道，贯彻始终，复从终而又始，成功再成功，自强不息者尤少，故需大明此理。

"六位时成"者何？六爻贵贱之位，初为元士、为士农工商，二为大夫、为县市长，三为三公、为首长，四为诸侯为宰辅，五为天子，上为宗庙、为太上皇、为隐者。随其所在六爻之位之时，而以时各安守其位之本分，而各成其事业，而永保此身，屈伸自如。

今以《舜典·五帝本纪》记载之"舜"为例，故当潜龙则勿用，如舜之陶河滨，耕稼孝养父母之时。当大夫则用以见"大人"，以舜之见尧为例，当三公，则"终日乾乾，夕惕若厉"，如"舜之慎徽五典，五典克从"(《舜典》)。在诸侯辅相则或跃，如舜之"纳于百揆，百揆时叙。宾于四门，四门穆穆；纳于大麓（录也），烈风雷雨弗迷"(《舜典》)。在天子，则博施济众，利见大人，如舜之升帝位，"以齐七政，肆类于上帝，禋于六宗，望于山川，遍于群神。辑五瑞，既月乃日，觐四岳群牧，班瑞于群后"。举任禹治水，作司空"平水土"；用皋陶为士，"惟明克允"；以契为司徒，"敬敷五教"；令伯夷典礼，"直哉惟清"；舜利见二十二大人而天下治，百姓宁。在亢龙则举禹以自代是也。

"时乘六龙以御天"者何？时常运用六爻的道理，以驾御宇宙，主宰万物，而施用于人间。在初为士则安分守己，为勿用的潜龙，修德以待时；在二为大夫，则为"利见大人"之"见龙"，期得权位，兼济苍生。在三为三公，则为君子、为人间之龙，乾乾于夕惕，尽致其身，福国利民；在四则为或跃升或潜藏之龙，随时而行；在五为天子，则为博施济众之飞龙；在上则为宗庙隐士，忌亢龙之有悔，依时位而行，而不失乎"元亨利贞"，如尧舜皆然。是以有为者亦若是。

【笺注】"大哉乾元，万物资始，诚之源也。乾道变化，各正性命，诚斯立焉。"（周敦颐《太极图说》）

# 《乾文言》

《文言》者，孔子所作。文者，美好也。以美好的言语，德行的规范，赞美乾、坤二卦的德性者也。《乾文言》总分六段。

# 一 总论《乾》六爻[①]

《文言》曰："元"者，善之长[②]也；"亨"者，嘉[③]之会也；"利"者，义之和也；"贞"者，事之干[④]也。君子体仁足以长人，嘉会足以合礼，利物足以和义，贞固足以干事。君子，行此四德者，故曰"乾：元亨利贞。"

【音注】①专以德业时位综合解释乾卦卦辞。　②长：增长。长人、领导人，为人之领袖也,做首长。　③嘉:美。　④干:根本也,干事者即做事。

**【义译】**《文言》说:元是善的增长,亨是美的聚会,利是道义的和谐,贞是做事的根本。君子体察仁道而行之,方足以领导人民;嘉美的聚会,方足以合于礼仪规范;利益万物,方足以和谐于道义;坚固地笃行正道,方足以做事成事(智)。君子能行此仁义礼智四德,所以说:"乾:元亨利贞。"

**【象证】**乾为天为君子,"天命之谓性"。

性者,德性;仁义礼智之谓也,故以配"元亨利贞"。元者,伟大;世上最伟大者,乃是善的增长。亨者,成功;尽善尽美聚于一炉,可谓成功矣。利者,利益;和谐于道义的利益,方是永远而伟大的利益。贞者,正道;为人坚守正道是做事情的根本。

君子体察仁道而行之,则尽善矣,故可为人之君长;嘉美之事会于一炉,则尽美矣,故可以合于礼节的规范;利益万物,则是不但对自己对人群有利,且是最伟大的道义,故可以和谐于道义;坚固地守着正道,非特德行高,抑且为最有智慧者,盖惟有大智,方能贞固不移,足以做成事业也。

君子行此仁义礼智四德,才可以如乾卦之伟大(乾为天)刚健(乾为健),而永远得伟大(元)成功(亨),得到固守正(贞)道之利益。

如周文王行仁由义,泽及枯骨,利益万民,三分天下有其二,仍依礼服事殷,孔子赞美其有最伟大的德行是也;故后世子孙王天下八百年,虽乱世而不失其正统。伏羲、神农、黄帝、尧、舜,莫不以仁义礼智行元亨利贞,故百姓仰之如天。圣哉伟矣!

**乾卦文言表**

| 卦　辞 | 元 | 亨 | 利 | 贞 |
|---|---|---|---|---|
| 意　义 | 伟大 | 成功 | 利益 | 正道 |
| 解　说 | 善的增长 | 美的聚合 | 义的和谐 | 事的根本 |
| 四　德 | 仁 | 礼 | 义 | 智 |
| 功　效 | 长人 | 嘉会 | 利物 | 干事 |

**【笺注】**周子曰:"德爱曰仁,宜曰义,理曰礼,通曰智,守约信,性焉安焉之谓圣。"

## 二 句解《乾》六爻①

"初九曰：潜龙勿用"，何谓也？

子曰："龙德②而隐者也；不易③乎世，不成乎名，遁④世无闷，不见是⑤而无闷；乐则行之，忧则违之，确⑥乎其不可拔⑦，潜龙也。"

【音注】①此以下解释乾卦六爻是《乾文言》第二段。 ②龙德：君子、君王的德性。 ③不易：不改变。 ④遁：隐居避世。 ⑤不见是：不被人认为是对的。 ⑥确：确实，坚决。 ⑦拔：拔去改变也，超越拔萃也。

【义译】"初九：潜龙勿用"，何以有这样的说法呢？

孔子说："乾卦初九就是象征着有君王、君子德性的人，而却隐居不去做官，不与浊世同流，不被世界改变，所以没有成名于天下。隐居避世也没有烦闷，纵使所作所为不被人认为是对的，也不烦闷。事情有快乐于我，就奉行之（如读书、练剑、御琴）。有忧患于我，则违而去之，以避世患。志行是非常坚贞卓越而不改变操守，这真是有君王、君子的德性而隐居不仕的潜龙呀！"

【象证】乾为龙、为君子，故曰"龙德"。子曰："人不知而不愠，不亦君子乎！"（《论语·学而》）《中庸》曰："君子依乎中庸，遁世不见知而不悔，唯圣者能之。"如许由、务光、崔子即其人焉。

"九二曰：见龙在田，利见大人"，何谓也？

子曰："龙德而正中①者也。庸言之信，庸行之谨，闲②邪③存其诚，善世而不伐④，德博而化。《易》曰：'见龙在田，利见大人。'君德也。"

【音注】①中：不偏之谓中，纯然至善，十全十美谓之中。 ②闲："阑也，从门中有木。"（《说文》）以木拒门，有防止、阻止之意。 ③邪：不正当的行为，如邪恶是也。 ④伐：本为攻伐之意，此引申作夸张。

【义译】"九二曰：见龙在田，利见大人。"何以有这样的说法呀？

孔子说："九二具有君子及君王的德性，而又能秉持至正至中的道理去做，恒常言语必守信实，恒常行事必谨必敬，又能防止自己及部下邪恶的行为，及保存正心诚意的心灵修养；以善事善行利益世人，而不夸张，道德广博而能感化一切。《易经》上说：'见龙在田，利见大人。'是说具有君子或君王的德行的呀！"

【象证】乾为龙、为君、为君子，故有龙德、君德的象征。九二居内卦之中，故曰中；以阳居阴不得正位，故需具正中之德。居大夫之位，立民之上，必须具备言必信；行必谨；防止自己及部下之邪行；保存其真诚；淑世济民而谦虚自守，"无伐善，无施劳"；德行广博能"化民成俗"等六个条件，才可以为君王、为君子而有龙德矣。如此斯可谓之大人，方能以大人利见大人，如伊尹、姜太公、周公佐商汤、文王、武王定天下，安斯民。

"九三曰：君子终日乾乾，夕惕若厉，无咎。"何谓也？

子曰："君子进德修业，忠信①所以进德也；修辞②立其诚，所以居业③也；知至至之，可与④几⑤也；知终终之，可与存义也。是故居上位而不骄，在下位而不忧；故乾乾因其时而惕，虽危无咎矣。"

【音注】①忠信：尽己之谓忠，以实之谓信。 ②修辞：修饰文辞（学问智慧，做事的"文凭"）与言辞（言语口才的训练）。 ③居业：修业也，即做一番修身齐家治国平天下或富己富人富国的事业。 ④与：许也。 ⑤几（jī）：近也，又事物几微之间，对于吉凶的征兆，有先见之明曰见几。

【义译】"九三曰：君子终日乾乾，夕惕若厉，无咎。"何以有这样的说法呀？

孔子说："君子必要做到德行进步，事业修成；进德的方法是必忠——尽到自己最大的努力，必信——并且做到确确实实；修成事业的方法是：修饰好自己的文辞学力和言语口才，并且树立至诚无息的精神；知道进德修业的最高点（内圣外王），就达到这个最高点，就可以接近圣人了。知道进德修业的终点（内圣外王），就努力地达到这个终极目标，就可以存养道义了。有了这个涵养，所以居上位也不骄傲，在下位也不忧虑，所以刚健又刚健地努力，又能随时警惕小心，虽有危险，也就不会有灾害了！"

【象证】九三以阳居阳位而得正位，于三才为人位，得人之正位，故曰"君子"。居上、下乾之间，故宜刚健又刚健地努力。于贵贱之位为三公，君子居三公之位，故宜非常刚健地去进德修业，以扶持国家。二四不得正，变坎为危险，为加忧，为穴，故宜随时警惕小心，方不致使自己与国家受到凶灾。三公大人，各部会首长，尔等宜本此而行矣！

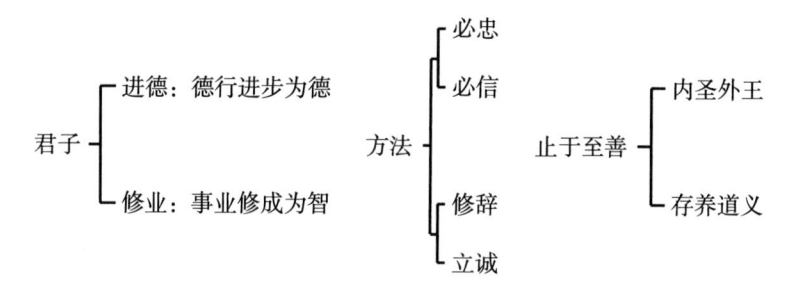

```
                            ┌ 必忠
         ┌ 进德：德行进步为德  ├ 必信            ┌ 内圣外王
君子 ┤                   方法 ┤        止于至善 ┤
         └ 修业：事业修成为智  ├ 修辞            └ 存养道义
                            └ 立诚
```

【笺注】周子曰："君子进德修业，孳孳不息，故实胜也。"

"九四曰：或跃在渊，无咎。"何谓也？

子曰："上下无常，非为邪也。进退无恒，非离群也。君子进德修业，欲及时①也，故无咎。"

【音注】①及时：赶上时代，趁着时机。曾子曰："君子及时以行。"

【义译】"九四曰：或跃在渊，无咎。"何以有这样的说法呢？

孔子说："九四上下没有常态，并非做邪恶的事；或进或退，并非离开人群；君子的德行进步，事业成功，需要及时呀！所以无所过咎。"

【象证】九四以阳居阴位，不得正位，需要变通以趋时。变通的方法，不外乎或上或下，或进或退，故曰上下无常，进退无恒：进而上，则四为诸侯之位；退而下，则返回下卦之初九，潜伏在深渊的龙，隐藏不仕的君子，凡此皆非自己所行邪恶。有意离开人群，乃因为时有利有不利，天下有清有浊，国君有用我不用我的原因呀！所以君子进德修业，要赶上时代，趁着时机，捉着时间。时当有利则进而上，时当污浊的乱世则退而下，这样才没有过咎呀！

如诸葛孔明处时当不用的乱世，则隐居卧龙冈；时当刘备三顾之勤，则进用于时，终使刘备鼎立三国。

"九五曰：飞龙在天，利见大人。"何谓也？

子曰："同声相应，同气相求；水流湿①，火就燥②；云从龙，风从虎。圣人作③而万物睹④。本乎天者亲上，本乎地者亲下，则各从其类也。"

【音注】①湿：潮湿、低湿。 ②燥：干燥。 ③作：起也，兴起。 ④睹（dǔ）：睹也，看见。万物睹：犹言天下文明也。

【义译】"九五曰：飞龙在天，利见大人。"何以有这样的说法呢？

六十四卦上经　乾卦 | 077

孔子说："大凡同一声律音品的，就会互相感应，同一气类的，就会互相近求，就像水一定向低湿的地方流，火一定向干燥的地方烧。龙是兴云布雨的，所以云从龙；虎啸则风生，所以风从虎。圣人兴起的话，就可以看见天下文明，万物各得其所了。天在上，所以本于天的，都是亲上；地在下，所以本于地的，都是亲下。如此可知，一切万事万物都是各从其类而相聚呀！"

【象证】乾为天、为龙、为天子、为上。坤为地、为虎、为下、为众、为万物。坎为水、为云、为湿。离为火、为文明、为目、为见、为睹。巽为风。乾与坤旁通，有天地然后有万物，乾坤为万物所以资成，故涵盖诸象。

"同声相应"者，如禽兽昆虫，乃至人类各族皆然。异族异类声律音品不同，故不相应；中国人唯中国语言，同语言者相应，外国人不识中国语者则否也。

"同气相求"者何？同气类、同嗜好者举相悦，皆共求友生也，故学剑、学琴、学书而有剑友、琴友、书友，若乎赌、酒、淫盗之坏人亦各以同恶为友。故"勿友不如（像也，类也）己者"，君子之深戒也。

圣人者何？天子也。九五阳刚中正居天子之尊位，任贤使能，利见贤者大人，风云际会，君臣道交，使万国咸宁、天下文明。是天下万物之所利见也，故"万物睹"矣。

君子上达，小人下达。九五之尊利见大人，则上达矣，如尧之于舜，文王之于太公。九五之尊而利见小人，则下达矣，如纣之于飞廉、恶来，唐玄宗之于李林甫、杨国忠，皆"各从其类"也。故与君子游如入芝兰之室，久而不闻，则与之化矣；与小人游，如入鲍鱼之肆，久而不闻，亦与之化矣，皆各"从其类也"！欲修身齐家治国平天下者，可不慎乎！

**"上九曰：亢龙有悔。"何谓也？**

**子曰："贵而无位，高而无民，贤人在下位而无辅[①]，是以动而有悔也。"**

【音注】①辅：辅助、辅佐、辅弼。

【义译】"上九曰：亢龙有悔。"何以这样说呢？

孔子说："上九虽贵居九五之尊的天子之上，但没有实际的职位，太高乃疏远人民，而没有人民的拥护。贤人处在下位，而没有来相辅助，所以静居则可，动就有悔了。"

【象证】上九者，为宗庙、太上皇、隐士之位，在九五之尊的天子之上，故高贵；但以阳居阴，不得正位，又没有实权，故"无位"。上九、九五在三才之位为天位。九五得上卦之中，已得实际的天子权位。上九在天位之上，所居太高，又没有人民与部下拥护，所以"高而无民"。

贤人皆在九五之尊的天子之下，为天子做事，上九既无实权，又无实际的职位，而又太高在上，贤人辅佐天子，而不辅助上九，所以上九不动而静则可也，动而行则必致身亡家败之悔。如历代不安分之权臣，而欲发动政变之人。

士君子得志则泽加于民，为伊尹、太公、孔明，不得志则修身见于世，为颜渊、庄光（严光）可也。若夫既不能令，又不受命，是绝物也，而蹈亢龙动而有悔之凶，则身败家亡。悲哉！如蚩尤、王莽是也。

## 三　理《乾》六爻之居位[①]

"潜龙勿用"，下也。"见龙在田"，时舍[②]也。"终日乾乾"，行事也。"或跃在渊"，自试也。"飞龙在天"，上治也。"亢龙有悔"，穷之灾也。乾元[③]"用九"，天下治也。

【音注】①此节为《乾文言》第三段，专以六爻所居位置，与用阳刚之道解说爻辞。　②舍（shè）：旅舍，息也，安置也。　③乾元：乾，刚健也，元，伟大也；无欲则刚，有容乃大。具刚健伟大的德性，谓之乾元。

【义译】初九之"潜龙勿用"，因所居下位。九二之"见龙在田"，因已得安置在大夫之位，所以需利见大人，方能大有作为。九三之"终日乾乾"，因在三公之位，所以需要刚健自强、惕厉小心以行事，方能报国。九四之"或跃在渊"，因在诸侯之位，得其时，则进而自己试验自己才能，以报效国家；不得其时则潜而在渊。九五之"飞龙在天"，因居天子之位，居上治下，利得贤人之匡辅，所以需利见大人。上九之"亢龙有悔"，因九五之天子已得实权，而自己又高居九五之上，太高亢了，物极必反，动则有穷极危亡的灾害，不动则可。乾元之"用九"，以乾卦刚健伟大的德性，又知使用阳刚之道，要济之以阴柔，所以方能治天下。

【象证】此已历述于前，具见于上。

## 四　论《乾》六爻之天时[①]

"潜龙勿用"，阳气潜藏。"见龙在田"，天下文明。"终日乾乾"，与时偕[②]行。"或跃在渊"，乾道乃革③。"飞龙在天"，乃位乎天德。"亢龙有悔"，与时偕极。乾元"用九"，乃见天则。

【音注】①此节为《乾文言》第四段，专以天时、气势及用阳刚之道解说爻辞。　②偕：同也，具也。　③革：改变也。九四在上卦，犹初九在下卦，其位已从下卦改变为上卦，故曰乃革。

【义译】"初九潜龙勿用"，是因阳刚之气，潜藏在下未得其时，所以君子勿用。"九二见龙在田"，已利见大人、居大夫之位时，可以施展抱负，使天下文明。"九三终日乾乾"，是说已在三公之位，应当整天刚健，夕惕若厉，随时去行呀。"九四或跃在渊"，是九四居乾卦下卦之上，已跃升在乾卦上卦之时，正是乾卦阳刚之道改变之时。"九五飞龙在天"，是因九五处天子之尊位，正当如天德之广利万物。"上九亢龙有悔"，是说走到时代的极端。"乾元用九"，是说以乾卦刚健伟大的德性，使用阳刚而济之以阴柔，方能见到上天的法则。

## 五　解《乾》六爻之入世①

"乾元"者，始而亨者也。"利贞"者，性②情③也。乾始能以美利利天下，不言所利，大矣哉！

大哉乾乎！刚健④中正⑤，纯粹⑥精也⑦。六爻发挥，旁通⑧情也。时乘六龙，以御天也。云行雨施，天下平也。

【音注】①此以下为《乾文言》第五段，以入世之道，解释乾卦卦辞。《乾文言》第一段解元亨利贞是分而解之，此则合而解之。　②性：德性，仁义礼智信。　③情：七情，喜怒哀乐爱恶惧。　④刚健：无欲则刚，有容乃大；存天理之正道，去人欲之私情，方能刚健。　⑤中正：中者不偏，十全十美，纯然至善，谓之中；正者秉正心诚意，行正道，立正位。廓然大公、大中至正，合而言之曰中正。　⑥纯粹：德之全也。　⑦精也：专一也，不杂也，至刚至健，专精不二，十全十美者也。　⑧旁通：触类旁通也，引申曲尽也。

【义译】乾元就是刚健伟大的德性，所以一开始就能成功。利于坚守正道的，就是"仁、义、礼、智、信"五常的德性和"喜、怒、哀、乐、爱、恶、惧"七情的情绪呀！具有乾卦的德性，一开始就能以美好的利益造福天下，而又不愿说出它所做的功绩，这样的谦虚、有容乃大、有功而不德，真是伟大呀！

伟大呀，乾卦的德性！至大至刚、至健至强而又大中至正，真是尽善尽美、纯粹精诚而专一呀！吾人应当体乾而行健，发挥六爻的道理，去旁通曲尽万事万物的情态，时常运用乾卦六爻的德位时势，去驾驭和运用于天下；效法天道的兴云布雨，利益万物，而以人合天，去修身齐家治国，以致天下和平，万国咸宁。

【象证】乾为天、为刚健，具备天与刚健之德性则伟大矣，故曰"乾元"。吾人之刚健伟大，则在德性与七情的坚贞持正。于"仁、义、礼、智、信"五常之德性而不正，则反害身家天下。于"喜、怒、哀、乐、爱、恶、惧"七情而不正，下则危及自家之性命，上则事业国家倾亡。一正百正，则万事成矣。

乾为天，天利万物，无为而无不为，有功而不言，此其所以伟大。吾人之伟大，则在养至大至刚、至健至强之浩气，存天理之正道，去人欲之私情，本着大中至正的精神，方能精纯专一，纯然尽善尽美呀！又能发挥与运用乾卦六爻"始于初，成于二，极于三，革于四，盛于五，终于上"和"初为士则潜龙勿用，二在大夫则见龙，三为三公则朝乾夕惕时行之龙，四升诸侯则跃升之龙，不得其时则潜龙，五为天子则飞龙，上居宗庙，将至亢龙"的道理，所以能如天之兴云布雨，而臻于修齐治平。

舜方耕稼陶渔之时，则潜龙勿用；三十征用，则见龙。历试诸位，则朝乾夕惕之行龙；纳于大麓，摄行相事，则为跃升之龙；在天子之位，柔远能迩，惇德允元则为飞龙；禅位于禹，则为免亢龙之悔。综其一生，皆兢兢修德，刚健中正，唯精唯一，允执厥中，故能元亨利贞，故能自诚正修齐而国治天下平，开万古未有之圣治。卓哉！伟矣！"刚健中正，纯粹精也"，纯粹的存天理之正道，去人欲之私情，无欲则刚，有容乃大，大中而至正，即尧授舜之"允执厥中"。舜授禹"人心惟危，道心惟微，惟精惟一，允执厥中"的心法也。

【笺注】周子曰："纯粹者，至善者也。元亨者，诚之通。利贞者，诚之复。大哉《易》也，性命之源乎！"

# 六 演《乾》六爻之爻辞[①]

君子以成德为行，日可见之行也。潜之为言[②]也，隐而未见，行而未成，是以君子弗用也。

【音注】①此以下各解乾卦六爻之爻辞，为《乾文言》第六段。此解初九"潜龙勿用"之理。　②为言：犹为义也。

【义译】君子以成就道德，发而为行事用世的方针，是希望天天可以看到道德的成就、抱负的实行呀！但是为什么潜龙勿用呢？"潜"的意思，是说不得其时，所以隐居而未能表现，纵使去行，亦未必能成功，所以君子不用呀！

【笺注】程子曰："力学而得之，必充广而行之。学必志于大道，以圣人自期。"（《二程集》）

**君子学以聚①之，问以辩②之，宽以居之③，仁以行之。《易》曰："见龙在田，利见大人。"君德也。**

【音注】①聚：积也。　②辩：音义通"辨"，辨别也，分辨也。古书辩与辨互相假借。问以辩之者，审问而明辨之也。　③居之：犹处之也。

【义译】君子多方地去博学，以聚积才识；仔细地去审问，以分辨是非善恶真假乃至一切的事理；以恢宏宽大的胸怀度量，去处世接物，以仁道去实行。《易经》上说："见龙在田，利见大人。"是说具有君子国君的德性呀。

【象证】乾为天、为龙、为君子，《中庸》载"博学，审问，慎思，明辨，笃行"，以为为学处世必须具备的要件。《易经》则合审问、慎思、明辨而一之，而以仁为笃行的目标，宽为处世接物的态度。此正可相互发明。盖博学则能聚古今事理于心；审问、慎思、明辨，则能择忠直贤良，辨是非善恶，而知所宜从；宽则能恕以待人而不自矜骄狂；行仁则能老吾老、幼吾幼，而兼善天下。国君具备此德，而又能有宽厚的度量，去利见大人，则下情可以上达。

"真是真非"，大奸似忠。说人是非者多是是非之人，巧言令色鲜矣仁，忠言逆耳，小人奉承，善其善恶其恶，君子对此宜审问、慎思、明辨，方能治国平天下。有国有位者，其慎之哉！明思宗杀忠贞之袁崇焕，用奸诈之洪承畴，不能审问、慎思、明辨，终至国亡家破而身灭。悲乎！宋高宗党同秦桧之奸邪，杀精忠报国之岳飞，卒致遗臭万年，而南宋终至积弱而亡国。

【笺注】程子曰："长育人才者，教之在宽，待之以久，然后化成而俗美。"（《二程集》）

**九三重①刚而不中，上不在天，下不在田，故乾乾因其时而惕，虽危无咎矣。**

【音注】①重：重复、重叠，九三重刚者三重的阳刚也。

【义译】九三位居重重的阳刚之间，而不在中位，上不在天位，下不在地位，所以要刚健又刚健地努力，随时随地警惕小心，虽或有危险而没有灾咎。

【象证】三才之位，五和上为天位，初和二为地位，而二则在地位之上，故曰在田；九三处其间，位自下而上第三重阳刚，故曰重刚，位非二五故不中。《书》曰："一日二日万几。"(《皋陶谟》)《诗》曰："战战兢兢，如临深渊，如履薄冰。"(《小雅·小旻》)又曰："追琢其章，金玉其相。勉勉我王，纲纪四方。"(《大雅·棫朴》)是"乾乾惕厉"之意也。

**九四重刚而不中，上不在天，下不在田，中不在人，故"或"之。"或"之者，疑之也，故无咎。**

【义译】九四居重重阳刚之间而不中，上不在天位，下不在田，中不在人的正位，所以说"'或'之"。"'或'之"就是有所疑惧呀，人能常怀有疑惧之心、谨慎小心，也就无所过咎了。

【象证】初、三、五为阳位，二、四、上为阴位，三、四为三才的人位。九四以阳居阴位，不得人位的正位，故曰"中不在人"。如"令尹子文三仕为令尹，无喜色；三已之，无愠色，旧令尹之政，必以告新令尹"(《论语·公冶长》)。或居四诸侯宰相之位，或被已之，"故或之"，而无所疑，如此忠贞，"故无咎"。

【笺注】程子曰："学贵乎成；既成矣，将以行之也。学而不能成其业，用而不能行其学，则非学矣。"(《二程集》)

**夫[1]大人者，与天地合其德，与日月合其明，与四时合其序[2]，与鬼神[3]合其吉凶。先天[4]而天弗违，后天而奉天时。天且弗违，而况于人乎？况于鬼神乎？**

【音注】①夫：发语词，无意。 ②序：次序。 ③鬼神：所以福善祸淫。 ④先天：先天地而生。

【义译】"九五飞龙在天，利见大人"，是说伟大的人物，他的德性，如天地的高明宏大。他光明正大的智慧，如日月的光辉永远照耀天下。他做事有次序、本末、先后、日新有恒、有信守，如春夏秋冬四时的运行一样。他的赏善罚恶、明辨是非，就如同鬼神一样洞极幽深。他如果先天地而生，则天地也不会违背他；如果后天地而生，则知奉守天时。天都不能违背他，何况于人呢？何况于鬼神呢？

六十四卦上经 乾卦 | 083

【象证】《乾凿度》谓："圣明德备曰大人。"盖伟大之圣人也，九五天子位，而大人居之，方能臻此境，如伏羲、神农、黄帝、尧、舜是也。

【笺注】周敦颐《太极图说》："圣人定之以中正仁义而主静，立人极焉，故圣人与天地合其德……"

"亢"之为言也，知进而不知退，知存而不知亡，知得而不知丧。其唯圣人乎？知进退存亡，而不失其正者，其唯圣人乎？

【义译】"上九亢龙有悔"，亢的意思是说，只知前进，不知后退；只知道存在，不知道未来的灭亡；只知道有所取得，而不知道有所丧失。只有圣人能够知道前进、后退、存在、丧亡的时机而自身永远不失地去坚守正道，这样高超的境界，只有圣人能够做到呀！

【象证】孔子谓颜渊曰："用之则行，舍之则藏，唯我与尔有是夫！"（《论语·述而》）孔子知其不可为而为之，冀其万一能兴复文武之道于乱世也，游说七十二君，而一一皆知其不可，退而守先王之道，修《六经》之业，传弟子盖三千焉，以待后之来者，立天地之心，肇生民之命，开万世之太平，是知进退存亡而不失其正之圣人也。

"亢龙有悔"，如袁世凯、王莽，皆只知前进、存在、取得，而不知也有后退、死亡、丧失的时候，终蹈亢龙之悔，身死家亡而为天下后世所笑，后之人其戒之哉！

# 坤

坤为地

| 卦体 | 下卦坤 | 上卦坤 |
|---|---|---|
| 卦象 | 为地 | 为地 |
| 卦德 | 为顺 | 为顺 |

| 错卦 | 反卦 | 下互卦 | 上互卦 | 消息卦 | 附注 |
|---|---|---|---|---|---|
| 乾卦 | 坤卦 | 坤卦 | 坤卦 | 建亥十月辟卦 | 乾为马，坤为牝马 |

坤为地、为母、为臣、为柔、为顺。乾坤者，天地也、父母也、阳阴也，为万物之本始，故继乾为《易经》第二卦。

君子争千秋不争一时，君子斗志而不斗气。君子一顺百顺，存天理之正气，去人欲之私情，无欲则刚，有容乃大，允为坤卦之德。

坤[1]：元亨，利牝[2]马[3]之贞。君子有攸[4]往，先迷，后得主[5]利。西南[6]得朋，东北[7]丧朋。安贞吉。[8]

【音注】[1]坤：为地，为柔顺的意思，又有为阴、为西南、为臣子、为妻、为下级的象征。 [2]牝（pìn）：雌性的动物，喻阴柔。 [3]马：刚健之物，喻刚健。牝马，喻柔中有刚。 [4]攸：所也。 [5]主：君主也，主要也。乾为君，坤为臣，以臣遇君，如伊尹、太公遇商汤、文王曰得主。或在"先迷后得"断句，"主利"断句。 [6]西南：喻阴也，后天八卦为坤卦的方位，坤为母，故为阴。 [7]东北：喻阳也，后天八卦艮卦之方位也；艮为少男，故喻阳。 [8]此坤卦卦辞。自坤卦以后六十三卦，由卦辞而《彖辞》《象辞·大象》、爻辞、《象辞·小象》是王弼的安排。乾卦的次序，是郑玄的安排。

【义译】具有坤卦柔顺德性的人物或团体、国家，是伟大成功的；但是太柔顺则易流于懦弱，故其利在于柔顺中孕育着刚健的德性。有如母马，虽阴柔本性，但具刚健的毅力，可以行地无疆。如此刚柔并用，坚固地守着正道，方能保有其伟大成功。君子本着柔顺的道理，则或者先迷失自己，而后遇到自己的君主；而有所前往，或先有迷失，后得到成功，这样做主要具有利可得。坤卦为阴，西南为阴，东北为阳，以阴遇到阴，所以西南得朋；以阴遇到阳，以臣下遇到君上，以淑女遇到君子，所以东北丧朋。如此安稳地守着正道是吉利的。

【象证】坤为地，上下都是地，地广大无边，所以伟大成功而元亨。坤错乾，乾为马，故坤为牝马，柔中有刚，方能守着"元亨"之业。乾为君主，故"先迷后得主"。坤为阴、为臣、为下级、为妻、为女的象征。以阴遇阴，故得同类之朋友。以阴遇阳，故丧失同类之朋友，而得君臣、上下、夫妻、阴阳的遇合，如此得以守着正道而吉矣。

如太公离开山东、河南之朋，而往陕西得遇文王，红拂之离开女伴而得配李靖，事业能开展，乃得安贞之吉，故"后得主"而有常。"东北丧朋"，乃终有吉庆。

后天八卦，坤为母在西南，兑为少女在西，离为中女在南，巽为长女在东南，凡西南方面皆阴性所居，故"西南得朋"。

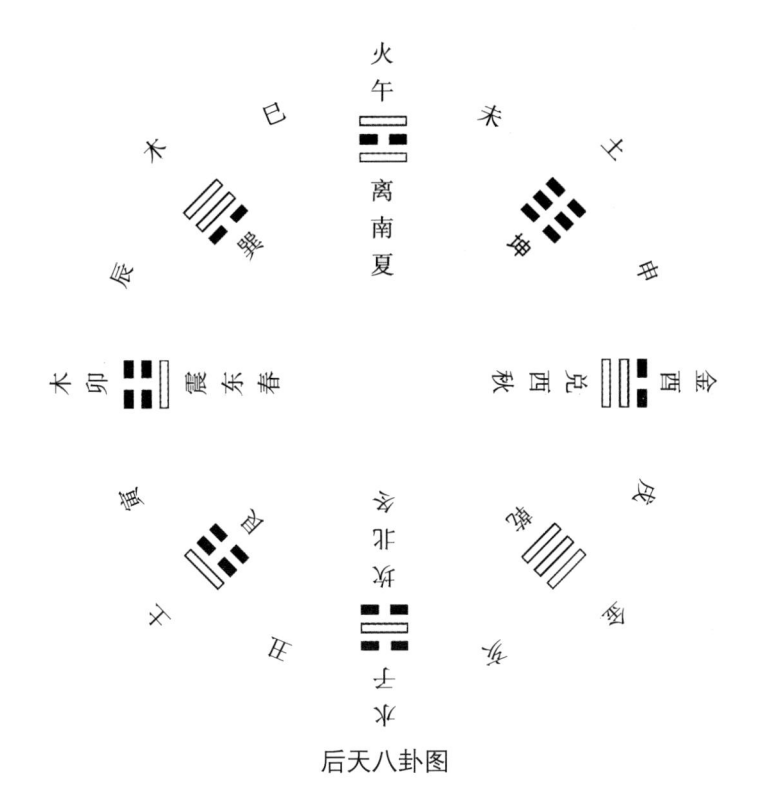

后天八卦图

艮为少男在东北，震为长男在东，坎为中男在北，乾为父在西北，东北皆阳性之卦，而坤为阴，以阴遇阳，故"东北丧朋"矣。

亦有在"先迷后得"断句者，则解为本着柔顺的精神去做，先则或有迷失自己的尊严，然终能柔以克刚，一顺百顺，故终能得以成功。这样做，主要是因为有利的，盖做事的态度不外刚柔，用刚以临人，如商纣、项羽，虽先得而后失；用柔以顺人，如文王、刘邦皆先迷而后得，以其如商纣之先得后失，不如如文王之先迷后得的有利。故曰"先迷后得，主利"。

《象①》曰：至哉坤元②，万物资生，乃顺承天。坤厚载③物，德合无疆。含弘光大④，品物咸亨。牝马地类，行地无疆，柔顺利贞。君子攸行，先迷失道，后顺得常。"西南得朋"，乃与类行；"东北丧朋"，乃终有庆。"安贞"之吉，应地无疆。

【音注】①此《象辞》也，所以解卦辞者也，后六十二卦同此。 ②坤元：坤卦的伟大。坤为地、为柔顺。 ③载(zài)：承受也，载，运也。 ④含弘光大：含，包含。弘，宽裕。光，光明。大，伟大。

【义译】《彖辞》上说：极伟大呀！坤卦的伟大。坤为地为顺，万物皆依靠它而生长繁荣，而地球仍然柔顺地承顺上天而运行不辍；坤为地，它是敦厚而能容纳承载万物的，它的德性是合于无穷的伟大。它的度量是包含宽裕宏博而极其光明伟大的，所以万物都因在它的孕育下而能成功发展。雌性的马，也是属于坤卦阴柔之类，而柔中有刚，所以能行驶去无穷远处，无有尽极；君子体察坤卦的德性，柔顺而利于坚固地守着正道，这是君子所应该做的呀！虽然或先有迷失，然而终能以其柔顺一顺百顺，而得其正常之道发展。西南得朋，乃是以其同类而行；东北丧朋，则得其阴阳君臣男女夫妻的配合，乃是终得吉庆的。安稳地坚守正道而行，则可以应合于大地的无穷尽、无比的、无有竟极的永恒伟大呀！

【象证】坤为地、为众、为母、为顺，故为"万物资生"；坤旁通乾，乾为天，故"乃顺承天"。坤土博厚而含蓄弘毅伟大，故"德合无疆""品物咸亨"。余已具如前述。

古人亦以坤阴为迷，故宜待阳而行，先阳后己，如臣子之随君、妻之随夫，顺阳而行则为得主而有常。如关公、张飞之于刘备，可谓后得主而有常，而皆光耀千古。

《象①》曰：地势②坤，君子以厚德载物。

【音注】①此坤卦《大象》之辞。自坤卦以后《大象》皆置《彖辞》之后。②势：形势、样子、姿态。

【义译】地的形势是柔顺而广博伟大的。君子效法之，应涵养广大博厚的道德，容载万事万物。

【象证】坤为地、为柔顺、为众、为宽弘、为博厚、为光大、为万物，故有此象。君子体之，度量宜含天地沧海之阔，方能担当重任，造福人群。唐宰相娄师德教导其做县长的弟弟，唾面自干，君子宜法之，自然量包天地，而德施宇内。

初六①：履②霜③，坚冰至。
《象④》曰："履霜坚冰"，阴始凝⑤也。驯⑥致其道，至坚冰也。

【音注】①《易经》的符号，阴爻（--）曰六，阳爻（—）曰九；初是最下一爻的爻位，最下一爻是阴，则曰初六。 ②履：行也，踩也，践踏也。 ③霜：地面之水气，遇冷而凝成白色微细结晶。于北半球秋天即降霜，冬天即结冰。 ④象：此解释六爻之《象辞》叫《小象》。 ⑤凝：结集也，凝结也。 ⑥驯（xùn）：顺也，积渐而至也。

【义译】坤卦初六，脚踏上秋霜，就知道冬天的坚冰会到达。《象辞》上说："履霜坚冰至。"是说阴冷之气开始凝集成霜，顺阴冷凝集之气渐渐发展，势必至于坚冰呀！

【象证】初六：以阴居阳位，不得正位。三才之位，初在地，变阳则内卦为震，震为足故曰"履"，曰"至"。

坤为阴，春夏为阳，秋冬为阴。秋霜为阴气之始，冬冰为阴气之终；坤为顺，有秋霜之始，必有冬冰之终，故曰："履霜坚冰至。"又坤旁通乾，乾为寒、为冰、为刚健，故为"坚冰"。

阴气之初始，终至阴气之终成。小人之初兴，终至于势全盛，而害于国，危于君子，"履霜坚冰"，防微杜渐，不可不早为之计也。汉成帝之于赵飞燕，梁武帝之答应侯景之投诚，唐高宗、玄宗之宠武则天、杨贵妃，清乾隆之听信和珅，清文宗之宠慈禧，皆不知履霜之戒，终致家国颠危，士君子可不慎乎？

小人巧言令色，善于奉承趋迎，君子忠言逆耳，行不由径，古今中外所以乱世多于治世者，多听小人而远君子，不能辨君子小人也。吾人宜知"履霜坚冰"之戒，能触类旁通，举一反三，闻一以知十，由小以明大，从微而知著，由已知而推未知，以之研判事理……以之进德修业，以之治国平天下，思过半矣。

六二①：直②、方③、大，不习④无不利。

《象》曰：六二之动，"直"以"方"也；"不习无不利"，地道光也。

【音注】①从下而上第二爻是阴曰六二。二者阴位，六者象征阴之符号。 ②直：正直。 ③方：方正，道也。大方之家，即有道之士。 ④不习：自然也，圣人从容中道，故不待学习，不待勉强。

【义译】坤卦六二，具有正直、方正、有道义、法则与伟大的德性，所以不待学习，没有不利的。《象辞》上说：坤卦六二爻的行动，是正直而方正的。不待学习而没有不利是因为地道的光辉呀！

【象证】坤卦六二，以阴居阴位，得到正位，又居下卦之中，大中至正，柔顺利贞，故曰"直"、曰"方"。六二在地位之上，独得坤卦中正之位，坤为地，含弘光大，故曰"大"、曰"地道"。具此三德，可以从容中道，自然不待修成，故"不习无不利"矣。孟子养至大至刚之浩然正气，以直养而无害，是集义所生者，正是"直、方、大"之注脚。

【笺注】"敢问何谓浩然之气？"曰："难言也。其为气也，至大至刚，以直养而无害，则塞于天地之间。其为气也，配义与道；无是，馁也。是集义所生者，非义袭而取之也。行有不慊于心，则馁矣。"（《孟子·公孙丑上》）

**六三**①：**含章**②**可贞。或从王事，无成有终。**

**《象》曰："含章可贞"，以时发也；"或从王事"，知光大也。**

【音注】①从下而上第三爻是阴曰六三。　②章：美也，文采也。

【义译】坤卦六三，指示吾人为国做事，国君或至相猜忌之时，当含蓄著其章美的文采事功，如此方可以坚固地守着正道。若欲效力于君王而任其事，唯有谦虚地将成功归功于君王，而自己不居其功，方能明哲保身，得有善终。

《象辞》上，"含章可贞"是说因其有利时机，而随时发挥自己的才华；"或从王事"是说能知道"无成有终"之理，所以能够知道保持光大呀！

【象证】坤卦六三以阴爻居阳位，不得正位，而位居三公以在人位，六五居君位又不得正位，六三居其下，当小心谨慎、含其章美，切勿锋芒毕露，功高震主则多危，故含章方可守贞。

坤为文、为含弘光大，故曰"含章""光大"。宜效法地道之"乃顺承天"，所谓地道无成而代有终也。故有功则归功于君主，如此有功而不德、无成则有善终，如张良、郭子仪是也。

若夫有成则无终矣，如韩信遇猜忌之刘邦，年羹尧遇猜忌暴戾之雍正，皆至灭族，殆哉！君子之仕乱世也，故仕乱世而欲光大保其功者，宜"含章可贞""无成有终"，如张良也。君子在乱世当为潜龙之勿用，而有时因"家贫亲老，不仕为三不孝之一"，故不得已而仕，则为抱关击柝之小官可也，欲为大官以匡时乱，则宜三复斯言。

**六四**①：**括**②**囊**③**无咎无誉。**

**《象》曰："括囊无咎"，慎不害也。**

【音注】①从下而上第四爻是阴曰六四。　②括：结也。本为刮削意，引申为结扎束缚。 ③囊：有底的布袋。无底的叫橐（tuó）。

【义译】坤卦六四象征着收束东西，结起布袋的囊口，不装东西，所以没有灾咎，也没有荣誉。《象辞》上说"括囊无咎"，是谨慎而不受害的意思。

【象证】六四以阴居阴，得到正位，三才之位为人位，贵贱之位为诸侯，应该可以有为；而终谨慎而不敢有所作为者，因上承六五不正之君，国君未得正位，而自己居其下，在多惧之地，故谨慎而不用世；既不用世，无身居显要之诸侯的荣誉，亦无士民身陷灾害之咎，如彼布囊，收束打结，不装好物与坏物，故"无咎无誉"。如彼许由、庄光虽当治世，皆隐而不仕。而顾亭林、李中孚生在清初，不事猜忌之异族，故得"括囊无咎"。六四变，则三、四、五互坎，为危险，不变，故慎不害也。

六五①：黄②裳③，元④吉。
《象》曰："黄裳元吉"，文⑤在中也。

【音注】①从下而上第五爻是阴爻曰六五。 ②黄：五行之中色，喻中也。甲乙东方木，青龙星座，青色。丙丁南方火，朱雀星座，红色。庚辛西方金，白虎星座，白色。壬癸北方水，玄武星座，玄色，黑灰色。戊己中央土，土色黄，故以黄喻中。 ③裳：下衣曰裳，古者上衣下裳，裳居下，喻谦下也。 ④元：大也。 ⑤文：文饰也，文采也，美好也。

【义译】坤卦六五，象征着笃行中道而又谦下待人，则能得大吉之美。《象辞》上说"黄裳元吉"，是因为美德在其中呀！

【象证】坤卦六五以阴柔居阳位，不得正位，于三才之位为天位，于贵贱之位则天子之位也；天子而不得正位，又以柔顺居之，则难处于上，难为其下矣！

唯在上卦之中，尚有得中之美，故唯有笃行中道，谦虚待人，礼贤下士，而后可以柔顺之美，御刚健之阳，得中而谦下，无为而无不为，垂拱而天下可治矣。如尧在上而用舜、皋陶，四岳之长是也；又如汉文帝为周勃、陈平、灌夫等迎立，亦唯柔中谦下，虚己无为而治，故得元吉之美、革命之成。

坤为黄、为布、为地、为文，六五居上卦之中，故曰"黄裳元吉，文在中也"。世之解此爻者，每都望文生义，误谬百出。悲乎，易道之难明也！不追溯文王作《易》之时代背景，与夫往古伏羲、神农、黄帝、尧、舜、禹、汤、文、武、周公、孔子之业，难以言《易》矣。

六十四卦上经　坤卦　| 091

**上六**①：**龙战于野**②，**其血玄**③**黄。**

**《象》曰："龙战于野"，其道穷也。**

【音注】①上六：最上一爻为阴，则曰上六。 ②野：郊外、野外之地。 ③玄：黑青色与灰白色之间，为天的颜色。清代刻本为避圣祖玄烨的讳，"玄"字或用"元"字代替。

【义译】坤卦上六，象征着坤阴的极点将变乾阳，因与乾阳战斗于原野，两皆有伤，它的血是黑青色与黄色的混合。《象辞》上说"龙战于野"，是说已至穷极将变的时候。

【象证】阴阳之理，穷极必变，阴极则阳生，阳极则阴生，变者所以求通。故乾为阳、为白天、为生、为成功，坤为阴、为黑夜、为死、为失败；如彼白天之极，则变作黑夜，黑夜之极，则变成白天，故成功之极必至于失败，如夫差是也。失败之极，亦必至于成功，如少康、勾践是也。故成勿骄，败勿馁，此《易》之所以首乾坤，而既济之后终之以未济也。明乎阴阳、日夜、成败、祸福、消息、盈虚皆互为倚伏变化，方可以言《易》。

坤卦上六在六爻的最上，居坤卦六阴的终极，将变乾卦六阳的初始，故有与乾战斗的象征；乾为天、为龙、为战、为野，故曰"龙战于野"。正如黑夜的黑暗，将变成白天的光明，需与白天的光明战斗一样；亦如从失败的过程，将迈向成功的初始，需与成功的旅程战斗一样；上六居天位的最上，而坤旁通于乾，乾为天、为龙，故以"龙战于野"取象。

当黑夜（坤卦）将变成白天（乾卦）的时候，一半是光明（阳明）。这个黎明对黑夜来说是损失了一半，因为只出现一半的阴暗；对全部的光明的白天来说亦有损失，因为只出现了白天光明的一半，是故两皆有伤。正如坤阴之极将变乾阳一样，象征着两皆有伤，乾坤各占一半。乾为天、为玄的象征，坤为血、为地、为黄的象征，故曰"其血玄黄"。

吾人由失败的终极，初迈入成功的初始，亦如黎明一样，比之最失败时，则是成功的曙光已露，不全是失败了，但比之最成功之时，则未完全成功，所以以此取象。然坤阴之极终必变乾阳，故曰"其道穷也"。人世间亦然，春秋、战国、秦及六朝与隋皆处战乱之极，乃出现汉唐两代的小康；清朝专制之极，终必变成民主；失败之极，亦必臻于成功。此所以有"龙战于野"之象也。

然乾阳虽终必成，然其成未臻大成也，较之大成乃有所伤也，故有"其血玄黄"之象，喻成功之辛勤，而有所奋斗与牺牲也。故初成之后必谨慎再接再厉，以至于大成，至乎大成仍要自强不息，思患而预防之，复由终而复始，成功再成功，阶阶努力，步步奋斗，子子孙孙自强不息，方能保其世世代代不败，而不致有龙战之灾。惟古今中外之历史，未尝见也。后之人，其勉行哉！

周武王成功之日，而放马于山，作《武成》之篇，示不用武，而管叔、蔡叔、霍叔乃以纣子武庚叛乱，幸周公东征三年乃致敉平，敉平后乃制礼作乐而成太平之治，奠定周朝八百年之江山。周公于此爻辞，其思深哉！其戒远哉！伏羲、神农、黄帝、尧、舜，治而不忘乱。日本、德国、法国劫后重建，又蒸蒸向荣。中华儿女万不可以一时成败而骄傲灰心，当思万世自强不息，警其"龙战于野"，而免于"其血玄黄"。君子争千秋，不争一时。君子明大义，识大体。君子斗志而不斗气。君子能忍成金，忍小以成其大，小人一气即败。

**用六**[①]：利永贞。
《象》曰：用六"永贞"，以大终也。

【音注】①用六：用者，使用也。六者，阴爻符号（--）的名称也。用六，使用阴柔之道也。做天下事的方法，不外刚柔二者而已，故有用九、有用六。此最简易之理也，而古今注释多迷于此。

【义译】使用阴柔的方法或道理以做事，其利在永远地守着正道。《象辞》上说"用六永贞"，才能得到伟大的善终呀！

【象证】坤卦六爻皆是阴爻，是纯阴之卦，故标出使用阴柔之道要永远守着正道的戒辞。乾卦六爻皆是阳爻，是纯阳的卦，故标出使用阳刚之道，易使君王失败，故教以"勿为群龙之首则吉，欲为群龙之首，不可纯用九，犹须济之以阴柔"的戒辞。此是圣人用九用六的格言。商纣用九而不正，卒致败亡。文王用六而永贞，故得伟大的善终，而其后世子孙有天下凡八百余年，故"用六永贞，以大终也"。

# 《坤文言》

此节《坤文言》解释并赞美坤卦的德性。以下六节分别解释坤卦六爻。

# 一、总论《坤》六爻

《文言》曰：坤至柔而动也刚，至静而德方，后得主①而有常，含万物而化光，坤道其顺乎！承天而时行。②

【音注】①主：君主、上级、夫君、天也。　②此节多有押韵，"刚、方、常、光、行（háng）"，文句很美。

【义译】《文言》说：坤卦是最柔顺的，但是动作起来却是刚强的；是最文静的，而德行则是方方正正有道义有法则的。因为柔顺的关系，其先或有所迷失，但后来却能遇到它的君主，而顺着正常的道理去行。坤为地、为母，它能含容万物，而使万物化育和光辉灿烂。坤卦的道理，是柔顺呀！所以能承顺上天，而依时而行。

【象证】坤旁通乾，乾为天，坤为地，故曰"承天而时行"。乾为刚健，坤为柔顺，六爻皆阴柔，坤变则为乾，故曰"至柔而动也刚"，故曰"坤道其顺乎"。坤为阴性、为文静、为地，六爻皆阴也，外形方正，故曰"至静而德方"。

乾为君主，坤为臣子，乾为父、为夫、为君，坤为母、为臣、为妻子，坤地需随乾天而时行，故曰"后得主而有常"；坤为地、为含弘光大，品物咸亨（《彖辞》），故曰"含万物而化光"。

坤为地、为母，六爻皆阴柔，虽然是最柔顺的，但柔弱中蕴涵着刚健的品德、方正的德性，如孟母、欧阳母、岳母皆柔弱的女性也，而皆早年失去夫君的依靠，又处专制时代男女不平等之时，寡母带着孤儿，多危险呀！然皆以其柔顺之德，发为至刚至健的毅力与勇气，而教养其子女，教子有义方，使为圣人孟子，为大文学家欧阳修，为大英雄岳飞。为人臣下、妻子，亦需承顺君父夫君的领导，方能使国家、家庭和谐繁荣发展，故曰"后得主而有常"。

无欲则刚，有容乃大。凡欲有所作为者，需体坤卦含弘光大、柔顺利贞，有厚德容人载物之量，一顺百顺，方能有成。凡为人子女、部属、妻子者，皆不欲他人之背逆于自己，故自己尤需效法地球之承天时行，而承顺其父母、上级领导、夫君而时行，方能"含万物而化光""承天而时行"，一顺百顺而可久可大，欲有为者其三复斯言哉！

## 二　论释《坤》六爻

积善之家，必有余庆；积不善之家，必有余殃①。臣弑②其君，子弑其父，非一朝一夕之故，其所由来者渐矣；由辩之不早辩③也。《易》曰："履霜，坚冰至"，盖言顺也。④

【音注】①殃：灾祸、灾殃。　②弑（shì）：下级或晚辈杀死了上级或长辈，如弑父、弑君。　③辩：辨也。　④此段《文言》解坤初六爻辞。

【义译】积善的人家，必定有福庆余留给子孙；累积不善的人家，必定有灾殃余留给子孙。臣子杀死了他的君王，子女杀死了他的父母，不是一个早上一个晚上突然发生的缘故，而是由来已久，由渐渐的累积而形成的事实；由于做君长父母的人，不能提早明白辨别清楚，所以造成了悲剧的发生呀！《易经》上说："脚践踏上秋霜，便要知道坚硬的寒冰势必到来。"是说顺着其形势逐渐累积而形成的呀！天下事，可真要趁早提防，及早当心哟！

【象证】坤为顺，故曰"盖言顺也"。坤为阴柔、为臣、为子、为下级；乾为阳刚、为君、为父、为上级；初六居坤卦六阴的开始，驯至其道而发展，势必至于上六坤阴的隆盛，而有龙战之灾。

阴极则变阳，阳极则变阴，坤极就变乾，坤旁通乾，故有臣弑其君，子弑其父，秋霜变成冬冰的现象。提醒世人，凡事要提早当心，趁早准备，举一要反三，闻一要推十，由现况要推知未来，由过去要推知现况的发生。曹操、曹丕父子与司马懿祖孙四人篡夺汉、魏之江山，下历晋、宋、齐、梁、陈、隋、唐、五代、宋、元、明、清，无代无之。嗟呼！可不慎乎！

故《易》者，"履霜坚冰"之戒，所以防小人而警君子也。有志修齐治平者不可不慎思明辨，三复斯言也。

"直"，其正也；"方"，其义也；君子敬以①直内，义以方外，敬义立而德不孤②。"直方大，不习无不利。"则不疑其所行也。③

【音注】①以：用也。　②孤：孤单、孤独。子曰："德不孤必有邻。"《易经》与《四书》皆互相发明，乃儒家之学。部分学者以为《十翼》参入道家，非孔子所作，乃童子之见。　③此段《文言》解坤六二爻辞也。

【义译】正直，是天下的正道；方正，是道义的规范；君子用"诚敬"以端正内在的含义，用"道义"以衡量外在的事理；内外兼修，诚敬和道义有所树立，则德及万物，化民成俗而不孤单了。《易经》上说："正直、方正有道义法则、伟大的德性，能够从容中道，不习无不利。"就不必怀疑他的所作所行了。

【象证】并参前坤六二注。六二变则内卦坎，坎为疑；六二得大中至正之位不变，故不疑其所行。六二大中至正，即"柔顺利贞，君子攸行"（《象辞》）及"从容中道，圣人也"（《中庸》）的注脚，故可以"不习无不利，而不疑其所行也"。

关羽、张飞见刘备敬信诸葛孔明，偶有不悦，刘备释之曰："孤之有孔明，犹鱼之有水也。"孔明敬义立而德不孤，必有邻，卒得刘、关、张、赵的信服，君臣同心，而开创蜀国，形成鼎立三分的局面。

【笺注】周子曰："动而正曰道，用而和曰德，故君子慎动。"（《太极图说》）

程子曰："涵养须用敬，进学则在致知。"（《二程集》）

**阴虽有美，含之；以从"王事"，弗敢"成"也。地道也，妻道也，臣道也；地道"无成"而代"有终"①也。②**

【音注】①坤为地，万物欣欣向荣，地不自居其功，而代天代育万物，故能有善终。　②此段《文言》解坤六三。

【义译】做人臣子的人，虽有美好的才德，为免被时所疾，锋芒太露，所以要谦虚地含蓄着，以服务于君王的大事，抱一切成功皆奉献于君上，不敢自以为成功，这是地对天、妻对夫、臣对君的道理呀！地的道理是不自居成功，而代上天有成功的善终呀！

【象证】具见前坤六三之注译。坤为阴柔、为地、为臣下、为妻子，故曰"地道也，妻道也，臣道也"。错卦乾，乾为天、为君王、为夫君；地之道在于承天时行，吾人见四时行焉，万物生焉，是地不自以为成，而代天有终者也。六五之君既不得正位而己又需在仕宦，位居其下，故宜如张良、郭子仪之"含章可贞""无成有终"。

**天地变化，草木蕃①；天地闭②，贤人隐。《易》曰："括囊无咎无誉。"盖言谨也。③**

【音注】①蕃：音义同"繁"，茂盛也。　②闭：闭塞也，关闭也。　③此段

《文言》解坤六四也。

【义译】天地变化，使得草木繁盛；天地之气闭塞而不通，在天下大乱的时候，贤人为了明哲保身而隐藏起来。《易经》上说："收而结起袋子口，不装一切好坏的东西，所以既无灾咎也无荣誉。"是说在乱世要谨慎守身呀！

【象证】乾为天、坤为地，天地变化，变成地天泰卦（☷☰），地气上升，天气下降，国泰民安，风调雨顺，天地交泰，宇宙太平，天下文明，草木乃至万物皆繁盛，君子可以出而治国平天下。

如果天气不下降，地气不上升，上下不交，则成天地否卦，天地之气闭塞而不通，象征着天下大乱，万物不兴，故君子贤人皆隐居不仕，欲以明哲保身也。因六四得正位，而上承六五不正之君，不愿屈己以失道，故隐而弗仕。如龚胜不事王莽之朝是也。并参六四注。

**君子黄中①通理，正位居体②，美在其中，而畅③于四支④；发于事业，美之至也。⑤**

【音注】①黄中：黄，五行之中色，喻中也。黄中，中而又中，笃行中道也。　②正位居体：居，处也。体，道也，下体也。正位居体，犹孟子所谓："居天下之广居，立天下之正位，行天下之大道。"　③畅：畅达也，畅旺也。　④四支：四枝也，四肢也，喻天下四方也。　⑤此段解坤六五。

【义译】君子笃行中道，又通达宇宙人生的道理；又能秉持正道，立天下的正位，谦下以处世立身，而行天下的大道；所以美德蕴存于其中，而畅达于天下四方，本此精神，发挥于修齐治平的事业，真是尽善尽美到极点了呀！

【象证】坤为地、为黄，六五居上卦之中，故曰"黄中"；六五以阴柔居阳位，不得正位，而居天子的尊位，故需"正位居体"，方能发挥于事业而含弘光大、品物咸亨，故曰"美之至也"。盖六五以不正而居君位，本为无道之君，然在上卦之中，有中道之美，将顺其美，故教以黄中通理，德智兼修；因不得正位，匡救其恶，故教以正位居体，立天下之正位，行天下之大道，以勉励中智以下，乃至不正之君，以成王道，匡救天下，为万世开太平者，是圣人救世之仁也。

**阴疑于阳必战，为其嫌①于无阳也，故称"龙"焉；犹未离其类也，故称"血"焉。夫"玄黄"者，天地之杂也，天玄而地黄。②**

【音注】①嫌：疑也。　②此段释坤上六之"龙战于野，其血玄黄"。

【义译】坤卦的上六居阴盛的极点，将要变乾阳，正如在成败边缘的时候，必有一番奋斗的过程一样。为了使人免除坤卦六爻都是阴没有阳的嫌疑，所以坤卦上六用龙战于野的"龙"来象征阳；可是坤卦究竟还是阴，尚未离开阴这一类呀，所以用"其血玄黄"的"血"来象征阴。"玄黄"的意思是说天地的互相交错混杂呀！天的颜色是玄色，地的颜色是黄色，所以说"其血玄黄"。

【象证】六五以阴居阳位不正，变坎，坎为疑。坤旁通乾，乾为战、为龙、为天、为玄，坤为阴、为血、为灾、为地、为黄。

【笺注】周敦颐《太极图说》："无极而太极，太极动而生阳，动极而静，静而生阴，静极复动，一动一静，互为其根……万物生生而变化无穷焉。"

# 屯

水雷屯

| 卦体 | 下卦震 | 上卦坎 |
|---|---|---|
| 卦象 | 为雷 | 为水 |
| 卦德 | 为动 | 为险 |

| 错卦 | 反卦 | 下互卦 | 上互卦 | 消息卦 | 附注 |
|---|---|---|---|---|---|
| 火风鼎 | 山水蒙 | 坤卦 | 艮卦 | 十一月十二月侯卦 | 下卦震为长男为太子为侯 |

《序卦》："有天地然后万物生焉，盈天地之间者，唯万物，故受之以屯。屯者，盈也；屯者物之始生也。"所以继乾、坤之后为第三卦。

**屯**①：元亨，利贞。勿用有攸往②，利建侯③。④

【音注】①屯（zhūn）："难也，象草木之初生，屯然而难。《易》曰：'屯刚柔始交而难生'。"（《说文》）屯有四意：A.万物开始产生。B.充满的意思：盖万物开始产生而充满于天地之间。C.困难的意思：万物开始产生而有困难的样子，所谓"创业维艰"是也。D.又解作屯（tún）积屯（tún）垦。总言之，屯卦是开始创业。 ②往：出外（上卦）曰往，回内（下卦）曰来。 ③利建侯：古代帝王创业成功、论功行赏或创业之初，预先规划而封建诸侯，有公、侯、伯、子、男五等爵位；以现代观念建侯，需先寻找得力的人才，再分配职务，勉以事功，功成之后，乃享以利润。 ④此屯卦卦辞。后仿此。

【义译】屯卦是开始创造事业，需具备：一、要伟大成功；二、利于坚守正道；三、慎思以筹划。没有伟大成功的把握，就不可以轻举妄动有所前往；四、寻找得力的干部，分之以职务，期之以事功，封之以爵位，以共生共荣，共同创业成功。

【象证】屯卦上卦坎为水，为危险，危险在前，故"勿用有攸往"；下卦震为动、为足、为雷、为长男、为太子、为侯，故有"利建侯"之象。屯卦于消息卦为介于十一月冬至与十二月小寒之卦，冬至一阳始生，亦为万物始生艰难之象。

屯卦是开始创造事业，虽然开始艰难，创业维艰，总要用行动去克服危险，才能有伟大成功的希望，故西谚云："好的开始，即是成功的一半。"要创业首要立伟大成功之志。要"利贞"，坚守道德的正道。项羽初起革命，在将成功之时，却放逐义帝而杀之自立，不正，所以被刘邦作为攻击的借口，项羽终于失败。而刘邦、张良遥奉义帝，不杀秦王子婴，约法三章而得秦民之心，初起创业守着正道所以成功；但其后大杀功臣，则残暴不正矣，所以不能常王天下。

其次要深谋远虑，慎思筹划，谋定而后动。如孙子所谓："多算胜，少算不胜，而况于无算乎？"（《孙子兵法·始计》）如果没有深思筹谋，绝对不可以贸然前往，孤注一掷，而轻举妄动，所以《易》垂"勿用有攸往"之训。古语谓："勿始祸。"又云："不为祸始，勿居福先。"良有以也。陈胜、吴广首起反秦，刘福通、韩林儿首起抗元，皆失败者，以筹谋未足，"勿用有攸往"，而却有所往也。

最重要者要有利建侯，有指挥统帅群雄以创大业的本领，要得到最优秀的人才而运用之，组织训练之，而分配其任务，敦促其完成事功，而享之以爵位。盖利禄要共享才有人肯卖命。刘邦初起，即封郦食其为广野君；所到之处攻城略地，所降下者，因此予之；韩信、彭越、英布、张耳，皆各封之为诸侯，使各效命而讨伐项王。刘邦曰："运筹策帷帐之中，决胜于千里之外，吾不如子房；镇国家，抚百姓，给馈饷，不绝粮道，吾不如萧何；连百万之军，战必胜，攻必取，吾不如韩信。此三者，皆人杰也，吾能用之，此吾所以取天下也。项羽有一范增而不能用，此其所以为我擒也。"（《史记·高祖本纪》）刘邦能统筹指挥群雄，而分配职务，深知利建侯之义，所以有天下。项羽虽仁而爱部下，然吝于爵位，刚而不知建侯以辅佐之义，所以败也。凡欲创造任何企业、事业者亦宜做到此四事，方能得享伟大成功之利。

**《彖》曰：屯，刚柔始交而难生，动乎险中，大亨贞；雷雨之动满盈，天造草昧[①]，宜"建侯"而不宁[②]。**

【音注】①草昧：昧，暗昧不明也。草昧者，指草创文明，文明初起。 ②不宁：不安宁。喻勤奋努力、自强不息。

【义译】《彖辞》上说：屯卦是天地阳刚阴柔之气开始接触，而很困难地产生万物的意思。吾人的创业要用行动来克服危险，才能得到伟大的成功，而又需守着正道，方不致失败。上天开创草昧、文明初起的时候，是充满着雷霆的震动和风雨润泽的。吾人创造事业则需利建侯，而勤勉地努力奋斗。

【象证】《序卦》曰："有天地，然后有万物。"乾为天、为刚，坤为地、为柔。地气上升，为云；天气下降，为雨、为雪；有天地雨雪，然后万物方生，故屯继乾坤之后为第三个卦。吾人创业之始，亦宜像天地一样刚柔配合得恰到好处，有创业维艰的认知，而用行动去克服险难，方有成功的希望。

屯卦下卦为震、为动、为雷，上卦为坎、为险、为雨、为水。故曰："动乎险中""雷雨之动满盈"。创造事业除以上四要点之外，孔子于《彖辞》尚提出"不宁"，即勤奋努力，也是成功的要件。更始皇帝刘玄、太平天国洪秀全等志在享受而不能贯彻始终地奋勉不懈，所以失败。

**《象》曰：云雷屯，君子以经纶[①]。**

【音注】①经纶：直线叫经，青色的丝绳、钓竿的丝皆纶。王船山曰："经者，理其绪而分之；纶者，比其类而合之。"(《易内传》)经纶者经营创造条理整类也，亦即《诗经》所谓"经之营之……不日成之'"(《大雅·灵台》)之意也。

**【义译】**《象辞》上说：云雷屯聚为屯卦的现象，君子体察这个现象，要效法之，以经营国事，整顿民物。

**【象证】**坎为水、为雨、为云，在地面则为水，升天上则为云，自天降下则为雨，皆坎卦之象也，震为雷故曰"水雷屯"。如周公的制礼作乐，定周朝八百年江山。

**初九：盘桓**①**，利居贞，利建侯。**
**《象》曰：虽"盘桓"，志行正也；以贵下贱，大得民也。**

**【音注】**①盘桓：徘徊不进也；盘，大石也。桓，木名，或武勇貌。

**【义译】**初九以阳刚得正之才，当屯卦开始创业之初，当深思筹划，不可贸然前往，所以徘徊不进，只利于居守正道，和寻找得力的人才，而分以职务，期以事功，享以爵位，并统领指挥之，如此准备既足方可出而创业。

《象辞》上说，虽在徘徊，然而志行是端正的、正常的；以贵重的身份，而礼贤下士，所以能大得民心。

**【象证】**初九以阳居阳位，得正，于六爻之位为士；正是创业与革命之英雄，如刘邦、刘备、朱元璋、孙文是也。震为动，三、四、五爻互艮为止，所以有"盘桓"不进之象，即卦辞"勿用有攸往"也。以贵下贱，如文王之迎太公、刘备之三顾茅庐。

**六二：屯如**①**邅**②**如，乘马班如**③**，匪**④**寇婚媾**⑤**。女子贞不字**⑥**，十年乃字。**
**《象》曰：六二之难，乘**⑦**刚也。"十年乃字"，反常也。**

**【音注】**①屯如：艰难的样子。 ②邅(zhān)：转动也，难行也。 ③班如：盘旋不进的样子。 ④匪：非也。 ⑤婚媾(gòu)：求婚姻的遇合也。媾，"重婚也"(《说文》)，即"重叠交互为婚姻也"(段玉裁)，"合"也。 ⑥不字：字，女子许嫁了。不字，不嫁也。 ⑦乘：《易经》的爻例，凡爻在上曰乘，在下曰承，相邻曰比。凡下卦与上卦，初与四、二与五、三与上，位置皆遥遥相对应，如一阴一阳则曰相应，皆阴皆阳则曰无应或敌应。

**【义译】**屯卦六二以阴居阴位，得到正位，位居大夫，当创业之初，上应九五的国君，而初九又邻逼于下，所以很艰难呀！很难前进呀！乘着马很想前进，但又考虑再三，盘旋而不进呀！所以乘马盘桓者，并非去做盗寇，而是求君臣上下的遇合呀！初九草莽的创业英雄，虽一再催促，然六二得到大夫的正位，却如女子守着正道而不许嫁，十年以后灾难既平，天下已定，方如女子的许嫁而投效君王。

《象辞》上说：六二的灾难，难以行进。因为乘在初九阳刚的上面呀！十年以后，方可如女子的许嫁，而投效君王。因为天下已定，返回正常的状态了呀！

【象证】震为作足之马，三、四、五爻互艮为止，外卦坎为险，故有"屯如邅如，乘马班如"之象。坎为险、为盗，六二之大夫应于九五的国君，实非盗寇也，乃君臣上下的遇合也。

六二阴爻，阴为女子、为臣子、为下级之象，九五阳爻为阳、为男子、为国君、为上级之象，故曰"匪寇婚媾"，谓非为盗寇，乃求君臣上下的遇合也。二、三、四爻互坤，土数成于十，为"十年"之象。十年以后，天下大定，乃许投效君王。

如马援原为隗嚣部下，先尽忠于隗氏，说隗嚣以归汉光武帝，乃与隗恂归汉，卒得大展弘才。初不归光武，女子贞不字也；后归光武，是"十年乃字"也。又如王导事晋元帝、明帝，而下有王敦之强臣，守正不挠，不亲近王敦，是女子贞不字也；后王敦叛变已平，遂得专心辅相晋明帝，是"十年乃字"也。

**六三：即①鹿②无虞③，惟入于林中。君子几④，不如舍⑤，往吝⑥。**
**《象》曰："即鹿无虞"，以从禽也；"君子""舍"之，"往吝"穷也。**

【音注】①即：就也，前往。 ②鹿：兽名，善走，性温良。此亦解作麓，山麓，山脚下也。 ③虞（yú）：掌禽兽者谓之虞人；又"山虞，掌山林之政令"（《周礼·地官》）。 ④几：谓有先见之明，知几也。 ⑤舍：舍弃。 ⑥吝："恨惜也。"（《说文》）

【义译】六三象征着前往山林打猎，没有虞人做向导，只有迷入于山林之中。君子知几，不如舍去，如果前往的话，会有悔恨之灾。

《象辞》上说：前往山林打猎而无虞人做向导，是去跟踪禽兽。君子舍之而回去，因为前往会困穷悔恨呀！

【象证】打天下犹如逐鹿也。六三居三公之位，本身又不得正位，而上又无应援，故君子知几，不如安守臣位，不往为吉。三、四、五爻互艮，艮为指、为狗、为山。下震为足、为动，上坎为豕，二、三、四爻互坤为牛，故曰即鹿。

坤为迷，震为木、为动，故曰"惟入于林中"，三变则下卦为离，离为明，故知几。

洪秀全起义，不用钱江直捣北京之策，而享乐南京，后坐困愁城，是"即鹿无虞，惟入于林中"，终致失败悔恨自杀而亡者也。又今世爬山而遇难死于山中者，亦因无熟悉地形地物者以做向导遂致迷失故也。故"即鹿无虞，惟入于林中，君子几，不如舍，往吝。"戒哉！

**六四：乘马班如，求婚媾，往吉，无不利。**
**《象》曰："求"而"往"，明也。**

【义译】六四，在屯卦创业之时，需深谋远虑，所以有乘马盘旋不进之象。唯有应于初九，而又上承于九五之君，求君臣上下的遇合而前往，是吉利的。

《象辞》上说：求而前往，是聪明的呀！

【象证】六四以阴柔居阴位，得正，位在诸侯，而有应于初九之士，又上承九五之君，故下可以往求初九之辅佐，上可以求九五国君的进用，志可以得遂，而没有不利的。坎于马也为美脊、为薄蹄，三、四、五爻互艮为止，故曰"乘马班如"。

六三不正，变正则三、四、五爻互离，离为明，下震为足、为动，故曰"求而往"，明也。六四之阴，下应初九之阳，得到阴阳正应，故可以求婚媾。婚媾以阴阳男女之遇合，象征君臣上下之遇合也，如关羽、张飞、赵云之于刘备。至于萧何追韩信以辅佐刘邦灭项羽而得天下，则是下求初九，上承九五，以利天下，而得上下之相应者也。

凡欲有为者，皆需求明君得任用，则得居要冲重职。居大位者亦宜求贤明之才以辅佐，才能成事功。

**九五：屯①其膏②，小贞吉，大贞凶。**
**《象》曰："屯其膏"，施未光也。**

【音注】①屯：屯积也。此是屯字的另一解。　②膏：恩泽，膏泽也。

【义译】九五之君在居屯卦艰难创业的时候，如果屯积他的恩泽，而不施于百姓，则做小事得正，可以得吉。做大事虽得正，亦凶。

《象辞》上说："屯其膏"是说所施恩惠，未能够光大呀！

【象证】坎为水、为膏泽，屯卦为开始创业，又有艰难的意思，又引申有屯留屯积的意思，故有"屯其膏"之象。见坎险未见离明，故施未光也。九五以阳居阳位得正，又处外卦之中，阳刚而大中至正，处创业之时，正是大有为之时，应当广恩泽于士大夫与众庶，方能收揽民心，风云际会，乘时起而成功。

项羽吝于爵位，而不分享士大夫，屯其膏而不封侯，而欲以自己的勇力力争，卒失天下。昔子产相郑以其乘舆济人，赵盾相晋，拯济勇士之馁，此皆能施恩泽，故能成功。若恩泽不下于士民，则为小事而正尚可，创大业则凶矣。刘邦为项羽所破，张良劝以用齐梁等地封韩信、彭越等，果皆出兵，故"屯其膏"天下为私，则莫有应者，为大事者所宜深戒！

**上六：乘马班如，泣血①涟如②。**

**《象》曰："泣血涟如"，何可长也。**

【音注】①泣血：泣，无声地哭。泣血者，哭泣至于流血。 ②涟如：连绵不断。

【义译】屯卦上六在创业的终点，无业可创，所以有乘着马盘旋不进的样子。无事可做，处处碰壁，所以悲哀呀！有哭泣以至于流血，而连绵不断的样子。

《象辞》上说："泣血涟如"，何能长久呢？

【象证】坎为雨、为水、为血，故有"泣血涟如"之象。上六以阴居阴位，虽得正位，但是在屯卦创业的终点，无法前进，后退则乘于九五阳刚天子之上，又无应与，又在宗庙无位之地，所以有进退两难、处处碰壁的现象，故曰"乘马班如"。终致穷途末路的悲哀，故曰"泣血涟如"，何可长也。

东晋南渡之后，中原名士同游新亭，周𫖮叹曰："风景不殊，举目有山河之异。"因相视流涕，亦是乘马班如泣血之象。王导慨然曰："当共戮力国难，恢复神州，何至作楚囚相对耶？"众皆收泪谢之。此正是化悲愤为力量的时候！

# 蒙

山水蒙

| 卦 体 | 下卦坎 | 上卦艮 |
|---|---|---|
| 卦 象 | 为 水 | 为 山 |
| 卦 德 | 为 险 | 为 止 |

| 错 卦 | 反 卦 | 下互卦 | 上互卦 | 消息卦 | 附 注 |
|---|---|---|---|---|---|
| 泽火革 | 水雷屯 | 震卦 | 坤卦 | 正月大夫卦 | 坎为云为水为泉为险 |

《序卦》曰："物生必蒙，蒙者蒙也；物之穉也。"穉即幼稚。屯卦为物之始生，蒙卦是万物的幼稚时期，是被蒙蔽蒙昧无知之意。因为蒙昧无知有待启蒙，所以蒙卦是接受教育的意思。

蒙[①]：亨；匪[②]我[③]求童蒙[④]，童蒙求我。初筮[⑤]，告；再三，渎[⑥]，渎则不告；利贞。

**【音注】**①蒙：幼稚，蒙昧无知。　②匪：非也。　③我：喻师也。　④童蒙：儿童，学生。　⑤筮（shì）：问也，本为卜筮以断吉凶之意。　⑥渎（dú）：冒犯，亵渎，轻慢。

**【义译】**接受教育是可以成功的。要注意：一、学生要有尊师重道和自动自发的精神，不是老师求学生来接受教育，而是学生能自动自发地求师拜师。二、养成思考、推理、举一反三、学以致用的精神。所以初次发出问题，老师就告诉你；第二次、第三次又发出同一性质的问题，就是不用脑筋。不去举一反三而轻慢教育的人，轻慢了教育，就不告诉你了；不告诉你，就是要你再去思考研究，举一反三。三、教育要利于正常化，教以正道。

**【象证】**以上三点教育方针，即是《易经》之作者文王所定的。

下卦坎为水，水性流通，故接受教育可以成功。上卦艮为少男，所以有"童蒙"学生之象。九二阳刚得中，阳刚则能刚健，"存天理之正道，去人欲之私情"而"惟精惟一"；得中则能不偏左右，面面俱到，纯然至善，而得"允执厥中"之美，所以能为人师表。

蒙卦在消息卦是正月大夫卦，正是施行教育的人，九二处大夫位，正要具备以上"刚健得中"。"精一""执中"，方能胜任师道，上为帝王之师，以感悟君王；下为百姓之仪表，以教化百姓。

教育的方法，首要尊师重道，学生要非常虔诚地求师拜师，而又要有自动自发、努力向道的精神，所以"匪我求童蒙，童蒙求我"。"礼闻来学，不闻往教。"（《礼记·曲礼》）孔子三千弟子，七十二贤人，其拜师学道之诚敬，与努力向上之楷模，是以可为吾人之模范；周武王、汉明帝身为帝王，犹卑躬屈膝，向师执经请益，所以名扬万古。

《礼记·学记》曰："三王四代唯其师。"《尚书·仲虺之诰》曰："能自得师者王。"故师道立，则善人多。君子尊师重道，而好学自动自强。是以"君子之于学也，藏焉、修焉、息焉、游焉；夫然，故安其学而亲其师，乐其友而信其道"(《礼记·学记》)。

教育的成功就是让学生能独立思考、举一反三、学以致用。所以孔子说:"不愤不启,不悱不发,举一隅而不以三隅反,则不复也。"(《论语·述而》)文王与孔子是要学生养成独立思考推理研究的能力,毕业之后方能学以致用,贡献国家社会,乃至自己充满着光明的前途,如此教育才算成功。所以《学记》上说:"君子之教喻也,道而弗牵,强而弗抑,开而弗达。"老师教导学生,不把全部的答案告诉他;让他能举一反三,能思考研究,自己解决问题。

教育要正常化、正规化、正道化,即乾《象》之"乾道变化,各正性命,保合太和乃利贞"是也。

《彖》曰:蒙,山下有险,险而止,蒙。"蒙,亨",以亨行时①中②也;"匪我求童蒙,童蒙求我",志应也。
"初筮,告",以刚中也;"再三,渎;渎则不告",渎,蒙也;蒙以养正,圣功也。

【音注】①时:及时、随时。　②中:不偏左右,面面俱到,纯然至善,永执其中。

【义译】蒙卦就如山的下面有水,水蒙蔽在山的下面,不得出来;又如遇到危险就停止,束手无策。所以有幼稚蒙昧无知的现象,需接受教育。幼稚蒙昧无知,接受教育可以成功。因为奉行"及时随时"地学习和"允执厥中"地学习,所以是成功的呀!不是老师去求学生,而是学生能尊师重道自动自发来求师拜师,是因为学生向学的心志能够与老师相感应呀!

初次发出问题,就告诉你、教导你,因为要你刚健地努力和永执其中呀!再次三次,仍然未有进步,仍发同一性质的问题,就是轻慢了教育。轻慢了教育,就是蒙昧无知的人呀!在童蒙的学生时代,即教以正道,是将来成为圣人的功夫。

【象证】上卦艮为山、为止,下卦坎为水、为险,故曰:"山下有险,险而止,蒙。"上险即坎为水之象。二爻至五爻互体颐,颐为养,故曰"蒙以养正"。幼年所受之教育,往往影响人的一生。走上儒家的正道化,使学童自幼即希圣希贤,皆可成功。

【笺注】张载:"蒙以养正,使蒙者不失其正,教人者之功也,尽其道者,其惟圣人乎。"(《正蒙》)

《象》曰：山下出泉，蒙；君子以果行育德。

【义译】《象辞》上说：山下出泉水，泉水为山所包蒙，而能源源不停，这是蒙卦的象征；君子体察此现象，而行之于教育，则以果决其行，培育其德，使德智双修，言行一致，尽善尽美。

【象证】坎在地则为水，在山下则为泉水；山泉涓涓始流，源源不绝。君子求学培育道德，亦当效法之，学多识广之外，益之以实践之果决，而又能培育其德，则教育成功矣。故孔孟之教育，皆注重德智双修、言行一致及笃行的果决。

初六：发蒙①，利用刑人，用说②桎梏③；以往，吝④。
《象》曰："利用刑人"，以正法也。

【音注】①发蒙：即启蒙，启发式之教育也。 ②说（tuō）：脱去。 ③桎梏（zhì gù）：刑具加于手足。桎，脚镣，铐在脚上；梏，手铐。 ④吝：恨惜也。

【义译】蒙卦初六，在教育之始，先用启发式的教育方法，去启发士民，不听则利用刑罚加之于人身上。如果脱去了刑罚的工具，不用体罚，前往去施教，是会有悔恨错误的。

《象辞》上说：利用刑罚施之于人，是说用以端正法律的规范呀！

【象证】坎为盗、为法，其于木也为坚多心。上卦艮为手，二、三、四爻互震为足，故有桎梏（脚镣、手铐）与正法之象。初六变，则下卦为兑，兑为毁折、为金，故有"刑人"之象。为了打开蒙昧无知，所以要发蒙、启蒙，而接受教育。上焉者，从容中道，一教而能不贰过，则启发式的教育方法已足。中下者每过每患，或常改常患，或改或屡不改，或顽固顽劣不改，或冥顽不灵，非加以体罚，则不能收敛其恶劣的行为，而惩戒其过错。

所以《学记》上说："夏（榎）楚二物，收其威也。"《尚书·舜典》上说："鞭作官刑，朴作教刑。"皆采取利用刑人的体罚教育方法，此三皇五帝教育之所以成功也。如脱去桎梏，对犯罪者而不体罚，放任自发，如此虽上等者可以向善，而中等下等者便成顽劣不堪，终使教育失败矣，故曰"以往吝"。

九二：包①蒙，吉；纳妇吉②；子克③家。
《象》曰："子克家"，刚柔接④也。

【音注】①包：包容，涵容。 ②纳妇吉：纳，即纳入，接受。纳吉者，士婚礼六礼之一，于纳采、问名之后，纳征、请期、亲迎之先，卜于宗庙得吉兆，而报告女家决定婚事之礼曰纳吉。　③克：能也，胜任也。　④接：会合，相接。

**【义译】**九二，阳刚得中。居大夫之位，任师道之重，能够包容学生、有教无类，是吉利的。以此刚中之才，身既已修，可以成家立业了，所以娶妇是吉利的。由此而齐家亦能胜任而成教于妻子了，所以使其子也能够胜任大夫的家业。

《象辞》上说，孩子能够胜任家业，是说已刚柔和谐，所以家教成功呀！

**【象证】**三、四、五爻互坤，坤为布、为包、为含弘光大，所以"包蒙吉"。古者诸侯有国，大夫有家。国者，省县市乡之间；家者，乡镇村里之间。九二刚中之才，居大夫之位，可以修身齐家，任师道之重，而成教于国，所以"纳妇吉，子克家"。《学记》说："能为师而后能为长，能为长而后能为君。故师也者，所以学为君也。"大夫为乡镇县市之长，大者治数县，小者亦治一乡镇。

古代为世袭的制度，父为大夫，则教育其子克承家业，乃教育之最重要者。故首先要修身，然后能为师，能为师方能齐家治国，可以娶妻教子，胜任大夫之位，而欲教子成材，治好大夫之家，需用九、用六刚柔之和谐，故在《诗》曰："不竞不絿，不刚不柔，布政优优，百禄是遒。"（《商颂·长发》）在《易·系辞》曰："君子知微知彰，知柔知刚，万夫之望。"《大学》曰："君子不出家而成教于国。"是也。若九二刚健精一，而允执厥中，能胜其任矣。

**【笺注】**周子曰："人生而蒙，长无师友则愚。"（《通书》）

**六三：勿用取①女，见金夫②，不有躬③，无攸利。**
**《象》曰："勿用取女"，行不顺也。**

**【音注】**①取：娶也。男子以礼聘请女子为妻。　②金夫：多金钱的人，以金钱贿赂的人，亦解为刚强的人。　③躬：身也，亲身也。

**【义译】**当蒙卦教育之时，六三以阴柔居阳位，不得正位，故为君主者，切勿用之为三公，正好像不可娶不正的姑娘为妻一样；如此不正之人，势必受人财物的贿赂，而不有其身，失去立场，是完全没有利益的。

《象辞》上说"勿用取女"，是因为行为不顺的关系呀。或解见辱于暴徒，身亡无利。

**【象证】**三、四、五爻互坤，坤为阴、为女、为臣，且六三亦阴爻，艮为止，故有"勿用取女"之象。坎为中男、为阳刚，六三应于上九，上九亦阳刚，不得正位。蒙旁通革，革三、四、五爻互乾，乾为金，下卦离为目、为见，故有"见金夫"之象。

六三在蒙卦接受教育之时，不得正位，而居三公之位。本身为阴，阴为臣子、为女子、为妻子之象，比邻于九二，又有应于上九，阳为君、为夫、为金夫象，坤为顺。不顺正道之人，多必不有其身，而无所利益者也。如彼贪官污吏，如彼卖国贼，行为不顺不贞，皆败亡。

**六四：困蒙，吝。**

**《象》曰："困蒙"之吝，独远①实②也。**

【音注】①远：远离。作动词时读yuàn，作形容词时读yuǎn。 ②实：实在，事实，实际。阳即实，而阴即虚。此处实指阳刚之君子、老师。

【义译】六四，受困于蒙昧无知，后来一定会有灾祸而悔恨的。

《象辞》上说，因受困于蒙昧无知而有悔恨，是因远离了阳刚的君子呀！

【象证】三、四、五爻互坤，坤为吝啬，上卦变则为泽水困，故曰"困蒙吝"。初六近于九二，六三应上九，下近九二，唯六四独自远离阳刚，故曰"独远实也"。六四在蒙卦之时得到正位，又居诸侯之位，正是顽固自以为是的蒙昧无知者。因为自以为是，所以不听君子的匡辅，远离君子，所以终致国破家亡而悔恨不已。

昔秦穆公不听蹇叔越过晋国讨伐郑国必不成功之谏，终为晋败于殽。此利令智昏，困于愚而吝者也。上自帝王，下至士农工商，男女老幼固执愚见，终致失败。诸葛孔明《出师表》云："亲贤臣，远小人，此前汉之所以兴隆也；亲小人，远贤臣，此后汉之所以倾颓也。"故"困蒙吝"，哲士有纳谏之雅，故能免"困蒙之吝"。

**六五：童蒙吉。**

**《象》曰："童蒙"之吉，顺以巽①也。**

【音注】①巽：逊也，卑顺恭逊也。

【义译】六五，在儿童蒙昧无知的时候接受教育，是吉利的。

《象辞》上说：儿童时期接受教育的，吉利，是因为能很柔顺而且恭逊地接受教育呀！

【象证】艮为少男、为童，故曰"童蒙"；六五以柔顺居上卦之中，柔顺得中以接受教育，故"吉"。三、四、五爻互坤为顺，六五不得正位，变阳，则上卦为巽，故曰"顺以巽也"。

吾国昔者在儿童三岁、五岁时，即开始启蒙教育，教以《三字经》《昔时贤文》《百家姓》《千字文》《四书》《古文观止》《唐诗三百首》《幼学琼林》《五经》《昭明文选》；顺次以教，六年间而中国学问已有深厚之基础，以之修身齐家或治国平天下，故人心醇正、风俗淳厚，良有以也。此古今中国有学问之世儒、公卿莫不如此。

故为人君者自幼即接受优良之教育。如周公在周成王幼小时即教育之；商高宗自幼长于民间，熟知民间疾苦，身为帝王尚学于傅说，故能为一世名君。盖在儿童之时，施以"礼、乐、射、御、书、数"德智体群之教育，正是顺着儿童心理，在成长过程而可塑性最高，亟欲学习模仿成人，能恭逊以受教，故曰"童蒙之吉，顺以巽也"。

上九：击[①]蒙，不利为寇，利御[②]寇。
《象》曰："利"用"御寇"，上下顺也。

【音注】①击：敲打，打击，攻击。 ②御：抵抗，抵御。

【义译】蒙卦上九，阳刚在上，不得正位，教导学生用攻击敲打太过严苛的教育。不利于做盗寇去侵略他人，只利于防守抵抗盗寇的侵略。

《象辞》上说：利用于抵抗盗寇，是上下合顺的呀！

【象证】上卦艮为手，上九阳刚，高居上位而不得正，故曰"击蒙"。下卦坎为盗寇。艮卦为止，故"不利为寇"，而"利御寇"。如蔡邕《集明堂月令论》："《易》曰：'不利为寇，利用御寇。'今曰：'兵戎不起，不可从我始。'"三、四、五爻互坤为顺而在下，是下顺也；上九不得正位，变阴，则上卦四、五、上爻为坤为顺，是上顺也。故曰"上下顺也"。治蒙太过严刻，则是军国主义教育，如昔之日本、德国，其军事管理、军事教育之严格，举世无匹，国势强矣，本不利为寇，却四处残暴侵略攻击，引发二战浩劫，自己既失败，而使全世界人类亦受其害。

# 需

水天需

| 卦 体 | 下卦乾 | 上卦坎 |
|---|---|---|
| 卦 象 | 为 天 | 为 水 |
| 卦 德 | 为 健 | 为 险 |

| 错 卦 | 反 卦 | 下互卦 | 上互卦 | 消息卦 | 附 注 |
|---|---|---|---|---|---|
| 火地晋 | 天水讼 | 兑卦 | 离卦 | 正月二月候卦 | 坎为水为云为信为孚 |

《序卦》曰："蒙者蒙也，物之穉（稚）也，物穉不可不养也，故受之以需。需者，饮食之道也。"万物之幼稚阶段，需要教养，故需卦次蒙卦之后。

**需**①：**有孚**②、**光亨**③、**贞，吉；利涉**④**大川。**

【音注】①需：需要等待也。音义通"须"。"凡物相待而成曰需。"（《说文》）②孚（fú）：为"孵"之本字，引申为信。 ③光亨：光明成功。 ④涉：渡水。

【义译】需卦是时机尚未成熟，需要等待的意思，要具备诚信、光明、成功通达、遵守正道等四个条件，就能得到吉利了。如此则可以利于去冒险奋斗了。纵使险川大河，待时而后行，亦可以跋涉了。

【象证】需卦上卦坎为水、为险，下卦乾为天、为健，健者遇险本应有害，故需要等待诚信、光明、正大、有成功的把握四个条件具足，再加之以努力奋斗，勇敢前进，方能逢险化吉，迈向成功。

三、四、五爻互离为光明，上卦坎为水、为"有孚"。九五阳刚得正居中，当时尚未至，能心有所主，保持常态，待机而动，故曰"贞吉"。坎为大川，乾为刚健，故可以"利涉"。

大凡时机尚未成熟之时，小不忍则乱大谋，需深谋远虑，有长远的计划，"君子争千秋不争一时"。例如，汉初崇黄老之治，一切以清静无为为本。武帝即位之初，对历来和亲纳币颇为深痛，力图进取，然崇尚黄老的窦太后尚存，武帝不敢违逆窦太后之意，暂时蛰伏不动，一直等到窦太后驾崩后，再伸展壮志，大力剿伐匈奴，终获"有孚、光亨、贞，吉"而成功。而清朝光绪皇帝的变法维新，乃不知深谋远虑，等待时机，故处处受制于慈禧太后，甚而被幽禁于瀛台，壮志无由伸，终归失败。

**《彖》曰：需，须也，险在前也；刚健而不陷**①**，其义不困穷矣。"需，有孚，光亨贞吉"，位乎天位，以正中也。"利涉大川"，往有功也。**

【音注】①陷：陷落于危险也。

【义译】《彖辞》说，需就是需要等待的意思。因为危险在前头，所以需要等待。只要本着乾卦的德性"无欲则刚""存天理之正道，去人欲之私情"而刚健专一，就不致陷落陷阱了，如此在情理、道义上就不至于困穷了。需要等待的时候要有诚信、光明、亨通、正道四个条件就可吉利；是因为能居处在乾卦刚健专一如天的德位一样，而又能守着正道而允执厥中呀。利于像跋涉大川一样去冒险奋斗，是说具备以上德性而有所前往，就有成功的希望呀！

【象证】上卦坎为水、为川、为险、为盗、为陷阱，而在外卦，在前面。下卦乾为刚健、为天，故曰"险在前"；"刚健而不陷"，位乎天位，"利涉大川"。九五大中至正，而在天位，故曰"位乎天位以正中也"。

如周武王在伐纣之前，尝观兵于孟津，以"位乎天位"，正中之才，犹持谨慎与厚道，"刚健而不陷"，而不出兵以扰民于险，复待至纣恶愈甚，始行出兵，遂能一战而有天下，善于等待者也。周武王待至"有孚、光、亨、贞"四德具备，乃涉大川，以革命，正位乎天位。今之时亦然。

至于吾人心性之修养，能刚健以存天理之正道，去人欲之私情，亦必在理义之修养能不动心，不致陷入赌场、美人计与一切酒色财气、吸毒等不正当之陷阱矣。能正心于心念方动之初时，诚意于潜在意识之深处，而允执厥中，光明正大，德智兼修，则亦能学际天人，以人合天，而"位乎天地，以正中"矣。

## 《象》曰：云上于天，需；君子以饮食宴[①]乐。

【音注】①宴：以酒食请客，宴会也。

【义译】《象辞》上说，云在天上，需要等待至雨水的比重饱和点，方会下雨，这是需卦需要等待的象征。君子在时机尚未成熟，机会尚未来临，需要等待时，唯有守着正常之道，不急于躁进，而安心以饮食调养身体，宴乐以养其心志，团聚群众乐观奋斗而已。

【象证】坎为水、为云、为雨、为泉，在地则为水，水气蒸发而在天上则为云，云达到饱和点而降下则为雨，渗透到山中或地下而流出则为泉，皆坎卦的象征。需卦之坎水在上卦，而乾为天在下卦，故曰："云上于天，需。"

二、三、四爻互兑为口，三至五爻互离为日为明，坎为水，乾为天，"饮食宴乐"象也。饮食所以养身，宴乐所以养心。身心既正，又能团聚朋友讲习宴乐，虽未得志，安养以待时可也。

如颜渊虽箪食而能乐，谢安东山游宴以待再起之时，亦有可为。昔者大舜耕稼陶渔以事顽固的父亲、刻薄狡诈的后母及弟象，其不如意烦恼痛苦，甚至"日号泣于旻天"（《尚书·大禹谟》）而仍然守正、忍耐，终至感动天人，尧试之以位，以女妻之，是善于守正忍苦而等待者也。周文王之祖父太王古公亶父，躬行仁义以传季历，再传文王，文王犹且遵养时晦，默默积德行善，以传武王，时经四代，等待两百年乃有天下。狄仁杰安时守正，不动声色以待时机。以时荐张柬之、姚元崇、桓彦范、敬晖，终于不流血而顺利返回唐朝的天下，是能饮食宴乐团聚众力以待时者也。

贾谊以超越的天才，而不得志于时，发愤痛哭上策，卒受阻于周勃、灌夫等武人，哀伤忧郁以终，不亦伤乎！盖需要等待之时，虽可以利涉大川以图功，若时机未至，宁忍耐安养待时，故君子以饮食宴乐，良有以也。

**初九：需于郊①，利用恒②，无咎。**
**《象》曰："需于郊"，不犯③难行也；"利用恒无咎"，未失常也。**

【音注】①郊：城外，郊外。 ②恒：常也。 ③犯：冒犯、抵触。

【义译】初九在士位而得正，在需要等待的时候，有等待在郊外偏远地方的象征。利用于安守常道，就没有灾害了；能守常镇定深谋远虑，等待时至才可有为。

《象辞》上说"等待在郊外偏远之地"，是说别冒灾难危险而前进呀！"利用于安守常道无咎"，是说未失去正常的常态呀！

【象证】坎为险而在上卦在前，乾为郊在下卦，初九居士位，得其正，在未可亟于躁进而需等待之时，故"需于郊"，不犯难而行，安常守正以自保待时。程子曰："君子之需时也，安静自守，志虽有需而恬然若将终身焉，乃能常也。"盖必有守而后可以有为。

袁世凯窃国，蔡锷在京，屡次不动声色安守常态，饮于酒楼，使袁氏不疑，后卒脱困，由日本渐返云南，与唐继尧在云南起义，终于推翻袁氏帝制。是知应该等待而等待，应该可以有为而终有所作为者也，是知饮食宴乐以守常，复知利涉大川以图功者也。

**九二：需于沙①，小有言，终吉。**
**《象》曰："需于沙"，衍②在中也；虽"小有言"，以吉终也。**

【音注】①沙：沙滩。江河沿岸旁边的细粒沙土。 ②衍：水流动的样子。

【义译】九二以阳居内卦之中，居大夫之位而未得正位，在需要等待之时，不贸然前进，而有等待在沙滩上、在危险的前头之象征。纵使稍有微辞，或致受人言语的讥刺，但能安守常态，不急于冒险躁进，于最后是吉利的。

《象辞》上说"等待在河流面前的沙滩"，是象征着危险的水流就在当中呀！虽"小有言语的讥刺而不涉险"，最后终能全身免害而得吉呀。

【象证】坎为水、为危险而在上卦，九二在下卦之中，未至于坎水之中，故有等待在沙滩之象。孔子心存救世，不为长沮、桀溺之微辞所动，犹且汲汲走遍天下，终成《六经》之功，开万世之太平。

**九三：需于泥，致①寇至。**

**《象》曰："需于泥"，灾在外也；自我"致寇"，敬慎②不败也。**

【音注】①致：引来，招致。　②慎：小心，谨慎。

【义译】需卦九三，得正，居三公之位，在需要等待之时，已迫近于危险之中，故有等待在泥淖之中，招致寇暴来临的现象。《象辞》上说，"等待在泥淖之中"，是说灾害就在外面了；灾害是自我而引起的，唯有诚信谨慎即可以不败了。

【象证】上卦坎为水、为盗寇、为灾害，在二、三、四爻互兑为泽，九三紧邻坎泽之水，需旁通晋卦前进，下卦坤为地，故有"需于泥，致寇至，灾在外"的现象。盖善备则无寇。既有寇矣，敬慎以御之，多方以设法，以保不败。乾卦九三："君子终日乾乾，夕惕若厉。"亦敬慎以将事故保无咎。

又如赤壁、淝水之战，曹操、苻坚挥兵南下。孙权、刘备、谢安、谢玄可谓迫近于危险的泥淖之中矣，而能力持镇静，谨慎细密以想出破敌之计，或顺冬至一阳来复，东南风乍起之日火烧赤壁，或诱敌人先退以便进兵渡河，而使敌人相信以我半渡而击之有利，因乘敌退兵之时，用情报战在敌后煽动敌人失败逃命之消息，遂能保全三国鼎立与东晋半壁江山之格局，可谓"敬慎不败"矣。如诸葛孔明伐魏，军队多已派出，忽值狡诈的司马懿来攻城，诸葛孔明排出空城计，而司马懿不敢攻，于危险中唯力持镇静，诚静专一以思，脱去危险的方法，小心谨慎以应付危险的环境，方可出困。

【笺注】长沮、桀溺耦而耕，孔子过之，使子路问津焉。长沮曰："夫执舆者为谁？"子路曰："为孔丘。"曰："是鲁孔丘与？"曰："是也。"曰："是知津矣。"

问于桀溺，桀溺曰："子为谁？"曰："为仲由。"曰："是鲁孔丘之徒与？"对曰："然。"曰："滔滔者天下皆是也，而谁以易之？且而与其从辟人之士也，岂若从辟世之士哉？"耰而不辍。

子路行以告。夫子怃然曰："鸟兽不可与同群，吾非斯人之徒与而谁与？天下有道，丘不与易也。"（《论语·微子》）

**六四：需于血，出自穴**①。

**《象》曰："需于血"，顺以听也。**

【音注】①穴：洞穴，陷阱。

【义译】需卦六四，得正，而居诸侯之位，在需要等待之时，在上卦坎险之中，故有等待在危险的血泊之现象。然而有应于初九之士，而上承于九五之君，终能从危险的陷阱中解救出来。

《象辞》上说等待在血泊之中，是说只有顺着听命于救援的人才能出险的意思。

【象证】坎为水、为血、为沟渎、为陷阱、为穴、为耳，六四为阴、为顺，故有需血出穴、顺听之象。孙中山先生伦敦蒙难，而能透过狱中工友求救信致函于其师康德黎，终能得救而出险，危而有救。千钧一发，殆哉危矣！文王之蒙难，拘于羑里，越王勾践之入事夫差，皆如六四柔弱得正。战兢以从事，不逞强而隐忍，亦能需血、出穴，而创功业。

**九五：需于酒食，贞吉。**

**《象》曰："酒食贞吉"，以中正也。**

【义译】九五：居中得正，以天子之位，在需卦需要等待之时，唯有等待于酒食，以调养心志，团聚众心而安守正道，以获吉庆而已。

《象辞》上说"酒食贞吉"，是说因为居天子之位，而行大中至正的政治呀！

【象证】坎为水、为酒，二、三、四爻互兑为口，食象。九二变则初至五互体噬嗑，亦为食之象。居天子之位，大中至正，故"酒食贞吉"。九五阳刚得中，阳刚则能"刚健中正，纯粹精也"。做到惟精惟一，无欲则刚，而存天理的正道，去人欲的私情；得中则能允执厥中，大中至正，面面俱到。以此安守正常的正道，宁静致远，团聚众心，故"酒食贞吉"可以治天下，养天下矣，如周朝成王、康王与汉代文帝、景帝。

至于周平王的东迁洛阳，晋元帝的南京践阼，宋高宗的耽乐杭州，皆不思进取，只能苟且偷安，不能恢复江山。惜哉！此失"酒食贞吉"，大中至正之义矣。

大抵机会尚未来临，尤需抱常守正，故酒食养身，宴饮养心，务于大中至正以待时至，方能大有为也。此自养之道，若夫养天下之圣贤英雄以及百姓，与之共荣则有远见之领袖之需也。

**上六：入于穴，有不速之客**①**三人来，敬之终吉。**

**《象》曰："不速之客来，敬之终吉"，虽不当位，未大失也。**

【音注】①不速之客：速，招请。不速之客即不招而自动前来之人。

【义译】上六，居需等待终极，已是深入坎穴之中了，在进退两难的时候，恰有不招而自动前来援助的三位人士，能一视同仁地尊敬他们，终能获救而得吉利。

《象辞》上说"不招请而自动前来的三位客人，一律尊敬他们，最后能获吉利"，是说上六一人，而三人争着前来，虽三人不全当位，然而一律尊敬，对自己并未有大的损失呀！

【象证】上六在上卦坎穴之最上，所以入于穴。下卦乾为君、为君子，有三爻，主于刚健前进，故曰不速之客三人来。上六唯有应于九三，今初九、九二、九三一齐争着前来，则未称其位，未合其位，譬如一臣而三君、一女而三男，故曰不当位。然时在危难，三阳同来匡救，亦不可轻易绝之，故一视同仁地尊敬，待难已平，而时已安，各顺因缘，各得所安，故"未大失也"。

上六得正位，然在宗庙隐士无位之地，位居九五之君之上，以处需卦等待的极点，在坎险的顶端，故入于穴而多危。待救援而可出，以诚敬守的操守故也。今以东汉党锢之祸为例：

东汉桓帝延熹九年（166年）秋七月，桓帝听邪臣及宦官之言，收捕司隶校尉李膺、太仆杜密、范滂等二百余人，皆天下名贤下狱，太尉陈蕃、次军贾彪入洛阳，说窦武、霍谞使上书救之，是"入于穴有不速之客三人来"也。桓帝卒感悟，乃使宦官中常侍王甫就狱讯。范滂对曰："欲使善善同其清，恶恶同其污，谓王政之所愿闻，不悟更以为党。"又曰："古之循善，自求多福；今之循善，身陷大戮。身死之日，愿埋滂于首阳山侧，上不负皇天，下不愧夷齐。"（《后汉书·党锢列传》）王甫愍之，乃得并解桎梏，放归田里，禁锢终生，形成党锢之祸。

当此之时，虽太尉陈蕃上疏救援亦无用，且被免职。唯有贾彪请窦武、霍谞上书桓帝，而遇宦官王甫之仁恕，方得解救。所谓"三人来，敬之终吉"，虽不当位，亦未大失也。

# 讼

天水讼

| 卦　体 | 下卦坎 | 上卦乾 |
|---|---|---|
| 卦　象 | 为　水 | 为　天 |
| 卦　德 | 为　险 | 为　健 |

| 错　卦 | 反　卦 | 下互卦 | 上互卦 | 消息卦 | 附　注 |
|---|---|---|---|---|---|
| 地火明夷 | 水天需 | 离卦 | 巽卦 | 三月大夫卦 | 乾为君为君子为大人 |

《序卦》曰："需者饮食之道也，饮食必有讼，故受之以讼。"所以次需。

**讼**①：有孚②、窒③、惕、中④，吉；终凶。利见大人，不利涉大川。

【音注】①讼：诉讼、争执。　②有孚：有信也，以道而言，即诚信；以物而言，即人证物证之类，能使人采信者。　③窒：阻塞、阻止。　④中：不偏左右，纯然至善，面面俱到，十全十美，不过分，不偏激。

【义译】诉讼要具备：一、有诚信，而具人证物证；二、阻塞诉讼的根源而能礼让；三、警惕小心；四、永执其中等四个条件，就吉利。如一味诉讼争执到底，最后一定是凶的。诉讼的时候，利于晋见大人物，不利于像涉大川一样的冒险。

【象证】坎为水、为大川、为孚信、为险、为惕，乾为君子、为大人，初二艮象半见为窒止，二、三震足半见为涉，详见《象》。

《彖》曰：讼，上刚下险，险而健，讼。"讼，有孚、窒、惕、中吉"，刚来而得中也；"终凶"，讼不可成也；"利见大人"，尚中正也；"不利涉大川"，入于渊也。

【义译】讼卦的上卦乾为阳刚，下卦坎为险，内卦（下卦）坎为险，外卦（上卦）乾为健，上则阳刚而逞强，下则险恶而不让人；内险恶，而外刚健；上下内外皆不一致，所以构成诉讼争执。诉讼争执的时候，具备了诚信有人证物证为人所采信、阻塞诉讼争执根源而能谦让、警惕小心、永执其中等四个条件就吉利，因为有"存天理的正道，去人欲的私情"的阳刚来居内外，又能得中，而从容中道呀。缠讼到最后终是凶的，因为诉讼争执之风，不可成长呀。利见大人物，是因为崇尚大中至正，至公至平的论断呀！不利于跋涉大川，是因为冒险侥幸去诉讼争执，终会陷入危险的深渊，而会有刑罚之灾呀！

【象证】九二、九五皆阳刚居内外卦之中，故曰"有孚"，刚来而得中；初、二与三、四，艮象半见，艮为止，故曰"窒"；坎为险、为盗，故为"惕"；乾为君、为君子、为大人，二、三、四爻互离为明、为见，故"利见大人"；九五阳刚得正得中，故曰"尚中正也"；坎为水、为沟渎，二、三震象半见，震为足为动，三、四、五爻互巽为入，故"不利涉大川，入于渊也"。

人与人之间，本当礼让不争。故孔子曰："君子无所争，必也射乎，揖让而升，下而饮，其争也君子。"（《论语·八佾》）君子而有所争，除礼、乐、射、御、书、数六艺之科外，有激于义理而争者，外此则有礼让而不争也。

至于一般士民则有争也，争讼之先，能具"有孚、窒"二德，亦可以不争而吉矣。如虞、芮二国国君相与争田，久不决，欲取平于周文王。而入周，见"耕者让畔，行者让路"，卿士大夫皆各礼让往来，因感悟曰"吾侪小人也，不可以履君子之庭"（《孔子家语·好生》），归而相让焉。是能有诚信而礼让以阻止争讼之源者也。

若不能止讼而必讼也，则宜具备"有孚、窒、惕、中"四个条件，方能吉利。己诚信矣，而不具备人证物证，则人不信，故宜具人证物证；已能礼让以停止讼源矣。而人不止，则宜戒惕小心；盖遇正道之法官，可以秉公处理，遇邪妄之法官则危矣，故宜警惕战兢以将事，如临深渊，如履薄冰，以免入于渊，而陷于刑罚也。己能胜诉矣，亦宜从容中道，不欲多上人，得饶人处且饶人。如是四条件具足而吉矣，以其能内外皆阳刚而复得中也。

争讼，非礼也，缠讼而不决，非特劳民伤财，亦且有伤和气，失于礼让，势必至于子孙相怨，胜败双方皆不利，皆有伤于道德矣，故讼不可成也。孔子曰："听讼吾犹人也，必也使无讼乎！"无争讼，则如文王之民，相互礼让，而王道可期也，太平可致也。

诉讼争执最宜取决于大人，如虞芮相争，欲取决于文王是也。至如包拯之铁面无私，千古以为美谈，得此大人而取决，则至公至平，大中至正，而民不怨、国家可得而治矣。子曰："片言而可以折狱者，其由也欤，子路无宿诺。"（《论语·颜渊》）子路之有孚信于人，一诺千金，亦可以折狱取平，亦大人也。至有冤情，亦可求助于大人。兴讼而不务德义者，其终必凶，而子孙不贤，戒矣哉！

君子无所争。为民上者，需以身作则，以礼教，以德治，必也使无讼乎，无情者不得尽其辞，而社会有真是真非，善得善报，而淫妄邪恶受刑，善恶分明，则社会安宁，而国可得而治。

【笺注】虞、芮二国争田而讼，连年不决。乃相谓曰："西伯，仁人也。盍往质之。"入其境，则耕者让畔，行者让路；入其邑，男女异路，斑白不提挈；入其朝，士让为大夫，大夫让为卿。虞、芮之君曰："嘻！吾侪小人也，不可以履君子之庭。"遂自相与而退，咸以所争之田为闲田矣。孔子曰："以此观之，文王之道，其不可加焉！不令而从，不教而听。至矣哉！"（《孔子家语·好生》）

《象》曰：天与水违①行，讼；君子以作事谋②始。

【音注】①违：违背。　②谋：筹划，计划。

【义译】《象辞》上说天和水的行动相违背，这是讼卦的现象，君子体察此现象，在做事开始之前，即深切地谋划，以免除诉讼争执。

【象证】上卦乾为天，天行于上，下卦坎为水，水向下流，上下相违背；乾为健，坎为险，其行相违背；皆所以成诉讼的缘由。君子既知其由，做事谋始，所以成事而无讼矣。政治工作能于开始时，注意思想礼教德治，亦可以使民礼让不争。

初六：不永所事，小有言，终吉。

《象》曰："不永所事"，讼不可长也；虽"小有言"，其辩明也。

【义译】初六以阴柔之士而居阳位，不得正位，当讼卦之时，不永久地从事于争讼，虽稍有言语的争执，然能柔顺不争，所以是吉利的。

《象辞》上说"不永久地从事于诉讼争执"，因为诉讼争执不能长久呀！虽"稍有言语的争讼"，然能够柔顺不争、息事宁人，所以获吉于最终呀！

【象证】初与二艮象半见，艮为少男、为小石、为止；二、三兑象半见，兑为口。初六居士位在讼卦之时，不得正位，故有中途而止，"不永所事，小有言"之象；"不永所事"而后有应于九四，故"终吉"矣。

韩信始为布衣之士时，淮阴屠中少年在众人之前侮辱之曰："信能死，刺我；不能死，出我胯下。"信深思远虑，终忍辱在其胯下匍匐而过，一市人皆笑韩信以为怯。及封楚王，召辱己之少年，以为中尉，曰："此壮士也。方辱我时，我宁不能杀邪，杀之无名，故忍而就于此。"是能忍让受辱而不争执者也，虽小有言，然以吉终也。盖人有所不为，方能有所为。

九二：不克①讼，归而逋②，其邑③人三百户；无眚④。

《象》曰："不克讼"，归逋窜⑤也；自下讼上，患⑥至掇⑦也。

【音注】①克：能也，胜任也。　②逋（bū）：逃避，躲避。　③邑：古代地方行政区域，诸侯有国，其首府叫都；大夫有家，邑即大夫之家的采地。　④眚：眼球上生薄膜的病也。灾眚，灾难也。　⑤窜：隐匿，躲避。　⑥患：灾害，忧患。　⑦掇（duō）：掇拾，拾取。

【义译】讼卦九二以阳居阴位，在大夫之位而不正，居诉讼争执的时候，是不能够与上级的君王诉讼争执的，所以只好退让而归回，躲避到他自己只有三百户人口的采邑，避免直接与君王正面冲突，能够这样柔顺利贞，就没有灾难了。

《象辞》上说"不能与君王诉讼争执"，只好退让而回到自己的采邑来安分守己；以下级而与上级诉讼争执的话，灾患的到来就像自己拾而取之一样。

【象证】九二以大夫之位在下卦坎险之中，以阳居阴，不得正位，而九五天子亦阳刚之位，不与之相应，当争讼之时君臣皆阳刚，而九二臣位，坎为险，故不能与君上相争讼。二、三震象半见，初、二艮象半见，震为动，艮为山、为止，故"归逋窜也"。

二变阴，则下坤为邑、为土，有三爻，艮为门户，故有"其邑人三百户"之象。二为大夫之位，大夫有食邑三百户，亦足以自给，故与君上意见不合，可以退休而归隐。能如此明哲保身，以避冲突，所以无灾眚也。

老子曰："功成、名遂、身退，天之道也。"如舒广、舒受叔侄功名极而退隐，安乐以终。文种、韩信功成名遂而身不退，而被勾践、刘邦诛灭宗族。

**六三：食旧德[1]，贞厉[2]；终吉。或从王事，无成[3]。**
**《象》曰："食旧德"，从上吉也。**

【音注】①食旧德：古代封建社会，父祖有功受封，其禄位封邑，可传与子孙，子孙靠父祖遗荫而得居禄位，谓之食旧德。 ②贞厉：虽正亦有危险。 ③或从王事，无成：即坤卦六三，或从王事，无成则有终，有成则为君王所忌妒杀害。

【义译】六三在三公之位，以阴居阳位，不得正位，当诉讼争执之时，如果全靠父祖的遗荫，食父祖的俸禄，而不能自立更生，服务王事，则虽正也有危险。要求得最后的吉利，只有柔顺地服从国王的领导，如希望贡献自己的才华为国王服务的话，要注意做到含藏自己的功德才器，有功则归于国王，不可自居成功而能韬光养晦则吉。

《象辞》上说"靠父祖的遗荫吃饭"，最重要的是要听从君上，才能吉利。

【象证】二、三兑象半见，且初六变正，则下卦也是兑，兑为口。居三公位，故有"食旧德"之象；三多凶、五多功，故虽正亦危，况不正乎？上卦乾为君，故"或从王事"。与坤卦六三，同居三公之臣位，故"无成"则有"终吉"，有成则无终。

昔周文王为纣三公，虽奉行正道，仍为纣囚于羑里；韩信功高震主，不知无成有终之意，故不免于刘邦之杀害；张良学道谦让，故保无成有终。汉有七国之乱，晋有八王之乱，皆分封同姓为诸侯，食封疆，其后皆造反，或败亡，或相与残杀。食旧德而欲全功，免争执，则宜柔顺以顺从君上，守无成以保其终。

**九四：不克讼，复①即命，渝②，安贞，吉。**
**《象》曰："复即命渝安贞"，不失也。**

【音注】①复：转回，返回。　②渝：变也。

【义译】九四，以阳刚居阴位，不得正位，为诸侯、太子卿相之职位，在讼卦诉讼争执的时候，是不能和君王争讼的，只好回头前往君王处，服从君王的命令；能够改变自己争讼的心理，而安稳地守着正道，是吉利的。

《象辞》上说"回头服从君命，改变其争讼之心，而和颜悦色地去安守正道"，是说自己没有损失，也不会失去自己的职位了。

【象证】四多惧，以近天子之位也。九四不得正位以讼，必不能也，故"不克讼"。三、四、五爻互巽，为风、为命令；二、三震象半见，震为动，故"复即命"。讼而不得正位，故变而安守正位则吉，故曰"渝安贞吉"。

唐太宗太子李承乾谋反，是不能讼而强讼者也。犹幸太宗仁厚，只废为庶人而已。梁孝王为汉景帝同母幼弟，助平七国之乱，景帝曾有意传位于彼，后为袁盎谏乃止。而梁孝王从羊胜、公孙诡之谋，使人刺杀袁盎等十余人。景帝复按梁孝王，欲捕公孙诡、羊胜，王初不与，后从韩安国谏，乃献。景帝由此怨王，王因长公主谢罪太后，复带斧质于阙下谢罪，乃解。得安享余年，而子五人皆得世袭为王，保其俸禄，是"不克讼，复即命"，而得"渝安贞"之吉者也。

**九五：讼元吉。**
**《象》曰："讼元吉"，以中正也。**

【义译】九五，居中得正，以天子之位，在争讼之时，无人能与讼者，所以得大吉。

《象辞》上说"讼元吉"，因为能刚健中正的关系！

【象证】九五之尊的天子，刚健居中而得正。刚健则"无人欲的私情，而存天理的正道"；得中则"永执其中"面面俱到，得正则能安守其位，大中至正。所以，当争讼之时，而得大吉。

《尚书》谓："帝德罔愆，临下以简，御众以宽；罚弗及嗣，赏延于世。宥过无大，刑故无小；罪疑惟轻，功疑惟重；与其杀不辜，宁失不经；好生之德，洽于民心，兹用不犯于有司。"(《大禹谟》)民不犯法，故刑罚空虚，是刚健中正而"讼元吉"者也。

黄帝、尧、舜画衣冠而民不犯法。唐太宗李世民贞观之治亦略近之。至于夏桀、商纣，以为君权天授，恣行无道，终被推翻，是以王之尊，不能刚健中正，终被革命，是故虽九五之君亦需刚健中正以"讼元吉"也。

**上九：或锡①之鞶带②，终朝③三褫④之。**
**《象》曰：以讼受服，亦不足敬也。**

【音注】①锡：赐也。　②鞶（pán）带：大带。朝廷的官袍，官吏的制服。③朝：上朝，朝见。古代帝王接受臣子朝拜及办公的时间，多自早上至中午而止，终朝即一个早上办公的时间内。　④褫（chì）：夺去，剥夺。

【义译】讼卦上九在宗庙居无位之地，在争讼之终极。本当在事外不争者，而因阳刚不得正位，或因诉讼争执，而得国王赐以官袍大带的荣宠；然而在一个早上上朝的时间内，三次被剥夺回去。

《象辞》上说，因为诉讼争执，而得官吏的制服，接受官爵，也不足以使人尊敬呀！何况还要被夺回去呢？

【象证】三、四、五爻互巽，巽为进退不果，故或锡（赐），或三褫；乾为圜、为天，覆盖天下犹衣，上九宗庙之位，故有"鞶带"之象；二、三、四爻互离为日，上在离日之上，故曰"终朝"。三、四艮象半见，艮为手、为止，上九应在六三，故曰"三褫之"。

古今中外，无才能而因缘帝王取得富贵者，复不守正道，终以灭族者，史不胜书也。东汉外戚与宦官之交争，晚唐与明代之宦官掌权，皆危害国家，而彼身亦终丧亡。

# 师

地水师

| 卦 体 | 下卦坎 | 上卦坤 |
|---|---|---|
| 卦 象 | 为 水 | 为 地 |
| 卦 德 | 为 险 | 为 顺 |

| 错 卦 | 反 卦 | 下互卦 | 上互卦 | 消息卦 | 附 注 |
|---|---|---|---|---|---|
| 天火同人 | 水地比 | 震卦 | 坤卦 | 四月大夫卦 | 坤为众为师为国 |

《序卦》曰："讼必有众起，故受之以师。师者众也。"宇宙间万物的演进，由于争讼，故发生争战，所以讼卦之后为师。军队所以保障国家的生存，必由众多有纪律、有组织、有训练的军人构成。

**师**[①]：贞，丈人[②]，吉，无咎。

【音注】①师：军队，军事作战。"二千五百人为师。"（《周礼·夏官·大司马》）"多以军名，次以师名，少以旅名。师者举中之言。"（郑氏注）今者三旅为一师，三师为一军，一师约一万五千人。　②丈人：长老也，伟大而受人尊敬者。军队的统帅必由伟大的人物来担任，而这一庄严刚毅、老成持重、受人尊敬、伟大的人物，需具备《孙子兵法》所言"智、信、仁、勇、严"五德，为大众所尊敬畏服的大人、将才，才够资格当统帅，故应劭云："《易》曰'师，贞，丈人，吉'，非徒尊老，需德行先人也。《传》云'杖德莫如信者'，其恩德可信杖也。"（《风俗通义》）如是具备五德为众人所尊敬信杖，可以为丈人，可以为统帅矣。

【义译】出师作战需具备：一者军队必行正道，必有正规的训练与装备；二者军队的统帅，必由有将才而受人尊敬崇拜的丈人，老成持重、严毅庄敬的伟大人物来担任。具备这两个条件就吉利而没有灾害了。

【象证】见《象》后。

《彖》曰：师，众也；贞，正也；能以众正，可以王矣。刚中而应[①]，行险而顺，以此毒[②]天下，而民从之，吉又何咎矣。

【音注】①刚中而应："刚"要做到"去人欲的私情，存天理的正道"。无欲则刚，有容乃大。"中"要做到不偏不激，纯然至善，永执其中。"应"者出师作战要有人接应、相应。主将率领军队所至之处，最好正兵要有奇兵接应；军队要有百姓接应，所谓箪食壶浆以迎王师，是也；而千里馈粮，兵源装备武器的补充，更要国君相应，俾兵员将士辎重源在道。具其三应才能获胜。　②毒：害也，灾也。

【义译】《彖辞》说：师卦，军队；就是由众多有训练、有纪律、有组织的部队构成的；贞，就是正道的意思；能率领众多的人去行正道，就可以王天下了。出师作战之道，要用刚健而行中道的将才，要有国君和人民的相应。出师作战关系着国家的生死存亡，是危险的，要注意顺天理民心。如此去出师作战似乎对天下有损害，但是可使天下人民免于敌人的毒害，乃是深厚地爱民呀！所以人民能顺从之，能这样做是吉利的，又有何灾害呢？

【象证】师卦下卦坎为水、为险，上卦坤为地、为顺、为众，地中有水乃为众聚之象，故曰"行险而顺"。九二阳刚得中为将才，故曰"刚中"；六五之君与之相应，故曰"而应"。乾为君王、为天，故曰王天下，坤为顺、为民，故民从之。坎为灾，故曰"毒"。

商汤、周武王，能率领众多的人去行正道，除暴政，所以能王天下，既为大人，也是"丈人"。

军队统帅如姜太公、韩信、卫青、霍去病、诸葛孔明、谢玄、李靖、徐世勣、岳飞、戚继光，皆受军队所尊敬信服，具备"智、信、仁、勇、严"五德，诚"丈人"矣。军队能行正道，有纪律、有训练、有组织，亦为致胜之因，此姜太公、岳飞、戚继光所以能诛败商纣、金兵与倭寇者也。

将即刚中矣，尤需国君信任之专、接应之捷，方能成大功，如卫青、霍去病与李靖、徐世勣之伐匈奴和突厥，汉武帝、唐太宗能与之相应；岳飞以刚中之将才，遇柔弱而阴狠无情的宋高宗，既不与岳飞相应以还我河山，驱除胡虏，反杀死岳飞父子，刚中而君不应，功败垂成，此英雄志士之所以泣血而扼腕痛息也。

至于商汤、周武王之革命刚中矣，所至之处人民箪食壶浆以迎王师，此顺天应人，刚中而民应者也。韩信以背水战与陈余相争战，而复以二千奇兵，出陈余之后，立汉赤旗，此刚中而正兵奇兵相应以成功者也。

《杂卦》云："《师》，忧。"孙子云："兵者，国之大事，死生之地，存亡之道，不可不察也。故经之以五事，校之以计，而索其情；一曰道，二曰天，三曰地，四曰将，五曰法。道者，令民与上同意，可与之死，可与之生，而不畏危也；天者，阴阳、寒暑、时制也；地者，远近、险易、广狭、死生也；将者，智、信、仁、勇、严也；法者，曲制、官道、主用也。凡此五者，将莫不闻，知之者胜，不知者不胜。"（《孙子兵法·始计》）是以，"主孰有道，将孰有能，天地孰得，法令孰行，兵众孰强，士卒孰练，赏罚孰明，吾以此知胜负矣"（《孙子兵法·始计》）。

《尚书·大禹谟》载舜命禹伐有苗，文王之"王赫斯怒，爰整其旅"（《诗·大雅·文王之什》），至武王之"我武维扬"（《尚书·泰誓》），皆"足食，足兵，民信之矣"（《论语·颜渊》），且"临事而惧，好谋而成"（《论语·述而》）。

是出师作战所不能免，而国家之生存、人民之生命，皆赖于是，故《杂卦》引以为忧；《孙子兵法》以为死生存亡在兵，出师作战最要谨慎小心，不能有丝毫怠忽，故汉光武帝在军中一夜而头发俱白，诸葛孔明一生谨慎。如能

"不战而屈人之兵,为善之善者也"。

周武王以正义为天下唱,一戎衣(殷)而有天下,人民箪食壶浆以迎王师,斯皆王者之师也,外此必有战,战有军事作战、外交战、经济战、政治战。战尤宜多读《左传》《易经》《史记》《战国策》《孙子兵法》《中国兵学大系》《长短经》《纲鉴易知录》《世界通史》《世界战史》,以及了解现今军事科学、武器、导弹、雷达、电脑等之运用,方足以保国卫民。中国人呀,愿你们留心国学精华,穷读中国古书,熟知中国韬略,重视文言,以文言了解文言,在经济作战、外交作战、政治作战、军事作战中成功,多读、重视文言与礼教,才不会失去泱泱大国的文化传统与文化自信,才不会被外国欺负,才不会亡国呀!

《象》曰:地中有水,师;君子以容民畜①众。

【音注】①畜:音义同"蓄",蓄养,包容。

【义译】《象辞》说:地中有水,水聚于地中,这是师卦群众众集之象!君子体察此现象,以收容保护人民,蓄养训练他的群众。

【象证】下坎为水,上坤为地,水聚地中。水占地球四分之三的面积,可谓众多矣!国家之中最多的也是军队,平时的士农工商,就是战时的军队。现今之法有常备兵,有后备役、预备役,纳全国男性于军事教育与训练之中,就是古代寓兵于农,"容民畜众"的策略。

孔子曰:"以不教民战,是谓弃之。"(《论语·子路》)可见孔子亦以容民畜众训练人民、教育人民为教育方针之一。赵充国、诸葛孔明、郭子仪,皆寓兵于农、使兵杂于民间,以期和衷共济,而野无旷土,军有余粮,可以保国安民、军民同心一体,平时即民,战时即执干戈以卫国安邦之战士。

初六:师出以律①;否②臧③,凶。
《象》曰:"师出以律",失律,凶也。

【音注】①律:法则,纪律。部队整齐,号令严明,坐作进退,攻杀击刺,反间火攻,伏兵袭击……在在皆有法则。 ②否:"不也。"(《说文》) ③臧(zāng):良善。

【义译】出师作战,要有纪律,要合于战略、战术运用的法则;如果纪律不善,不合战略、战术的法则,就会失败而有凶灾。

《象辞》上说:出师作战要有纪律法则,失去纪律法则就有凶灾了。

【象证】坎为水、为法，初六不得正位，在出师作战之始如不合纪律法则，必败无疑。故戒以必慎必谨，确合纪律法则。

戚继光所以能战胜倭寇，驱除倭寇海盗者，因为纪律严明，而配合战略战术的运用。虽其独生子作战后退，亦斩杀不误，故所战皆捷。岳飞治军有方，善以少击众，凡战皆招统制与谋，谋定而后战，故战无不胜，攻无不克，敌曰："撼山河易，撼岳家军难。"实有纪律战略战术之故也。金兀术以拐子马一万五千乘来攻宋，岳飞以麻扎刀入阵，专俯以斫马足大破之，是"师出以律"而大获全胜者也。金将乌陵、忔查、韩常皆欲待岳家军来即降。可惜岳飞为宋高宗与秦桧诛死，以致功业不成，惜哉！春秋时晋楚泌之战，晋元帅荀林父不能号令其中军，楚庄王与孙叔敖先声夺人攻入晋军，荀林父不知所为，乃号令先渡河者有赏，以致大败，是师出不以律而凶者也。

**九二：在师中吉，无咎，王三锡**①**命**②**。**
《象》曰："在师中吉"，承天宠③也；"王三锡命"，怀④万邦也。

【音注】①锡：此"赐也"（《尔雅·释诂》），即"赐"之假借。 ②命："壹命受职，再命受服，三命受位。"（《周礼·春官宗伯》）比喻褒奖诏见之多。 ③宠：宠爱，宠幸。 ④怀：怀柔，安抚。

【义译】师卦九二以阳刚居中，在出师作战之时，统率军队能从容中道，是吉利的，没有灾咎的。君王三次赐与褒奖的命令。

《象辞》上说"以阳刚得中之将才统率军队，能从容中道而得吉利"，是承受上天的宠爱呀；"国君三次赐予褒奖之命"，是因为他能安抚万邦呀。

【象证】九二以阳刚之才，处内卦之中，在师卦五阴之中，故曰在师中吉；又有应于六五之君。即是《象辞》之刚中而应者也：有应于君，初二巽象半见，巽为命，旁通同人，人类同之，故"王三锡（赐）命，怀万邦也"。

周公诛管叔、蔡叔、霍叔与武庚之叛变，以安周，平天下，是其义也。卫青、霍去病讨伐匈奴，汉武帝屡赐褒奖，亦近此。郭子仪屡建大功，平安史之乱，去吐蕃、回纥之难，亦能内安国家，外攘夷狄，亦近此义。

**六三：师或舆**①**尸**②**，凶。**
《象》曰："师或舆尸"，大无功也。

【音注】①舆（yú）：车也。作动词时读作yù，以车载运也。 ②尸：尸也。

六十四卦上经　师卦 | 131

【义译】六三以三公而不得正位，率师作战，不得其道，或至于残败而以车子载运着自己战士的尸体而回。

《象辞》说"出师作战，或至于以车子载运自己战士的尸体而回"，是因为残败而回，大无功绩可言。

【象证】六三以阴居阳，不得正位；位非二五，又不中，于贵贱之位为三公，上无应与，下乘九二之阳刚，方出师作战时，不能做统帅而强做统帅，或者将至于残败而回，舆尸而归。

坤为大舆，坎于舆也为多眚，师旁通同人，同人九五"大师克相遇"。二、三兑象半见，兑为毁折，初、二巽象半见，巽为进退不果为"或"，故有"师或舆尸"之象。

盖出师作战，将帅贤则胜，如周用姜太公，汉用韩信；将帅不贤，则师徒挠败、国破家亡，如苻坚、苻融不听王猛劝言，擅自统兵以伐晋，卒于淝水大败而回，而国破身死为天下后世所笑。故梁惠王用庞涓而东败于齐，长子死焉；齐宣王用孙膑而大获全胜，大破梁兵。战国时秦昭襄王使白起侵赵，赵使徒诵兵法、纸上谈兵而不知实际战略战术之赵括为将，终致长平一战，被秦军活埋四十万大军，诚"大无功"而可悲者也。故将者，军事成败之主，国家兴亡之所系，不可不慎。九二刚中而应，可以统兵，六三不中不正，无应而乘刚，非将才也。

程子、杨诚斋、来矣鲜（知德），皆以"舆为众，尸为主，使众人主之，凶之道也"，以坤为众故也。此可备一说。

**六四：师左次<sup>①</sup>，无咎。**

**《象》曰："左次无咎"，未失常也。**

【音注】①左次：次，止宿也。"凡师一宿为舍，再宿为信，过信为次。"（《左传·庄公三年》）军队驻扎超过三天为次。左次者，退舍也，撤退至有利地点而扎营以相保也，以守为攻也。凡驻扎军队欲右背山陵，得靠山，得背景，而无后顾之忧，右背山陵，左扎营地，故称左次。故孙子曰："邱陵堤防，必处其阳，而右背之。此兵之利，地之助也。"（《孙子兵法·行军》）韩信曰："欲右背山陵，前左水泽"以得地利之助，可以有助于防守。

【义译】六四以阴居阴位，柔顺得正，而在诸侯之位，在出师作战之时，能相时而动，在敌人过度强盛之时，能撤兵于有利地点驻防，以避其锋，而保持不败，是没有灾害的。

《象辞》说"暂时撤退军队驻扎，保持不败而没有灾害"，是说没有失去常态呀。

【象证】六四以诸侯之位，柔顺得正，在出师作战之时，见敌势顽强，而欲保持不败，只有撤退至有利地点驻防，以避敌锋，而保持战斗力。待敌势既竭，其气已尽，则可发动反攻，或以夜间攻击，或采游击战，或以前后夹击，或以里应外攻，以计破之而以柔克刚，一顺百顺，终获成功也。

孙子曰："昔之善战者，先为不可胜，以待敌之可胜，不可胜在己，可胜在敌……故善战者立于不败之地，而不失敌之败也。"（《孙子兵法·军形》）故"左次无咎"者所以养我之气，保持不败，以待敌之弱而攻之也。又曰："善用兵者，避其锐气，击其惰归，此治气者也。以治待乱，以静待哗，此治心者也。以近待远，以佚待劳，以饱待饥，此治力者也……无邀正正之旗，勿击堂堂之阵，此治变者也。"（《孙子兵法·军争》）即"《军志》曰：'允当则归'，又曰：'知难而退'，又曰：'有德不可敌'。"（《左传·僖公二十八年》）故"左次无咎未失常也"。

第二次世界大战，德国以闪电战术乘法国北方之不备而占领法国；英法联军为保持战斗力，故在敦克尔克大撤退；其后英美联军在诺曼底登陆，一战而大败德军，终使德国投降。

孙子曰："凡军好高而恶下，贵阳而贱阴，养生处实，军无百疾，是谓必胜。"（《孙子兵法·行军》）贵阳，故左。荀爽曰："阳称左。六五变正，三、四、五爻互艮为止，初、二艮象半见亦为止，六四第四爻，过三，故称次。"故有"左次无咎"之象，六四得正位，故未失常也。

**六五**：田<sup>①</sup>有禽<sup>②</sup>，利执言<sup>③</sup>，无咎；长子<sup>④</sup>帅<sup>⑤</sup>师，弟子舆尸，贞凶。
《象》曰："长子帅师"，以中行<sup>⑥</sup>也；"弟子舆尸"，使不当也。

【音注】①田：本为田地之田，引申为打猎之意，即畋也。 ②禽：禽兽也，引申为擒获，捉获。 ③执言：奉辞伐罪也，仗义执言也。犹今有借口、有主义、有口号、有号召也。 ④长子：丈人也。 ⑤帅：统率也、率领也，与率音义通。 ⑥中行：即刚中而应以行。

【义译】六五虽不当位，然柔顺得中。居天子的位置，在出师作战的时候，是可以擒获敌人的，犹如打猎有所捉获禽兽一样。要擒获驱除敌人，第一要有借口，然后可以奉辞伐罪，这样就没有灾咎。第二要指派年长德高有威权、有谋略的将帅率领军队，才可以吉利；如指派毫无经验而轻浮的弟子做将帅，将会惨败载运军尸而回的，虽正也是凶的。

《象辞》说"命令年长德劭而有威严谨慎的将帅统领军队"，是因为他能笃行中道的关系；"弟子残败载尸而归"，是因为指派不当呀！

【象证】坤为地、为田、为师，坎为豕、为禽，二至四互震为动、为执、为长子，故"利执言"且"长子帅师"。坎为中男，为灾眚之舆，初、二艮象半见，艮为少男，故"弟子舆尸"。六五不当位，故"使不当也"。

身为天子，其作战成功一要出师有名。古者出师必有名，能奉辞伐罪则成功在握矣，故商汤征伐葛伯，以其杀而夺馈饷之童子，天下人皆曰："非富天下也，为匹夫匹妇复雠也。"（《孟子·滕文公下》）其讨伐夏桀，则作《汤誓》之文以数夏桀之罪恶而伐之，故得全民拥戴。启战有扈，而责其"威侮五行，怠弃三正，天用剿绝其命。今予惟恭行天之罚"（《尚书·甘誓》）。周武王伐纣作《泰誓》及《牧誓》，其《泰誓》之辞曰："今商王受（纣），弗敬上天，降灾下民，沉湎冒色，敢行暴虐，罪人以族，官人以世，惟宫室台榭陂池侈服，以残害于尔万姓，焚炙忠良，刳剔孕妇。皇天震怒，命我文考，肃将天威……"而《牧誓》之辞再言纣王："……俾暴虐于百姓，以奸宄于商邑，今予发（武王），惟恭行天之罚……"是有正当之借口，然后奉辞伐罪，可以成功。

身为柔顺得中之天子，出师作战成功之第二因素是要命将得人。赵王用赵奢、廉颇则成功，用赵括则舆尸贞凶。刘邦用韩信则定三秦，破燕赵、下齐、灭项；刘邦自将则常为项羽所败。唐用郭子仪、李光弼为将帅则安史之乱以平；命鱼朝恩监军，则九节度之师溃败。故长子帅师，以中行也；弟子舆尸，使不当也。是故孙子曰："知兵之将，民之司命，国家安危之主也。"（《孙子兵法·作战》）有以也夫！

上六：大君①有命，开国②承家③，小人勿用。

《象》曰："大君有命"，以正功也；"小人勿用"，必乱邦也。

【音注】①大君：天子。　②开国：封为诸侯。　③承家：封为大夫，承受大夫的事业。古者诸侯有国，犹今一县或数县。大夫有家，犹今一乡镇或一县。

【义译】上六得正位，在出师作战的终点，所以天子下命令，功劳大的封为诸侯，使治一国，功劳次者使治一家（乡镇）；无论治一国或一家，皆不可用小人。

《象辞》上说"天子有命"，是所以明正各臣子的事功呀！"小人勿用"，是因为小人必扰乱破坏国家呀。

**【象证】**上六在师卦之终点，得到正位，位宗庙之地。古者天子大功告成，即祭拜宗庙，然后在宗庙论功行赏。功大封为诸侯，分主一县或数县或数郡，亦可兼任天子卿相三公。功小封之为大夫，有采邑乡镇以分封之，亦可仕于天子，或仕于诸侯，得传子孙，并建宗祠以行祀事。

师卦旁通同人，同人为天下太平、人类大同之象。乾为君，同人二、三、四互巽为命令，师卦坤为地、为国家、为乡邑，故"大君有命，开国承家"。

《周礼·春官·大宗伯》："一命受职，二命受服，三命受位，四命受器，五命赐则，六命赐官，七命赐国，八命作牧，九命作伯。"盖以功德大小封为诸侯之等第，有公侯伯子男之分，择其功尤大者作牧作伯，是开国者也。如周武王既王天下，论功行赏，分封诸侯大夫，而诸侯亦各得分封其子弟功臣为大夫是也。

鲁有季孙、叔孙、孟孙为大夫，皆东周时鲁桓公之子孙也，季孙氏用阳虎为大夫而乱家；宋用华督而弑君杀孔父嘉。是开国承家，"小人勿用"。汉用王莽，魏用司马懿、司马昭、司马炎祖孙三代，晋用刘裕，宋用萧道成，终于篡位，是其证也。今之县市长亦多有因所用非人，而致失败者。欲修齐治平者，可不戒哉！

# 比

水地比

| 卦 体 | 下卦坤 | 上卦坎 |
|---|---|---|
| 卦 象 | 为 地 | 为 水 |
| 卦 德 | 为 顺 | 为 险 |

| 错 卦 | 反 卦 | 下互卦 | 上互卦 | 消息卦 | 附 注 |
|---|---|---|---|---|---|
| 天火大有 | 地水师 | 坤卦 | 艮卦 | 四月卿卦 | 比较、称霸天下 |

古者五家为比，以守望相助，比设比长，以统率之；盖比较的结果，最胜者为比长、为霸王，凡人皆需亲密接近他、辅佐他。故比有王天下、称霸天下之意，有亲近之意。故《杂卦》曰："比，乐。"天下之人皆来相亲近归附，岂不乐哉？《序卦》曰："师者众也，众必有所比，故受之以比。"所以师卦之后，接着是比卦。

比①：吉；原筮②，元③、永④、贞，无咎；不宁⑤方⑥来，后夫⑦凶。

【音注】①比：比较也，亲近也；或"密也"（《说文》），亲密相辅也。 ②原筮：筮，问也。原筮者，追问其源流而审问也。 ③元：伟大。 ④永：永久。 ⑤不宁：勤勉也，不安宁，不遑宁处也。 ⑥方：天下四方。 ⑦后夫：后到的人。

【义译】称王或称霸于天下是吉利的，必须追探其源流而仔细审问是否具备了这些条件：一、以空间而言是伟大的，军队是武备最强大的；二、以时间而言是永远伟大的；三、以道德而言是坚固地守着正道的。具备了这三个条件，就没有灾咎了；同时，天下四方的人，都会很勤劳地来归服了；天下皆来归服了，到最后才来归服的人，就会有被处罚的凶险了。

《象》曰：比，吉也；比，辅也；下顺从也。"原筮元永贞无咎"，以刚中也；"不宁方来"，上下应也；"后夫凶"，其道穷也。

【义译】《象辞》说，比卦比人家好，称王或称霸天下是吉利的，既为王霸于天下，则天下之人就要来亲近辅佐了，下级的臣民、诸侯、卿大夫都要来顺从命令了。要审问为王霸于天下的源流，是否具备了这些条件：一、空间最伟大（兵势最强大）；二、时间最长久；三、道德坚固地守着正道，就没有灾害，因为九五的天子刚健而能允执厥中呀，四方的人都很勤劳地来归顺，因为上下四方的人都来相应相比和，最后到的人有凶险，因为其道穷困呀。

【象证】比卦下坤为众、为土、为四方、为顺，上坎为水，地上有水，万水所汇归，九五阳统帅群阴，而又刚健中正，居天子位，故有亲近、亲辅，为王霸而万众所归之象。故曰："比吉也；比辅也，下顺从也。"又旁通大有，九五之君，既大中至正，故有"元永贞无咎"之象。上下五阴皆比附相应，故"不宁方来，上下应也"。上六在最后才来，正是冥顽不灵，将被杀一儆百者也。

昔禹既王天下，会诸侯于涂山，诸侯到者万国，而巨人族首领防风氏最后到，杀而埋其骨于会稽。刘秀既霸有天下，彭宠先服，而最后叛，终于兵败而亡，是皆蹈"后夫凶"者也。

欲为王霸需具备三个条件：空间宜最伟大，军势最强大；时间宜最长久；道德宜坚守正道。此中华民族独立于世界历史五千余年者也。乃若日本、德国、英国、法国、意大利，国强而大矣，辄不守正道，而侵略他国，此道德之条件不具，故时间亦不能长久也。必三个条件具备，方能为王霸。

**《象》曰：地上有水，比，先王以建万国，亲①诸侯。**

【音注】①亲：亲近、治理。自古国家之所以强盛，皆由中央集权，王霸天下。

【义译】《象辞》说：地上有水，万水亲密地归附，这是比卦的现象；先王体察这个现象，在既有天下后，划分行政区域，故封建万国，使功臣亲戚分主天下四方，而又亲密地统治他们、指挥他们，所以能常王天下。

【象证】坤为众、为地、为国，故建万国；坎为水，水在地中，密切地亲附于地，故有亲诸侯、治万国之象。既封建以分主天下四方，如不能统治、指挥，则其天下分裂矣，故既封而建之，仍需亲而治之。如西周之封建，周天子有权生杀诸侯（如齐哀公虽为公爵，乃为天子烹死而不敢怨），所以能一统天下，集权中央。至周平王东迁后，虽有诸侯，天子不能亲而治之，天下形同于分裂，下历春秋战国而周遂亡矣。

天下之大，兆民之众，非天子一人所能尽理，故有行政区域之划分；既划分后，需能灵活地指挥、管制、治理，方能常有天下。故《汉书·地理志上》云："昔在黄帝，作舟车以济不通，旁行天下，方制万里，画野分州，得百里之国万区，是故《易》称：'先王以建万国，亲诸侯。'《尚书》云：'协和万国。'此之谓也。"

**初六：有孚比之，无咎；有孚盈缶①，终来，有它吉。**
**《象》曰：《比》之初六，"有它吉"也。**

【音注】①盈缶（fǒu）：充满瓦缶，喻百分之百；缶，瓦缶，口小腹大盛饮料的陶器，犹如瓶、罐之属。

【义译】初六为士位，虽以阴居阳，不正，然在比卦天子为王霸的时候，能有诚信地去亲近天子，是没有灾害的，如果他具有百分之百的诚信，犹如水装满了瓶缶一样，则最后终于会有其他吉利的事情降临的。

《象辞》上说，比卦的初六，能非常诚信地去亲近君王，所以"有其他吉利的事情来临的"。

【象证】比卦之下坤为土、为缶，上坎为水，"盈缶"之象也。初六不得正位，变为水雷屯，屯者盈也，亦"盈缶"之象。

如汉武帝时，终军以二十岁之青年，请缨报国，终于感动汉武帝，而使出使南越，使南越国王来降，立功于当时，名垂于后世，是"终来有它吉"也。薛仁贵、郭子仪以一士人而"有孚盈缶"从军报国，终得升为统帅，立功当时。

六二：比之自内，贞吉。
《象》曰："比之自内"，不自失也。

【义译】六二，在大夫之位，居中得正，当此比卦称王称霸于天下的时候，应于九五中正的天子，能从内部去亲近天子而坚守正道，就吉利了。

《象辞》说从内部去亲近，是说自己不失去勤劳王室，为天下服务的机会呀！

【象证】下卦坤为地、为国，六二在大夫之位，居内卦之中，应于九五中正之天子，故可以为天子之大夫，从内部核心去亲近天子、接近天子，故曰"比之自内"。以阴居阴，得正，故曰"贞吉"。

崔憬曰："自内而比，不失己亲也。"故"不自失也"。大凡王霸天下者，必有其内部核心，同生死，共荣辱，出死力以护其君，而后方能为王霸。而为天子之内部核心，自己不失去辅佐其君、亲近其君之机会，待王霸之业既成，己亦富贵功名随之矣，故"不自失也"。

如风后、力牧、常先、大鸿亲近辅佐黄帝；羲和、四岳匡佐帝尧；禹、皋陶、契、后稷、伯夷、龙、垂、益、彭祖辅佐大舜；太颠、闳夭、散宜生、鬻子、辛甲、姜太公、周公，皆自内部核心亲近文王、武王，皆能辅成王业。赵衰、狐偃亲近晋文公；萧何、纪信、曹参、周勃、灌夫皆为刘邦核心死党；邓禹、吴汉等云台二十八将，为光武帝之核心……皆能匡辅其君，霸有天下，诚"比之自内，不自失"者也。

六三：比之匪人[①]。
《象》曰："比之匪人"，不亦伤乎！

【音注】①匪人：非人也，不是人也，小人也，非君子也，人面兽心者也。

【义译】比卦六三在三公之位而不正，在比卦为王霸于天下的时候，亲近不中正的小人。

《象辞》上说"亲近小人",不也是很悲伤嘛!

**【象证】**六三于贵贱之位为三公,以阴居阳,不得正位;上无应与,不与九五刚健中正之天子相亲,反亲近小人,卒至身亡家灭,不是很伤心嘛!飞廉、恶来,亲近商纣,助纣为虐,终至身毁家亡,初至五互体剥卦而六三又不得正位,故也。

六四:外比之,贞吉。

《象》曰:"外比"于贤,以从上也。

**【义译】**当比卦称王称霸于天下的时候,六四以诸侯之位,在外面担当重任,能亲近天子,坚守正道,是吉利的。

《象辞》上说"在外担任诸侯管辖一方",能亲近于贤德的君子,以服从君上的领导,所以获吉。

**【象证】**六四在外卦,故曰外;以阴居阴得到正位,故"贞吉"。上承九五大中至正之君,坤为顺从,旁通大有,乾为君、为贤,故曰"外比于贤,以从上也"。

于贵贱之位,六四为诸侯,盖省级之高级行政长官也。太子、王子、部委之位亦近是,与天子最亲,故分主四方,即《象辞》之"建万国亲诸侯"也。皆居于天下四方,为王之屏障,为天下之纲纪,故在外面亲近天子,天子亦亲近之、管辖之,故需守正道乃吉,故曰"外比之贞吉"。既已当一方之行政主官,亦当亲近贤德之君子,勿用小人,上不负天子之重托,下治好各方,而服从天子之领导,方获贞吉之福。

故在《诗》曰:"崧高维岳,骏极于天。维岳降神,生甫及申。维申及甫,维周之翰。四国于蕃,四方于宣。亹亹申伯,王缵之事。于邑于谢,南国是式。"(《大雅·崧高》)西周之诸侯,皆能共襄王室,各治其国,即"外比于贤,以从上也"。幽王被犬戎所诛,晋文侯、郑桓侯尚能领兵护卫平王东迁,天子亦实有赖焉。

汉初,吕氏之难,有朱虚侯之护持,景帝时七国之乱,有梁孝王之屏障,皆得安定。是诸侯在外亲比于天子,而天子居中央亦亲比于诸侯,则王业可安、霸业可定也。故比卦《象》曰:"建万国亲诸侯。"是也。

九五:显[①]比,王用三驱[②],失前禽,邑人不诫;吉。

《象》曰："显比"之吉，位正中也；舍逆取顺，"失前禽"也；"邑人不诫"，上使中也。

【音注】①显：明显的，显著的。　②三驱：驱，驱逐。三驱者，三面包围以驱逐。

【义译】九五阳刚中正。当比卦称王称霸于天下的时候，居天子位，明显地去亲近天下的人，同时要有明智的智慧和宽容的仁道。打天下比如打猎，用三面包围的方式去驱逐禽兽，前面能够网开一面，使前面逃生的禽兽得以逃生，不会赶尽杀绝，使所有部队邑民都不会去埋伏警戒以拦截，打天下能用这种仁心和聪明，是吉利的。

《象辞》上说"明显地亲近天下"而得吉利，因为九五正是大中至正的天子呀。很仁慈地抛弃了违背不顺于我的，只取愿意顺从的，所以"失去了前面逃生的禽兽"，而不去追击。所有的部下百姓皆不去警戒埋伏以围杀，因为君上的教导，使他们合于纯然至善的中道呀！

【象证】比卦三变互离为明，故曰"显比"；坤为舆，坎其于马也为美脊、为下首，上卦三爻，故"王用三驱"，上卦坎为豕，上六比之无首，故曰"失前禽"。坤为国、为邑；坎为亟心，二五皆得正位，故"邑人不诫吉"。

"王用三驱"者，三面包围以驱逐禽兽也。"失前禽"者，网开一面，使从前路逃生也。"邑人不诫"者，绝不在网开一面前禽兽所逃生处，加以埋伏以赶尽杀绝也，此诚仁且智之事也，仁则让禽兽得繁育，则三五年后又可来此田猎，不致因无禽兽而无所猎也，如此则年年可于各地轮流田猎并举行军事演习矣。古人因田猎以举行军事演习，以禽兽为假想敌，能网开一面，不赶尽杀绝，故年年可以因田猎演习以讲武，是既仁且智，可以国富兵强而常保持永久伟大正道，此比卦"元永贞"之王霸事业矣。

昔商汤"出见野有张网四面，祝曰：'自天下四方，皆入吾网。'汤曰：'嘻！尽之矣。'乃去其三面。祝曰：'欲左，左；欲右，右；不用命，乃入吾网。'诸侯闻之曰：'汤德至矣，及禽兽。'"（《史记·殷本纪》）遂有天下。此张网一面而诸侯服，盖德及禽兽，况人乎？

攻城亦如之，如四面围之，则敌人无路可走必拼命以战，城难破矣，必欲破城亦必十倍努力，而自己损伤必不少矣。故用三面包围之战术，使敌人知后退有路，则不全力抵抗，而我三面全力攻之，则彼可从一面逃走，故"失前禽"。

彼从一面逃生，若我于其前埋伏，则彼必被我所灭，今不埋伏使逃生，故

"邑人不诫"；彼逃生至各城，皆带走了我胜彼败之消息，是各城之人皆怕我而怀着失败之心理，吾可因其怕惧而传檄以定，派使者游说，使各城皆归我矣！可以不战而屈人之兵，此为仁且智之事也，亦心理作战、政治作战之高度发挥也，故可以"元永贞"而王天下矣。

若攻城而三面包围，复在退路埋伏，以赶尽杀绝，残暴以屠城，则天下各城皆畏而合力抗我，则我危矣！此残暴不仁而又不智之事，故计之上者莫过于"王用三驱，失前禽，邑人不诫，吉"，故孙子曰："围师必阙（缺），穷寇勿迫。"（《孙子兵法·军争》）是也。又曰："夫用兵之法，全国为上、破国次之；全旅为上、破旅次之；……是故百战百胜、非善之善者也，不战而屈人之兵、善之善者也。故上兵伐谋，其次伐交，其次伐兵，其下攻城。故用兵之法，十则围之，五则攻之，倍则分之……"（《孙子兵法·谋攻》）

梁襄王问孰能统一天下？孟子曰："不嗜杀人者能一之。"《易·系辞》亦曰："古之神武而不杀者乎！"是皆"王用三驱，失前禽，邑人不诫"而得大吉者也。

信如此既仁且智，天下可传令而定矣！昔希特勒大杀俄国降兵，而卒使俄军惧，不敢降德，而合力抗德，终于反败为胜，斯不知"三驱""邑人不诫"之故也。

昔商汤、周文王、武王之得天下也，悉用"显比，王用三驱"之义。刘邦之攻城，亦每遣使者游说以下城，而项羽所到之处皆焚杀屠戮活埋，使人畏之，故刘邦得天下，项羽失天下。

上六：比之无首[①]，凶。

《象》曰："比之无首"，无所终也。

【音注】①首：头也，首领也。

【义译】上六居比卦的终点，位居九五天子之上，高傲在上，不亲近领袖，所以凶。

《象辞》说"不亲近首领而孤傲在上"，终于会遭受到"后夫凶"，而被诛伐，所以不能得善终呀！

【象证】上六在比卦九五之君称王称霸于天下的时候，独自高居天子之上，乘于九五的阳刚，不亲近九五之君，必遭后夫之凶，而被诛伐而亡，所以获凶，而不得善终。

如大禹会诸侯于涂山，诸侯到者万国，防风氏后至，终被诛死；齐桓公逃亡时，过谭，谭不礼焉，及其入也，诸侯皆贺，谭又不至，故鲁庄公十年冬齐桓公灭谭。《左传·庄公十年》曰："谭无礼也。"是"比之无首"，所以凶，而"无所终也"。

# 小畜

风天小畜

| 卦体 | 下卦乾 | 上卦巽 |
|---|---|---|
| 卦象 | 为天 | 为风 |
| 卦德 | 为健 | 为入 |

| 错卦 | 反卦 | 下互卦 | 上互卦 | 消息卦 | 附注 |
|---|---|---|---|---|---|
| 雷地豫 | 天泽履 | 兑卦 | 离卦 | 四月公卦 | 互兑为悦为西 |

《序卦》曰："比必有所畜，故受之以小畜。"比较之后，皆需有所积蓄，故次以小畜。

**小畜[1]：亨。密云不雨，自[2]我西郊[3]。**

【音注】[1]小畜：稍有积蓄；畜，蓄也。"小畜，本又作蓄……积也，聚也。"（《经典释文》） [2]自：从也。 [3]西郊：城邑外为郊，西面之疆邑。文王居岐上，在商纣之西，故曰西郊。

【义译】小畜，稍有积蓄，顺之前往，化小为大，可以成功。但在小畜之时，有如密云虽已满布，但时机尚未至，故未能雨润苍生，成济世的功勋。只有从我西郊的城邑，积德累功，以待功德圆满，方能大大的亨通成功，而有功济宇宙之日。

密云本当有雨，而不雨者，喻周文王有盛德，当王天下，德泽斯民，然时机未至，未能王天下，故不能如天之雨润苍生，只好从其西邑之周，积德累功以待时。

【象证】小畜下卦乾为天，上卦巽为风，"风行天上"其势影响于人世不大，故曰"小畜"。五阳一阴，一阴居中，五阳为其所蓄；而阳之势强、阴之气弱，阳大、阴小，以小畜大，所畜者小，二、三、四爻互兑为少女、为小，故曰"小畜"。

一阴畜乎五阳，六四以阴居阴位，得正，又应初九，有应得正可以成功，故曰"亨"。凡事从小处做起，"滴水穿石""积沙成塔"，积小成大，使小畜有成功的基础，故亨。下乾为天，上巽为风，坎为雨、为水，今坎象不成，故虽密云而不雨；互兑为西，乾为郊，故曰"自我西郊"。

文王三分天下有其二，虽有盛德，然未能泽及全天下，故密云不雨。犹待积德累功，以待德全，方能王天下，泽及全民，故唯从其自西邑之周累积功行，故曰"自我西郊"。

文王居商纣暴政之下，为纣因于羑里，作《易》不敢显言，寄象数以寓理，故《易》多以象数隐喻宇宙人生、修齐治平之哲理。文王能积德，化小为大，故至武王，终能王天下、泽生民，遂至密云有雨，王道遂行，而成大亨之功矣。

《象》曰：小畜，柔得位[1]而上下[2]应之，曰小畜。健而巽、刚中而志行，乃亨。"密云不雨"，尚往也；"自我西郊"，施未行也。

【音注】①柔得位：六四以阴居阴，得正位，居诸侯之位而得正。　②下：乾为刚健。

【义译】《彖辞》说：小畜，以小蓄大，稍有存蓄，因柔顺得正，能柔顺利贞，一顺百顺，所以上上下下便互相感应，而稍有存蓄，因此，便叫作小畜。因有如乾卦的刚健，故能存天理的正气；巽卦的谦卑恭逊，故能一顺百顺。又因有坚强刚毅的阳刚，以存天理的正气，去人欲之私情，又能得中而行"永执其中"的正道，所以能完成其志向而得亨通成功。

所谓"密云不雨"的情况，是说应该努力前往去积德累功。"自我西郊"是说虽然已是小畜、拥有盛德，但功德未洽，天命未至，故德惠尚未能施行于天下，所以有待努力，去积小为大，以至功德圆满呀！

【象证】小畜六四，一阴畜乎五阳，以阴居阴位，故曰"柔得位"，上下五阳皆为其所畜，故曰"上下应之"。以小畜大，故曰"小畜"。下卦为乾，乾为健而居内，上卦为巽，巽者谦卑恭顺而居外。又上下两卦，九二、九五皆阳刚居中，阳志上行，有推拓之动力，又有尽善尽美、允执厥中之功行，故曰"志行"；有可为之势，是以"亨"。内刚外柔，能有所为，盖内健则此心果决坚毅健强而能胜其私，外巽顺则见事详审而不躁妄。

例如秦汉之英杰张良，外表柔顺，貌似妇女，而能于博浪沙雇苍海君刺杀秦王，虽功未成，而已夺始皇之气；巽顺故能敬顺老者，为其拾鞋而穿，故能得传兵书，化小畜为大畜，而相汉高祖立功业。如此刚柔并济，而又得中道、允执厥中，方能成大功。只刚无柔，终必致失败，而不得往上成功也。

子曰："君子知微知彰，知柔知刚，万夫之望。"（《系辞下》）项羽知阳刚武力而不知用阴柔智谋，所以自刎于乌江也。商纣言能掩过、文能饰非，纯用刚暴的政治，无有温柔之智慧，所以丧国也。

故君子需健巽兼行，有坚强的心志，不为私欲、外物所动；有温逊的态度，则自能冷静思考，接纳忠言，如此，可以化小畜为大畜，则能成其功业。综卦履，为执行，故"尚往也"，又上卦巽错震为足，亦"尚往"之象。

《象》曰：风行天上，小畜；君子以懿①文德②。

【音注】①懿：美也。　②文德：文辞才智与道德。

【义译】《象辞》说，风行于天上，影响于人者不大，此是小畜卦的现象。君子效法它的精神，则努力蓄积其才智与道德，务使尽善尽美。

【象证】本卦下为乾，乾为天，上卦为巽，巽为风，故曰"风行天上"。风行天上小畜者，风以喻道德教育，风既行于天上，即是德教不及于下，故云"小畜"。欲使之及于下，则需从德智双修做起，方能化小为大。

君子体小畜，则当美其文德，使臻于尽善尽美。禹伐有苗，有苗不降。《书·大禹谟》曰："帝乃诞敷文德，舞干羽于两阶，七旬而有苗格（降）。"故文德之积聚大矣哉！

初九：复①自②道，何其咎？吉。

《象》曰："复自道"，其义吉也。

【音注】①复："反也"（《杂卦》），恢复也。 ②自：从也，又于也，于也。

【义译】初九：以阳居阳位，得士之正位，当小畜卦稍有积蓄之时，能够恢复于大道的规范，哪里会有灾咎呢？当然是吉的。

《象辞》说：能回复到天道的本然规范，在理义上来讲，当然是吉利的。

【象证】下卦为乾，乾为健、为道，本卦旁通豫，豫九四之初成复，豫综谦，三至上互体亦复，故有"复自道"之象。初九当小有积蓄时，与六四为正应，而为所畜。四居诸侯之位而得正，终能用初九之士，士能蓄道积德，终有光显之时。故能克己复礼，从道而复，终能行仁道而获光显之吉，如此则哪有任何灾害呢？故"其义吉也"。

昔宁越之勤读，董仲舒之志学，皆能"复自道"而获其君之任用。

九二：牵①复，吉。

《象》曰："牵复"在中，亦不自失也。

【音注】①牵："引也。"（《广雅·释诂》）牵引、牵连。

【义译】九二，以阳刚得中之才，在小畜稍有积蓄的时候，居大夫的位置，应当领导他的部下相牵连，一起恢复到大道的规范来，这样就吉利了。

《象辞》说：所谓牵连部下一起恢复到大道而永执其中，这就不会使自己有损失。

【象证】九二，渐近阴，似不能复矣，然以刚中守己，相时而动，与初牵连并复，亦吉也。盖小畜，其能畜者在六四，而群阳辐辏以为其所畜。九二之于六四，虽非正应，亦具有为其所畜之义，既为所畜，则为所冲和矣。

然而，本卦下卦为乾，三阳相引，"牵"之象也。本爻居下乾之中，以其乾健也，无人欲之私，存天理之正，故能率初"牵复"而吉。以阳刚居下卦之中，以其乾健也，能永执其中，亦不陷阴柔之邪欲，故能得荣显之吉。正如"刚中而志行，乃亨"（《象辞》）者也，吉何如之。

如孔子弟子子夏为莒父之宰，子游为武城之宰，皆能牵复而吉，有弦歌之声，共陶礼乐之化，亦孔子圣教之功也。

**九三：舆①说②辐③，夫妻反目④。**
**《象》曰："夫妻反目"，不能正室⑤也。**

【音注】①舆："车舆也。"（《说文》）车也。 ②说：音义同"脱"。 ③辐："辐本亦作輹，马融云：车下缚也。"（《经典释文》）车轮中的直木，向四周辐射状而排列成为车轮；即车轮之代词。 ④夫妻反目："夫妻乖戾，故反目相视。"（《周易正义》）家室不和，夫妻吵架也。 ⑤正室：室者，闺门也。正者，男正位乎外，女正位乎内。夫妻反目，故不能齐家。

【义译】九三，在小畜稍有积蓄之时，以阳刚之才，密近于六四之阴柔，而不能相和谐，犹如车子的车轮脱离的现象；正像夫妻反目，家庭不和而相背的象征。

《象辞》说：所谓夫妻反目，是说彼此不和，不能齐家的意思。

【象证】下卦为乾，乾为圜，乾错为坤；又小畜错豫，豫下卦为坤，坤为舆、为辐。二至四互兑，兑为毁折，故有"舆说辐"之象。下卦乾为君、为阳刚、为夫，上卦巽为长女、为臣、为阴柔、为妻、为多白眼，且六四亦得正以居九三之上，有阴凌于阳，妻凌于夫的象征，三、四、五爻互离为目，故有"夫妻反目"之象，女既专权牵制于上，故反目而不能齐家正室。

九三以阳居阳位，得正位，当小畜之时，居三公之位，以乾卦阳刚而位居六四诸侯之下，六四阴柔得正，为小畜之主，体巽以行权，高居九三之上而不让，故有上下固执不能相和之象；双方各不相让，意气用事，如此则国不能治、家不能齐，而国家与社会俱危险不安矣。犹如车子脱落车轮，夫妻反目成仇，其如之何能行之哉？故圣人取象数以隐喻，而深诫齐家治国者，当以礼让相容，于《乾卦》"无欲则刚"、《巽卦》"谦逊行权"之外，尚宜有坤卦之"有容乃大"之精神，方能修身齐家而治国平天下矣。

如春秋时鲁国孟孙、叔孙、季孙三家居三公之位，操纵鲁国政权，鲁昭公、哀公居诸侯之正位而弗能息，卒使君臣不和。昭公以之而出奔，流离外国而不返，哀公以之而出亡越国，而鲁国因而积弱不堪，后终为楚国所灭，是"舆说辐"不能正室之象也。为国者可不慎乎，齐家治国务必上下同心、君臣同心、和谐团结，方能有济，如少康一旅而中兴、勾践君臣和谐而复国是也。

**六四：有孚①，血②去惕③出，无咎。**
**《象》曰："有孚惕出"，上合志也。**

【音注】①孚：信也。　②血：伤也。　③惕：警惕戒惧也。

【义译】六四，居小畜卦稍有积蓄之时的第四爻，以阴居阴位，得正，只要有孚信，自然没有伤害，而远离惕厉的危险，没有灾害了。

《象辞》说，有孚信则惕厉的危险可以免除，因为合于上级心志的关系。

【象证】六四以阴居阴，得到正位，处诸侯之位而得正，为小畜之主，能上承九五之君，秉承君上之意，以诚信待下，以畜下三爻上进之阳，上下和谐，同心为国，有诚信，故不致得正道被伤害；得正道，故不必担心危惧不安，自然没有灾害了。五阳皆实，一阴中虚，守信虚中之象也。三、四坎象半见，坎为血，为加忧，故有血、惕之象。坎象不成，故血去惕出，则内外无伤矣。盖六四近九五之君，小畜之时，以阴畜五阳，柔顺得正故一顺百顺，孚信待人故上下和谐，上则奉承九五之君之心志，下则蓄养群阳以养贤卫国，故血去惕出，而无忧无惧，无咎者也。抑或解为有孚信之德、遇忧、远出避祸。

如张居正为明相，能振兴一代之政治是也。又如管仲之相齐桓公，晏子之相齐景公，诸葛孔明之相刘后主，司马光之为宋哲宗相，非特无害，亦且有福。其注意之点即一诚信，二得正，三承上之意，四和谐上下。此诸侯与宰辅所以免害全功者也。

**九五：有孚挛①如②，富以③其邻④。**
**《象》曰："有孚挛如"，不独富也。**

【音注】①挛（luán）："系也。"（《说文》）牵系也。　②如：样子、状态。　③以："及也。"（《周易集解》引虞翻注）　④邻：君之邻，臣民也。

【义译】九五在小畜之时，为君王之位，以其诚信与民众牵连合一，同心同德，复将他的富贵，推及其民，使全民皆富贵。

《象辞》上说：有孚信而相互连带。这是说君王实现全民的富有，而不是只有自己的独富。

六十四卦上经　小畜卦　| 149

【象证】九五以阳居阳位，得到正位，又在外卦之中，得到中道，大中至正，以居小畜之君位，正《彖辞》所谓"健而巽，刚中而志行，乃亨"者也。九五，能诚信于民，而民亦诚信以事君，君民同心，诚信相亲，故"有孚挛如"。君子欲富亦乐人之富也，国君能推富贵与其民共享，则可以臻均富，而天下无贫民矣。国富民乐，天下太平矣，可以化小畜为大畜、大有矣。

九五中正，三、四、五爻互离中虚，有孚诚信之象也。四、五艮象半见，艮为手，牵连相从之象也；巽为绳，挛之象也，又为近利市三倍，富之象也。"以"者能左右之也，以其邻者援挽同德与之相济也。盖九五居尊，势有可为，有孚信之德与天下之民同心同德，而推其富以及其邻，使天下皆富，故曰"不独富也"。

舜曰："臣哉邻哉，邻哉臣哉。"（《尚书·益稷》）故臣民者，君之邻也，富及其民，则天下平而民生乐利矣。周文王泽及枯骨，商汤伊尹人饥己饥、人溺己溺，孙中山先生均富之思想，即此爻之德性也。吾人读书，"己立立人，己达达人"，不但要独善其身，更要能兼善天下，从自己做起，推己及人，使他人亦受感化，共达于大有、大同、均富的境界，或设立奖学金、养老院、孤儿院等慈善事业，不但其本身富贵，亦将其富推及乡里，富以其邻。

上九：既①雨既处②，尚德载③；妇贞，厉；月几④望⑤，君子征⑥凶。
《象》曰："既雨既处"，德积载也；"君子征凶"，有所疑也。
【音注】①既：既已也，已经也，既然也。　②处（chǔ）：止也。　③载："乘也。"（《说文》）行也。　④几：近也。　⑤望：阴历每月十五日。日月相望，夜光圆满光明。　⑥征：行也。

【义译】上九，既想雨润苍生，又想停止不进，不管进退如何，都需要崇尚道德而行。若以阴蓄阳，以妇凌夫，以臣凌君，以下凌上，虽正而守节，亦是危险。如果到了日月相望、月亮盈满、阴盛至极的时候，阴柔的小人势力增长，这时如果君子要想前往便是凶险了。

《象辞》说"既雨既处"，是说不管进退如何，仍要积德而行的意思。所谓"君子征凶"，是说阴柔的势力增长，君子有所迟疑，当考虑再三的意思。

【象证】上九以阳居阴位，失正；变，则上巽成坎，坎为雨，故曰"既雨"。又上卦为巽，巽为进退，为不果，巽风吹散其雨，则不雨而停处矣，此"既雨既处"所以取象也。

坎为车，乾为刚健、为德，故尚德载。巽为长女，此"妇"之象也。以阴制阳，妇制其夫，臣制其君，虽正亦危也。上变坎为月，三、四、五爻互离为日，日月相望，故曰"月几望"。小畜之积聚，犹月之渐盈；畜之至终，犹月之几望。巽为进退，为不果，变坎陷，必疑君子之进，畜之而陷之，故征凶，有所疑也。阴柔盛而凌阳刚，且际一卦之极，无所进矣，故"君子征凶"。

如彼王莽、曹操、司马懿、司马昭众小人，牵制政权之时，诸君子想要革命，除去小人者都为彼等所杀，故君子"既雨既处"，有所疑虑者在此也。文王三分天下有其二，想革命除去商纣之暴政，以德泽生民，然时机未至，纣恶未至极点，故隐忍再三，此所以"既雨既处"，而终不敢前往，必待其恶至极，武王之革命乃能无疑而成功也。

而以阴凌阳，以下凌上，以妇凌夫，虽正亦危，如鬻拳以剑胁楚文王，而自刖双脚。妇凌其夫，多致婚姻不幸，故《易》以之为戒，慈禧太后非特凌夫，抑且凌君、凌子，卒肇清代之灭亡。此即不合其为妻之巽道，故终不长久，当其盛时，有如"月几望"，阴气正盛之时，戊戌六君子之改革莫能成功，故"君子征凶有所疑也"。必待其势力已衰，方能前往，盖君子之道增长，则小人之道消亡也。

# 履

天泽履

| 卦体 | 下卦兑 | 上卦乾 |
|---|---|---|
| 卦象 | 为泽 | 为天 |
| 卦德 | 为悦 | 为健 |

| 错卦 | 反卦 | 下互卦 | 上互卦 | 消息卦 | 附注 |
|---|---|---|---|---|---|
| 地山谦 | 风天小畜 | 离卦 | 巽卦 | 六月公卦 | 三四艮象半见艮为虎 |

《序卦》曰："物畜然后有礼，故受之以履。"小畜之后，需依礼而行，方足以成功安泰，故继之以履。

**履**①：虎尾，不咥②人，亨，利贞③。

【音注】①履："足所依也。"（《说文》）行也、践履也、实践也。 ②咥（dié）：啮咬。 ③利贞："刚中正，履帝位而不疚。"（《彖辞》）正所以释"利贞"。此二字王弼本无，据李鼎祚《周易集解》补上。

【义译】履卦，行在人生旅途上，依礼而行，能刚健而和悦，即使踩踏到老虎的尾巴，也不会被咬伤，能如此就成功亨通了。但是还要利于笃守正道，方能行得久远光明。

【象证】履卦上乾为健，下兑为悦；以刚健之精神，和悦的态度，行在人生旅途上，又依礼而行，纵使做危险的事，也行得通，而不会受伤了。所以虽"履虎尾"，而不被咬伤，能如此就成功了。盖虎虽凶猛，刚健如武松，去履虎尾，虎不敢咬；虎虽厉害，而和悦如驯兽师去履虎尾，虎亦不敢伤。

所以履虎尾而不咥人者，全靠刚健、和悦。本此刚健而和悦，以应万事，纵使再危险的，也可以不受伤害，而得成功了。但其最要者则是利于执守正道，方能保其成功，而久远光大。

上乾为君，下兑为口，履旁通谦，谦下卦艮。又履下卦亦旁通艮，艮为山，虎者山君也，故有虎象，二、三震象羊见，震为足，乾为健，兑为悦，为口，故有"履虎尾不咥人"之象。总而言之，踩踏到虎尾而不被咬伤，乃喻处危而不伤也。

《彖》曰：履，柔履刚也；说①而应乎乾②。是以"履虎尾，不咥人，亨"；刚中正③，履帝位而不疚④，光明也。

【音注】①说：音义同"悦"。 ②乾：为天、为健。健者，坚强刚毅，而能存天理的正气，去人欲的私情也。 ③刚中正：指九五以阳刚居阳位得正，又居外卦之中，故曰刚中正。 ④疚：病也，愧歉也。

【义译】《彖辞》上说：履卦是以柔顺的精神，去履行刚强难行的事情；应该本着相悦诚恳的态度，应和于乾乾刚健中正的天理，这样去做人处世，即使踏上了老虎的尾巴，也不会被咬伤，而得成功亨通了。能够秉持刚健而大中至正的精神去行事，即使登上了帝位，也没有灾疚，因为能这样做，就有光明灿

六十四卦上经 履卦 | 153

烂的前途呀！

**【象证】**履卦下卦兑为少女、为柔、为悦，上卦乾为父、为刚、为健，今兑柔在于乾刚下，故曰"柔履刚也"。"说而应乎乾"，以兑卦之和悦，又应之以乾刚，柔而能刚、悦而能健，故虽或"履虎尾"，做险事，亦无伤矣。九五以阳刚居阳位，得正，又在外卦之中，故刚中正，五为帝位，乾为天、为君、为健，故"履帝位而不疚"。

"履虎尾，不咥人。"是做危险事而不危，实践的方法是：柔履刚、和悦、刚健、大中至正。盖柔顺就能一顺百顺，和悦则能顺天应人。刚健则能坚强刚毅，存天理的正道，去人欲的私情，大中则能尽善尽美，无所处而不适；至正，则能一正百正，天下悦服。

盖事之最危险者，莫过于做国君，一有不当，即有革命政变，若被推翻，则身死家灭国亡，而天下乱矣。故宜本此四点去做人处世，方保无碍。《新序·杂事四》："孔子谓鲁哀公曰：'丘闻之：君者舟也，庶人者水也；水则载舟，水则覆舟。君以此思危，则危将不至矣。夫执国之柄，履民之上，懔乎如以腐索御奔马。《易》曰：'履虎尾。'《诗》曰：'如履薄冰'，不亦危乎？"所以"履帝位而不疚"，必须具备以上四条件，方有光明正大的前景，而得无疚之忧。

如唐太宗以刚健和悦的精神与态度，终得天下英雄归心，终能开创唐朝的江山，使其父李渊为帝；即位之后，政治清明，史称贞观之治。太宗以九五之尊，但却常体恤下情，探求民瘼，察纳雅言，施行正道，德与位称，因以阳刚中正，故履帝位而不疚，能有光明灿烂的政治前途。

**《象》曰：上天下泽，履；君子以辩**[①]**上下，定民志**[②]**。**

**【音注】**①辩：本义为争论是非曲直，此假借为辨，分别。　②志：心。

**【义译】**《象辞》上说，上面是天，下面是泽，这是履卦的现象，君子效法它的精神，以分辨上下的礼仪制度、权利义务，而安定民心。

**【象证】**本卦上卦乾为天而在上，下卦兑为泽而在下，故曰："上天下泽，履。"君子效法履卦之精神，使上下分明，礼节井然，上下皆依礼而行，各尽其权利义务，各安本分，则民心定，天下平矣。《乐记》曰："天高地下，万物散殊，而礼制行矣。"上下皆循礼节制度，故天下定矣！

故周公制礼作乐，以安周朝八百年江山，春秋诸侯僭乱，犹知尊王攘夷，分定故也。郑庄公无礼于天子，卫灵公宠爱南子，上下无别，亲疏不分，所以郑、卫二国在春秋时多乱。唐玄宗以媳为妻，男女上下无别，所以肇乱，几乎使唐朝丧亡，皆是不能辨上下也。上下不辨，故民心不安，而天下乱矣。

【笺注】程子曰："上下之分明而后民志定，民志定而后可以言治也。"（《二程集》）

初九：素①履往，无咎。
《象》曰："素履"之往，独行愿也。

【音注】①素：朴素也，平常。素者白也，引申有朴素之义。

【义译】初九：在履卦、履行的时候，能本着朴素、平常的态度而行，是没有害处的。

《象辞》说，"本着朴素平常的精神"而有所前往，虽然独自履行，也是自己所愿意的啊！

【象证】初九，以阳居阳位，得到正位，在履卦行礼上下分明的时候，居士位，所以应当安分守己，本着朴素平常的精神而去行动，如此"见素抱朴""少私寡欲""清静贞正以自行"，不为世俗所染污，确然不拔，安守士位，所以无咎。

三至五互巽，巽为白，故素履。我们试看诸葛亮在尚未为刘备运筹帷幄前，躬耕于陇亩之中，敦朴而自得其守，正是"贤者安履其素，其处也乐"。而后为蜀效命，身居丞相位，亦朴素俭约、清廉、独行其志，是无咎者也，可谓穷达如一，素履独行者矣。

又如颜渊"一箪食、一瓢饮，人不堪其忧，回也不改其乐"；傅说起于板筑之间，舜耕于畎亩之中，伊尹耕于有莘之野，其未得志也，皆能自安于朴素，素履常行，其得志也，则安民于常态。是无论穷达皆不失平素之心志者矣！汉末易学家虞翻，曹操一再征其为侍御史，皆不就，富贵不能淫，独行平素的正道，所以无咎。

九二：履道坦坦①，幽人②贞吉。
《象》曰："幽人贞吉"，中不自乱也。

【音注】①坦坦："平也"（《广雅·释训》），故为平易安适，光明正大貌，亦孔子所谓"君子坦荡荡"是也。　②幽人：幽者隐也。幽人，隐士也，或解为被囚禁之君子。

【义译】九二，在履卦，履行礼仪的时候，能够履行大道而坦坦荡荡，不愧天地，不怍人我，安适平易谦巽之行，而不失贞正之道，像幽隐的人士，笃行正道是吉利的。

《象辞》上说："幽人贞吉"，是固行中道而不自私呀！

【象证】二至四互离为明，三、四坎象半见，坎为水、为平，故"坦坦"。二至三震象半见，震为大涂，故为"道"。九二以阳刚得中，居阴位，不得其正，而处大夫之位，上有六三阴柔不正之三公，故独守正道，不屈于六三，而宽裕得中，不以居内为荣，不以处外为辱，而独处大道的规范之中，坦坦荡荡，光明正大，平易和适，故"履道坦坦"。虽至被罢，或为隐士，甚至被幽禁，亦能履道坦坦，独行其正，坚持中道而不乱。

《中庸》曰："君子素其位而行，不愿乎其外；素富贵，行乎富贵；素贫贱，行乎贫贱；素夷狄，行乎夷狄；素患难，行乎患难；君子无入而不自得焉。在上位不凌下，在下位不援上，正己而不求于人，上不怨天，下不尤人，故君子居易以俟命。"能如此行乎中庸，"履道坦坦"，无处而不自得，自然中心有主，而不自乱矣。

二居六三，不正之三公下，或为凌逼退隐。如韩世忠见秦桧害岳飞而退隐，以守正道，而不愿同流合污。黄霸非其罪而入囚，拜欧阳胜学《今文尚书》，曰："朝闻道，夕死可矣！"亦履道坦坦，幽人贞吉之证。文王被纣拘于羑里，亦履道坦坦，艰贞持正，故终得吉而得出险，立王业的基础。

六三：眇[①]能视，跛[②]能履，履虎尾，咥人凶，武人为于大君。
《象》曰："眇能视"，不足以有明也；"跛能履"，不足以与行也；"咥人"之凶，位不当也；"武人为于大君"，志刚也。

【音注】①眇（miǎo）："一目小也。"（《说文》）即"目小也"（段氏《说文注》），或"偏盲也"（《广韵》），义即一只眼睛瞎了。　②跛：足偏废也，足有残疾，行不便。

【义译】六三，当履卦实行的时候，以阴居阳，失位不正，不谦逊而行，就像少目之人，也能看到，但所看不明；像跛足之人，也能行走，但所行不远。以此而行，将为物害，如做危险的事，就好像踏到老虎尾巴而被咬，是有凶险的嘛。也好像武人莽撞而不知礼，想要做一大国之君，不自量力，必遭到危险。

《象辞》说，"少目虽能视"，但却不足以明视清楚（偏见）；"偏废之足虽能行走"，但却所行不远（跛行）。莽撞无文的武人，想做大国之君，实在是因为阴柔不正，而志行刚愎呀！

【象证】二、三、四爻互离，目也；三、四、五爻互巽，股也。六三以阴柔居阳位，不得正位，故虽能视，却是偏见而看，如眇目者也。虽能行，却是偏激而行，就像跛足者也。故曰"眇能视，不足以有明也；跛能履，不足以与行也"。

上乾为君，履旁通谦，下艮为山，故为虎，虎者山君也。下兑为口，为毁折，故"履虎尾咥人凶"。乾象为刚，故为武人，三失位变得正成乾卦，所以说"武人为于大君"，志刚也。盖六三以阴柔居阳刚之位，不中不正，柔而志刚。本无才德，而自用自专，本不明不行，而又强明强行，因此行危事必为凶，如彼武人徒逞强好暴而已，不能为大君。

例如三国马谡不听诸葛孔明告诫，又不听部将劝诫，予智自雄，本柔弱而任刚武，以致军败身亡。洪秀全起义，一味攻城略地，不知安抚后方；不听钱江之上计，直捣北京城，却在南京享淫福而国亡身灭。项羽号西楚霸王，有勇无谋，又不能听谏，实一好强争胜的武夫而已，故终自刎于乌江。

**九四：履虎尾，愬愬[①]终吉。**
**《象》曰："愬愬终吉"，志行也。**

【音注】①愬（sù）："恐惧貌。"（《子夏传》）按愬为"虩"之假借字，"《易》：履虎尾，虩虩，恐惧也"（《说文》）。

【义译】履卦九四，以阳居阴，失位，而居多惧之地，在履卦行礼实践的时候，近于九五之君，做事就要像脚踩到老虎的尾巴那样战战兢兢、谨慎戒惧，最终才能够得到吉利。

《象辞》说："戒惕谨慎，最后能得吉"，是说能实践自己的志向。

【象证】"履虎尾"，见卦辞与六三爻象证。四为多惧之位，以其近于国君之位，故《系辞》云："四多惧，近也。"盖能愬愬戒惧，其终必吉。吕祖谦谓："天下事胜于惧，败于忽。"如少康、勾践，懔于亡国之痛，而惕惧以从事，初虽战兢可惧，然终能有志竟成，而终吉矣。

九四以诸侯之位不正，而近于九五之君，而能行其志者，有如杨万里之言："志乎忠爱而纯乎天理，自有以潜感而默悟也。"如触詟说赵太后，亦能格君之非，而救国安家。

《群书治要》引《尸子·发蒙篇》："《易》曰若履虎尾，终之吉。若群臣之众，皆戒慎恐惧，若履虎尾，则何不济之有乎？"又高诱注《吕氏春秋·慎大览》引《易》云："居之以礼，行之以恭，恐惧戒慎，如履虎尾，终必吉也。"

此是除《象辞》外，另一种履虎尾获吉的方法。

**九五：夬**[①]**履贞厉**[②]。

**《象》曰："夬履贞厉"，位正当也。**

【音注】①夬：决也。　②厉：危也。

【义译】九五，以阳居阳，得位得中，以居帝王之位，如刚愎自用地去果决于履践行事，则虽守着正道，也容易发生危险。

《象辞》说："果决于实践履行，虽守着正道，还有危厉"，实在是因为九五正居至尊之位，容易刚愎自用的关系呀！

【象证】履卦上下易即成夬卦，故为"夬履"。"夬履"者，九五得位居尊，为履卦卦主，可以决群品之事，断万民之行，定天下国家之大计者也，正是《象辞》"刚中正，履帝位而不疚，光明也"之写照。刚则能坚毅刚强，而存天理之正气，去人欲之私情，大中至正而光明，则能允执厥中，纯然至善，如此则履帝位而不疚，决群品而无过矣。

然若果决其行而不听群臣之谏，或有人欲之私情，驯至刚愎自用，予智自雄，专制独行，则虽正亦有危矣！况不正乎！《象》著其常，此写其变，皆是也。《孝经》云："天子有诤臣七人，虽无道不失其天下；诸侯有诤臣五人；士有诤友。"所以免刚愎自用而安身保国也。故刚中正光明之外，尤需察纳雅言，上师明哲之圣贤君子，下友明哲之诤臣，方不致夬履之危，后之为君者，其诫之哉！

若商纣、项羽之"夬履"而亡国；刘备于关羽死后，伐吴报仇，不听诸葛武侯缓行之谋，虽吴之无道，伐之正当，而终因败而亡者，时机不利，理智已失，情急事逼也，故虽贞亦厉。至如唐玄宗之爱杨贵妃，皆人欲之私情，蒙蔽天理之正气，不讯之于贤臣，不谋之于师辅。夬履而行，所以大凶者也。自古圣明之君主，往往多有良相忠臣加以匡辅，唯恐居尊自偏而不自知。

**上九：视履考**[①]**祥**[②]**，其旋**[③]**元吉。**

**《象》曰："元吉"在上，大有庆也。**

【音注】①考：本义为老，引申为稽考、考察之意。　②祥：吉祥也。亦为详细，"详"的假借。　③旋：反也。

【义译】上九，以阳居阴位，能刚能柔，当履卦之极，能检视自己所履践的行事，并做完全的考察，考察至合于吉祥福庆，使其行事动容周旋中礼，其行有失，亦能反省改正，如此则能获大吉。

《象辞》说："元（大也）吉"在上，是说大有吉庆呀！

【象证】上九应于六三，二、三、四爻互离为明、为目，居履之终，当行事之后，能检视其所作所为，而考察得详备，则善美备焉，吉祥至止，故曰："视履考祥。"乾为君子、为善，六三、上九皆不得正位，易位则各得其正。上九以阳居阴位，未得其正，若考察而有未当，即反省改过。曾子曰："吾日三省吾身。"孔子曰："过，则勿惮改。"改而得正，故曰"其旋元吉"。

孔子之动容周旋中礼，颜渊之克己复礼，视听言动皆依礼而行，皆"视履考祥"者也。至于子路，人告有过则喜，颜渊不贰过，周处勇改其过，皆"其旋元吉"。文种、韩信，功成而身不退，遇国君无道之诛罚。

# 泰

地天泰

| 卦体 | 下卦乾 | 上卦坤 |
|---|---|---|
| 卦象 | 为天 | 为地 |
| 卦德 | 为健 | 为顺 |

| 错卦 | 反卦 | 下互卦 | 上互卦 | 消息卦 | 附注 |
|---|---|---|---|---|---|
| 天地否 | 天地否 | 二至四互兑 | 三至五互震 | 正月辟卦 | 乾为阳为大，坤为阴为小反卦错卦同 |

《序卦》曰："履而泰，然后安，故受之以泰；泰者通也。"说明泰卦在履卦后面的原因，履得其所，则舒泰成功了，所以继之以泰。泰卦坤阴在上、乾阳在下，地气上升、天气下降，各得其所，阴阳之气相交而和谐，万物因而得到蓬勃繁荣的发展。正是所谓"天地交，万物通"。所以泰的意思是安定、通达、成功。

泰[1]：小往大来[2]，吉，亨。

【音注】[1]泰：成功，通达，安定。 [2]小往大来：出外曰往，在内曰来。小谓阴，大谓阳。

【义译】泰卦是成功安定的意思。就像做生意，小小地前往投资，而大大地报酬回来。也像小人出外，伟大的君子大人回到朝廷来，这是吉利、成功、通达的。

【象证】泰卦，上卦坤为地、为阴、为臣下、为小。下卦乾为天、为阳、为君上、为大。上坤阴为小居外卦，下乾阳为大居内卦，在外曰往，在内曰来，故曰"小往大来"。比如做生意小小本钱放出去，而大大赚钱回来，所以吉利成功。又好比个政府，"小（的）往"把小人调出去，"大（的）来"让君子大人回到朝廷来，君上推诚以任贤良的君子，君子尽诚以事君，朝廷和乐、上下相安、天下安泰。所以它是吉利、成功、通达的。

如尧舜之时，八元、八凯、禹、皋陶、伯益等君子在朝廷之内任职服务，四凶小人被罢斥在外，故政安民泰。这是帝王之道最好的政治楷模。汉武帝得卫青、霍去病之效命。唐太宗有李靖、徐世勣、魏征、房玄龄、杜如晦的匡辅，亦称盛世。由于明君之任贤臣，贤臣为君效命，故小人不能起作用，而君臣相应、相得益彰，所以成功通达而吉利。

《象》曰："泰，小往大来，吉，亨。"则是天地交而万物通也，上下交而其志同也。内阳而外阴，内健而外顺，内君子而外小人，君子道长，小人道消也。

【义译】《彖辞》上说：泰，成功安定；是小的外往，而大的回来，是吉利、成功、通达的，就是说像天的阳气和地的阴气相交泰，而万物就蓬蓬勃勃地发展成功了。又像做君上的和做臣下的彼此相交泰、相沟通，而他们治国安邦的心志是相同的。泰卦的现象，乾阳刚在内卦，刚健坚强，存天理的正气，去人欲的私情，在内部做主宰；坤阴柔在外卦，表现在外，又能阴柔顺从，内刚健而外柔顺。君子在内任职，而小人排斥在外；君子之道日渐增长，小人之道日渐消亡。所以政安民泰，天下太平，而能得到成功安定的通达呀。

【象证】泰卦下卦为乾，乾为天；上卦为坤，坤为地。论外形，乾天当在上，坤地当在下，唯彼此不通则上下不安，卦辞上说"小往大来"就是从两者的交泰、感应道交而立论。所以此天地交，是以乾天之阳气下降，为雨、为云、为露水，坤地之阴气上升，为云、为雾、为蒸气；天德下贯以生物，地德上应以成物，故云蒸雨降，云行雨施，品物流形，草木萌动，万物便欣欣向荣发展了，所以说"天地交而万物通也"。老子曰"万物负阴而抱阳，冲气以为和"，亦指天地之气相交泰，而生万物，而见其生机发越，就是所谓的通。

移到人事上说，论常理，上自上，下自下。今"上下交"，则感情交流，观念沟通，而安邦定国的志意和同矣。志意和同，才能伟大成功，如尧与舜，禹与益，汤与伊尹，文王、武王与太公。

又依《易》例，下卦称内，上卦称外。泰卦下卦，乾为阳、为刚健，为君子的象征；上卦坤为阴、为柔顺，为小人的象征，所以说"内阳而外阴，内健而外顺，内君子而外小人"。观乎民风，当泰之时，阳刚且健的君子在内，阴柔的小人在外，那么君子之道增长而大行，小人之道消退而隐匿。可以看出民德归厚，世风淳良，而国家也就安泰成功了。

魏征常向唐太宗进逆耳的忠言，使小人不能得志，所以才有贞观之治。这就是泰卦在政治上象征着"君子道长，小人道消"，所以有天下太平的政治事功。子夏曰："舜有天下，选于众，举皋陶，不仁者远矣。汤有天下，选于众，举伊尹，不仁者远矣。"（《论语·颜渊》）故"君子道长，则小人道消"矣，否则如唐玄宗之信杨国忠、李林甫，则是小人道长，而君子道消，所以天下大乱。

《象》曰：天地交，泰；后①以财成②天地之道，辅相③天地之宜④，以左右⑤民。

【音注】①后：上古称发号施令的君主叫作后。"林、蒸、天、帝、皇、后、辟、公、侯，君也。"（《尔雅·释诂》）又，女主亦称后。　②财成：裁制成功。　③辅相：辅佐赞助。　④宜：事之适宜。　⑤左右：佐佑，辅佐帮助。

【义译】《象辞》上说：天地阴阳之气互相交感沟通，是泰卦的现象。君王效法它的精神，要裁制天地万物的一切道理，而使成功发展，辅佐赞助天地自然之和谐适宜，以帮助辅翼生民，则化育成功，而国泰民安了。

【象证】"天地交"则万物通，此泰之所以为泰。能参赞者，非君主莫属，故曰"后"。参天地，赞化育，这是圣主的化功，而裁制天地万类使之成功，"辅相天地之所宜"，春崇宽仁、夏以长养、秋教收敛、冬敕盖藏，以应合天地的生灭，使老有所终，壮有所用，幼有所长，男有分，女有归，矜寡孤独废疾者皆有所养，则是天地所宜的了。

有时未必合天地之时宜，或有过之而泛滥，或有不足而衰萎，就需要裁成辅相，本此生化的功业，施之于政治教化，教以五伦，以扶植百姓，使皆尽其性而遂其生，然后才能施德育，成安和乐利之风，才是成功的泰道。

尧所谓："劳之来之，匡之直之，辅之翼之，使自得之，又从而振德之。"（《孟子·滕文公上》）是也。《尚书·尧典》："钦、明、文思、安安，光被四表，格于上下……百姓昭明，协和万邦。"

初九：拔茅①茹②以其汇③，征④吉。
《象》曰："拔茅征吉"，志在外也。

【音注】①茅：似菅草而较小，其根相牵连。 ②茹：草名，"芦也，一名茅搜，今谓之茜草，其草蔓生、与茅俱枝茎坚韧，拔之不绝，必连其根汇而拔之"（王船山《周易稗疏》）。或柔软的根相连亦称茹。 ③汇：类也。 ④征：往也，进也。

【义译】初九在泰卦之时以阳居阳位得正，有拔起茅草便互相牵连到根的同类，也就是象征团结志同道合的君子，一齐去救国安邦，如此前往是吉利的。

《象辞》上说："拔茅征吉"，这是说他心志在对外的意思。

【象证】泰之道，天气下降，地气上升，三阳皆欲上升，初九居士位而得正，与君子众类一齐去安邦定国，犹似拔茅而其根相连茹，以其三阳同类，阴不敢拒，所以能前往则吉。旁通否卦，互艮为手、互巽为草；泰三至五互震为足、为征，为萑苇（芦苇），故曰："拔茅茹以其汇，征吉。"

当武昌起义之时，革命军在湖北起义，当时四川、陕西等省纷纷响应。尧举舜，而八元、八凯与皋陶、禹、稷益相继，以进至泰平。

九二：包荒①，用冯河②，不遐遗③；朋④亡，得尚于中行。
《象》曰："包荒，得尚于中行"，以光大也。

【音注】①包荒：包，容也。荒，秽也，草茅也，广大也。包荒者，包乎其初也，喻包容八荒宽广的度量。 ②冯（píng）河："徒涉也"（《尔雅·释诂》），意同

六十四卦上经　泰卦 | 163

"暴虎冯河"(《论语·述而》),指无舟渡水,喻勇。冯,"凭"之古字。 ③遐遗:遐,远也。遗,弃也。 ④朋:朋与之私。

**【义译】** 九二,以阳刚居阴柔、当泰之时,居大夫之位,必须要有包容八荒的广大度量,如暴虎冯河、勇往直进的勇气;周揽群贤、怀柔远方之人,不能因遐远就弃而不管;涤除朋与的私心,不跟近习,如此就能应乎中道而行,如此则得为六五行中道的国君所信任,而能济泰了。

《象辞》上说:"包容广大,能够得中正之道而行,为中行之君所信任崇尚",则可以光大国家的事业了。

**【象证】** 九二刚以居中,为臣之位,上应于以柔居中,行中道六五之君,为君所专任。当国泰民安时,居大夫之位,首先必须有宽宏的度量,能容纳八荒(荒芜,无所不能包容),才能求保安泰之治,乾为郊、为大,坤为土、为邑国、为含弘,故曰"包荒"。若无含弘之度量,有忿疾之心,则无深远之虑,有暴扰之患,深弊未去,而近患已至矣。汉文景之时,国家承平,政治安泰,行黄老之术以安民,南越与匈奴皆和谐相处而不扰,此"包荒"之道也。

九二以阳居阴,居于柔顺,所以要教之以"冯河"的勇气而勇往直前,才能济泰。盖太平之世,人情习于安而惰于因循,惮于更变,无冯河涉水的勇气,就难有所作为;二变则二至四互坎为河,乾为刚健,故"用冯河"。泰极则否来,终至于衰替。因为好逸恶劳,因循苟安,弊病丛生,处安泰之世,必须有冯河的勇气,才能兴利革弊,臻于太平。安泰之世,人心即苟安,没有深思远虑,图及遐远之事,必须要周及大大小小的人与事,即使再小再远,都不可舍弃。譬如弊端萌生,贤才不见用,在泰世常常会被疏忽,而往往祸乱就生于遐远隐微。坤为远方,乾为君子,故"不遐遗"。又安泰之时,人情习于苟安、放肆而失节,如果要端正约束民情,使之归正,为政者就必须绝去朋与之私。秉持大公无私之心,方能有为,二、三、四爻互兑为朋,二失正变正为坎故"朋亡"。

自古立法制事因为人情而终究行不通的太多了,譬如禁奢侈,就害于近戚;限田产,又被豪贵之家妨碍。又譬如一国之政,内亲外戚常因而得庇荫,结果一国几成一家之政,败乱就生了。汉有外戚宦官之患,王莽、董卓、曹操奸雄因而篡汉,唐有内亲外戚藩镇之争,而至于亡。所以处安泰之世,不能不有大公无私的精神,舜、禹、孔明、伊尹皆有此度量,故皆"得尚于中行",或升为君或升为相。

**九三：无平不陂**①**，无往不复**②**，艰贞**③**无咎；勿恤**④**其孚，于食有福。**
**《象》曰："无往不复"，天地际也。**

【音注】①陂（pō）：陂陀不平，不正的丘陵地。　②复：返也。　③艰贞：艰难犹需秉持正道。　④恤：忧也。

【义译】九三，以阳居阳，当天地通泰之时得其正位，以处于下卦乾天将终，上卦坤地将始之时，将有所变更的现象，象征着泰极而将否的现象。世间上，没有平坦常安泰，而不起陂斜倾危的；没有已过往的天时事物，不返复回来的；所以天下安泰久了，必有动变，不管多么的艰难，仍需坚守着正道，能守着这几点原则自然可以没有灾咎。不要忧虑，只要建立自己诚信的功夫，自然时过运来终能渡过险难，而保有自己的食禄幸福了。

《象辞》上说：所谓过往的天时与事物，没有不返复回来的。这是天地阴阳循环运行之际的一种自然规律呀！

【象证】物极必反，泰极则否，久安必危。九三居泰卦下卦之终，又阳居阳位，为三公之位而得其正，当下卦乾阳与上卦坤阴交会之际，为变化出入的枢机，阳盛已极而尽，阴将继踵而代。当此之时，"泰"之发展，通达成功的过程，已见坎坷之象，而其时运即将由平顺而转为倾斜陂折，坤为平地、二变坎，为险陂，所以说"无平不陂"。至于他的消长，将由阳气的上往，转为阴气的下降。三至上互体复，泰极否来，否极泰来，所以说："无往不复。"因为用阳刚过极而不得其中，所以有艰难，但九三与上六相应，皆得正位，所以终将有惊无险，故"无咎"也。《老子》所谓"曲则全，枉则直，洼则盈，敝则新"，就是指这个久则必变的道理。

天下分久必合，合久必分。九三正是处合久之时也，若此之时仍然贪图安逸，就会像纣王失掉江山般，初期虽仍图强，但晚年却宠妲己，酒池肉林，沉于安逸，而暴虐无道；西伯文王则积德昌盛，曾为商纣因于羑里，终能"艰贞无咎"，至武王革命成功灭了商纣，终于"于食有福"，文王先陂后平，商纣先平后陂，故"无平不陂，无往不复"，天时人事皆如此，可不慎乎。

坎为恤，坤为福，乾为孚、为天，坎未变故能保其安泰，故"勿恤其孚，于食有福"。只要确立自己的诚信，知所警戒，使此过盛之刚稍戒为中，勤德施惠，自然"于食有福"。

天与地的交合，阳降于下，必复乎上，阳升于上，必复乎下，寒往则暑来，暑往则寒来，日往则月来，月往则日来。成败治乱兴衰亦复如此的循环不已。

六四：翩翩①不富以其邻，不戒以孚。

《象》曰："翩翩不富"，皆失实也；"不戒以孚"，中心愿也。

【音注】①翩翩：翩，"疾飞也"（《说文》）。指轻快飞翔，得意、轻松、愉快的样子。

【义译】六四，在泰卦成功安定的时候，居诸侯的位置，而得正位，可以得意轻快地翱翔。常将财富施及民众，故本身不保有财富，如此推恩及民，所以不必加以警戒，自然其君臣上下之间皆能诚信相孚。

《象辞》上说：所谓"翩翩然翱翔，而不保有财富"，是说将富贵布施于民众，而失去诸侯应有的实际富贵；"不戒以孚"，这是中心甘愿如此的呀！

【象证】泰卦六四，以阴居阴，得正位，在泰卦成功安定的时候，为诸侯之正位，应当富贵双全，自由翱翔，五失位变正，三、四、五爻互离为飞鸟，故曰翱翔。

为保国家长治久安，故将财富普施于民，使老者有所终，壮者有所用，幼者有所长，矜寡孤独废疾者皆有所养，这是大同社会，也是健全的社会福利制度，使全民与自己皆均富安泰。故本身不富，失去诸侯应有的实际富贵享受，而全奉献于民，全民富泰安乐，上下打成一片矣。故不需要时时警戒，君臣上下全民皆心甘情愿，同保安泰，诚信相孚矣，故"不戒以孚"。

阳实阴虚，阳富阴不富，坤阴故不富，故皆失实也；坤为众、为民、为邻，乾为君、为上，舜曰："臣哉邻哉。"（《尚书·益稷》）君民同心，同为富泰，故曰"以其邻"。坎为险、为孚，六四得正，故"不戒以孚"，中心愿也。五变则上卦成坎，故有戒谨象，得位承君而惠爱百姓故可以安泰。

古人云："财聚则民散，财散则民聚。"（《大学》）商纣财聚于己而民散故亡。卫懿公好鹤而聚敛，不施惠于国，故国败身死。汤武人饥己饥、人溺己溺，故兴。

六五：帝乙①归妹②，以祉③元吉。

《象》曰："以祉元吉"，中以行愿也。

【音注】①帝乙：有三解。一指殷纣王与微子的父亲，"帝乙，微子父"（《左传·文公二年》注）。二指成汤。三指汤六代孙。然应劭曰："《易》曰'帝乙'，谓成汤，（《尚书》曰）帝乙谓六代孙也。"（《白虎通》） ②归妹："妇人谓嫁曰归。"（《公羊传·隐公二年》）妹者，少女之称也。 ③祉（zhǐ）："福也。"（《说文》）

【义译】帝乙将他的妹妹下嫁与诸侯，因此获得幸福，大吉。

《象辞》上说：获得幸福大吉，是说以中道而行其所愿呀。

【象证】泰卦六五以阴居阳位，不得正位，而在天子之位，居外卦之中，得柔中之美，下与九二相应，六四亦柔顺相承，就好像帝乙把其妹下嫁一样。中四爻互卦归妹，震长男为兄，兑少女为妹。震为帝，五为君位，坤纳乙，故曰"帝乙归妹"。阴阳君臣上下打成一片，国治家齐，天下安泰，幸福无疆，是大吉大利的，故曰"以祉元吉"。五得柔中之美，故曰"中以行愿也"。

中国能在世界历史上独立五千年，是以文化的融合，而不以武力的侵略。男大当婚，女大当嫁，虽以帝妹之贵，犹下嫁与诸侯，以诸侯为亲家，做王室之藩离屏障，亲家还有亲家，一亲三千里，则天下一家。考中国历史，昭君和番，汉公主外嫁，唐文成公主下嫁吐蕃，诸和亲之事，皆得以安抚边疆，教化外族，而外族得吾公主为国母，以教化之，母爱之，久而久之，天下安泰。边疆未开化之民族，亦同化于文明矣。

上六：城<sup>①</sup>复于隍<sup>②</sup>，勿用师；自邑<sup>③</sup>告命，贞吝。

《象》曰："城复于隍"，其命乱也。

【音注】①城：积土而成城。　②隍："城下沟；无水称隍，有水称池"（虞翻），即筑城之土。　③邑：都邑。

【义译】上六是泰卦成功安定的终点，人民久处安逸而心渐委靡涣散，上下之情不通，这就好比一座坚固的城墙，因久了而复崩溃为土，这时候不可用兵于外。在自己的邑内面对臣民而施告诫教育，如此生聚教训，虽然合乎正道，但也很难能回复安泰，难免于羞吝了。

《象辞》上说：城墙复崩溃为土，是说他的政令已乱了。

【象证】坤为城，为积土之象，坤虚称隍，今坤居上位，为城之墙，既极而复，物不可以终通，泰终否来，三至上互体复卦，所以有"城复于隍"的现象。

今上六以阴居阴位，虽得正位，但是在泰卦安定成功的终点，太平盛世，久处安乐，心腐于佚而不知礼义，民情乱而上下不能相合，祸败萌生矣！"城复于隍"，可知世已乱矣。当此之时，欲仓促用兵，何能成功？故"勿用师"。此时欲告诫人民，以保宗国，人民如何能团结？所以说，即使是本乎正道的诏告，也恐怕很难守了，而有羞吝了。所以世至乱而乱可止者鲜矣。二变则体师。未变，故勿用师。乾为君，坤为邑，故"自邑告命"。

如清乾隆、嘉庆以后，已至泰极将否之时，故至道光年间鸦片战争一开始即一败涂地。看宋末徽宗、钦宗之于汴梁，明末思宗之于北京，虽然他们引咎自责，下诏罪己，但国家一日都不能守。因此，泰卦给人以警策，不能耽于安乐。

# 否

天地否

| 卦体 | 下卦坤 | 上卦乾 |
|---|---|---|
| 卦象 | 为地 | 为天 |
| 卦德 | 为顺 | 为健 |

| 错卦 | 反卦 | 下互卦 | 上互卦 | 消息卦 | 附注 |
|---|---|---|---|---|---|
| 地天泰 | 地天泰 | 艮卦 | 巽卦 | 七月辟卦 | 乾阳为君子，坤阴为小人 反卦错卦同 |

《序卦》曰："泰者，通也，物不可以终通，故受之以否。"盛极必衰，治极必乱，故通泰之极，必否塞不通，所以接着是否卦。地气上升，天气下降，天地相交，风调雨顺，阴阳和畅，则为泰；天处上，地处下，天气不下降，地气不上升，不相交通，所以为否。

**否**[①]：**否之匪人**[②]，**不利君子贞，大往小来**[③]。

【音注】①否：闭塞不通也，天下大乱也，失败也。 ②匪人：非人也，小人也，坏人也。匪者，非也。 ③大往小来：象数二分法，大谓阳，小谓阴。下卦称内，上卦称外。自内往外为往，指爻之在外；自外回来内者为来，指爻之在内，是以大往者，乃三阳在外，小来者指三阴在内。

【义译】否卦，是天下大乱。所以造成天下大乱、否塞不通的原因，是由于小人的因素。这时不利于君子的贞固不变，因为君子大人都往外隐避了，而小人都回到朝廷中来，所以否塞不通，所以天下大乱。正如做生意，大投资而前往，却只剩下小小的金钱回来，这是大损失、大坏乱的现象呀。

【象证】否卦内卦为坤、为地、为阴、为臣、为小人之象，外卦乾为天、为阳、为君、为君子之象。乾天居上而气不通于下，坤地居下而气不蒸发腾跃于上，上下不交，小人道长，邪道遂兴，所以成否。阴消乾至三成否，阴气渐长，内卦成坤而灭乾矣；坤为臣，乾为君，阴消至二成遁，乾为父，艮为子，至于三则灭乾矣，故有臣弑君，子弑父，人道灭绝之象。故使此天下大乱风气败坏之出现，乃小人所致也，故曰"否之匪人"。君子生当闭塞之时，其志节必非否世所能容，故不利于坚贞不变，宜权变看时机以存身救国。屈原遇楚怀王无道，守正道而死。

坤阴为小人，今坤阴伸在内卦，故"小来"；乾阳为大、为君子，今乾阳屈在外卦，故"大往"。则如做生意时，投下一亿的成本，结果所得到的成果只有一块钱回来，所以否卦是失败之卦。

《彖》曰："否之匪人，不利君子贞，大往小来。"则是天地不交而万物不通也，上下不交而天下无邦也；内阴而外阳，内柔而外刚，内小人而外君子，小人道长，君子道消也。

【义译】《彖辞》说：否卦，造成天下的大乱，否塞不通，是小人所引起的呀！在此时，不利于君子的贞正不变；因为君子都往外跑走了，而小人都在内当权，乱象已成。这就是说，像天地不能互相感应，万物便不能亨通发展了；上下级之间不交相感应，天下国家就大乱了。

这一卦，内卦全是阴爻，外卦全是阳爻，象征内心柔弱，外表却装着刚强，小人盘踞在朝廷之内，君子被驱逐于外地，所以小人之道增长而大行，君子之道消退而隐匿。所以天下大乱，而世风日下。

【象证】外卦乾为天、为刚、为阳、为君子而在上；内卦坤为地、为柔、为阴、为小人而在下，天气不下，地气不上，故天地否塞，万物不通。乾为君、为上级而高居上位，不通民情；坤为阴、为臣下，而居下位，下情不能上达；君臣上下彼此阻塞不通，所以天下大乱，国家倾危，故曰"天下无邦（国）"。

在《左传》中，晋献公听信骊姬与宦官的话而杀太子申生，申生为成孝道亦不辩解而死，于是小人之计得逞，此便是君臣父子"上下不交"，所以引起内乱，几至亡国。小人都是内心充满阴谋而外佯装君子，内心柔弱而外表故意伪装刚强，色厉内荏，如秦桧进谗言，使岳飞得"莫须有"的罪名而死，小人既已充斥，君子便需明哲保身，守正道在外以避难了。

孔子闻"沧浪之水清兮，可以濯我缨；沧浪之水浊兮，可以濯我足"之歌而戒弟子，盖天下太平时，可以出仕，故可以濯吾冠，天下大乱，固当明哲保身，故可以濯吾足而隐避待时以救天下。

**《象》曰："天地不交"，否；君子以俭①德辟②难，不可荣以禄。**

【音注】①俭：俭约。　②辟：音义同"避"，躲避、走避。

【义译】《象辞》说："天地不相交通"，这是否卦，否塞不通，天下大乱的象征，君子在这个时候易受危险丧身，故君子应当收敛自己的才华，不可炫耀，要以俭约的德行，隐遁避世，避免灾难，不可妄自要求得荣耀的禄位。

【象证】乾阳称君子，否卦阴坤弑君，又三、四坎象半见，故为"难"；坤为吝啬，故为"俭"；三至五互巽，巽为入，二至四互艮，艮为山，二至五体遁，故君子以远小人，以避难。三阳出居于外，避难之象也。天下否塞不通，小人得志，君子不能求得荣耀禄位，故唯避难，以俭养德，方可免除世患，而保身待时。

小人气焰高涨，故伊尹耕于有莘之野，姜太公钓于渭水之滨，诸葛孔明隐于南阳。及机会已至，伊尹相汤，太公相文武，孔明辅刘备，终得反否为泰。

**初六：拔茅茹**①**，以其汇，贞吉，亨。**

**《象》曰："拔茅贞吉"，志在君也。**

【音注】①茅茹：茅茹指同类相牵连貌。茅者，草也。茹者，根相牵引貌。

【义译】初六，在天下大乱否塞不通的时候，在士位，应当团结志同道合的君子，相牵连着去救国存君，这是正而且吉利亨通的。

《象辞》上说"拔茅贞吉"，是说志存君国呀！

【象证】初六以阴柔处阳位，当否卦之时，隐遁在士的位置，而不得其正，必须权变以救君国，六二、六三、九四互艮，艮为手，而初六与九四相应，此"拔"所以取象也，拔则动矣。又六三、九四、九五互巽，巽为草木，下卦三阴相连，初为其始，有"根"之义，故有"拔茅茹以其汇"之象。

否卦之初六，虽当闭塞之时，上下不交，隐遁在士农工商之位，正革命救国，存君兴复之时，固当团结君子，相时而动；乾为君，故曰"志在君也"。君子身在乱世，心固未尝不在天下，其志当在报效君国，康济天下。

如安史之乱初起，郭子仪便团结同志，领兵打仗，志匡君国，终削乎灾乱，光复故土；李晟志存君国，在唐德宗时，外平吐蕃之乱，内平朱泚等叛变；黄花岗七十二烈士虽牺牲生命，然名扬万古，惊天地而泣鬼神，亦"贞吉"，盖不成功便成仁，亦可不朽，伟哉其人！

**六二：包承，小人吉，大人否亨。**

**《象》曰："大人否亨"，不乱群也。**

【义译】六二，在否卦正当天下否塞大乱的时候，身居大夫之位，而唯包容奉承是务。这对于小人来说，是吉的；对于大人来说，是不成功的。

《象辞》说：所谓大人否塞不亨通，那是说不杂乱在小人的群类中。

【象证】六二，以阴居阴，得正得中，在天下否塞时居大夫之位，专务于包容奉承的小人，所以使天下大乱，正如卦辞所谓："否之匪人"之匪人、小人也，所以唯有"小人吉"。对君子而言，世道已闭塞，当然难以出头，又不愿承顺小人，所以不成功。唯有坦然地承受闭塞的命运，以待时之可行而已，不愿意与小人同流合污，故引身远遁，而不错杂在小人群中。

坤为布，故为包；得位应五，故为承。二分法乾阳为君子在外，坤阴为小人在内，故"小人吉，大人否亨"。六二身为国家大夫，而唯包容承顺奉承之小人，唯苟且是务，谄谀是尚，巧言令色，寡廉鲜耻，故国事日否，以至于上下否隔，构成乱象。

卦辞曰："否之匪人。"正如六二、六三是也，既包承小人，则与小人为群，而上害国家，不利于君子，故卦辞曰："不利君子贞。"君子守正达变，远游以待时救国，此所以君子不能亨通者也。侯景外承顺而内诈狡，梁武帝信之，而国破身亡。小人"包承"所以成否。

《诗》曰："忧心悄悄，愠于群小。"王安石变法本为好事，然与小人为伍，终使小人得志。君子不杂乱小人群中，犹莲花出污泥而不染，司马光等行正品端，皆远斥在外。故"小人吉，大人（君子）否亨"。及至转否为泰，司马光居相位，而小人被斥，君子大亨矣。故君子否亨，保身隐退以待时也。

**六三：包羞①。**

**《象》曰："包羞"，位不当也。**

【音注】①羞："耻也。"（《广雅·释诂》）

【义译】六三，在否卦否塞不通之时，以阴居阳位，不得正位，而身为三公，行为恶劣，更务于包容羞耻的行为。

《象辞》上说："包容羞耻的行为"，是说不守正位、位置不适当呀。

【象证】六三，以阴居阳，故失位而不当，六三不中不正，故为羞。王莽、曹操、司马懿、李林甫、秦桧、魏宗贤、刘瑾、严嵩、和珅，皆以小人而处大位，扰乱国家，皆包庇羞耻不正的恶行，故天下因之而乱。是以"国家之败，由官邪也。官之失德，宠赂章也"（《左传·桓公二年》）。小人而居大位，此天下之所以否塞大乱也。欲治国平天下者，可不慎防小人哉？

**九四：有命，无咎，畴①离②祉③。**

**《象》曰："有命无咎"，志行也。**

【音注】①畴：类也，同胞也。如"草木畴生"（《荀子·劝学》）。 ②离：遭也，罹也。 ③祉：福也，禄也。如"既受多祉"（《诗·小雅·六月》）。

【义译】九四，在否卦天下闭塞大乱之时，以阳刚而在诸侯之位；如果能承顺天命，以排除小人，拯救天下，便没有灾咎，而且可以使他的同类也会获得福祉。

《象辞》上说："所谓有命而没有灾咎"，是可以施行他的志向的意思。

【象证】乾为君，又九五以阳刚得正居上卦之中，亦君之象也。三、四、五爻互巽，巽为命，故"有命"；坤为众、为民，故为"畴"；六三、九四不得正位，变正则三、四、五为离，离为附丽、为光明，故为"离"；乾为金、为玉，故为"祉"。九四以阳刚居诸侯之位，当天下否塞大乱之时，有济世之才可以济否为泰，然在阴位不得正，故乏刚毅；需得禀受九五阳刚大中至正之君之命，方能清小人而拯救天下。

周襄王蒙难，晋文公勤王成霸业；乃若夏桀、商纣无道，商汤、周武皆承天命反否为泰，使天下蒙受其福，亦皆以诸侯而行革命造福祉之事，而成为天下之君，亦本爻之变例也。

## 九五：休①否，大人吉，其亡其亡②，系于苞桑③。
《象》曰：大人之吉，位正当也。

【音注】①休：息也，止也。　②其亡其亡：既危且险唯恐其亡也。　③苞桑：苞，草名，可以编席，其草丛生。桑，灌木，桑之根固而深，韧而坚。

【义译】九五，阳刚中正，当否卦天下否塞大乱之时，身居天子之位，应当使否塞不通休止，而返天下于太平。这是大人才能做到的事业，所以唯大人才能吉利；然而排除闭塞，恢复太平，毕竟潜伏着许多危机和险境，所以必须时时刻刻警惕到危难、灭亡，常想"天下将危亡了哟，天下将危亡了哟，就像维系于苞桑一样能够这样戒惕"，则天下坚牢不可拔了。

《象辞》说：大人处否而能济之得吉庆者，因为九五阳刚居中正，得天子的正位呀！

【象证】乾为君，九五以阳刚得中正，居天子之尊位，大人之象也；大人既得其位，能以其道，停止天下之否，而返于太平，所以"休否大人吉"。拨乱世而反诸正，正唯大人能之，然下卦三阴连类以上逼，故仍有灭亡之戒，所以战战兢兢，如临深渊，如履薄冰。

六三、九四、九五互巽，巽为木、为绳，故"系于苞桑"。大人居否也，常惕厉自强，其忧虑危亡之心如牧者虑其畜之将亡也，所以需稳固根本，未雨绸缪，防患于未然，能"系于苞桑"，居安思危，存不忘亡，治不忘乱，是以身安而国家可保，而有苞桑之固矣。

汉光武在军中，为筹谋兵略而发尽变白，其操心虑患如此深，故可以"休否"而安国。梁武帝、后唐庄宗，打下江山，身为天子，王有天下，而不居安思危，身失天下。故虽休否返泰，仍要小心警慎，方能有磐石之安。

上九：倾①否，先否后喜。

《象》曰：否终则倾，何可长也。

【音注】①倾："仄也。"(《说文》)

【义译】上九，居否塞之终点。物极必反，将返于太平，所以有倾倒否塞、停止否塞的现象，但还在否卦，所以是先否；否极则泰来，所以后喜。

《象辞》上说：否到了终极，必然会倾覆，怎么会长久呢？

【象证】上九，在宗庙隐士之位，以刚阳之才，当天下大乱之时，佐九五中正之君，拨乱世而返诸正，倾否而复于国家安泰，故"先否（而）后喜"。以阳居阴，不得正位，故犹有惧心。时尚在否卦，故先否；否极泰来，故后喜。否旁通与反卦皆为泰，故"否终则倾"而否成泰，岂长久在否哉？

晋文公重耳、汉光武帝刘秀，皆身处困境、奋发图强，伊尹、太公佐商汤、周文武，亦皆先否后喜，终克服否塞而得臻成功者也。

# 同人

天火同人

| 卦体 | 下卦离 | 上卦乾 |
|---|---|---|
| 卦象 | 为火 | 为天 |
| 卦德 | 为明 | 为健 |

| 错卦 | 反卦 | 下互卦 | 上互卦 | 消息卦 | 附注 |
|---|---|---|---|---|---|
| 地水师 | 火天大有 | 巽卦 | 乾卦 | 七月卿卦 | 爱其所同，敬其所异，以进大同 |

《序卦》曰："物不可以终否，故受之以同人。"在否塞不通，失败的时候，就要研究，与成功的人相同，才能突破难关，转为成功，所以继否卦之后为第十三卦。下卦为离、为火，火性向上，上卦为乾、为天，天亦在上，两者相同，此同人之象也。五居正位，为乾之主，刚健中正而无私；二为离之主，柔顺中正而无邪，同以中正相应上下相同，故能同人。六二阴爻，其余五个阳爻与之相亲，亦同人之象也。《礼记·礼运篇》中所说天下为公的大同世界，正是这一卦的理想。

**同人**[①]：**同人于野**[②]，**亨。利涉大川，利君子贞。**

【音注】①同人：卦名，与人相同也，即突破闭塞的世界，需要人和人之间的和谐。同，"合会也"（《说文》）。 ②于野："野，郊外也。"（《说文》）野谓旷野，市外为邑，邑外为郊，郊外为野，与外野之人皆大致相同，则世界大同矣。

【义译】同人，与人相同，而至市、邑、乡村，乃至郊野之外的人，乃至世界上所有的人，皆相和同，便是天下为公，世界大同了，当然是成功的。如此，利于努力不懈地前进、奋斗，虽大川也能济涉，但也要每个人都像君子一样坚固地守着正道，才能使天下为公、世界大同，永远不失啊！

【象证】同人，上卦乾为天，下卦离为火、为日、为丽、为文明，火上同于天，故为"同人"。初与二为地之道，于三才为地位，故称"野"。乾为天、为野，故有"野"之象。本卦五阳一阴，一阴指六二也，上与九五相应，阴阳既感，则上下相通，故"亨"。本卦错师，下卦为坎，坎为水，此"大川"所以取象也。而六二有九五之应，且以健而行，四上不正，变正位，成既济。故曰"利涉大川"。乾为君子，二五得正，故"利君子贞"。

同人卦是世界大同，以天下大同之道，圣贤大公之心，必须无远不同，与市邑乡镇村里之人相同，乃至郊外原野之人皆相同，这样的话就无所不同了，故世界大同。是"唯君子能通天下之志"（同人《彖辞》）即是。所谓大同，即大致相同，要求世界全同是不可能的，道德、仁义、博爱、慈悲，大致相同即可，大同容许小异，道并行而不相悖，是谓大同。

大同不易达到，故需有"利涉大川"之勇，勇于冒险，努力奋斗，才能到达，故有"利涉大川"之象。但若不守正道，仍然同于邪佞之道，则不能迈入世界大同，所以必须要坚守正道，故《系辞》曰："天下之动，贞夫一者也。"盖不正则事不成，故同人"利君子贞"。

【笺注】程子曰："至公无私，大同无我。"(《二程集》)

《彖》曰：同人，柔得位①，得中②而应乎乾③，曰同人。同人曰："同人于野亨，利涉大川。"乾行④也。文明以健，中正⑤而应，君子正也；唯君子为能通天下之志。

【音注】①柔得位：六爻初、三、五为阳位，二、四、上为阴位，凡六爻合于此者谓之当位，或曰正，或曰得位。柔得位，谓六二以阴居阴，得其正位也。 ②得中：六爻之中，二居内卦之中，五居外卦之中，故皆谓之得中。 ③应乎乾：五中正而二以中正应之，五乾之主，故云应乎乾。乾为天，能应合于天道人事，方能同人。 ④乾行：乾，"健也"(说卦)，又"天行健"(乾卦《象辞》)；故"乾行"即以乾之刚健而行，刚健则能坚强，无人欲之私情，而能存天理之正气。 ⑤中正：六爻二为阴，五为阳，合于六爻之正位，多以中正称之。

【义译】《彖辞》上说，同人卦是以柔顺的精神，得到正位的端正，得以允执厥中的中道而行，又能应合于乾卦的刚健，以存天理的正气，去人欲的私情，所以能做到同人，世界大同。

同人的卦辞说："同人于野亨，利涉大川。"这是用乾卦刚健中正的精神去做到的。本着文明和刚健的精神，以大中至正，相互感应，这正是君子的正道啊。唯有正人君子的作为，才能沟通天下人的心志，促成世界大同。

【象证】同人卦，五阳一阴，六二得中正之位，故曰柔得位得中，上应乎九五，各得其正，其德同是大中至正，故为"同人"之象。

本卦下卦为离、为火、为丽、为光明、文明之象，文明则能烛理，故能明大同之义。上卦乾为天、为健，刚健则能克己复礼，能存天理之正气，去人欲之私情，能勇敢奋斗，坚持到底，故能尽大同之道。然后能以大中至正之道相应，君子秉此正道，故能和同于人。故"能通天下之（心）志"。

天下之志万殊，理则一也，君子明理，故能推己及人，博爱容众，故能大同。小人不正而有私欲，欲求人之全同，故不可得。君子能中庸，成己成物，德智双修，譬如天地之无不持载，无不覆帱，譬如四时之错行，如日月之代明，万物并育而不相害，道并行而不相悖，小德川流，大德敦化，故能容小异而化大同，正是想要跻世界于大同。

中国强了几千年，并未有消灭其他国家，如日本、朝鲜、越南，皆曾受封于中国，中国皆保全其独立自主，后二者数百年尚且为中国的郡县。中国文化是大同的文化，是文化的融合，而不是武力的侵略，此中国之所以为大也。日本一强即忘本，而肆意侵略，采取霸道的侵占，故不能成其大。欲成其大，必须有中国同人卦的精神。至于像第一次世界大战后之国际联盟所以失败，也是因列强不守君子正道，不能有大同的精神，不能公平相处、和谐聚集故也。

《象》曰：天与火，同人。君子以类族①辨物②。

【音注】①类族：类者种类、归类、归纳也。族者聚也、宗族也。类族者，聚其共相也，是归纳、归属、综合的工作。　②辨物：物有其殊相，有其共相；辨物者，别其殊相也，是分析、分辨、审问明辨的工作。辨，分也。

【义译】《象辞》说，天与火是有人类的地方就有的，这是"同人"的卦象。君子应当效法它的精神，以归纳各种宗族物类，而各以类视之，去分辨万事万物的同异，而各处其道，以进大同。

【象证】本卦上卦乾为天，下卦离为火、为日，天在上，火性炎上，是其所同也，有人类的地方即有天、有火、有日，故曰"天与火同人"。赤道炎热地方的人肤色较黑，以其得日较多；寒带人肤色较白，以其得日较少；温带人得日较中和，故黄，不管得天、得日多少，皆有天有日，皆大同而小异者也。君子体此象，故以类聚同类，分辨异类，而进大同。

君子小人之党，善恶是非之理，物情之离合，事理之异同，人之忠奸贤愚亲疏，物之美恶顺逆取舍，君子能分以其类，辨明清楚，既归纳，而复分析，重大同而容小异，这样在人情事务的处理上无不成矣。既可进大同，又可治万事，斯同人卦之真精神。

如北魏孝文帝的汉化，重视大同聚共相，不计较小异，别其殊相，从此胡、汉血统混一，融化为中华民族的新生力量，因为孝文帝能辨明万物同根的理性。刘邦入关后，遥奉义帝，不杀秦王子婴，与秦民约法三章而得民心，所以能成功能王天下，也是因能辨明物情之离合，事理之异同。

初九：同人于门，无咎。

《象》曰：出门"同人"，又谁咎也？

【义译】初九，以士农工商得到正位，当同人卦与人相同之始，能够一出家门，即与人的道理相同，所以没有灾咎。

《象辞》上说：一出家门，即与人的道理相同，那样又有谁来咎责他呢？

【象证】初九，以阳刚居阳位，得到正位，在士农工商而得到正位，与人道相同所以无咎。二、三艮象半见，艮为门阙，故曰"同人于门"，以同人之心无厚薄亲疏之异，坦然以顺应，"又谁咎也"。

如颜子克己之学，诸葛亮处事之公是也；而谢安隐居东山，天下人望其出门同人，曰："安而不出门，其若苍生否？"及出而为相，用谢玄、谢石为将，败苻坚八十七万大军，安定东晋半壁江山，不但无咎，而且功铭青史。

六二：同人于宗<sup>①</sup>，吝<sup>②</sup>。

《象》曰："同人于宗"，吝道也。

【音注】①宗："尊祖庙也。"（《说文》）或"当云尊也，祖庙也。"（段玉裁注）宗，宗亲、宗党、宗族也。　②吝：恨惜也。

【义译】六二，以阴居阴，得到正位，在同人之时，居大夫的职位，如果只顾与宗亲宗党相同，则气象太小，便有灾吝产生。

《象辞》上说，只与自己的宗亲党类相同，不与天下人大同，这是必有灾吝后悔遗憾的。

【象证】本爻以柔居下卦中正之位，上应九五，乾为天、为宗，故曰"同人于宗"；统论一卦，则二、五中正相应，即《象》曰："文明以健，中正而应，君子正也。"故为亨。

专就内卦六二爻的立场而论，阴欲同阳，故可羞。盖同人贵无私，六二虽中正，而应九五之中正，然以阴欲同乎阳，以柔应尊，乃臣妾顺从之道，自然便受私心的障碍，所以比拟它，虽然在同人之中，所同者狭小，吝之道也。六二身为大夫之位，应推贤进能以安国家，而只用宗党宗亲，他人则否，用心褊狭，不能进世界于大同，鄙吝之道也。以同于宗族宗党为同，则宗族之外，皆筑于封之外矣。

昔楚王亡弓，以为楚人得之而无憾，孔子嫌其器小。汉高祖刘邦、晋武帝司马炎得天下，尽封其宗亲子弟为王，而有七国之乱、八王之相残杀，用心褊狭之故。唐玄宗用李林甫、杨国忠而安史之乱作，皆"同人于宗，吝道也"。历史上宦官、奸臣之比肩排贤，结党营私，皆使天下大乱，故"同人于宗吝道也"。

汉儒或解为同姓相婚吝道也，同姓不婚，五等亲之内，不相为婚，所以重优生，而宏子嗣也，亦此爻之另一解。

九三：伏戎①于莽，升其高陵，三岁不兴。

《象》曰："伏戎于莽②"，敌刚也；"三岁不兴③"，安行也。

【音注】①戎："兵也。"（《说文》）"兵者，戎也。"（段玉裁注）戎指军队兵戎。　②莽：草丛也。　③兴：起也。

【义译】九三，以阳居阳，在三公而得其正位，在同人卦与人相同的时候，想要王天下，故在草莽里隐伏兵戎，或升到高陵上以居高临下之势去观望，如此三年也不会兴起的。

《象辞》上说：所谓在草莽里隐伏兵戎，因为对敌的九五之君非常刚强，既然三年也不会再兴起，只好安守三公的正道而行。

【象证】同人卦，下卦为离，离为戈兵，戎之象也。旁通师，又二、三、四爻互巽为入，巽为草木，故曰"伏戎于莽"。又巽为股、为高，二、三艮象半见，艮为山，故曰"升其高陵"。

九三以阳居刚而不得中，上又无应，当同人之时，得三公的正位，欲王天下为同人之君，然理不宜，义不胜，所以不敢显发而伏藏兵戎于林莽之中，升高陵以顾望，欲因天时地利以一敌五而称霸。然而五已居尊位，为大中至正，真命之天子，以臣敌君，势所不能，所以至三年之久而终不能兴起。唯有安守三公之正道，服从于天子的领导，方能行得通。

不言吉凶者，因为既然不敢发兵，还没到凶。天子有命，以曹操的奸诈，势力之大与残暴，终生亦未能成。故知天子有命存焉，三非天子，乃三公也，唯安行正道方可无咎，而保富贵。如曹操、司马懿、王莽、杨国忠、魏忠贤，以三公之位而不忠不正，遗臭万年矣。

九四：乘其墉①，弗克攻②，吉。

《象》曰："乘其墉"，义弗克也；其吉，则困而反③则也。

【音注】①墉（yōng）："城垣也。"（《说文》）筑土作壁垒的小城。　②弗克攻：即不能攻；弗者不也，克者能也。　③反：返也。

【义译】九四，在同人的时候，亦想王天下，而登上壁垒以观望，不去进攻，则是吉利的。

《象辞》上说，"登上壁垒，想要意图王位"，但在道义上，是不能这样做的，要得吉利的话，就在受困的时候，返回到道义的法则。

【象证】同人卦，旁通师，有师象，坤为国，同人二至四互巽为木，为绳直为工，二、三艮象半见，艮为山，故有"乘其墉"之象。唯以阳居阴，不得正位，诸侯而欲与天子争，不正，故"弗克攻"则吉，若攻则形同造反叛变，必大凶矣。

如晋代王敦、苏峻之叛，终归败亡，故"弗克攻，吉"。如陶侃握重兵据上流，既平苏峻之乱后，想要王天下，此九四乘墉之势也。然而外有温峤之忠，内则有不祥之梦，知义不直而不可攻，经过一番"攻"或"不攻"之犹豫困惑，然后基于道义的决定，遂改欲攻之志而趋于礼义的法则，终能保其功名，而得大吉。

**九五：同人，先号咷**[①]**而后笑，大师克相遇。**
**《象》曰：同人之先，以中直也；"大师相遇"，言相克也。**
【音注】①号咷（háo táo）：放声大哭，喻艰难困苦。
【义译】九五，在同人的时候，为九五之君，欲削平天下，先有困难，故有叫唤哭泣的象征，后天下终归一统，故有欢笑的象征。他的大军终能削平天下，克胜敌人。

《象辞》说：所谓"同人之先"，有先号咷而后笑的现象，因为大中至正，先难后易，终能一统江山呀！所谓大军师旅的相遇，那是说天子的军队，终于能够克服敌人，而获得胜利啊！

【象证】二、三、四爻互巽为进退不果，下卦为离、为火，火无定体，同人旁通师卦，为忧，兑为口，"号咷"之象也。初二兑象半见，兑为悦，后笑之象也。同人旁通师，故有师象；乾为天、为君、为大，故曰"大师"。九五以阳居阳，处外卦之中，居至尊之位，与六二以刚柔中正相应，当得天下之归往，进大同于天下，九三、九四虽想争，然皆不得天命，故不能与五争，故"大师克相遇"。

昔周武王统一天下，周公辅相成王，而管叔、蔡叔以纣子武庚叛，并谣言周公将不利于成王，成王发《金滕》，终感周公之忠而委以东征，三年而叛乱始平，天下复归于周。以管蔡之亲而与敌人俱叛，可见打天下、进大同之不易。故先"号咷"，终能成功而安享太平，故"后笑"。盖九五大同之主，即《彖辞》所谓"同人于野亨，利涉大川。乾行也，文明以健，中正而应，君子正也；唯君子为能通天下之志"者也。

**上九：同人于郊，无悔。**

《象》曰："同人于郊"，志未得也。

【义译】上九，当同人之时，不得正位，只好做隐士，与郊外的人相同，这是没有什么忧悔的。

《象辞》上说："同人于郊"，是不得志的意思。

【象证】上卦乾为郊，本爻居上位，故有"同人于郊"之象。上九以宗庙隐士之位，以阳居阴，失正，又无应于下，不在大夫三公诸侯之位，在同人之时，只好做隐士，或守宗庙之位，唯可以与郊外之人相同耳，不能进世界于大同也，故未得志也。

许由、巢父在尧之时，务光在商汤之时，伯夷、叔齐在周武王之时，亦"同人于郊"，做隐士，立宗庙之位，道虽不行，而安分守己，无悔吝，虽未得志也，而万古扬名，亦善之善者也。

孟浩然诗："故人具鸡黍，邀我至田家；绿树村边合，青山郭外斜，开轩面场圃，把酒话桑麻；待到重阳日，还来就菊花。"能"同人于郊"，自得其乐，无悔者也。

# 大有

火天大有

| 卦体 | 下卦乾 | 上卦离 |
|---|---|---|
| 卦象 | 为天 | 为火 |
| 卦德 | 为健 | 为明 |

| 错卦 | 反卦 | 下互卦 | 上互卦 | 消息卦 | 附注 |
|---|---|---|---|---|---|
| 水地比 | 天火同人 | 乾卦 | 兑卦 | 四月五月侯卦 | 乾为天为君为大，离为日 |

《序卦》曰："与人同者，物必归焉，故受之以大有。"《易例》：阳，大；阴，小。六五以柔中而居天子之位，统群阳而为之主，其所有者皆大，故为大有。离为日、为火而居上卦，火在天上，有无所不容、无所不照之象，所以为大有。能与人和谐同心，终使万物皆归于我，所以能无所不有。此所以在同人卦后，继之以大有者也。

**大有**①：元亨②。

【音注】①大有：大，众大，盛大。有，丰裕富有之意。 ②元亨：伟大成功的意思。

【义译】大有，所拥有的是盛大富有，是无所不有的意思，所以能够伟大成功。

【象证】大有，上卦离为火、为光明，光明在前，象征着胜利成功，也给人无限的信心与希望。下卦乾为天、为健、为刚、为父，象征着刚健伟大。整个大有卦都象征着吉庆，所以说"大有，元亨"。"元亨"就是大大地亨通，伟大成功。

当然，成功绝非偶然的，要达到如丽日在天，光辉普照大地的伟大成功的境界，必须经过很高层次的修养。例如在修身方面，就必须以聪明睿智、文明而执中，像离日的普照，六五的柔中，加上谦虚为怀，而又不失其刚健的德性，像本卦乾刚为天、为王而谦居下位。对治国方面，则需体阳用柔，高明柔克，君子才能满于朝野而无有不亨了，如此才足以构成伟大成功的条件。

伟大成功必定要有时机、人事等因素相配合而成。但单就大有卦中所涵盖的意义来说，则是注重个人内在的修养，先从本身具备伟大成功的条件做起，则时机来时，就不会抱怨自己心有余而力不足了。

谦虚是一种美德，老子就曾说过："江海所以为百谷王者，以其善下也。"这就表示谦虚的重要性。例如历史上的名人张良，当刘邦称赞他的功劳时，他都谦虚地退让。清雍正帝的大将年羹尧，当他打胜仗回来雍正皇帝亲自出迎时，他表现出一股傲气，使得皇帝很不高兴，最后就想办法把他害死。这些都给我们很大的启示。除了教我们要培养像离卦为日、为明之外，还要有谦虚的美德和刚健的毅力，存天理的正气，去人欲的私情，以保持大有。

《彖》曰：大有，柔得尊位大中而上下应之，曰大有。其德刚健而文明，应乎天而时行，是以"元亨"。

【义译】《彖辞》上说，大有，所以盛大富有，是因为六五柔顺的厚德，得居天子的尊位，以他的伟大，行允执厥中，尽美尽善的德政，所以上上下下都和他相感应，所以能拥有天下而盛大富有。它的德性是刚健而且文明，又能配合天命天时，而作适宜的行动，所以能够伟大成功！

【象证】五者天子之位，六五以柔而居天子之位，在外卦之中，故曰"柔得尊位大中"；初为士农工商之位，二为大夫位，三为三公之位，四为诸侯位，上为宗庙隐士位，而皆为阳爻，阳为大，皆应于六五柔中的天子，故曰："上下应之，曰大有。"

乾为天、为时，其德刚健；离为日、为明，其德文明；故曰"其德刚健而文明"。六五居离日之中，下应于乾，故"应乎天而时行"；以刚健文明，而应天时，随天运，以时而行，随时偕行，则亦能常享大有。群阳毕集，上下应之，故能居大有。以其刚健如天，文明如日，顺时而动，允执厥中，亦可以泛应群有，既正且固矣。此尧德之所以如天，舜德之所以睿哲、文明、温恭，皆得正固而大有，而伟大成功者也。

三国时的刘备也是以柔德感化群雄，甚至继之以眼泪，故能上下相应，愿意为他赴汤蹈火，刘备也因此鼎立三国而得居尊位。项羽则是因为太刚愎自用，导致众叛亲离，最后终于失败自刎而死。这些历史证明我们要能伟大成功，除乾卦的"元亨利贞"外，还有大有卦的"柔得尊位大中"，允执厥中，而后以刚健的德性、文明的精神、光辉普照的博爱和智慧，应天而行，发展美德，亦能享"大有元亨"，而伟大成功。故"大有元亨"与乾卦的"元亨利贞"相映而互美，毫不逊色。

《象》曰：火在天上，大有。君子以遏[①]恶扬善，顺天休[②]命。

【音注】①遏（è）：止绝。　②休：美善的吉庆。

【义译】《象辞》上说：火在天上，丽日辉耀在天上，宇宙万物皆为它所照有，这是大有卦的象征。君子体察此现象，效法它的精神，阻止断绝恶的事物，发扬表彰善的事物，正是顺着上天至善至美的天命啊！

【象证】离为火、为日，乾为天，离上乾下，所以说"火在天上"；象征着美好的太阳辉耀天上，照耀着宇宙万物，象征着君子之德明见善恶，却能够止绝恶的事物、发扬善的事物，让善的光辉显而易见，以顺应上天至善至美的德性。

从幼儿教育开始至大学教材中加上《孝经》"四书"乃至"五经"，以及古代有关伦理，优美浅显的文章诗词，方足以"遏恶扬善"于无形，而教育亦因而成功矣。子曰："过则勿惮改。"子路闻过则喜，禹拜昌言，大舜善与人同，皆能"遏恶扬善"，故晖光日新。

**初九：无交害，匪①咎，艰则无咎。**
**《象》曰：《大有》初九，"无交害"也。**

【音注】①匪：非也。

【义译】初九，居大有卦，盛大富有的开始，得到正位，所以没有交相迫害于他，能保着大有，所以非有灾咎。但是人初富有，便易有咎，若常念创业艰难，而坚守正道，不骄不奢，那便终久可以无咎了。

《象辞》上说："大有卦的初九"，是没有人交相迫害他的。

【象证】初九，以阳居阳，得到正位，为士农工商，在盛大富有的时候，能得正位正宜艰贞自持，保其大有，则可远害而无咎。坎为灾眚，为盗，初九在乾初，未成坎卦，故无生交害，故"匪咎"。天下事胜于惧，败于忽。故初九欲保其大有，宜战兢从事，惕厉艰贞，方不为外害。

鲁定公问孔子："一言兴邦，一言丧邦，有诸？"孔子对曰："言不可以若是其几也。人之言曰：'为君难，为臣不易。'如知为君之难，为臣之不易，不几乎一言而兴邦乎？人之言曰：'予无乐乎为君，唯其言而莫予违也。'如其不善而莫之违，不几乎一言而丧邦乎？"（略引《论语·子路》）此正"艰则无咎"之注脚。古谚有云"富不过三代"，盖"富不与骄奢期，而骄奢自至"。骄者，所以败也。石崇倾国之富，而不能保命，不能艰贞以守之故也。

**九二：大车以载，有攸①往，无咎。**
**《象》曰："大车以载"，积中不败也。**

【音注】①攸：所也。

【义译】九二，阳刚居中，在大有之时，所拥有者既盛大且多，故需用大的车子装载，如此而有所前往，是能够胜任，可以无咎的。

《象辞》上说："大的车子来装载"，是说盛大富有之才德与富贵蕴积于中，而不致失败呀！

【象证】九二，以阳刚居阴位，有应于六五之君，刚健则无人欲之私情，居柔则谦顺以守位，在内卦之中，则可以不偏不倚。有此众多的才德，如大车之强壮，故能胜载重物，担当国家的重任，有所前往，亦不致有所差错，而能保其大有了。

如子产治郑，才堪德洽，保国裕民，正"有攸往无咎""积中不败"者也。乾为良马，比卦坤为大舆，四、五震象半见，震为大涂、为行，故有此象。

**九三：公用亨<sup>①</sup>于天子，小人弗克<sup>②</sup>。**

**《象》曰："公用亨于天子"，小人害也。**

【音注】①亨："亯"之今字，兼"亨""享""烹"三义，而《左传》引此文时作"享"，宴也，亦解作通。　②弗克：不能也。

【义译】九三，以阳居阳，得正，以处大有三公之位，所拥有的才德，既丰多而且盛大，得天子的信任，能够享受天子酒食的款待，至于小人便不能如此了。

《象辞》上说："公爵能得到天子宴享的礼遇"，小人居大有三公之位，非特不能得此荣耀，反而于国、于人、于己都有害了（此爻有其他解释，参"象证"）。

【象证】九三，当大有盛大富有之时，居三公之位，而得正位，故可保其大有，能亨通乎天子，为天子所宴享。三为三公之位，故称公；五为天子之位，《系辞》曰："三、五同功而异位。"三得正，五得中，故可以亨通，享宴于天子。二变得位则二至上互体鼎，三、四、五爻互兑为口，故有此象。

唯有其才德，居大有三公之位，若夫小人覆亡之不暇，安得享此？周襄王遭母弟之难，晋文公勤王筮得此爻《大有》之《睽》，《左传·僖公二十五年》谓："战克而王享，吉孰大焉，且是卦也，天为泽以当日，天子降心以逆公，不亦可乎？《大有》去《睽》而《复》，亦其所也。"卒立勤王之功勋。至于小人则不克，害可待也。

古时的藩镇跋扈，作威作福，民国时的军阀割据，但生祸端作乱。史上有名的寇（准）莱公，立功于澶渊之盟，画栋雕梁的享受，得宋真宗之信任，堪当此象，唯豪奢过度，子孙不贤，故小人居之，则不克享。西晋武帝时王恺、石崇之富，皆灭亡无余；何曾日食万钟、豪奢享受过度，卒使西晋短祚，祸人祸己。小人大有，不但非福，反而有害呢？

另解为君子大有居三公之位，得通于天子，当慎防小人之陷害；若有小人之陷害，便不克通于天子矣。若岳飞为秦桧所害，屈死狱中是也。故君子居斯，亦当慎谨。

**九四：匪其彭①，无咎。**

**《象》曰："匪其彭无咎"，明辨晢②也。**

【音注】①彭，盛壮骄满也；或"旁也；旁谓三也（九三）"（王弼）。 ②晢（zhé）："明也"（《说文》），即清楚貌；或言"人之明哲"（段玉裁）是也。

【义译】九四，在大有卦时以阳居阴，失位不正，在诸侯之位，若不居其盛大富有之势，而谦卑柔顺以守正，就不会有灾。

《象辞》上说：不居其盛状骄满无咎，是说辨别得很清晰，所以不致有灾咎呀！

【象证】九四，以阳处阴，不得正位，在大有之时，任为诸侯，其六五之君亦不得正位，为明哲保身，故不居盛大之权势职位则无咎，若张良是也；居其盛壮之位，如韩信为楚王，在刘邦之时终被杀身死，子孙灭绝，故唯辨明君王与己与人，主客观各种环境，而不居其盛壮，方能得此大有而无咎。智哉张良！诗曰："既明且哲，以保其身。"

离为日、为明，故明辨晢也。乾为天、为大、为王、为盛，而在下卦，九四不得正位，又居多惧之地，故"匪其彭无咎"。凡人在志得意满之时，常常容易得意忘形，而失去平常应有的慎思明辨的能力。而小祸端时刻潜伏可能引爆成大祸。时刻慎思明辨，战兢惕厉，分析主客观之因素，所以存身也。

**六五：厥①孚②交③如④，威如，吉。**

**《象》曰："厥孚交如"，信以发志也；"威如"之吉，易而无备也。**

【音注】①厥：其也，指六五。 ②孚：信也。 ③交：交接，引申为感通之意。 ④如：语末助词。

【义译】六五，以柔居君位，在大有盛大富有之时，他的诚信能与所有的臣民交相孚信，打成一片，又有庄重的威仪规范，就能得到吉庆而保此大有了。

《象辞》说："他的诚信与臣民交相孚信"，是说以诚信感发上下的心志啊！有庄重的威仪规范的吉利，是说可以平易近人而不戒备啊！

【象证】大有，旁通比，坎为水、为信，六五柔中与九二刚中相应，离为明，故其孚交如；乾为健、为君，变得正，故得威如之吉。六五正是"柔得尊位而上下应之，其德刚健而文明，应乎天而时行"（《彖辞》）者也，故有此象。唯以其柔顺，则凌慢易生，故必变阳刚，成乾健以得"威如之吉"。威如，有威严、威仪、规范也。

孔子论治国要件："足食、足兵、民信。"而其中又以民信最为重要。身为国君者必定要以诚信治民，与臣民诚信打成一片，臣民自然心悦诚服。如刘秀革命时，推赤心于诸贤腹中，既诚信感人，亦有威仪庄重，故可以"易而无备"，终光复汉业。

君上柔弱平易，则臣易生怠慢之心，甚者变起萧墙，故"威如之吉"，方可"易而无备"；威仪庄重之不足，则宜包周身之防。后唐庄宗身为国君，经常与伶人嬉戏，完全丧失做君王的威仪，后来伶人造反，终致身亡。为人君应该要有威仪、庄重，以免部属生怠慢之心。子曰："君子不重则不威，学则不固。"良有以也。

**上九：自天祐**[①]**之，吉无不利。**
**《象》曰：大有上吉，"自天祐"也。**

【音注】①祐（yòu）：助也。

【义译】上九，在大有的时候，身当隐士宗庙的位置，以刚而安居柔位，安享大有，福禄有如从上天降赐，大吉而无不利。

《象辞》说："大有上吉"，是说得自上天的祐助。

【象证】乾为天，离为日、为明而高居于上，上九处大有丰盛之极，以阳刚之才而安居柔位，可以保其大有，故能得天祐助，完全吉利。五为君位，而己履焉，以自守于隐士宗庙，安分守己，不与五争，以刚能居柔位，思顺而履信以居丰有之世，而不以物累其心，高尚其志，是尚贤者也。天助自助，君亦助之，故安享大有之上吉。

孔子其德比日月光华，精神如松柏之长青，他虽然非君主，但名高君王之上，他的美德是温良恭俭让，而且他六十而耳顺，七十则从心所欲不逾矩，不以物累心，而一生都在奉献自己，被后世尊为至圣，而且其子孙在两千多年之后仍被尊敬，安享富贵，这些都表示了天祐、"吉无不利"的道理。许由、务光隐世之高贤，不与物争，亦享大有之名于后世，是大吉而无不利者也。

大有始于"无交害"而无咎；继而车载以往，不败而已；至三则"公用享"而"小人弗克"。及入上卦，九四不骄其盛方得无咎；六五始言吉；至上九，履信、思顺、尚贤，三德皆备，于是"吉无不利"，此为大有之极致。

# 谦

地山谦

| 卦 体 | 下卦艮 | 上卦坤 |
|---|---|---|
| 卦 象 | 为山 | 为地 |
| 卦 德 | 为止 | 为顺 |

| 错卦 | 反卦 | 下互卦 | 上互卦 | 消息卦 | 附注 |
|---|---|---|---|---|---|
| 天泽履 | 雷地豫 | 坎卦 | 震卦 | 十二月大夫卦 | 谦尊而光，君子有终 |

《序卦》曰："有大者，不可以盈，故受之以谦。"有丰大富有的事业，需谦虚以守之，方能可久可大，故继之以谦，为《易经》第十五卦。

**谦**[①]：**亨，君子有终吉。**[②]

【音注】①谦："敬也。"（《说文》）且"君子以谦退为礼"（《史记·乐书》）。又"让也"（《玉篇》）。是以谦有谦退、礼让、谦虚、谦下之义。 ②《韩诗外传》引此章时，多一"吉"字：谓"君子有终吉"。

【义译】谦虚可以成功，君子能谦虚，终必有好的结果。

【象证】谦者，谦虚、谦逊，卑己尊人也。能屈己以尊人，人莫不容；能行谦逊，物皆顺之，故谦能亨通也。君子能以谦逊自守终身，故君子有终吉。小人行谦，则不能长久，唯"君子有终"也。《易》有一道，大足以治天下，中足以安国家，近足以守其身者，其唯谦德乎！凡欲创造任何事业者，能谦虚以自养，方能亨通成功，而有终。

谦卦下卦艮为山，上卦坤为地。艮山反居地之下，山高反而屈居地卑之下，是谦退，礼让之义也。山虽谦居地下，而乃不损其高，此谦之所以能亨者也。故说卦曰："成言乎艮。"又曰："终万物始万物者莫盛乎艮。"君子体之以行谦德。谦让，有善终，故吉。

能谦虚才能成功，能谦最后是有好结果的，故曰"君子有终"。证诸历史事实，屡试不爽。郭子仪再造唐朝，谦虚若谷，有功不德，同僚不忌，人君不疑，终得善终。唐太宗能接受臣属部将对他的诤言，虚心纳人，成就大唐功业。可见谦是带来诸多善果。我们做人处事亦然，一个气势凌人、傲物恃才、不可一世的人，昂昂然与人相处，必定是会到处碰壁，不得人缘，无法和人和谐相安；若说做人到如此地步，还有何前途成就可言？只有谦虚的人，才受人欢迎，有光明成功的事业。

【笺注】孔子曰："《易》先同人，后大有，承之以谦，不亦可乎！"故天道亏盈而益谦，地道变盈而流谦，鬼神害盈而福谦，人道恶盈而好谦。谦者，抑事而损者也。持盈之道，抑而损之，此谦德之于行也，顺之者吉，逆之者凶。五帝既殁，三王既衰，能行谦德者，其惟周公乎！

文王之子，武王之弟，成王之叔父，假天子之尊位七年，所执贽而师见者十人，所还质而友见者十三人，穷巷白屋之士所见者四十九人，时进善者百人，宫朝者千人，谏臣五人，辅臣五人，拂臣六人，载干戈以至于封侯而同姓之士百人。

孔子曰："犹以周公为天下赏，则以同族为众，而异族为寡也。"故德行宽容而守之以恭者荣，土地广大而守之以俭者安，位尊禄重而守之以卑者贵，人众兵强而守之以畏者胜，聪明睿智而守之以愚者哲，博闻强记而守之以浅者不溢。此六者皆谦德也。《易》曰："谦，亨，君子有终吉。"能以此终吉者，君子之道也。贵为天子，富有四海，而德不谦以亡其身者，桀纣是也，而况众庶乎！（《韩诗外传》）

《彖》曰："谦，亨"；天道下济①而光明，地道卑而上行；天道亏②盈而益谦，地道变盈而流谦，鬼神害盈而福谦，人道恶盈而好谦；谦尊而光，卑而不可逾③，君子之终也。

【音注】①济：施也，成也，救助也。 ②亏：减损。 ③逾（yú）：超越。

【义译】《彖辞》说，谦虚是亨通成功的，比如天虽高高居上，但光明普照下方，很谦下地周济万物；而地道虽然谦卑居下，但却随时以生机上升，长养万物。而且天道的规律，必然要亏损过于盈满的，而增益谦虚的，如月满则蚀，月虚则盈；地道的规律，必然变动满盈的，而流入谦下的，比如河流盈科而后流下；鬼神的道理，是损害满盈的，而福祐谦虚的；人的道理是厌恶满盈的，而爱好谦虚的。所以谦虚使你更尊贵而有光辉，虽好像谦卑居下，但别人却不能超越你的高贵品德。君子能够有这样谦虚、谦让的修养，所以能够成功，而享有善终的福报。

【象证】谦旁通天泽履，乾为天、为神，坤为地、为地祇，谦二至四互坎为水、为月，履二至四互离为日、为明，故有天地日月鬼神之象。谦虚盈满，乃相对互为消长者也。谦虚也，少而空也，盈极则谦；盈满也，多而满也，谦极则盈，是天之运也。如彼水流，满盈者减损之，谦损者增益之，是地之道也。《书》曰："满招损，谦受益。"鬼神主之也。骄盈者祸害随之，谦退者福祉随之，自然之运也。恣盈者人皆疾恶之，谦让者人皆尊好之，人之道也。由是可知谦道于宇宙人生，有其尊贵之涵盖性与盛大之普遍性。其德尊贵而光明，虽卑让而不可违逾。

是汉光武帝能礼贤下士，兼容并蓄，虚心求教，网罗各路英雄故能打下江山。若恃才傲物，不知谦虚者，定难成气候。如王莽叱咤风云一时，旦暮间鼎覆新朝，究其根源，乃以其自大狂傲，睥睨一切，毫不谦虚，终至亡身一途。

《象》曰：地中有山，谦。君子以裒①多益寡，称物平施。

**【音注】**①裒（póu）："捊"之假借，"聚也"（《尔雅·释诂》）。又"减也"（《玉篇》），即减少之意。

**【义译】**《象辞》上说："地中有山"，山本高出地上，而屈居地中，这是谦卦谦虚象征君子效法他的精神，以减损多余的而增益缺少的，称量事物的多少而作平等的施与。

**【象证】**谦卦下艮上坤，山在地中，以高下下，降己升人，谦之象也。艮为手，增益之象也。二至四互坎为水、为平，称物之量，均施其平之象也。

盖人间之事物，其势有高下，其形有大小，其积有多寡，如果顺之以发展，则难免产生不平衡、不公平，而肇天下将乱之机；救之之道，则减损多者的收益，以增益少者的福利。故君子知其然也，以谦抑己，以均富施之于天下国家，则国治而天下平矣。照顾低收入者的生活，此富者所以税益重，贫者非特可以免税，且可以得到救济；失业而有失业救济金，疾病而可以得到疗养。此正当今中外所行赋税制度之积极意义。

**【笺注】**晏谓辂曰："闻君蓍爻神妙，试为作一卦，知位当至三公不？"又问："连梦见青蝇数十头，来在鼻上，驱之不肯去，有何意故？"

辂曰："……今君侯位重山岳，势若雷电，而怀德者鲜，畏威者众，殆非小心翼翼多福之仁。又鼻者艮，此天中之山（鼻有山象），高而不危，所以长守贵。今青蝇臭恶，而集之焉。位峻者颠，轻豪者亡，不可不思害盈之数、盛衰之期。是故山在地中曰《谦》，雷在天上曰《壮》；谦则裒多益寡，壮则非礼不履。未有损己而不光大，行非而不伤败。愿君侯上追文王六爻之旨，下思尼父象象之义，然后三公可决，青蝇可驱也。"

飏曰："此老生之常谭。"

辂答曰："夫老生者见不生，常谭者见不谭。"

晏曰："过岁更当相见。"

辂还邑舍，具以此言语舅氏，舅氏责辂言太切至。辂曰："与死人语，何所畏邪？"舅大怒，谓辂狂悖。

岁朝，西北大风，尘埃蔽天，十余日，闻晏、飏皆诛，然后舅氏乃服。（《魏志·管辂传·何晏问青蝇在鼻》）

初六：谦谦君子，用涉①大川，吉。

《象》曰："谦谦君子"，卑以自牧②也。

【音注】①涉：渡也。　②牧：养也。

【义译】君子居谦卦，初六之时，能非常谦虚以待人处世，则可以奋斗冒险以前进，就是渡过巨大的川流，也是吉的。

《象辞》说：非常谦虚的君子，是用谦卑的德行来自守的。

【象证】初六，以阴居阳，未得正位，在谦虚之时，为士农工商之位，礼当守着正位，谦而又谦，故曰"谦谦君子"。士农工商，能如此笃行谦虚而安守正道，自然可以奋斗前进，以奔向光明的前途，故虽涉川而吉，二至四互坎为水，三至五互震为动、为行，故"用涉大川吉"。谦旁通履，亦涉象也。

刘备少时贫贱无立足之地，其成名时为一方之长，先后依附曹操、袁绍，皆未得安，后依荆州刘表。岂无鸿鹄大志，而仰他人鼻息以苟存哉？特碍于现况不允故耳。其后收揽英雄，联络孙权，赤壁一战，而破曹操大军，当此之时就如同涉大川之险。而刘备以谦以柔，结果"用涉大川""卑以自牧"，卒成帝王之业，自然为吉也。

六二：鸣①谦贞吉。

《象》曰："鸣谦贞吉"，中心得也。

【音注】①鸣："鸟声也。"（《说文》）"凡出声皆曰鸣。"（段玉裁注）

【义译】六二，以阴居阴，得中且正以在大夫之位，能响应于谦虚之道，坚固守正，就能得到吉利了。

《象辞》说："响应于谦虚，能够坚守正道，就能得吉利。"这是说，以谦虚行中道，自然从容自得啊！

【象证】六二以阴居阴位，得正位，又居内卦之中，故曰贞曰中。当谦卦之时，既中且正，谦德昭明，声闻于外。正而且吉者也，故谦德蕴于中而鸣于外，吉孰大焉。三至五互震为雷、为善鸣，本卦为谦，故曰"鸣谦"。二至四互坎为心，本爻以柔居中，故曰"中心得也"。

如蔺相如在渑池之会，力挽狂澜，使赵国免于秦王之轻蔑。相如官爵愈居高位，而愈谦虚，廉颇常侮之，而坚守谦道如故，终使廉颇负荆请罪，而共效劳赵国，秦不敢伐，是"鸣谦贞吉"而中心自得者也。

九三：劳谦君子，有终吉。

《象》曰:"劳谦君子",万民服也。

【义译】九三,在谦卦谦虚的时候,身为三公,而得到正位,是劳苦功高而又谦虚谦让的君子,所以最终一定是吉利的。

《象辞》上说:劳苦功高而又谦虚谦让的君子,是万民心悦诚服的对象。

【象证】二至四互坎,而"劳乎坎"(《说卦》)。本身在谦卦,故曰"劳谦"。谦卦一阳五阴,九三以阳居阳位,得正;三四人位,得人之正位,故称君子。三为三公,以阳刚之质为一卦之主,上则承奉六五之君,下则安抚百姓。坤为民、为众、为顺,二变则二、三、四爻为兑悦,故"万民服也"。

舜命禹做司空,兼摄相事,禹"让于稷契暨皋陶"(《尚书·舜典》),舜之百官皆出谦让,皆得终吉,光耀于青史。禹之平治水土九年,三过家门而不入,终使洪水平,天下安。劳积如此而犹谦让再三。舜帝曰:"来,禹,降水儆予,成允成功,惟汝贤。克勤于邦,克俭于家,不自满假(谦虚),惟汝贤。汝惟不伐,天下莫与汝争能;汝惟不伐,天下莫与汝争功。予懋乃德,嘉乃丕绩,天之历数在尔躬,汝终陟元后。"(《尚书·大禹谟》)郭子仪再造大唐,犹多方谦抑,故能保其功名。韩信功高震主,不知老子"功成名遂身退"与"劳谦终吉"之义,被夷灭三族。越王勾践杀功臣文种,朱元璋亦诛杀功臣甚多。历史明鉴不远,立功之士,需有以自警而免其祸,方足以保其功名。

**六四:无不利,㧑①谦。**

《象》曰:"无不利,㧑谦",不违则②也。

【音注】①㧑(huī):音义同"挥",发挥也;或"谦也"(王弼)。 ②则:法也,礼也。

【义译】六四,在谦卦的时候,以诸侯而得正位,能发挥谦虚之道,是无所不利的。

《象辞》上说:发挥谦虚之道,无所不利,是因为不违背法则之故。

【象证】六四以阴居阴,得位居正,在诸侯之正位,上近九五之尊位,下比于九三。当谦卦之时,发挥谦虚之道,无不谦逊,且服行法则,如是处事,无不利者也。下艮为手,上卦为坤、为顺,四为上坤之始,其位为阴,六四以阴居正位,又体坤顺,故得谦德,此"㧑谦"所以取象也。二、三、四爻互坎为法则,体坤顺,"不违则",无不利之象也。能发挥则有所为也,能谦让则有所守也,有为有守,故不违则也。

一个人能无所不利，是由于自身谦退才有。老子曰："我有三宝，持而保之：一曰慈，二曰俭，三曰不敢为天下先（谦也）。慈故能勇，俭故能廉，不敢为天下先，故能成器长。"又曰："保此道者不欲盈（须谦也），夫唯不盈（能谦），故能蔽而不新成。"又曰："知其荣，守其辱，为天下谷（谦下也），常德乃足。"又曰："江海所以为百谷王者，以其善下之，故能为百谷王，是以欲上民必以言下之。欲先民必以身后之……以其不争，故天下莫能与之争。"知此则知发挥谦虚之道之有益矣。舜、禹、皋陶、稷、契、益等人君臣能谦，故能成帝王之治。

**六五：不富以其邻，利用侵伐，无不利。**
**《象》曰："利用侵伐"，征不服也。**

【义译】谦卦的六五，有本身不富有，而将富有施及其民的现象。如此谦虚的君主，假使还有人不服从的话，他可以侵伐不服者，没有什么不利的。

《象辞》说："利于用兵侵伐"，是说可以征讨不服从的部下。

【象证】谦卦六五以柔居阳位，不正，但得中，以柔中而居天子位，具有怀柔的谦德，而爱护百姓，故以天子尊贵的财富施与百姓，故本身不富有。阳富，阴为不富，故称不富。坤为民、为邻，故以其邻，财散则民聚，故可用侵伐，征不服者，无不利之道也。变正则三、四、五爻互离为戈兵，二至上互师，故利用侵伐。如此谦虚，尚有不服者，则可征讨不服，是不得已而用兵侵伐，天下民皆助之矣，故"无不利"。

五居尊位，专尚谦柔，则威德不施，不能怀服天下，故当济之以威武；是以富及其民，而本身不富，而怀谦虚之德，有公天下之心，则天下服之，必然者也；如此而不服，是不可理喻者也，故当奋起挞伐，以为民除害。柔而能刚，故"无不利"。

《尚书·仲虺之诰》谓商汤："惟王不迩声色，不殖货利，德懋懋官，功懋懋赏，用人惟己，改过不吝，克宽克仁，彰信兆民。"是以柔中居君位而以谦德及民，是不富以其民者也。"乃葛伯仇饷，初征自葛，东征西夷怨，南征北狄怨，曰'奚独后予！'攸徂之民，室家相庆，曰：'徯予后！后来其苏。'民之戴商，厥惟旧哉！佑贤辅德，显忠遂良，兼弱攻昧，取乱侮亡，推亡固存，邦乃其昌，德日新，万邦惟怀。"以谦德而征不服，故自伐葛伯始，终王天下。

**上六：鸣谦，利用行师，征邑[①]国。**

六十四卦上经　谦卦 | 197

《象》曰："鸣谦"，志未得也；可"用行师，征邑国"也。

【音注】①邑：属国属邑，属于自己管理之下的行政区，余如附庸之属。

【义译】上六居宗庙之位，能响应于谦虚，如是谦柔得正，如仍有不服从的下属，就可以利于用兵行师，征讨不服的邑国了。

《象辞》说：所谓"鸣谦"，是因为不得志的关系；所谓"可以行师用兵"，是说可以征讨自己的属国。

【象证】上六以阴居阴，得到正位，以处谦卦之极，当谦卦之时，谦德昭闻，能响应并发挥谦道。

三、四、五爻互震为雷，为善鸣，故曰"鸣谦"。唯己处外邦之极，进无可进，五既已为天子，阳实阴虚，己既为阴，为宗庙之位，二、三、四爻互坎为心、为志，不在坎卦，故"志未得"。唯自己既以谦柔得正，如仍有不服之邑国，则可用行师征伐之。坤为邑国，二至上互体师卦，故"可用行师，征邑国"。

昔唐太宗、高宗时朝鲜不服，故征之而服；清初征服西藏、新疆，而使服之；乃若文王积善为西伯，而崇侯虎谮之，故文王伐崇。皆此义也。

# 豫

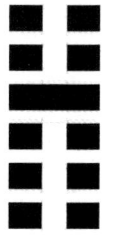

雷地豫

| 卦 体 | 下卦坤 | 上卦震 |
|---|---|---|
| 卦 象 | 为地 | 为雷 |
| 卦 德 | 为顺 | 为动 |

| 错卦 | 反卦 | 下互卦 | 上互卦 | 消息卦 | 附注 |
|---|---|---|---|---|---|
| 风天小畜 | 地山谦 | 艮卦 | 坎卦 | 二月、三月侯卦 | 初至五互比，反卦为师 |

先事曰豫。《序卦》曰："有大者，不可以盈，故受之以谦。有大而能谦必豫，故受之以豫。"故豫承二卦之后，为《易经》第十六卦。有既大而能谦，则有豫乐也。

**豫**①：利建侯②行师③。

【音注】①豫：乐也，预也。 ②建侯：古代帝王创业成功，论功行赏，或创业之初，预先规划而封建诸侯，有公侯伯子男五等爵位，建侯需先寻找得力的人才，次分配职务，勉以事功，功成之后乃享之以爵位。 ③行师：聚众行师，所以保国安民。

【义译】豫卦，是由预备而成功而安乐，有利于去封建诸侯，企划一切行政系统、军事行动。

【象证】豫卦上卦震为雷、为长子，诸侯之象也；下卦坤为众、为师役之象。震居坤上，则侯国得建；坤处震下，则师役以行。初至五互比，反卦为师，故"利建侯行师"。

豫者，先之以预备妥当，然后成功，而获得安和悦乐之义。内卦坤顺，一顺百顺，故成功不远；外卦震动，动而顺行，故运行无滞，是以洋溢着由预备完全而成功悦乐之欢欣。

武王伐纣，先之以古公亶父（太王）之企划、季历（王季）之积极经营、文王之积德累功，招兵聚财，广施仁政，总揽群雄，称伯（霸）天下，广建军政体系，三分天下有其二，以授武王。此时纣王的统治，人民个个怨声载道，已达神人共愤的地步；故武王伐殷，革车三百辆，虎贲三千人，王曰："罔或无畏，宁执非敌。百姓懔懔（敬畏），若崩厥角。"（《尚书·泰誓中》）百姓若崩角稽首来朝，遂一戎殷而有天下，肇八百年之江山。此"建侯行师"预备于三代，而成功悦乐于后代者也。

《彖》曰：豫，刚应而志行，顺以动豫。豫顺以动，故天地如之，而况"建侯行师"乎？天地以顺动，故日月不过①，而四时不忒②；圣人以顺动，则刑罚清而民服；豫之时义③大矣哉。

【音注】①不过：不失度也。 ②忒：差也。 ③时义：《易经》六十四卦，每卦乃设为一特定之情况，或像宇宙某种变化之现象，或表人间某种遭遇之状况；每一特定情况之出现，可表宇宙人生的真义与现象，可表人生种种的情形状态，可示因时制宜、因事因地的各种情况，可示时间、时机、机会之契机。

【义译】《彖辞》说，豫卦是由预备而成功而安乐，需要得到阳刚的感应，刚毅坚强，存天理，去人欲，方能行其志，并且要顺着去行动，所以才能成功而豫乐。能够像豫卦顺着去行动，即使天地也能如你所愿了，何况于建立侯王与行师作战的事呢？你看天地都能顺着去行动，所以日月的运行，不会有过失，而且春、夏、秋、冬四时也不致有偏差。圣人能应天顺人去行动，则刑罚清明而人民也就心悦诚服了。豫卦的时机和它所包含的意义，是多么的重大啊！

【象证】刚应者九四，为诸阴之主，以阳刚得到众阴相应，阳刚则能刚健坚强，以存天理的正气，去人欲的私情，所以能行其志。内坤为顺，外震为动，顺天应人以行动，则能成己成物，运行无滞，而宇宙秩序见其谐和矣！故天地如之，天地尚且如之，则一切事能顺着去行动，顺天应人，亦无事不可成了。

豫下卦坤为地，错小畜，乾为天；下坤为地，上震为春，三至五互坎为冬、为月，小畜三至五互离为日、为夏，二至四互兑为秋。于以见日月之代明，天地之运行，四时之周流；顺而动，故日月弗违，四时不差错；"况建侯行师"，岂有不顺乎？天地之道，万物之理，唯顺而动而已。

"利建侯行师"者，则知圣王之德业，先由企划其军政制度与系统，而顺天应人以行动，遂有天下。其旨意既如此渊深无穷，预备之时机，又需确实把握其契机，盖时过而豫则不能成；时机未至而豫亦未能成，故极叹其时义的重大。欲人研味其理，优柔涵咏而识之也。

商汤伐桀，肇因于葛伯之不祀；武王伐纣，肇因于崇伯之陷害文王。皆是长久地预备，处心积虑地筹划以等待时机，时机一至，故顺天应人以行动，故能"建侯行师"而王有天下。其准备之久，时机之选择，皆费尽无数之心思，乃克成功。故能预则成，不预则败，故其义重大，预得时则成，不得时则败，故其时义重大。

《象》曰：雷出地奋①，豫。先王以作乐崇②德，殷③荐④之上帝，以配⑤祖考⑥。

【音注】①奋：震动也。 ②崇：尊也。 ③殷：富也，丰盛之意。 ④荐：举而进之也，献也、陈也；或祭礼也（无牲而祭曰荐）。 ⑤配：祭时侑食曰配，谓兼祀他神，以配其所祭也。 ⑥考：父也。

【义译】《象辞》说：雷从地上振奋而出，这是豫卦的现象。从前的圣王们，效法它的精神，在事功告成之后，制定庄重典雅的国乐，以尊崇他的德业事功。

又制定礼仪制度，以丰盛的祭礼，大大地祭献于上帝，同时以其父亲与历代的祖考配享。

【象证】震为雷，雷者，阳气奋发，阴阳相薄，而成声者也；豫为农历二、三月之侯卦，正春雷震动的时节，阳始潜闭地中，及其动则雷出地而奋震也，始闭郁，及奋发则通畅和顺，故为"豫"。

下卦为坤、为地，上卦震为雷，故曰"雷出地奋"。雷之既动，出诸地上以作声，此象阴阳相击也，取其喜佚动摇也。坤顺震发，和顺积中而发于声，亦乐之象也。先王体豫，观雷出地而奋其和畅发声之象，作王者之乐以褒崇功德，其殷盛至于荐之上帝，推配之以其祖考。作乐乃朝廷邦国之常典，王者之大事也，作乐以崇德，故闻乐而知德。

古帝王作乐，皆以象其功德，用以郊天，因此作乐。既以统彼君臣敦睦之情志，亦以敬仰上帝之功化，以神道设教，使民信仰而不敢为非，又可怀念祖考之基业，使子孙恒念创业之艰，而自勉守成之不易。是"作乐崇德，殷荐之上帝，以配祖考"之义也。

豫卦者，五阴而崇一阳，是崇德之象；《说卦》曰"帝出乎震"，上帝之象也；二至四互艮为门阙，三至五互坎为隐伏，宗庙祖宗之象也。

豫为二、三月之侯卦，故昔诸侯与先王皆有春秋二祭，唯王者可以郊天，以"荐之上帝，以配祖考"，是以"昔者周公郊祀后稷以配天，宗祀文王于明堂，以配上帝"（《孝经·圣治》）。复配以乐，则祖考之基业辉耀，君民之情志敦睦，而王德其崇矣！先王体豫之象，阳潜于地中，及其动而出，奋发其声，通畅和豫，而制乐，犹人之至乐，则手舞足蹈也。

《风俗通义·声音篇》："夫乐，圣人所以动天地，感鬼神，按万民，成性类者也。故黄帝作《咸池》，颛顼作《六茎》，喾作《五英》，尧作《大章》，舜作《韶》，禹作《夏》，汤作《濩》，武王作《武》，周公作《勺》。"《汉志》曰："自黄帝下至三代，乐各有名"是也。《礼乐志》曰："王者未作乐之时，因先王之乐以教化；百姓悦乐其俗，然后改作以章功德。"故制礼作乐，祭上帝以配祖考，为先王之盛事。

周敦颐曰："圣人作乐以宣畅其和心，达于天地，天地和则万物顺，故神祇格。"

初六：鸣[①]豫，凶。

《象》曰："初六鸣豫"，志穷[2]凶也。

【音注】①鸣：其本义为鸟声，引申义则凡出声之谓。　②穷：极也。

【义译】初六，响应于安乐，是凶的。

《象辞》上说："初六一开始就鸣豫，响应于快乐"，势必到志气穷极而遭到凶害了。

【象证】初六不正，变成正则成震，震为善鸣、为雷、为动，故"鸣豫"。初六以阴居阳位，不得正位，以安于享乐，故凶。

豫卦上卦震为雷，又为善鸣，而初六以不正应九四，犹不中正之小人，处豫而为上所宠，其志意满极，享极其豫乐，必至于凶也。初六在士农工商之位，而不得正、非分，先之以悦乐，越分也；得意忘形，所以易至凶也。凡士农工商，能先之以企划，顺着去行动者，必能成功。如一味贪玩享乐，势必得鸣豫之凶。

甘罗早达，十二岁即拜相，但却引起他人之忌妒而早夭。盖先乐事者后忧事，势必志穷而凶；先忧事者后乐事，故忧劳足以兴国。鸣谦则吉，鸣豫必凶。盖乐极则生悲，劳谦则终吉也。

六二：介于石[1]，不终日，贞吉。

《象》曰："不终日，贞吉。"以中正也。

【音注】①介于石：介，"际也……'介谓辨别之端。'"（《康熙字典》）又云："隔也……又凡坚确不拔亦曰介……如《后汉·马援传》'介介独恶是耳。'"

【义译】六二，在豫卦由预备而成功安乐的时候，纵使阻隔于坚强的障碍物，却能设法突破，不会整天受困，如此坚守正道是吉利的。

《象辞》说：所谓"不终日贞吉"，这是因为能做到大中至正呀！

【象证】六二以阴柔居阴位而得正，在内卦之中而得中，如此大中至正，以处"由深密预备而成功安乐"的豫卦，又为大夫之位，是能胜任愉快的。所以，虽遇任何困难，皆能突破，胜任愉快；纵使遇到坚强的障碍物，如石，也能马上设法出离，不会永久终日受困的，因为他能早有所备，能大中至正，以预备而成功安乐故也。大中则尽善尽美，恰到好处，面面俱到；至正则坚守正道，不为一切障碍与突发事件，乃至一切名利所动。

是以子曰："知几其神乎？几者动之微，吉之先见者也；君子见几而作，不俟终日。《易》曰：'介于石，不终日，贞吉。'介如石焉，宁用终日，断可识

六十四卦上经　豫卦 | 203

矣。"(《系辞》)六二如此的大中至正,而早有所备,故遇任何突发事件,皆能突破,而得贞吉之效。

孙中山先生伦敦蒙难,能设法由狱卒发出求助信函于其师康德黎,终能突破难关出险,不俟终日,贞吉之效也。变坎为险陷,互艮为石,故"介于石"。

二变则二、三、四互离为日,二在其下,不终日之象也。如解为耿介如石,则取和乐为义,当豫之时,二以中正自守,其介如石,不溺于豫,其去之速,不待其日之晚,故不俟终日,故贞正而吉也。处豫不可安,能先见之于前,岂复至有凶于后也;君子明哲,见事之几微,故能其介如石,其守既坚,则不惑而明,见机而动,岂俟终日也。人于豫悦中,往往会流于逸放,忘记了本身应有的原则,故只有时时警惕自己,方不至终日溺于豫,以中正自守,自然贞且吉了。

刘备日安豫乐,因骑马而感伤奋发,故能创业,不因安乐亡身。夫子赞美颜回曰:"其心三月不违仁。"盖回心中自有中正之德,故能明辨而坚守之。夫子又说:"君子无终食之间违仁,造次必于是,颠沛必于是。"(《论语·里仁》)《后汉书·杨震传》:"王密为昌邑令,夜怀金十斤遗震,曰:'暮夜无知者。'震曰:'天知,神知,我知,子知,何谓无知者?'故赞:'震畏四知。'"杨震之不受十金,盖心中认为此举乃违背自己的原则,有损于自己的操守,故能如石一般的耿介贞正,坚守立场。

**六三:盱①豫,悔;迟,有悔。**

**《象》曰:"盱豫,有悔",位不当也。**

【音注】①盱(xū):"张目也。"(《说文》)又"忧也。"(《尔雅·释诂》)

【义译】六三:张大眼睛去看人家的安乐,是有后悔的;如果还是迟疑不决,不去"预备成功以得安乐",是更会后悔的。

《象辞》说:所谓"盱豫有悔",是说它所处的位置不当的关系。

【象证】豫旁通小畜,小畜三至五互离为目;三、四离象半见,故"盱豫"。三至五互坎为险陷故悔,二至四互艮为止,故"迟有悔"也。六三处下卦之极,以阴柔居阳位,不正,故位不当也;位非二五,不中。既处豫卦之位,却不能努力奋发"由预备成功以得安乐",反而张目看人的安乐,所以一定失望而后悔;若当立即改图,奋发向上,由多方的努力去预备,像建侯行师一样地筹谋计划,则必能"由预备而成功而安乐"矣。所谓"临渊羡鱼,不如退而结网",是悔之速而能致吉者也。如不事奋发，而唯羡人富贵，上承九四，而张目仰视，迟迟不改，则必定不能成功安乐，是殃咎所由，故"有悔"也。

《中庸》曰："凡事豫则立，不豫则废。"故遇此，当速改之，速应变其图谋以成，管仲言于齐桓公曰："宴安鸩毒，不可怀也。"（《左传·闵公元年》）若悔之迟，则无及矣。"一失足成千古恨，再回头已百年身。"应当即速悔改，图谋奋斗，由预备而成功而豫乐而名留千古。"无咎者，善补过者也。"（《系辞》）能补过则可以无咎，而无悔了，像周处除三害得后世的景仰，名留万古。

**九四：由豫，大有得。勿疑，朋盍**①**簪**②**。**
**《象》曰："由豫，大有得"，志大行也。**

【音注】①盍：音义同"合"也。 ②簪（zān）：原为固定发髻插入用的长针，今解为速也，"疾也；若能不疑于物以信待之，则众险群朋，合聚而疾来也"（孔颖达）。

【义译】九四，天下的人皆由于你而得安乐；你应该器度广大，那么就会大有所得了。此时不必怀疑，朋友会很快地聚合在你的左右，帮你企划，去成功立业。

《象辞》说："由豫大有得"，这是说其志可以大行呀！

【象证】"由豫"者，天下之和豫安乐由于四之勤劳也。本卦一阳五阴以成卦，四居上卦震动之始，动而众阴悦从，下卦坤为顺，正如《象辞》所谓"豫顺以动，故天地如之"者也。本卦为豫，故曰"由豫"。依《易》例，阳称大，本爻既为阳并为群阴所从，故有"大有得"之象。三至五互坎，坎为疑，且四本多疑惧，二、三、四爻互艮，艮为止，故"勿疑"。

豫错卦小畜，二至四互兑，豫四五兑象半见，兑为朋，上卦震为动，群阴毕从，故"朋盍簪"。九四当豫卦由预备而成功安乐之时，以阳居阴，以处诸侯之位；阳刚故能坚强，能去人欲之私情，存天理之正气；柔顺，故能一顺百顺，低声下气以守其职而不越规矩。以此条件在豫卦，由预备成功而安乐，可以"大有得"者也。

昔者周公为周武王之弟、成王之叔，武王崩、成王幼，周公摄政，而管、蔡、霍三叔忌之，作流言以撼公，公避居东，作《鸱鸮》之诗以贻王，王悟其非，因迎公归，三叔惧，挟殷裔武庚叛，王命东征，诛贬三叔，灭国五十，奠定东南，归而改定官制，创制礼法，周之文物，因以大备。周公以至诚，以感君王，下集万民之心，终能使周王朝疆土扩大，且更趋安定，盖此乃"由豫"

方能"大有得"而"志大行"也。大禹之治水，亦"由豫大有得"者也。

反观王莽，虽在封为新都侯时，能谦恭下士，得一时人望，且进而为大司马，秉持朝政，然这只是其内心中一种奸计，故后来露出了真面目，弑平帝，立孺子婴，居摄践祚，称假皇帝；寻篡位自立，改国号为新。此实非为人臣之道，故无法得到百姓之服从，终为商人杜吴所杀，其王朝不过短短的十五年时间，而终灭亡。民国初年的袁世凯，拥兵自重，出卖他人，因而无法"大有得"，而其志更无法大行，只做了八十三天的皇帝梦。假使他当初能认清目标，致力于革命大业，也许今日是名留青史，而非遗臭万年了。盖此乃智慧德业不足，又没有体认豫之道故也。

**六五：贞、疾，恒①不死。**
**《象》曰："六五贞疾"，乘刚也；"恒不死"，中未亡也。**

【音注】①恒："常也。"（《说文》）

【义译】六五，因为正道，而有病苦，虽在病苦之中，而仍然能维持正常永恒之道，而不会死去的。

《象辞》说："六五爻以正而有疾"，这是因为下乘九四阳刚的关系；"仍然能维持正常永恒而不死亡"，这是说它蕴存着大中之道，终不会灭亡的。

【象证】豫卦之六三、九四、六五互坎，坎为心病、为多眚，故有"疾"象。上卦震为动、为反生，二、三、四爻互艮，艮为止，故有"不死"之象。

《易》例在上曰乘，六五阴柔以处九四阳刚之上，故曰"乘刚"；居外卦之中，故曰"中未亡"也。六五以柔居阳位，不正而居君位，当豫卦由预备而成功安乐之时，未能坚强奋斗，而唯享安乐，大权已旁落，于九四之阳刚，有似柔弱之君，不能制专权之臣，故有疾苦也。唯居国君之位，屹然不可转移者也，权虽失而位未亡也，故曰"贞疾，恒不死"。

六五居柔得中，以柔中而居君位，得中则能恰到好处，永执其中，尽善尽美，故中未亡也。如能深知豫卦之道而预备以成功而安乐，去奋斗改正，由失位而变正，即不失君道，而任贤使能，使四主于豫，乃是任得其人，安享其功。

如周成王用周公、商太甲用伊尹、汉昭帝用霍光，则是功业能保，天下安乐，君位恒不死以永存，且能豫乐不亡者也。至如周平王东迁以后，天子失权，诸侯争斗，无有宁日，在春秋之时，尚知尊王攘夷，犹能"恒不死，中未亡也"。至战国争斗愈烈，秦帝灭周，则是名实皆亡者矣。

东汉末年的几位皇帝，亦如同此爻一般，下有专权之臣，而帝王却是柔弱居上，终无法控制臣下。如曹操迎献帝于许都，"挟天子以令诸侯"之举，何以不敢杀献帝？因其位未失也，只是以柔弱居君位，故常疾。然曹操不敢动，故"中未亡也"。唯至其子曹丕，则篡位自立。而司马懿祖孙三代亦图谋曹氏之位，下至宋齐梁陈之君，皆被权臣篡位，则是国君失权已久，遂成事实矣。为君者慎勿陷于安乐！当改变为阳刚中正，能"豫利建侯行师"，则君位永固矣。

**上六：冥①豫成有渝②，无咎。**
**《象》曰："冥豫"在上，何可长也。**

【音注】①冥："窈也。"（《说文》）引申有深远、暗昧、昏迷、幽暗之意。　②渝：变也。

【义译】上六，深沉享受其成功的安乐，如能改变就没有灾咎。
《象辞》上说："深沉而昏迷地享受安乐"，而高居上位，哪里可以长久呢？

【象证】豫卦上六以阴居阴得位，以居豫乐之终，乃极昏冥于豫者也，故有"冥豫"之象。三、四、五爻互坎为陷，故有陷于深沉冥暗之象。上卦震为动，故"有渝"。夫既有自我警惕，变豫乐之心，而仍然乾乾夕惕，可以无咎矣。

人往往是昧于事理的，故于豫乐之中，不能看到眼前的危机，只是一味陷溺在酒色中。纣王宠爱妲己，听信小人之言，杀害忠良，终成为亡国之君。这就是"冥豫在上，何可长也"的道理。

若能变其"冥豫"而为"由豫"，则吉矣。"齐威王时，喜隐，好为淫乐长夜之饮，沉湎不治，委政卿大夫，百官荒乱，诸侯并侵，国且危亡，在于旦暮。左右莫敢谏，淳于髡说之以隐，曰：'国中有大鸟，止王之庭，三年不飞又不鸣，王知此鸟何也？'王曰：'此鸟不飞则已，一飞冲天，不鸣则已，一鸣惊人。'于是乃朝诸县令长七十二人，赏一人，诛一人，奋兵而出，诸侯震惊，皆还齐侵地。"《史记·滑稽列传》中的这段记载，让我们可以了解此爻之义，乃圣人劝善之道也，故不言冥豫之凶，专言渝则无咎也。古人之至理名言，至今仍是不变的，故宴安有如鸩毒，凡事豫则能立，不豫则废，忧患则能惕厉求存，安乐则玩忽以亡，忧劳则足以兴国，逸豫则足以亡身。故冥豫而成，则凶咎随之，有渝而能从事于由预备企划而奋斗努力，而"顺以动"就能成功安豫。

# 随

泽雷随

| 卦体 | 下卦震 | 上卦兑 |
|---|---|---|
| 卦象 | 为雷 | 为泽 |
| 卦德 | 为动 | 为悦 |

| 错卦 | 反卦 | 下互卦 | 上互卦 | 消息卦 | 附注 |
|---|---|---|---|---|---|
| 山风蛊 | 山风蛊 | 艮卦 | 巽卦 | 二月大夫卦 | 既是错卦，又是反卦 |

《序卦》曰："豫必有随，故受之以随。"为《易经》第十七卦。

**随**[①]：元亨利贞，无咎。

【音注】①随：随从，追随之意。

【义译】随卦是追随的意思，能追随到中正贤明的君子仁人，可以得到伟大的成功，但必须利于坚守正道，才可以没有灾咎。而伟大人物能得群贤的追随，也可以得伟大成功，也需利于行持正道才可无咎。

【象证】下震为雷、为动，上兑为泽、为悦，震雷鼓动万物之生机，而兑悦之润泽，使万物随而化生，故曰随。万物化生，品物咸亨，所以元亨。万物皆需秉持正道，以生以长，所以惟利贞可以无咎。郑玄曰："震，动也；兑，说（悦）也；内动之以德，外说（悦）之以言；则天下之人咸慕其行，而随从之，故谓之随也。既见随从，能长之以善（元），通其嘉理（亨），和之以义（利），干之以正（贞），则功成而有福；若无此四德则有凶咎焉。"

舜之随尧，禹之随舜，伯益之随禹，伊尹、太公、孔明之随商汤、周文王、刘备，皆是元亨利贞无咎也。而尧、舜、禹、汤、文王、刘备得贤人相从，而以正，故亦得"元亨利贞无咎"之伟业。随之为义大矣哉！《左传·襄公九年》言穆姜因谋反，被成公移居东宫，始往而筮之，遇《艮》之《随》，穆姜曰："有四德《随》而无咎，我皆无之，岂《随》也哉。"无此四德，故死，而有凶咎者也。

《象》曰：随，刚来[①]而下柔，动而说，随；大亨贞无咎，而天下随时[②]。随时之义大矣哉！

【音注】①来：自上卦到下卦，由外到内曰来。 ②天下随时：王肃本作"天下随之。随之时义大矣哉"。见《释文》，义似较长。

【义译】追随，是说阳刚的君子，很谦虚地来居于柔顺贤德的君上之下，能够用行动来完成一切事功，而又本着和悦的态度，能够这样追随，所以能得到伟大成功；利于坚守正道，所以没有灾咎。因此天下的人随时而归服他。随时的意义是非常重大的呀！作"随之时义大矣哉"，亦通。随得其时，方能元亨；不得其时，则徒然无功；能追随方能成功，不能追随则不成，故其时、义，皆颇重大！

【象证】随卦是追随的意思，或下级追随上级，或上级得下级的追随，皆需秉持的原则：以刚健之精神（能坚毅不拔，存天理的正道，去人欲的私情）；谦虚地服从柔顺仁德的君子的领导（下追随上），或做君上之人谦虚地礼贤下士；能够发之于行动，用行动来完成事功；能够本着和悦的态度来待人接物；能够把握时机。

秉以上原则，再加之以伟大成功，而利贞，便能得到天下人心的归服。所以，天下随时能够归服上级的君王，而做下级的能够这样追随，也能随时得到时机而为君王重用了，甚或终能王有天下了。

像文王之德之纯，犹为商纣囚于羑里，能动而悦，而无怨恨之心，能诚心服从；尔后其臣散宜生献珍宝美女于商纣，而文王立刻得释放，至三分天下有其二，犹服从商纣；至其子武王终能得天下人之拥护，遂一戎殷而有天下。商汤、周武、齐桓公、刘备皆能"刚来下柔，动而悦"，以礼聘请伊尹、姜太公、管仲、诸葛孔明，故能够得天下人心的追随，或王有天下，或霸居一方。而彼等皆能利贞，故可以保有元亨而无咎。

随卦上卦兑为少女、为阴柔，下卦震为长男、为阳刚，今震长男之阳刚屈居兑少女阴柔之下，故曰"刚来而下柔"。震动兑悦，故曰"动而悦"。蜀才曰："内动而外说（悦），是动而说（悦），随也；相随而大亨无咎，得于时也；得时，则天下随之矣，故曰'随，时之义大矣哉'。"

复推而言之，随卦是：以阳刚卦下于阴柔；以长男下于少女；以上下下；以贵下贱（震为诸侯、为太子，兑为泽、为少女）。能如是之谦下，是物之所随也。古今婚礼多以男下女，男备礼而女归随。

刘备以年长，贵以上能礼下诸葛亮，故诸葛亮为之"鞠躬尽瘁，死而后已"。能下人者，方能上人。唯随固元亨矣，然动而悦，易至于诡随，如恶来、飞廉之追随商纣，和珅之追随乾隆，权利熏心，不守正道，故至于身亡。此随之所以宜利贞，方可无咎者也。

唯其所以随而能大亨利贞无咎者，有时亦需得其时，随其时。其当机得时否？事关成败，故"随时之义大矣哉"！至于如何使人随于己？推之政治，若能注意前述原则，则能动而悦随，而贤才毕会聚于朝，人民拥戴随以野矣，是以大亨利贞；随者众，而天下皆随之矣。故随道必须不失时宜，时未至而动，或时已至而不动，皆不能成功。必随其时而动，而天下随之矣。

舜、禹、稷、伯夷、叔齐、颜回之或仕或隐，孔子之或仕、或止、或久、或速，皆能推其时宜，以彰其圣德，适道以立，当机而权，随天下之时而或仕或隐。时未至，故周文王虽得姜太公等贤才之追随，近悦远来，犹不可以动，至周武王待时至，方"随时"而伐纣，拯天下之民于倒悬，故百姓皆"箪食壶浆"以迎王师，一举推翻暴虐的商纣。故时乎时乎，难得而不易把握者时也。随时之义不亦大哉！

《象》曰：泽中有雷，随，君子以向①晦②入宴③息。

【音注】①向：向也，趋向也。　②晦：夜也，昏暗也。　③宴：安也。

【义译】泽中有雷，雷藏泽中，是随卦的现象。君子效法它的精神，在天已趋向于黑夜了，即入寝而安息。

【象证】本卦上卦兑为泽，下卦震为雷，故曰"泽中有雷"。雷者阳气，春夏用事，《说卦》："帝出乎震，震东方也。"于时配春，故震为春王之卦。《礼记·月令》："仲春之月，雷乃发声。"故随卦在消息为二月侯卦。《月令》："仲秋之月雷始收声。"为上卦兑为秋之象也。兑，西方之卦（后天八卦）。《说卦》曰："兑正秋也。"故象雷之在泽，上互巽为入、为向，下互艮为止，故为息。震东兑西，日出于东，入于西，入西向晦之象。

君子体随，则当随其时之机宜，日出于东，则日出而作，日没于西，则向晦入宴息，随时以作息，随天道之运，春耕夏耘秋获冬藏，则耕获有期；随日落日出，则作息以时。此宇宙之律则也。时太平则君子可以出仕；如时既昏，则君子隐以宴息。此亦随时之律则也。

昔伊尹耕于野、太公钓于渭、孔明隆中高卧，是宴息也；及商汤、文王、刘备礼请，亦随时而出，以立王霸之业。

初九：官①有渝②，贞吉。出门交有功。
《象》曰："官有渝"，从正吉也；"出门交有功"，不失也。

【音注】①官：官吏也。　②渝：变也。

【义译】初九，主官有变动，守着正道而追随是有利的，一出门即能交涉交接成功。

《象辞》曰："主官有变动"是说跟从行正道的主官是有利的；"出门交功"是说对自己没有损失，不会失去机会呀。

【象证】本卦下卦震为长子，长子主器，又《说卦》云"帝出乎震"，官之象也；又震为动，渝之象也。以阳刚居阳位，故曰"贞吉"。震为足、为动，二、

三、四互艮，艮为门阙，是"出门"与"交"之象也。初九在追随之时，为士农工商之位，能追随其主官而坚守正道，待其主官有变动而升官，即初九亦跟随而升职矣，职位既升，故"出门交有功"。

昔关羽、张飞、赵云追随刘备，待刘备成功，而皆身居要职。

**六二：系①小子，失丈夫。**
**《象》曰："系小子"，弗兼与也。**

【音注】①系：牵系也。

【义译】六二，牵系着小子，失去亲近追随大丈夫的机会。

《象辞》上说："牵系着小子"，是说不能够兼备与九五之君相应。

【象证】三至五互巽为绳，故牵系；乘于初九之上初为士位，故"系小子"。丈夫谓九五阳刚中正之君；六二在大夫之位以阴居阴，得到正位，与九五为正应，不与九五相应，反牵系初九之小子，故失大丈夫。跟随非正之君，因而获凶者多矣。

扬雄赞美王莽，陈相弃儒家而喜随许行之农家，皆因小失大者也。

**六三：系丈夫，失小子，随有求，得，利居贞。**
**《象》曰："系丈夫"，志舍下也。**

【义译】六三：牵系着大丈夫，而失去小子；追随君王，而有所求得收获，必须利于守着正道。

《象辞》上说："牵系着丈夫"，是说他的心志是舍弃下级的意思。

【象证】六三居三公之位，以阴居阳，不得正位，当追随之时，能追随九五之君，故系丈夫；宁奉承上级君王，而不照顾下级士民，故失小子，此凡夫贪恋富贵者皆如此。如此追随而有所得，是不合正道者也，故需紧守正道，方可无咎。上互巽为绳，五君位，三与五同功而异位，故"系丈夫"。远离初九士位，震为长男，故"失小子"。巽为近利市三倍，艮为手，故"随有求得"。

昔丘迟劝陈伯之去北魏归宋，其《书》云："弃燕雀之小志，慕鸿鹄以高翔。"是去小归大，舍小牵大者也。马援舍隗嚣而归汉光武帝，而得正道大吉者也。墨者夷之弃墨家而归儒家孟子，亦有此意。

**九四：随有获，贞凶；有孚在道以明，何咎？**

《象》曰:"随有获",其义凶也;"有孚在道",明功也。

【义译】九四,追随君王,而求有收获,虽是正当有利,也有凶。唯有诚信守道,而明哲保身,表明自己的心迹,又有何灾咎?

《象辞》上说:追随君王而有获,在义礼上是凶的,能有诚信以守道,是说明哲保身,能表明自己的事功,是有聪明避祸的功夫呀!

【象证】互艮为获,爻变坎,有孚之象,震为大涂,道之象也;初至四互离为明之象。九四当随之时,为诸侯之位,近于天子,故随之有获;以阳居阴,不得正位,追随而有获,居四"多惧"之地,恐为君所害,故具有"随有获贞凶"之象。如能以诚信守道,用明哲保身则无咎矣。吾儒"正其谊不谋其利,明其道不计其功",故"随有获",为众之所疾,君王之所猜忌,则有凶。"有孚在道以明",方可免咎。

例如伊尹、周公、诸葛孔明,皆追随其君,德及于民,而民随之,所以成其君之功,而能诚信自守,笃守正道,是有孚在道。唯其明哲,故能成其功业,复何过咎之有?唐之郭子仪,威震君主而君主不疑,亦由中有孚诚信,而处无失也,非明哲能如是乎?盖既明且哲,则内竭其诚,而外合于道,故能明其功而无咎。昔韩信既求封齐,又欲王楚,可谓"随有获"矣,遇汉高吕后之残忍,故卒有身亡家灭之祸,是不能明哲保身者也。萧何知刘邦猜忌怀疑,故在刘邦使使慰劳时,立遣子弟从军;拜为相国,封五千户时,让不受,而悉以家财佐军,故身荣名显,能明哲保功。

九五:孚于嘉①,吉。

《象》曰:"孚于嘉,吉",位正中也。

【音注】①嘉:美也,善也。

【义译】有诚信孚和于尽善尽美,是吉利的。

《象辞》上说:孚于嘉,吉,因为所居的位置正是君王之位,大中而至正呀!

【象证】九五,阳刚居阳位,得外卦之中,大中至正以处随卦元首之尊,位正而中,诚信在中,能做到"刚来而下柔,动而悦随,大亨贞,无咎而天下随之"者,故民悦而随,尽善尽美,吉孰如之?三至上互坎,坎为孚,大中至正,正嘉美而吉利之道也。

子曰:"大哉尧之为君也!巍巍乎!唯天为大,唯尧则之。荡荡乎!民无能名焉。巍巍乎其有成功也,焕乎其有文章。"是随而"孚于嘉吉"者也。

上六：拘系之，乃①从；维②之，王用亨③于西山④。

《象》曰："拘系之"，上穷也。

**【音注】**①乃：又也。 ②维：相系也。 ③亨："亯"之今字，享也；古"亨、享、烹"三字通用，皆"亯"之今字。 ④西山：岐山也。

**【义译】**上六，以柔居阴位，得到正位，为宗庙隐士之位，在随卦追随之时，独处于上，终极之位，无所追随。为君王者，需要多方牵系着他，更从而维护他，像享祭西山神灵一样地真诚去迎请他。

《象辞》上说"拘系之"，因为上六居随卦穷极之位，无所追随啊！

**【象证】**三至五互巽为绳，二至四互艮为手，下震为足、为动，上兑为悦，故拘束之，乃从维之。九五为大中至正之君，兑为西，艮为山，初至四互坎为通，故曰："王用亨于西山。"

文王有圣德，当纣之时，三分天下有其二，仍以服事商，商纣应礼贤下士，"拘系之"又"从维之"，以祭神之至诚求文王于西山，以辅相商朝，则商之天下可得而治也。然商纣不悟，至武王观兵于孟津犹不悟，故有牧野之师，而亡天下，此不能得天下圣贤之追随，所以亡天下者也。而文王"崇至德，显中和之美，拘民以礼，系民以义；当此之时，仁恩所加，靡不随从，咸悦其德，得用道之王，故言王用享于西山也"（《易纬·乾凿度》），则确然有至德，为民所从。至若刘备三请诸葛之诚，亦"拘系之，乃从；维之，王用亨于西山"者也，故得其死力而霸有一方。

随卦阐释追随的原则，而上六最处上级，无所追随，或需牺牲小我，以就大顺，以从上级，上级亦需以诚求其团结。因为人与人之间，臣民与国家上级之间，利益往往会有所冲突，有时必须舍弃个人私见私利，追随上级，跟从上意，才能维系安和乐利的社会，因而不可固执己见，应当以群众的利益为依归，因此上级与下级皆不可贪图近利，有失本分，动机必须纯正，应当以诚信为基础，明辨进退取舍，择善固执，唯有至诚，方能使人追随，才能精诚团结，达到安和乐利的目标。这也是随卦的时代意义了！

# 蛊

山风蛊

| 卦体 | 下卦巽 | 上卦艮 |
|---|---|---|
| 卦象 | 为风 | 为山 |
| 卦德 | 为入 | 为止 |

| 错卦 | 反卦 | 下互卦 | 上互卦 | 消息卦 | 附注 |
|---|---|---|---|---|---|
| 泽雷随 | 泽雷随 | 兑卦 | 震卦 | 三月卿卦 | 蛊者从迷惑中做一番事业 反卦错卦同 |

《序卦》曰："以喜随人者，必有事，故受之以蛊，蛊者事也。"追随人必有事业，故蛊继之。

"风落山，女惑男"（《左传·昭公元年》）。以巽长女下于艮少男，乱其情也，巽风遇艮山而回，物皆挠乱，既蛊而治之，所以做事业为蛊，谓坏极而有事可做也。

**蛊**[①]：元亨，利涉大川。先甲[②]三日，后甲三日[③]。

【音注】①蛊（gǔ）："蛊之训事。"（王引之《经义述闻》）"蛊，腹中虫也。"（《说文》）"腹中虫者，谓腹内中虫食之毒也。"（段玉裁注）从虫从皿会意，是其本意，引申作迷惑坏乱之意，解决迷惑坏乱故有一番事业可做。 ②甲：乃十天干首位的名称，引申为做事的开始。天干即甲乙丙丁戊己庚辛壬癸。 ③先甲三日，后甲三日：有五说。A.指适合于祭祀的日期。《礼记·曲礼》中说，宗庙内的祭祀在于柔日。柔日，是十天干中偶数的日子，《汉书·武帝纪·元鼎五年》的诏书中引用这句话，即指祭祀的日期。B.指甲是十干的开始，引申为事件的发端，甲的前三日是辛，新也，辛也；先甲三日谓从迷乱、将要崩溃中自新起来，做辛勤的筹划与努力。甲的后三日是丁，叮咛也；后甲三日是说在做事后应当反复叮咛告诫，细密观察，才不致失败重蹈覆辙。C.《子夏传》说："先甲三日者，辛壬癸也。后甲三日者，乙丙丁也。"D.马融曰："甲在东方，艮在东北，故云先甲。巽在东南，故云后甲。所以十日之中，唯称甲者，甲为十日之首，蛊为造事之端，故举初而明事始也。言所以三日者，不令而诛谓之暴，故令先后各三日，欲使百姓遍习，行而不犯也。"E.来知德取马融之说，以为蛊卦下巽上艮，先甲为巽顺三爻，则矫之以刚果；后甲为艮上之三爻，则矫之以奋发。

【义译】蛊卦，就是治迷乱而做一番事业，可以得到伟大成功，有利于像涉大川一样地去勇敢奋斗。在做事业之先，应当要再三辛勤地去筹划努力。在做事之后，需再三叮咛告诫。做事的前后，如此谨慎小心，计划周密，又加之以涉大川的勇气，所以可以成就一番伟大成功的事业。

【象证】蛊卦上卦艮为山、为止、为少男，下卦巽为风、为入、为长女，故有风落山女惑男之象。下巽顺而上艮止，顺天理人心，而能知止，故有一番事业可做。

"山下有风"，风行山下，风气、风俗成焉，惑乱、虫蛊生焉，故有事可做，能发奋做事故"元亨"。初至四互大过坎为水，巽为木，三至五互震为动，故

"利涉大川"。《说卦》曰："帝出乎震。"又曰："万物出乎震，震东方也。"甲乙东方木，于二十四山甲卯乙属震卦东方，为日始出之地，故为"甲"。

蛊卦下卦巽居东南方，乾纳甲，巽纳辛，故"先甲三日"；二至四互兑卦，兑居西，庚辛西方金，亦辛之象也。兑纳丁，后甲三日"丁"之象也。蛊卦上卦艮，"艮，东北之卦也"（《说卦》）。艮纳丙，艮错兑纳丁，亦"后甲三日"丁之象也。创业维艰故"先甲三日"：辛，日新又新，辛勤努力。守成不易，故"后甲三日"：丁，叮咛自己以免惨遭厄运，方能保其成功，而免于失败。

齐桓公在公孙无知乱后兴起，而称霸天下；晋文公在骊姬之乱与惠公怀公之失政后兴起，而振兴晋国，称雄天下；唐太宗在隋末大乱后，而一匡天下成元亨的大功，彼等皆以"涉大川"之勇，先甲后甲之前后准备，而成功立业者也。唯成功之后，复能叮咛告诫，刚健不息地努力，而不因成功而停止，故其事业能成，而名留青史，良有以也。又如哥伦布、麦哲伦因欧洲不景气而航海冒险，故能发现新大陆，绕地球一周，是有涉大川之勇而成功者也。

孙武谓："多算胜，少算不胜。"（《孙子兵法·始计》）正是所谓的"未雨绸缪""预防胜于治疗"。例如项羽初起革命，在将成功时却放逐义帝而杀之自立，就是不能时刻叮咛训诫自己，结果欲速则不达，反而给刘邦以人身攻击的借口，导致失败。又如商纣王初年武功极盛，国势辉煌，可是不能叮咛从事，不能随时惕厉，终被武王所败。

**《彖》曰：蛊，刚上而柔下，巽而止，蛊。"蛊，元亨"，而天下治也。"利涉大川"，往①有事也。"先甲三日，后甲三日"，终则有始②，天行也。**

【音注】①往：出外曰往，回内曰来。 ②终则有始：譬彼日夜，日为始，夜为终，由始到终，复由终而始，始终无穷，循环不息，此天行之自然，所以经纬人间之秩序，而万古常新者也。

【义译】蛊卦，就是从迷惑中去做一番事业。要阳刚在上领导，而阴柔在下扶助，谦卑逊巽，而能止于至善，这样便能做事业，能如此去做事业而有伟大成功，顺推就能治天下了。

"利涉大川"，是说勇敢地前往奋斗，就有事业可做了；先甲三日，后甲三日，是说善于慎始而敬终，复能由终而创始，日新又新，辛勤不已，叮咛复叮咛，自强而不息，如此前后始终，循环不绝，既是做事的态度，也是天道运行的法则呀！

【象证】蛊卦上卦艮为少男、为阳刚，故曰"刚上"；下卦巽为长女，故曰"柔下"；下巽顺上艮止，故曰"巽而止"。能以阳刚之君子在上领导，则能以刚健不息的精进，以存天理的正气，去人欲的私情；有柔顺贤良的臣佐在下扶助，则能一顺百顺，称心如意；巽是谦卑恭逊的精神；止是止于至善，不卑不亢，不躁进，无不及。本此四种精神，所以能做一番事业，故曰"刚上而柔下，巽而止，蛊"。能如此做事而至于伟大成功，故可以治天下也。

初至四互双坎为大川，故能涉而成其事业，天运如彼日夜，由日之始至夜之终，复由夜之终，变为日之始，如彼四季之运行。故万古以来，日新又新，年复一年，循环不已，自强不息，此天行之自然。吾人之创业做事，每至成功而停止，故坏乱迷惑，由此而来，失败旋踵而至。欲治此蛊（坏乱迷惑），唯有法天而行，贯彻始终后，由终复始，始终不绝。如彼日夜，日新又新，小成功之终点，复造大成功之开始，累进累强，刚健不息，则事业万古常新，而永不失败，故"元亨"常享。此吾先圣累积数千年之智慧与经验，后世子孙，其宝此智慧，永永勿废！

《象》曰：山下有风，蛊；君子以振①民育德。

【音注】①振：动也，振作也，救拔也。

【义译】山的下面有风，这是蛊卦的象征，君子效法他的精神，应该要振作、鼓起民心，拯救众民，而培育道德。

【象证】蛊卦上艮为山，而下巽为风，故曰"山下有风"。风以振之，山以育之，故"振民育德"。盖山下有风，风行反地，流行所至，风气生焉，君子效法之，故推动教化，振动民心，使民欣欣向化，培育其德，蔚成风气，则可以治蛊之迷乱，而达"蛊，元亨，而天下治也"（《象辞》）的事功。三至上互体颐，保养培育之象也，比尧舜之治民也。

孟子曰："使契为司徒，教以人伦，父子有亲，君臣有义，夫妇有别，长幼有序，朋友有信。放勋（尧）曰：'劳之来之，匡之直之，辅之翼之，使自得之，又从而振德之。'"（《孟子·滕文公》）尧治天下是如此地去振奋人民，激其志节，培育伦理道德，所以能化民成俗，成内圣外王之功。

初六：干①父之蛊，有子，考②无咎，厉终吉。
《象》曰："干父之蛊"，意承考也。

【音注】①干：做也，治也，正也。"贞者事之干也。"（《乾文言》）　②考："生曰父母，死曰考妣。"（《礼记·曲礼》）考意是"老"，指亡父，也指活着的父亲，老父称考，如《尚书·康诰》中有"大伤考心"。

【义译】初六，做父亲的事业，有好的儿子，能干老父的事业，老父便没有灾咎。虽有危险，如能够惕厉辛勤，终于能得吉庆。

《象辞》上说："做父亲的事业"，是说以心灵意识，先意承志地去继承父亲的事业呀！

【象证】初六，以阴居阳，不正，而在士农工商之位，在蛊卦对治迷惑坏乱而需做一番事业的初时，虽然以柔顺之才，但仍需继承并办理父亲的事业，故曰"干父之蛊"。能用其巽逊谦卑，而辛勤努力，叮咛告诫，必能干事而使老父免于咎戾，故虽危而"终吉"。巽为木，三至五互震为动，故有乾象。初为士位，震为长男，不正变正，故"有子考无咎"。二、三爻乾象半见，乾为父，故曰父考。初至四互坎，坎为险，故"厉终吉"也。然则干止迷惑坏乱之事，固当变正，而以"意承考也"。

如禹之父鲧治水，利用防堵阻塞的方法，使水患愈来愈严重，为挽救危机，故禹治水乃用疏导的方法，将洪水疏引至海中，此乃"干父之蛊，有子考无咎，厉终吉"者也。有这样能干的儿子，就可以重振家业，故禹创夏代四百年之江山，子孙传递不绝，"考无咎"矣。鲧虽死，然有子如此，故亦含笑九泉。

## 九二，干母之蛊，不可贞。
## 《象》曰："干母之蛊"，得中道也。

【义译】九二，做母亲的事业，需以中道揆度，不可以坚持刚正，而不知变通。

《象辞》上说：做母亲的事业，应该得中道呀！

【象证】二为阴位，在内卦之中，九二应于六五，六五阴爻皆母之象也；四、五坤象半见，坤为母，故"干母之蛊"。

虞翻曰："失位，故不可贞；变而得正，故贞而得中道也。"盖九二以阳刚之才，在大夫之位，在蛊卦对治迷惑而干事，应当大有可为，然而以阳居阴，失位不正，应于六五之君，六五以阴居阳亦失位不正，在阴柔不得正位之国君底下做事当处处小心，以中道自守，不卑不亢，以免灾殃及身。故以"干母之蛊不可贞"取象。中者，不偏左不偏右，面面俱到，纯然至善，尽善尽美也。如此地去从容中道，变阳刚之不正，为柔顺而得正，则能干事治蛊而无咎矣。

盖文王、周公作卦、爻辞之时，犹在臣子之位，故以母子比拟君臣。九二得刚中之美，象征有才干的儿子，应于"六五"，六五以阴居阳，不正，以居君位，以比拟母亲，如此为柔弱的母亲，在迷乱之后，做一番事业，如果过分刚正谴责，就会伤害亲情。下卦"巽"为顺、为入，二居内卦之中，并当巽逊谦卑，面面俱到，合于中道的原则，然后能使母亲采纳自己的意见。

如周公之辅佐成王，外有流言与叛变，骨肉不和，周公东征平乱，细心而尽忠，以教成王，成王有过则鞭其子伯禽以示罚，巽顺以入，竭诚纳忠，卒使成王为尧舜之君，太平以成，是善于"干母之蛊"者也。狄仁杰曲事武则天，借鹦鹉折翼之梦，以感悟武后，而迎请中宗复位，亦近之。最差者莫过于袁世凯，手握军权，助慈禧太后以害戊戌政变之六君子，使光绪皇帝失政权，而慈禧太后母蛊之祸，清室以亡，而袁氏奸诈，既做总统，复想做皇帝，故不能享国。

**九三：干父之蛊，小有悔**[①]**，无大咎。**
**《象》曰："干父之蛊"，终无咎也。**

【音注】①悔：懊悔，后悔。

【义译】九三，在治蛊干事之时，干父亲的事业，虽然小有懊悔，但没有大的灾咎。

《象辞》说："能干父亲的事业，终于没有灾咎的。"

【象证】九三，以阳居阳，得正位，在治蛊干事之时，为三公之位，以阳刚得正，故可以"干父之蛊"。唯上无应与，位又不在中，恐其过刚，故"小有悔"，然阳刚得正，又体巽顺，故"无大咎"。

魏征以刚直谏，唐太宗虽纳其谏，然每有"悔不杀田舍翁"之恨，虽"小有悔"，然能听其皇后之劝，终"无大咎"矣。企业家将全部企业留给儿子，其子若性格刚强不经事，一开始时，难免会有急躁过分的情形，因此多少会懊悔，但是只要能顺从守正，就能继承老父的事业，而终无灾咎矣。

九三在三公之位亦然。昔者贾谊、晁错，见汉之敝政，而发愤上书，贾谊志未成而忧死，晁错志虽行而被杀，皆有悔者也，唯名留青史，亦有荣焉，是"无大咎"也。

**六四：裕**①**父之蛊，往见吝。**

**《象》曰：" 裕父之蛊"，往未得也。**

【音注】① 裕："缓也"（韦昭《国语注》），宽裕也，富裕也，引申作扩大。

【义译】六四，扩大宽裕父亲的事业，如此前往，会受到吝悔的。

《象辞》说："过于扩大宽裕父亲的事业"，前往将不会有所得。

【象证】六四以阴居阴，居诸侯之位而得正，在迷惑坏乱而做一番事业之时，守成以处正可也，若有所扩大或宽裕、宽缓则致吝悔。

如宋神宗循常守成以渐进可也，而用王安石以"裕父之蛊"，终于失败悔吝者也。宋代因而愈加积弱，北宋因而见灭于金，是往未得可见。

二至五互体泰，且二、三乾象半见，四、五坤象半见，皆泰卦宽裕扩大之象也。四至上互体离为目，故为见；四变则成火风鼎，既不得正位，又有"鼎折足覆公𫗦"之凶，故"往见吝"。

**六五：干父之蛊，用誉。**

**《象》曰："干父用誉"，承以德也。**

【义译】六五，做父亲的事业，用能造成荣誉。

《象辞》说，"干父亲的事业，能养成荣誉"，是说能用道德来继承啊！

【象证】六五以柔中处国君之尊位，在蛊卦治蛊干事之时，应于九二，能委用群贤，故治蛊有成，而获得荣誉。以其柔顺可以恭己正南面，无为而无不为，垂拱以治天下。得中，则能面面俱到，从容中道。上艮止而下巽顺，故能以德承事业而得荣誉。二、三乾象半见，乾为父，六五君位而下应于九二，故"干父之蛊"。正是"刚上而柔下，巽而止，蛊；蛊元亨而天下治也"（《象辞》）。这一爻说明继承事业必须培养道德，任用贤能以养成声誉。

如殷代的太甲、周代的成王，都是柔顺的天子，能用伊尹、周公辅佐，都能得到治国声誉，是"干父用誉，承以德"者也。李世民劝谏他的父亲在太原起义，周厉王失败，子周宣王中兴，皆能"干父之蛊"，用誉而有功者也。

**上九：不事王侯，高尚其事。**

**《象》曰："不事王侯"，志可则也。**

【义译】上九不去事奉帝王公侯，高尚地去做自己修身立命的隐士之事。

《象辞》上说，"不去事奉帝王公侯"，是说他清高的志节，可以让我们效法呀！

【象证】上九以阳爻刚毅居阴位不得正位，在蛊卦干蛊治事的时候，又在这一卦的最外面，象征淡泊，置身于事外。上九于六爻为宗庙隐士之位，不得其位，故将富贵看成过眼云烟，孤高地以自己的方式生存，不为王侯做事，不做帝王公侯的部下，是多么的清高呀！清静贞正以自怡，与世无争，故"志可则也"。

上九居最上最高位，故为高尚。上卦艮山之最上，亦为居山隐遁清高之象，不得正位，而在宗庙隐士之位，二、三在乾为王，四、五在坤为臣，皆在其下，三至五互震为侯，亦在其下，二者大夫，三者三公，四者诸侯，五者天子之位，亦皆在上九之下，故不事王侯，高尚其事。然"田亩不忘君，江湖有魏阙"志也，何尝去于心乎？明乎此，方可以"不事王侯"，高尚其事，否则无济世之才志，徒效隐遁之节，直凡夫而已。

昔尧让天下于许由，许由不受；汤让天下于务光，光亦不受；而汉光武帝欲使其同学庄光（严光）出仕，庄亦隐居，此皆不事王侯，高尚其事者也。

# 临

地泽临

| 卦体 | 下卦兑 | 上卦坤 |
|---|---|---|
| 卦象 | 为泽 | 为地 |
| 卦德 | 为悦 | 为顺 |

| 错卦 | 反卦 | 下互卦 | 上互卦 | 消息卦 | 附注 |
|---|---|---|---|---|---|
| 天山遯 | 风地观 | 震卦 | 坤卦 | 十二月辟卦 | 临治也 |

《序卦》曰："有事而后可大，故受之以临。"唯伟大，方可以监临万方，临治万民，所以次蛊卦。

**临**[①]：**元亨，利贞，至于八月有凶**[②]。

【音注】①临："监也。"(《说文》)　②至于八月有凶：八月为观卦，临之反卦。若与临治万民、监临万方之道相反，则必为下级所推翻，反成观卦之观望观摩，故有凶。

【义译】临卦，监临万方、临治万民，可以得到伟大成功。但是必须利于坚守正道；如果违反了正道，将为下民所推翻，而变成象征八月的观卦以下级观望上级，就有凶了。

【象证】临者，伟大监临也。以二阳在下，阳气方长，万物皆盛，犹王者盛大之德，威临于下，故称"临"也。泽上有地，地临近乎水，引而申之，大之临小，上之临下，凡所临皆是也。此则专指临治万民，监临万方，能临治万民，故可以伟大成功。初、二乾卦半见，乾为君，三至上互体坤卦，乾为天，坤为地，皆至极伟大成功，故曰"元亨"。

天地之运行，皆秉正道而行，故万年常新，临治万民宜法之，故利在贞正，以保其元亨之伟大成功。临为盛大之卦，故作易者，以临卦二阳方盛之象，依乎阴阳消长之理，而虑否塞之时，不旋踵而至，唯有"利贞"，利于坚守正道。

十二月临卦建丑之卦，二阳居下，有渐上长之势。到了正月泰卦，建寅则三阳开泰；二月雷天大壮建卯，四阳生；三月建辰泽天夬五阳生；四月乾六阳生建巳；至此阳气最盛，盛极将衰；一阴从下而至，为五月建午天风姤，一阴始生；到六月建未天山遁，二阴始生；七月建申天地否，三阴生；到了八月建酉风地观，四阴生；九月建戌山地剥，五阴已生；十月建亥坤六阴全生，而阳气已灭；十一月建子，地雷复，阳气始复；十二月建丑为地泽临，阳气始盛，有监临万方、临治万民之象。

"至于八月有凶"者，乃因阳极生阴，阴极生阳，盛极必衰，此自然之理。临十二月为盛大之卦，故戒之以盛极必衰，临之反卦为观卦，建酉之月四阴渐长，阳气渐消，阳为君子，阴为小人，阴盛阳衰，小人道长，君子道消，本为临治万民，变为万民所观望，政权已失，故"至于八月有凶"也。

《彖》曰：临，刚浸[①]而长，说[②]而顺，刚中而应，大亨以正，天之道也；"至于八月有凶"，消不久也。

【音注】①浸：或作寝，渐也。　②说：古文与"悦"相通。

【义译】《彖辞》说：临卦临治万民，要使阳刚君子的势力渐渐增长，全国心悦诚服，和顺于天理人心，阳刚而能允执厥中，全国上下都能互相感应，这样便能得到伟大成功了，同时还要坚守正道，才能永远保住他的伟大成功，这正是天道的原则呀。所谓到了八月有凶，这是说：阳刚虽然增长，不久必会消亡呀，所以特别要注意呀！

【象证】临卦自复卦一阳初生，至临卦之二阳，见阳渐盛，阳之性刚，故曰"刚浸（渐）而长"。又下卦为兑，兑为说（悦），上卦为坤，坤为顺，在下之人悦，在上之人能合天理人心有道而顺之，故曰"说而顺"。

九二阳刚居下卦之中，故曰"刚中"，六五柔中之君与之相应，故曰"刚中而应"。阳刚渐渐增长，体悦以临诸阴，四阴体顺以顺天理人心，又以刚中临之，而得天下之应和，则君臣上下相应而能临治天下。"大亨"而"利正"，乃天道所由生物，万物所由成，万民所以治，内圣外王之道所以永久者也，故曰"天之道也"。

预测"有凶"者，乃因为阳之生，至临卦而渐盛，至其极则阴将生矣！阴生则阳消矣，自临卦而泰卦，而大壮卦，而夬卦，而乾卦则阳全盛矣；至姤卦而阳始消矣，至遁卦，则消之甚矣，至否卦则失败阻塞至极矣，至观卦则唯存观望矣，至剥卦则将灭矣，至坤卦而全消矣，此"有凶"之象也，循环不可易也。以人事言之，则阳为君子，阴为小人，方君子道长之时；圣人为之诫，使知极则有凶之理，而预备之，常不至于满极，则无凶也。

如汉光武革命成功，至桓帝、灵帝而极衰，至献帝而终于亡，故曰"消不久也"。能常久戒惧，则无凶也。

## 《象》曰：泽上有地，临；君子以教思无穷，容保民无疆。

【义译】《象辞》说，泽的上面有地，这是临卦，临治万民，监临万方的象征；君子效法它的精神，要用教育的力量，想尽办法教化人民，以至于无穷尽；而且要有宽厚优容的德性来保护人民，做到尽善尽美以至于无疆之休。

【象证】临卦下卦兑为泽，泽居低下，上卦坤为地，地高临在泽上，故曰"泽上有地临"，来知德说：教者，劳、来、匡、直之谓也；思者，教之至诚恻怛，出于心思也；无穷者，教之心思不至厌倦而穷尽也；容者，民皆在统驭之中也；保者，民皆得其所也；无疆者，无疆域之限也。无穷与兑泽同其渊深，无疆与坤土同其博大，二者皆临民之事，故君子象之，临民则思教化无穷，保民则思无疆之休。

昔尧舜之王天下，其治民也如此。孟子所谓："申之以孝弟之义。""教以人伦，父子有亲，君臣有义，夫妇有别，长幼有序，朋友有信，放勋曰：'劳之来之，匡之直之，辅之翼之，使自得之，又从而振德之。'"又曰："保民而王，莫之能御也。"皆是所以"教思无穷""保民无疆"者也。

【笺注】周子曰："道德高厚，教化无穷，实与天地参而四时同，其唯孔子乎！"（《通书》）

初九：咸①临，贞吉。
《象》曰："咸临贞吉"，志行正也。

【音注】①咸："感也。"（《易·咸·象》）具有"感应""皆与同"的意义。

【义译】初九，有感应而后去临治万民，又笃守正道，就能得到吉庆。

《象辞》说：所谓"咸临贞吉"，是说志行纯正的意思。

【象证】初九，以阳刚居阳位，得正，以处士位，欲有所为，当与居诸侯之位之六四相应，方能施展抱负临治万民，如管仲与鲍叔牙相应，得其推荐方能治齐，使桓公称霸。旁通遁，初至五互体"咸临"之象。

亦可解作：咸，皆也。与阳刚之君子一齐去临治万民，又守正道，是吉利者也，初九与九二皆阳刚故"咸临"。

九二：咸临吉，无不利。
《象》曰："咸临，吉无不利"，未顺命也。

【义译】九二，有感应而后去临治万民，是吉利的，没有什么不利的。

《象辞》说：所谓"咸临吉无不利"，是说未能完全顺命，所以必须有以感动之，感应之，才可以呀！

【象证】九二，以阳刚居中为大夫之位而应于六五柔中之君，能如《象辞》所谓"刚中而应，悦而顺，大亨以正"，则必能临治万民，吉无不利。如伊尹、周公之应于太甲、成王是也。然如王之失道，阳刚君子亦未全顺命也，故太甲失道伊尹放之于桐，既改而后迎之复位。盖九二以阳刚处阴位，当临卦之时，上应于六五阴柔之君，故有感以临之象，"吉无不利"者也。

然二以阳刚处阴位，五以阴柔处阳位，是不得其位而应者也，故未顺命也，宜量时进退、献可替否，故曰"未顺命也"。不得，故"未顺命也"。荀爽说："阳感至二，当升居五，群阴相承，故无不利也。阳当居五，阴当顺从，今尚在二，故曰'未顺命也'。"盖君子当升，小人当降，方能治天下。

或解作与君子一齐去临治万民，故"吉无不利"。未得正位，故"未顺命"也。

**六三：甘**[①]**临，无攸利；既**[②]**忧之，无咎。**

**《象》曰："甘临"，位不当也；"既忧之"，咎不长也。**

【音注】①甘："美也。"(《说文》)俞曲园以为甘乃"含"之初文，后借为甘美之意。 ②既："既犹若也。"(裴学海《古书虚字集释》)可备一解。

【义译】六三，以甘美甜蜜的言辞或甜美的政治宣传去临治万民，是无所利的；既知不利，若能引为忧患而改之，便没有灾咎了。

《象辞》说："甘临"是由于不当位的关系呀！既能忧而改之，临事而惧，则灾咎便不会太长久的。

【象证】临下卦为兑，兑为说（悦）、为口，六三居下兑之上位。上卦为坤，坤为土，《洪范》曰："土受稼穑作甘。"皆甘悦之象。本卦为临，故曰"甘临"。六三以阴居阳位，失当，且上无应援而下乘九二之阳刚故"无攸利"。《系辞下》曰"三多凶"，又阴居阳位，二、三坎象半见，坎为险，故"忧"，忧则变而为正，变兑成乾，临成泰，故"无咎"。盖六三以阴柔处阳位，不得其正，当临卦之时又无应于上，而以阴柔不当位故，唯务巧言令色邪佞不正以临于人民，故曰"甘临，无攸利"。

王莽造饰伪行，以假符命篡汉，卒身死国灭，是"甘临无攸利"者也。李林甫口蜜腹剑，唐玄宗信之，故伏安史叛乱之因，小人甘临足以亡国害身。

古人云："言甘，诱我者也。"信哉！《易经》劝小人改过，化为君子，故曰"既忧之，无咎"，欲小人化为君子也。天下皆君子，斯天下治，而内圣外王之道弘矣。

**六四：至**[①]**临，无咎。**

**《象》曰："至临无咎"，位当也。**

【音注】①至："下也"（虞翻）；一曰"鸟飞，从高下至地也"（《说文》），或"象坠矢及地"（罗振玉）。

【义译】六四，能亲自礼贤下士，躬亲临治万民，是没有灾咎的。

《象辞》说："至临，没有灾咎"，是说恰当其位的意思。

【象证】六四，在诸侯之位以阴居阴，得正而有应于阳刚之初九，当临卦之时，而能以亲自礼贤下士，礼聘之以治国，临治万民，"无咎"者也。

王弼曰："处顺应阳不忌刚长，而乃应之，履得其位，尽其至者也。"二、三、四爻在震为足，故有"至临无咎"之象，六四以柔处阴位，得正，故曰"位当"也。

商汤三聘伊尹，刘备三顾孔明，亲自礼贤，躬亲临治，故以诸侯而有天下。

**六五：知**①**临，大君**②**之宜**③**，吉。**

**《象》曰："大君之宜"，行中之谓也。**

【音注】①知临：以睿智临治万民。 ②大君：天子也。 ③宜："所安也。"（《说文》）

【义译】六五，用睿智临治万民，这是大君所应该的；这样做，是吉利的。

《象辞》说："大君所应该的"，是说能笃行中道的意思啊！

【象证】六五居天子之位，故为大君，以阴柔处君之尊位，在外卦之中，下应于九二之阳刚，而能知人善任，用贤智以临民，正是"大君之（所）宜"，故吉。初、二乾象半见，临卦错卦为遁卦，上乾，乾为知、为君，乾知大始，故为知、为君。变得正位，大君之象也。能用贤智，而行其中道，永执厥中，故吉。

舜用二十二贤臣，垂拱而天下治。故孔子曰："舜其大知也与，舜好问而好察迩言，隐恶而扬善，执其两端，用其中于民，其斯以为舜乎。"（《中庸》）至于刘邦亦能用"运筹帷幄之中，决胜千里之外"的张良，与"镇国家，抚百姓，给馈饷，不绝粮道"之萧何以及"每战必胜"之韩信，乃至彭越、英布、张耳等，皆使各效命而攻项羽，此即知人善用，所以以柔而为大君者也。反之，项羽以刚，有一范增而不能用，故失败也。故欲成大事业者，需能知人善用。用群贤之智，斯"知临"之道也。

**上六：敦**①**临吉，无咎。**

**《象》曰："敦临"之吉，志在内也。**

【音注】①敦："惇"之假借；"凡云敦厚者，皆假敦为惇"（段玉裁《说文解字注》）。而惇者"厚也"（《说文》）。是"敦"借以代"惇"。

【义译】上六，敦厚地去临治万民，是吉利而没有灾咎的。

《象辞》说："敦临"之吉，是因志在内呀！

【象证】本卦上卦为坤，坤卦者"坤厚载物"（《坤象》），上六居上坤之位，体乎坤厚之至德，虽与六三无应，然坤地临乎下卦之兑泽，故有"敦临"之象。上为阴位，本爻以阴居之，得正，故"吉无咎"。上六以阴居阴，得到正位。当临卦临制万民时，处宗庙之位，自三至上互体坤，地势敦厚，故曰"敦临"。以敦厚临物，物无不应故吉，坤地临乎兑泽，所临在内卦之兑泽初九及九二，在内卦兑泽之中，上六能助初九及九二之贤君子，以临治万民，故曰"志在内也"。王弼曰："处坤之极，以敦而临者也。志在助贤，以敦为德，虽在刚长，刚不害辱，故无咎也。"

昔春秋时晋之君子叔向被囚，而祁奚请老（退位隐士宗庙之位）即请免叔向，晋国赖之以安，是"敦临""志在内"以助贤而安国者也。周朝自太王、王季、文王、武王无不以敦厚之仁道治民，故自武王而得天下，到成王、康王时，刑罚不用，囹圄空虚，而天下治，是亦敦厚治民之楷模也。至汉之文景除肉刑，与百姓休养，亦敦厚临民志在内以安国者也。

【笺注】叔向之弟羊舌虎善乐达，达有罪于晋，晋诛羊舌虎，叔向为之奴。既而祁奚曰："吾闻小人得位，不争不义，君子所忧，不救不祥。"

乃往见范桓子而说之曰："闻善为国者，赏不过，刑不滥；赏过则惧及淫人，刑滥则惧及君子。与其不幸而过，宁过而赏淫人，无过而刑君子。故尧之刑也，殛鲧于羽山而用禹；周之刑也，僇管、蔡而相周公，不滥刑也。"

桓子乃命吏出叔向，救人之患者，行危苦而不避烦辱，犹不能免。今祁奚论先王之德而叔向得免焉，学岂可已哉？（《说苑·善说》）

# 观

风地观

| 卦 体 | 下卦坤 | 上卦巽 |
|---|---|---|
| 卦 象 | 为地 | 为风 |
| 卦 德 | 为顺 | 为入 |

| 错卦 | 反卦 | 下互卦 | 上互卦 | 消息卦 | 附注 |
|---|---|---|---|---|---|
| 雷天大壮 | 地泽临 | 坤卦 | 艮卦 | 八月辟卦 | 盥即灌，禘礼 |

观者，君上修德行政，制礼作乐以观示于民也；民观看、观摩、谛视君上之威仪光辉也。《序卦》曰："临者大也，物大然后可观，故受之以观。"此观所以次临也。

**观**①：**盥**②**而不荐**③，**有孚**④**颙**⑤**若**。

【音注】①观（guān）："示也"（《尔雅·释名》），或"谛视也"（《说文解字》），而段玉裁言"《谷梁传》曰：'常事曰视，非常曰观。'凡以我谛视物曰观，使人得以谛视我，亦曰观。"故为观看、观光、观视于物之意。 ②盥（guàn）："进爵灌地以降神也。"（马融）案：此盥读为灌，灌古文作祼，盥、灌、祼因同音，可以通假相通用。盥者祭祀时奏乐降神，以郁鬯酒灌地，使上升下透，以迎天地人之鬼神降临之礼节也。 ③荐："进也"（《尔雅·释诂》），荐者谓灌之后，陈荐笾豆之事，盖祭祀时奉祀祭品之礼也。 ④孚：信也。 ⑤颙（yóng）："大头也。"（《说文》）又"敬也"（马融）。是以引申有敬仰之意，如"颙颙卬卬，如珪如璋"（《诗·大雅·卷阿》）。

【义译】观卦者观光、观摩，王者君临天下，德行威仪，莫不为民所观法，故曰观。尤其在祭祀之时，以彝罍装着芳香之酒灌地降神的礼节，礼仪庄重而繁多，乐声悠扬，礼神肃穆，足可观法，至于在进陈牺牲之后，进献笾豆的礼节，人人能之，其仪式简略，就不足观看了。所以观盥而不观荐，而君子行礼庄敬诚信，祭神如神在，则下民观法其德，也就与之俱化了。

【象证】观卦下卦坤为地，上卦巽为风，风行地上，广被万物，从一地吹向另一地，即如观光从一站到另一站，故曰观。观卦乃临卦之反综，二阳居上，四阴在下，九五为天子之尊位，上九为宗庙之位，初至四互体坤，坤为民、为众，二阳高居上位，为其下四阴所观仰，故曰观。初至五互体艮为宫阙，亦观之象也。"盥而不荐"乃祭祀之盛，示王道之可观，故有是象。

如国庆佳节之阅兵大典，军容之壮盛，足以显示领袖有方，国家承平。实则，非特观外之装饰，亦观在位者内蕴之气势与精力，使其人民敬仰而不叛，其敌人畏之而不敢侵略，亦今日观礼之可述者也。

坤为众、为民，二阳在上，坤众敬仰之，此"颙若"之象也。徐干曰："唐尧之帝，允恭克让而光被四表，成汤不敢怠遑而奄有九域，文王祇畏而造彼区夏，《易》曰：'《观》，盥而不荐，有孚颙若。'言下观而化也。"（《中论·法象篇》）

【笺注】"观，盥而不荐"：古今贤哲很多解作"观祭祀前先洁手盥洗，而不观奉酒食之礼"，实则非也！盥洗洁手人人能之，何必观看？比之奉献酒食之礼尤为浅薄污秽，何必观看？其所以致误，乃不知盥当解作祼，也就是灌，把郁金香酒灌注在地上，请天神地祇与人之祖先降临之礼，酒性蒸发于天，下透于地，中闻于四方，故天地人之神明闻嗅而来享受祭祀，又奏之以像《云门》《大韶》《大武》的隆重音乐，与迎神的歌曲，来欢迎神明的降临。

在其仪式之前，君王与百官及贵宾皆需穿着整齐肃穆的礼服来主持祭祀与观礼，有主祭者，有陪祭者，有尸祝，上自天子、帝王、后妃、王妃、将相、大臣、大宗伯、小宗伯、肆师、郁人、鬯人、司尊彝及典瑞等群僚百官，先王子孙穿着前代之礼服来助祭。公侯伯子男之诸侯，下至臣僚百姓，及国内国外贵宾（详《周礼·春官》）莫不惕厉洁净，恭敬诚信，庄严肃穆，皆依次序排列整齐。

而祭典场所设备的隆重、祯祥玉器的陈设、彝尊、郁鬯、瓒祼、爵祼的布置，音乐的演奏，钟鼓的音响，天神地祇祖先左昭右穆的排列次序与迎接，在在处处皆显出其庄严肃穆的隆重礼仪，所以值得大观特观也。

至于天地人的神明降临以后，进献牛、羊、猪的太牢之礼完成后，最后进献笾豆五谷食品之礼则简单，人人能之，所以不一定要观也。吾人观光观摩，但观习其长而已，至于人人皆会者何必观之？故曰"观盥（祼）而不荐也"。

马融曰："盥者，进爵灌地以降神也，此是祭祀盛时。及神降荐牲，其礼简略，不足观也。国之大事唯祀与戎。王道可观在于祭祀，祭祀之盛莫过初盥降神，故孔子曰：'禘自既灌而往者，吾不欲观之矣。'此言及荐简略，则不足观也。以下观上，见其至盛之礼，万民敬信，故云：'有孚颙若'。"是以孔安国注："禘，祫礼"，为序昭穆，故毁庙之主及群庙之主，皆合食于太祖，灌者酌郁鬯，灌于太祖以降神也。

下民观之，即默默受其熏陶感化，而不敢为非作歹，而诚信忠义，而王道成矣，此观盥之所以伟大而可观者也。悲乎！千古以来释《易经》者很多，而能明此意者则少之又少，兹特详而言之，以备参研。

《彖》曰：大观在上，顺而巽[①]，中正以观天下；"观，盥而不荐，有孚颙若"，下观而化也。观天之神道，而四时不忒[②]，圣人以神道设教，而天下服矣。

【音注】①巽：逊让、卑顺之意。　②忒：差忒也。

【义译】《彖辞》说，伟大成功的王者高居上位，施政行仁，治礼作乐，为人民所观法，他本着顺天理民心和谦卑恭逊的态度，同时以大中至正的德性，而临观天下。观卦的卦辞说："观盥而不荐，有孚颙若。"这是说，下民观摩其君上的礼乐、威仪和光辉，而默默地被熏陶感化呀！且看天道神奇奥妙的作用，使得春夏秋冬四时，循序自然地运行而不致有运行的差失。所以圣人效法它的精神，借用神道设立教化，使人民有宗教神道的信仰，而天下人心也就自然信服归向了。

【象证】观卦之道，在象征阳的君王以观阴民，阳为阴所观；阴以观阳，阴为阳所化。本卦、九五以阳刚中正居于天子的尊位，以观下之四阴，并为其下之四阴所观，此见观道之大；又高居上位，五、上乾象半见，乾为大、为君，故曰"大观在上"。

下卦为坤，坤为顺，能顺天理人心，一顺百顺；上卦为巽，巽以谦卑恭逊顺容以申入为义。既"顺而巽"，观道谐矣。观道既谐，又能大中至正以德永执尽善尽美之中，而坚守正道以立天下的正位。大中至正，可以为天下臣民所观法矣，故曰"以观天下"。

观道既已如此卓越伟大，复以祭祀先王上帝禘祭的灌礼，表现于盥（祼）祭的大典，以表王道之盛容；让万民敬信观仰，自然而然默默从化于王道了，故曰"下观而化也"。观道自超越之立场言之，即天之生物不测之神道。此生物不测之神道，但见四时行焉而无差忒，天以神道为观于天下，圣人观之，体不测之神道，设无为之圣教，则天下仰观而心服。而君王所以临制天下，而不至变成八月有凶之观卦或巽卦矣，昔圣先王知其然也。

故自伏羲氏、葛天氏、黄帝轩辕氏以来，以至尧舜禹三王之治，乃至秦汉之君，莫不思祭拜天地，封禅以祀上帝，建明堂以礼昊天，以拜祖先，建宗庙，皆所以观法于民也。

《史记·五帝本纪》谓黄帝："万国和而鬼神山川封禅与为多焉……顺天地之纪，幽明之占，死生之说，存亡之难……"谓颛顼："依鬼神以制义，治气以教化，絜诚以祭祀。"谓帝喾高辛："抚教万民，而利诲之，历日月而迎送之，明鬼神而敬事之。"《尚书·舜典》谓："在璇玑玉衡以齐七政，肆类于上帝，禋于六宗，望于山川，偏于群神。"皆欲观化于民。"天听自我民听，天视自我民视。"居上位者，以柔顺而巽逊，大中至正以临万民，万民所观法也。

《象》曰：风行地上，观；先王以省方[①]观民设教。

【音注】①省方：巡狩省视四方。

【义译】《象辞》说：风行于大地之上，这是观卦观光、观摩、观化的象征。先王效法它的精神，以省视审察天下四方，观察民情而设立教化。

【象证】观卦上卦为巽，巽为风；下卦为坤，坤为地，"风行地上"，周被万物，此观卦之现象也。五、上乾象半见，乾为王，故曰"先王"；三、四离象半见，离为目，故为"省"；下卦坤，坤为地，故为"方"；旁通大壮，大壮互兑为口，震为足、为动，故为"设教"。

昔者王者巡狩，"春省耕而补不足，秋省敛而助不给"（《孟子·梁惠王》）。复观民情风俗而设立教化，奢侈则教以俭约，俭约则教之以礼，背本逐末则教之以崇本务实，淫乱则教之以礼节，各随其方制定教育。太公封于齐，五月报政，为简其君臣礼从俗不同；伯禽封于鲁，变其俗，易其礼，三年报政也。

初六：童观①，小人无咎②，君子吝。
《象》曰："初六童观"，小人道也。

【音注】①童观：童观者，其观如童，即所视限于感性的低层次，既未广且未远也。童，"童稚也"（《经典释文》引郑康成）。 ②咎：咎有过，灾咎。

【义译】初六，像小孩子幼稚的观点和看法。在小人是没有灾害的，在君子就太鄙吝了。

《象辞》上说："初六童观"，是小人之道呀。

【象证】初六，在士农工商之位，以阴居阳，不得其正，当观之时，处于最下，三至四互艮为少男，故有"童观"之象，于"小人无咎"，于君子则所观褊狭如此，深可鄙吝也。

本文体乎坤顺，故"无咎"。又初为阳位，伏阳，君子之象也，以偏，故吝。小人以位言，童观如童子之幼稚无知，其见短而识浅，唯满足其感性生活，而小人于观道有如童稚，故以小人比象。小人只求三餐，自私自利，可卜无灾患。君子则不然，盖君子德厚位崇，其观既远且广，非初六所象之境所能安，故其占为吝。

大臣告晋惠帝以天下饥荒，百姓无食，帝答："何不食肉糜乎？"如此幼稚，为小人则无咎，为帝王则促使天下之乱，西晋因生八王之乱，肇五胡乱华。帝王童观，吝孰甚焉！

**六二：闚**①**观，利女**②**贞。**

**《象》曰："闚观女贞"，亦可丑也。**

【音注】①闚（kuī）：音义同"窥"，而"闚，视也。凡相窃视，南楚谓之闚"（扬雄《方言》）。②女：阴也，喻臣民也。文王作《易》在商纣暴政之时，故常以隐喻象焉。

【义译】六二，偷偷摸摸地偷看闚观，利于做下级臣民及至妇女的守着正道。
《象辞》上说："偷看女贞"，是很丢脸丑恶的事。

【象证】六二以阴居阴，得止，而在大夫之位，以处观卦，大观在上为民所观法之时，应当安分守己，坚守大夫的正位，上应于天子，方是大夫的正观，若心存不轨，窥窃天子的神器，图谋反叛，则事必不成，反有杀身灭家之祸，唯有安分守己，利如女子的坚守贞节正道，能顺从于天子的领导，能如女子之顺从，则不失中正，乃为利也，故曰"闚观，利女贞"。盖六二以阴柔，居内卦之中，处于内，则所见不大，阴柔则所见不远；当观卦大观在上时，所见褊狭如此；犹窥窃而观望，其或心怀不轨，非光明正大之事，诚丑鄙之事也。

君子不能观见阳刚中正大观在上的大道，而仅"闚观"其仿佛或心中蒙窥窃天下野心，事后虽能顺从，乃同女子之贞，亦可羞丑者也。窥窃偷视，境界褊狭，器度狭小，深可鄙吝，唯有安分守己，君子持正，心无妄念，犹如妇女的坚守贞节一样，方保无咎。初、三阳位，六二居两伏阳之间，则离象伏焉；离为目，三、四离象半见，故有"闚观"之象。二至五互艮，艮为门阙。

秦始皇巡狩，项羽曰："彼可取而代之也。"刘邦谓："大丈夫当如是。"是二人皆有窃窥天下之意。其后二人交火，项羽失鹿，刘邦得鹿。项羽初起，奉义帝为帝，其后杀义帝而自立，自称霸王，窃窥天下，五年，卒死垓下者，不能如女之贞坚守臣位也；假使奉义帝，而己为相国，以号令天下，则刘邦故义帝之臣，当来听命也，无所借口矣，则项羽之功名成就矣。不务于此，而窥窃帝位，卒使刘邦以替义帝报仇为借口，终致身亡家灭矣，惜哉！项羽之不学也，能读观卦六二"利女贞"，则功名著于《春秋》矣。昔陶侃平乱，欲效曹丕、司马炎之故智，而夜梦不祥，终守臣之正位，故能保其功名。故自天子至于庶人百姓，不可不读《易》。

**六三：观我生**①**，进退。**

**《象》曰："观我生进退"，未失道也。**

【音注】①我生：民也。为三公之位，当爱民如子，故曰我生也。

【义译】六三，观察我的部下和生民，而设立或进或退的枢机。

《象辞》上说："观我生进退"，尚不致失道呀！

【象证】六三，三公之位，当观卦之时，处下卦之最上，是进则有可进之机也；在上卦之下，是退有可退之地也；而以阴居阳，不得观卦之正位，当观卦之时，正是进退裕如。三至上互体巽卦，巽为进退不果，故可以观我生之道，群吏百姓部下之种种，而决定进退行止，能如此地相机而动，亦可省察所临之民，而观民设教拟定进退之枢机，不失其道。

孔子使漆雕开仕，开曰："吾斯之未能信。"（《论语·公冶长》）子悦。是观我生而退者也。伊尹以天民之先觉者自任，治亦进，乱亦进；太公年老而垂钓渭滨，以观进退之机，卒得文王、武王之重任，是观我生而进者也。昔毕万筮仕晋，而得吉卦，乃出仕，其后世封于魏，是亦"观我生进退"者也。

六四：观国之光，利用宾①于王。

《象》曰："观国之光"，尚宾也。

【音注】①宾：贵宾、宾客、客卿、诸侯、邻国乃至先王之子孙为今王之宾客。是以"宾者，已仕而朝观乎君，君则宾礼之；未仕而仕进于君，君则宾兴之也"（来知德《易来注图解》）。五礼中有宾礼，诸侯朝见天子之礼，春曰朝、夏曰宗、秋曰觐、冬曰遇，今唯觐礼存于《仪礼》中。

【义译】六四，观国家的光辉，风尚礼仪，可以利用做国王的贵宾。

《象辞》说："观国之光"，是说天子崇尚尊重宾客啊！

【象证】六四，以阴居阴，得位居正，在诸侯的正位，当观卦之时，近于九五中正之君，故可以觐见国王，做国王的宾客，观王者之盛治、国之光辉，为王之上宾以行其道，故云"观国之光，尚宾也"。下卦坤为地、为国，三变则三、四、五互离为明、为火，四、五离象半见，皆光辉盛明之象征也。六四诸侯而得正位，可以以时朝见于王，为天子之贵宾。

春天晋见天子曰朝，夏曰宗、秋曰觐、冬曰遇。五为王位，四为诸侯以承之，故有"观国之光利用宾于王"之象，仕进之君子也。昔虞舜宾于尧，尧克明俊德，光被四表，舜宾事之，故志荣一时；光华复旦，猗欤盛哉，是"利用宾于王"者。

【笺注】《左传·庄公二十二年》："（陈历公）生敬仲。其少也，周史有以《周易》见陈侯者，陈侯使筮之，遇观之否，曰：'是谓"观国之光，利用宾于王。"此其代陈有国乎？不在此，其在异国，非此其身，在其子孙。光远而自他有耀者也。坤，土也；巽，风也；乾，天也；风为天于土上，山也，有山之材，而照之以天光，于是乎居土上，故曰"观国之光，利用宾于王"。庭实旅百，奉之以玉帛，天地之美具焉！故曰"利用宾于王"，犹有观焉，故曰，其在后乎；风行而着于土，故曰其在异国乎。若在异国，必姜姓也。姜，大岳之后也，山岳则配天，物莫能两大，陈衰，此其昌乎。'及陈之初亡也，陈桓子始大于齐，其后亡也，成子得政。"

**九五：观我生，君子无咎。**
**《象》曰："观我生"，观民也。**

【义译】九五，观察我的人民和臣僚百官，君子就没有灾咎。
《象辞》上说"观我生"，是说观察我的生民百姓臣僚。

【象证】九五以阳居阳，得位居正，以处天子至尊的位置。当观卦之时，四海受化，故可省方观民设教，使民欣欣向化，以进于王道。正《象辞》之"大观在上，巽而顺，中正以观天下，观盥而不荐，有孚颙若，下观而化也"。与《象辞》"省方观民设教"之主也。有观我生、观民之象，以阳刚居中履正，得正位，故有"君子无咎"之象。

观卦之综卦临，临二至四互震，"万物出乎震"，故有生象。观卦下坤为民，故曰"观我生，观民也"。阳为君子之象，昔者天子有巡狩以适四方，皆观我生、观民之道也，亦所以"省方观民，设教"者也，亦所以"春省耕而助不足，秋省敛而助不给"者也。

《史记·五帝本纪》载黄帝："天下有不顺者，黄帝从而征之，平者去之，披山通道，未尝宁居。东至于海，登丸山及岱宗；西至于空桐，登鸡头；南至于江，登熊湘；北逐荤粥，合符釜山，而邑于涿鹿之野。"颛顼："北至于幽陵，南至于交阯，西至于流沙，东至于蟠木。"帝喾："普施利物，不于其身。聪以知远，明以察微。顺天之义，知民之急。仁而威，惠而信，修身而天下服。取地之财而节用之，抚教万民而利海之，历日月而迎送之，明鬼神而敬事之。"

尧："能明驯德，以亲九族。九族既睦，便章百姓。百姓昭明，合和万国。乃命羲、和，敬顺昊天，数法日月星辰，敬授民时。分命羲仲，居郁夷，曰旸谷。敬道日出，便程东作……申命羲叔，居南交。便程南为，敬致……申命和仲，居西土，曰昧谷。敬道日入，便程西成……申命和叔；居北方，曰幽都。便在伏物。"

舜："遂类于上帝，禋于六宗，望于山川，辩于群神。揖五瑞，择吉月日，见四岳诸牧，班瑞。岁二月，东巡狩，至于岱宗，柴，望秩于山川。遂见东方君长，合时月正日，同律度量衡，修五礼五玉三帛二生一死为挚，如五器，卒乃复。五月，南巡狩；八月，西巡狩；十一月，北巡狩：皆如初。归，至于祖祢庙，用特牛礼。五岁一巡狩，群后四朝。遍告以言，明试以功，车服以庸。肇十有二州，决川。象以典刑，流宥五刑，鞭作官刑，扑作教刑，金作赎刑。眚灾过，赦；怙终贼，刑……流共工于幽陵，以变北狄；放驩兜于崇山，以变南蛮；迁三苗于三危，以变西戎；殛鲧于羽山，以变东夷：四罪而天下咸服……舜举八恺，使主后土，以揆百事，莫不时序。举八元，使布五教于四方，父义，母慈，兄友，弟恭，子孝，内平外成。"

五帝莫不"省方观民设教"，莫不"观我生、观民"而"君子无咎"者也；故先民同颂"舜日尧天"，其光辉如丽日中天，如江河行地，如天地久长，诚最善观民者也。

**上九：观其生，君子无咎。**

**《象》曰："观其生"，志未平也。**

【义译】上九，观察他的生民臣僚百官，君子是没有灾咎的。

《象辞》说"观其生"，是说心志有些未能平静呀。

【象证】上九以阳居阴，不得正位，处观卦之最上，当观卦之时，九五大观在上，处天下至尊之位，乃天下臣民百姓所观法者也，而上九独在其上，无所作为，只能处隐士宗庙之位而已，徒然观九五之大得民心，观九五之臣僚百官莫不敬仰九五之君，同是阳刚也，九五独得民心而己则隐在高位，故其心胸难免有不平衡、不平静之态。若皆君子矣，则无过咎也。苟非君子，意图叛逆不法则身灭家毁，唯安分以保身之君子，可以无咎耳。

孔子、孟子有德位，志虽不行于当时，斯万世之师表，无咎之圣人也。庄光观其同学汉光武帝刘秀，已大得民心，为天下之君，己既不愿处其下，为其臣僚；只有安分守己，于富春江为隐士，清静贞正以自恬。富贵不足动其心，贫贱不能移其志，斯不亦君子乎？虽有志安民，而壮志莫酬，心绪难免略不能平，然既见九五之君能安民矣，已退让而居隐士亦"君子无咎"。

# 噬嗑

火雷噬嗑

| 卦体 | 下卦震 | 上卦离 |
|---|---|---|
| 卦象 | 为雷 | 为火 |
| 卦德 | 为动 | 为明 |

| 错卦 | 反卦 | 下互卦 | 上互卦 | 消息卦 | 附注 |
|---|---|---|---|---|---|
| 水风井 | 山火贲 | 艮卦 | 坎卦 | 十月卿卦 | 震雷离电 |

天下的事有不亨通，是因为有间隔的关系，噬而嗑之就亨通了。《序卦》曰："可观而后有所合，故受之以噬嗑。"所以次观。

**噬嗑**[①]：**亨，利用狱**[②]。

【音注】①噬嗑：噬，食也，咬也，为啮食的意思。嗑，"合也"（《序卦》），合拢的意思；又"多言也"（《说文》）。　②狱：讼狱也，诉讼的案件。利用狱，即利用于折狱，决断诉讼的案件。

【义译】噬嗑，食而合之，可以成功，适合有利于用在决断诉讼的案件。

【象证】上离为火，下震为雷，以火之明，雷之动，可以利于折狱。上九、初九是本卦最上和最下的两爻，都是阳爻，有实质实物的象征。而其中六二、六三、六五都是阴爻，有空虚的现象，上下都是实，而中间空虚，很像我们的颐。颐是鼻以下的部位，包括嘴和下颚，上九像上颚，初九像下巴。

第四爻九四是阳爻，有如颐中有实物隔于其中，口中有东西，则隔于上下。嘴中有物，势必咬（啮）而食之；吞食食物，嘴必合拢，所以本卦就命名为噬嗑，就是"吃而合之"的意思。

圣人在天下，如有强梗或谗邪的事间隔于其中，则天下不得合。若能如噬嗑，吃而吞之，则口和食物就能亨通无阻了。大凡天下事之不能亨通畅达，都是因为其中有阻碍间隔的缘故。噬嗑既已噬食间隔的物体，而食而合之、吞之，而畅通无阻，所以可以成功。人世间的诉讼纷纷出现，如果能噬断而合之，就可以争论止息，讼狱澄清而亨通畅达了，故"利用狱"。三至五互坎，坎为盗、为法、为律、为桎梏，故"利用狱"。

舜放逐四凶四罪，而天下咸服，使民歌颂不绝，是噬而嗑之；去四凶之阻梗，是"利用狱"，去其阻梗，而治天下也。

《象》曰：**颐**[①]**中有物，曰噬嗑；噬嗑而亨，刚柔分，动而明，雷电合而章，柔得中而上行。虽不当位，"利用狱"也。**

【音注】①颐：从鼻以下上颚到下颚的位置叫颐，它包括了整个嘴巴。颐是《易经》中的一卦。

【义译】《象辞》上说：口中含有东西，这是噬嗑卦的象征。口中有物，噬而合之，可以得畅达而成功，必须具备刚柔分明的判断；行动要本着英明、光明果断地去行动；要有如震卦雷厉风行一样的威严；要像电火一样的光辉照耀而迅速，像这样雷电密切配合发挥而彰明显耀；应以柔顺得中坚持"允执厥中"而处于上级的位置。具备这五个条件，就可以处噬嗑卦而成功了，虽然处于上级的位置而不当位，但也可以柔中之道来临民而决断诉讼的案件了。

【象证】"颐中有物"，指九四阳刚实物，故曰"有物"。噬嗑卦，九四不得正位，干肉间隔于颐中，咬而食之，则颐中无物，变成颐卦了。颐中有物，则成噬嗑，所以《象辞》说"颐中有物曰噬嗑"。四在颐中，隔其上下不通之象，啮而合之乃得其通，所以成功无阻也。

人类于社会，上下之间，若有不正而乱群者，则当用刑以去之，就能亨通了，所以"利用狱"也。但必须具备五个条件，方可以成功而利用狱，像本卦下卦震的阳刚，配合上卦离卦的柔顺：

能刚能柔，治乱世恶俗用阳刚，治太平善俗用柔。《尚书·洪范篇》所谓："平康，正直；强弗友，刚克；燮（和也）友，柔克；沉潜，刚克；高明，柔克。"俗语云："治乱世用重典。"亦其意也。如震卦果决去行动，离卦的光明英明；震为动，离为明故也。合以雷之雷厉风行，电之光辉迅速，同时务使之彰明显著，震为雷，离为火、为电故也。柔顺得中而上行，勿失之严刑峻法，而能柔顺宽容祥和，一顺百顺；又需得中，勿失之柔懦衰弱，而必须面面俱到，允执厥中，尽善尽美；同时还要上行，居上级的位，方能运用职权发挥才能。以六五居天子之尊位，以柔处阳位，而在外卦之中故也。具备此五条件，虽居尊位而不得正位，亦可以成功而"利用狱"了。

汉文帝在诸吕作乱之后登位，汉景帝用"众建诸侯而少其力"，遇七国之乱皆能去其阻碍，刑罚减少，与民休息，繁荣汉朝，创文景之治，此亦"噬嗑而亨""利用狱"者也。

**《象》曰：雷电、噬嗑，先王以明罚敕①法。**

【音注】①敕：帝王的命令，此处引申为端正整饬的意思。先王有五刑三令五申之，使民不敢犯。刖刑，断灭脚或手。劓刑，减去鼻。黥刑，在脸上刺青刻字。宫刑，除去生殖器。大辟，死刑也。"五刑之属三千，而罪莫大于不孝。"（《孝经·五刑》）

【义译】《象辞》上说，雷电的相合而彰著，便是噬嗑卦的象征；先王效法它的精神，用以申明刑罚，端正法律，而达到政治的事功。

【象证】雷电相需，并具之物，此所以取象也，先王观雷电明威之现象，师法其明与威力，以申明其刑法，饬其法令，使国治民安而王天下乎。

用刑之道，宜威明相兼，若威而不明，恐怕会导致淫滥。如汉之张汤、唐之来俊臣等酷吏之用法，残忍过度，冤狱多而民何以堪？明而不威则不能伏物。如唐末宦官势炽，皇帝虽有意惩罚除之，但基于本身权力已大减，故无威力可伏之。所以若欲成圣王之治，需雷电并合而噬嗑备矣。舜用二十二贤臣，流放四凶，赏罚公正而刚柔分明，而天下治。

《尚书·尧典》："象以典刑，流宥五刑，鞭作官刑，扑作教刑，金作赎刑。眚灾肆赦，怙终贼刑。钦哉！钦哉！惟刑之恤哉！"即申明各种刑罚，遇天灾有宽赦，怙恶不改，则刑罚之。《大禹谟》："帝曰：'汝作士，明于五刑，以弼五教。期于予治，刑期于无刑，民协于中……'皋陶曰：'帝德罔愆，临下以简，御众以宽；罚弗及嗣，赏延于世。宥过无大，刑故无小；罪疑惟轻，功疑惟重；与其杀不辜，宁失不经；好生之德，洽于民心，兹用不犯于有司。'"是整饬法律以治民者也。

**初九：屦校①灭趾②，无咎。**
**《象》曰："屦校灭趾"，不行也。**

【音注】①屦校（jù jiào）：就是刑具加于脚，像穿鞋子一样。屦，粗劣的鞋子。《足利本》之注疏云：古本亦作"履"，文义相通，是穿着履践的意思。校，足械，就是"脚镣手铐"，施于脚的刑具。 ②灭趾：趾，脚趾也。灭趾，就是灭断脚趾的意思，是刖刑（断灭脚或手）之轻者。

【义译】初九，对一个犯法的人，加上脚镣的刑具，灭断其足趾。这在他所犯不太重、罪过不太大时，即加以处分的教训，使他能有所警惕，不敢再犯法，这对他日后的为人，于国家的法律而论，都是没有灾咎的。

《象辞》说："屦校灭趾"，就是使他日后不敢再行犯法之事。

【象征】初九，士农工商之位以阳居阳位，得位。在噬嗑卦时，正是受罚的对象，用小小惩罚以达大的警戒，自己可免于被杀的刑戮，而对国家法令亦无灾咎，所以说"无咎"。三至五互坎为桎梏，所以有"校"，刑具的象征；下卦震为足，所以有趾的象征，初九变阴则内卦成坤，震足不见，所以有"灭趾"的象征。

对所犯不重，而加以明罚敕法，施之以刖刑的刑罚。刖刑的最轻者是脚镣手铐，施械于手足，其次是断其足趾，最重则断其全手或全脚。凡是错误或罪过的开始，必始于微小之时，累积不已，终于到罪大恶极的地步。

如唐安禄山之变，若唐明皇不过分重用胡将安禄山，听信杨国忠等奸邪小人的话，而自摒忠信的谏臣于外。若对群奸不姑息，能施于小小惩罚，使知警惕，也就不会有几近倾国的"安禄山之变"。

**六二：噬肤[①]灭鼻[②]，无咎。**
**《象》曰："噬肤灭鼻"，乘刚也。**

【音注】①噬肤：噬去皮肤，即黥刑，噬去脸上之皮肤，刺青或刻以字。 ②灭鼻：灭，没也。灭鼻者，指五刑的第二种，即劓刑，割去其鼻的刑罚，深入至没其鼻的意思。

【义译】六二，判以噬啃其皮肤、灭除鼻子的黥刑与劓刑是无灾咎的。

《象辞》上说："噬肤灭鼻"，是治理刚强犯法的恶徒呀。

【象证】六二以柔中之才，得大夫之正位，居法官之职，决断诉案，判定黥与劓刑，以明罚敕法。初二兑口半见，为毁折；二至四互艮为鼻，初九阳刚在下，六二柔中居乘其上，故有此象。

郑成功、曾国藩以书生治军，梁红玉、秦良玉以女将统兵，号令明，事功成，是明罚敕法以治军者也。

**六三，噬腊[①]肉，遇毒，小吝，无咎。**
**《象》曰："遇毒"，位不当也。**

【音注】①腊：以盐火日晒之腊肉。

【义译】六三，阴柔在三公之位，当明罚敕法时，难于决案犹噬啃腊肉，遇毒，小有悔吝，没有大的灾咎。

《象辞》上说："遇到小小的毒害"，是因为以阴居阳，位置不当的关系。

【象证】六三以三公之位，在噬嗑明罚敕法时，正如判案的大法官，以阴爻处阳位，不当位也。以阴爻的本质故很难果决地判断，上卦离为火、为日，震为足，反巽为股，故有"腊肉"之象。互坎为灾，故曰"毒"。盖六三阴柔不得正位，治狱而遇多年陈久烦琐的案件，很难下判决，是判以刖刑、劓刑、黥刑，还是宫刑？难以下决定，三变，二至四互巽为进退不果，稽久不定，颇至懊悔，伤透脑筋，此所以"噬腊肉遇毒而小吝"者也。

唯以阴居阳位，柔中有刚，能如《象辞》所谓"刚柔分，动而明"，而施以"噬肉"的五刑，使其伏罪，就没有灾害了。坏人往往伪造文书、事实、证据而先告状，判案之法官，当以"刚柔分，动而明，雷电合而章"以折狱断，方可无失。

武则天时，江琛伪造裴光书，诬以谋反。张楚金治之，知"书是裴光之书，而语非其语"，但难以断决，后来在日光下看其书，见有割裂群字的痕迹，靠机智与常久的考虑、研究而得，能如此沉着，故"遇毒，小吝，无咎"。

**九四：噬干胏<sup>①</sup>，得金矢<sup>②</sup>，利艰贞，吉。**
**《象》曰："利艰贞吉"，未光也。**

【音注】①干胏（zǐ）：胏，连骨的肉称胏，坚硬的干肉也。而《子夏易传》之"胏"作"脯"。②金矢：金喻刚也，矢喻正直。

【义译】九四，判决案件，遇到棘手的案子，欲判以刖、劓、黥、宫、死诸刑，实在不易，有如噬坚硬的干肉一样难以下口。在这种情形之下，需像金一样的刚、像矢一样的直去处理，有利于在艰难之中，坚守着正道，方能得到吉利。

《象辞》上说，"利艰贞吉"，是说这个案件很难判断，尚未露曙光呀！所以本身尤其要艰难地坚守正道，坚忍以突破呀！

【象证】九四以阳居阴，居诸侯之位，在噬嗑明罚敕法时，履不获正位，而以此噬食物，决狱情，是不易的。离为火、为干，下二阴为肉，所以说噬干胏。离为干戈，为"矢"之象也。金，刚物也。九四以阳爻，故"得金矢"。九四以阳刚居二阴之间，正是《象辞》所谓"颐中有物"者也。颐中有物，噬而啮之，非坚强刚正不克，正如强梁乱国，盗寇奸宄必损害国家，阻梗治安，正宜坚强刚正治之，除去其害，则国治民安矣，故曰"噬干胏得金矢"。

然以阳居阴，未得正位，又位于二阴之间，恐其柔弱，有失光明正大，故《象辞》戒其未光也，唯宜利于坚守正道，己正自正，大公无私，方能得吉利之兆。

如世传包拯之治狱，不惮强梁，不惧掌权之奸邪小人，而务使寇盗奸贼，罪以正法，虽尝屡次摘奸，几遭不测，然而艰难持正，大义凛然，终使群奸伏法，为百姓之青天，终能得艰贞之吉。

**六五：噬干肉，得黄金<sup>①</sup>，贞厉，无咎。**
**《象》曰："贞厉无咎"，得当也。**

【音注】①黄金："黄"，五行之中色，有"中"的象征。金，是刚强的意思。

【义译】六五，以柔中居尊位，断决狱案，欲判以刵、劓、黥、宫诸刑，实不太容易，有如噬干肉，不太容易咬而食之一样，需以中道，而辅以刚强之气，守着正道而不偏私，如此似乎很艰难危厉了，但是并无灾咎。

《象辞》上说，"守着正道，似乎很艰难，但无灾咎"，这是因为得其适当处置的关系。

【象证】六五以阴柔居阳位，不得正位，于三才之位为天位，于贵贱之位则天子之位也；天子而不得正位，又以柔顺居之，当噬嗑"明罚敕法"时，固难以判决狱情矣。唯以中道（黄），辅以刚强（如金），守以正道，始得其所当。六五处外卦离火之中，离为乾，所以噬干肉。金色黄，坤为黄，又位居外卦（上卦）之中，黄为五行之中色，喻中道也，故有得黄金的象征。六五正是《象辞》所谓"柔得中而上行，虽不当位，利用狱"者也。

六五以柔中之才，居天子之位，如能本着"噬嗑亨，利用狱"之条件，"刚柔分，动而明，雷电合而章，柔得中而上行"，以决狱讼，使善恶之各种臣民，各以法刑赏之。《尚书·皋陶谟》所谓："天命有德，五服五章哉！天讨有罪，五刑五用哉！"有功者"敷纳以言，明庶以功，车服以庸"以赏之；有罪者，各依其罪定大小，各施以其罪之所应得，用"刵刑、劓刑、黥刑、宫刑、大辟"等五刑以罚之，刑罚分明，先之以三令五申之，再用以明罚敕法，如此刑赏皆至忠厚之至，则天下治矣。

如周之成王、康王，汉之文帝、景帝，唐之太宗、高宗，多能用刑赏适当，亦王道之次也。昔曾子教其弟子阳肤处士师，判案时应"如得其情则哀矜而勿喜"（《论语·子张》），亦如得黄金之坚刚与中道处之也。

**上九：何①校灭耳，凶。**

**《象》曰："何校灭耳"，聪不明也。**

【音注】①何（hè）：荷也，担负的意思。

【义译】上九，担荷着刑具，遮灭了耳朵，有被判死刑的危险，这是极凶而不吉利的。

《象辞》上说，"何校灭耳"，是由于不聪明，罪大恶极终至于不可赦免的地步呀！

【象证】上九以阳居阴，在隐士宗庙之位，而不得其正，正是噬嗑明罚敕法所处罚的对象，在最极之位，故被判大辟之死刑。初是被判刵刑，二是判人以刵刑、黥刑、劓刑的法官，三、四、五为三公、诸侯、国君之位，皆有噬肉之象，则是皆以大官而判罪求以"刖、劓、黥、宫、大辟"等五刑者也。上，是隐士宗庙之位，最处其极，故被判死刑者也。古今贤哲之注解，多未曾注意于此，故《易》之道难明，详审文意，当作此解，方为正确。

上九之被处以死刑，也就是《系辞》上所说："恶积而不可揜，罪大而不可解者也。"如商纣之不听比干死谏，终至亡国。秦始皇不知众民之反抗，敢怒而不敢言，终至于其子胡亥而亡国。隋炀帝骄暴荒淫之极，终至于身亡国灭。韩信之不能避刘邦之猜忌而稍敛其气，以致被满门抄斩，而张良、萧何则能明哲保身。至如近世骄溺其子，纵于偷窃而不知小惩大戒，以致抢盗而罪无可赦者，亦皆被判死刑。或者不能防微杜渐，纵情声色而致家破人亡者，比比皆是也，皆蹈"灭耳"之凶，不聪明者也。

上卦离为干戈，三、四、五互卦为坎，坎为加忧、为桎梏、为耳痛，所以有"何校灭耳"的现象，坎为耳、为聪，离为明，刚愎不仁，不得正位，故"聪不明也"。对于屡犯而不改的人，刑具已加在头上，遮灭了耳朵，凶灾死亡就要来临，则后悔莫及了。

如李斯得势，而劝秦始皇焚书坑儒，暴戾无道，又与赵高同流合污，诬太子扶苏与蒙恬造反，而促其死。李斯终被赵高与胡亥判以极刑，这是由于他不聪明，不知由小惩而大戒，不听其师荀子之劝告，临死方知后悔，哪里来得及呢？

# 贲

山火贲

| 卦体 | 下卦离 | 上卦艮 |
|---|---|---|
| 卦象 | 为火 | 为山 |
| 卦德 | 为明 | 为止 |

| 错卦 | 反卦 | 下互卦 | 上互卦 | 消息卦 | 附注 |
|---|---|---|---|---|---|
| 泽水困 | 火雷噬嗑 | 坎卦 | 震卦 | 八月公卦 | 文明是真善美之修饰 |

《序卦》曰："嗑者，合也；物不可以苟合而已，故受之以贲。"贲者，饰也。盖噬嗑之道，不啮不合，若苟于求合，则刑斯及矣；人之合聚，则上下有威仪，文以行之，礼以节之；物之合聚，则有次序行列，真以美之，质以成之；合则必有文饰也。故贲继噬嗑之后。

**贲**①：亨，小利有攸往②。

【音注】①贲：有二意：一、"饰也"（《说文》），即"文饰也"（郑玄）。二、古"班"字，文章貌。总之，贲乃文饰、修饰之意。 ②往：出外曰往，回内曰来。

【义译】贲卦，能够修饰，是可以亨通成功的。因为只顾到修饰，所以只有小利，可以有所前往。

【象证】贲上卦艮为山、为止，下卦离为火、为明、为雉、为美丽、为文明。山是草木百兽所聚之处，山下有火，则万物皆被其光彩，故有贲饰的象征。能够修饰，而文明以止，所以贲卦可以成功。二至四互坎为险，三至五互震为足、为行，而艮止在上，离明在下，坎险在前，震行在中间，故不利大行，只小有所往，故曰"小利有攸往"。

盖人的聚合，需依秩序礼节，加之以文明的修饰，则文化生焉；物的聚合，需有行列次第，加之以美善的修饰，则真美在焉。一味质朴，没有文饰，根本虽固，事情是难以成功的。是以"无本不正，无文不行也"（《礼记·礼运》）。有实质之真，再加之以美丽的文饰，则较易于成功。故有国家，必须文之以典章制度；有宾主，必须文之以礼仪规范；有家人，必须文之以伦序天理。所以有文饰才能亨通成功，此贲之所以亨通者也。

周公制礼作乐以文饰殷商之朴质，以礼乐的优雅美妙，促进宇宙人生的发展和谐，故周朝可以不用兵力，只凭此等松弛而自由的礼节文饰、道德感化，即可使那时的中华民族益趋融洽凝合，而拥有八百多年的天下。又如刘邦统一天下后，叔孙通为其制定朝仪，以修饰其礼仪制度，使刘邦体会到做皇帝的威势，享受高高在上的滋味。由斯可知文饰之用大矣哉！

俗语云："佛要金装，人要衣装。"适宜的修饰打扮，可给人良好的印象，做起事来就能通畅无阻，对自己较为有利。社会、国家甚至个人，必须有礼仪制度、人伦、文饰，才能使社会、国家、个人安定亨通，有所利益而可前往，唯是只注意外表修饰，而不顾到实质。如伪君子，如盗窃乱贼，徒有其表，衣冠禽兽，则不利有攸往矣。故圣人戒以外表的修饰，唯可小利有所往，需内外兼修，德智双融，方能"利有攸往"也。

《彖》曰：贲亨，柔来而文刚，故亨；分刚上而文柔，故"小利有攸往"，天文[①]也；文明以止，人文[②]也。观乎天文，以察时变[③]；观乎人文，以化成天下。

【音注】①天文：文，文饰的意思。天文者，天上的文饰，指日月星辰的一切现象，即日月代明，昼夜之交替，寒暑之迭运等皆是也。 ②人文：人类的文化、文明乃至人事之仪则。凡人之道，人间伦常、秩序、精神与物质之文明皆是。 ③时变：时间的变化，时代的变迁。

【义译】《彖辞》上说，贲卦修饰，可以成功通达，为什么呢？因为以柔顺的德性来文饰刚强的本质，刚柔适中，所以能够成功通达。今刚健的本质在上（艮止于上，艮为少男、为刚），而来文饰柔顺美丽的外表（离明在下，离为中女、为柔），所以仅有"小利有攸往"而已。

像这种阴阳刚柔互相交错，日月星辰运转不息，是自然之象，就是所谓的天文。而君臣、父子、兄弟、夫妇、朋友礼节详明，各安本分，居止有常，具有文明之德，以止于至善的境界，使大家彬彬有礼，这就是所谓人类的文明。

观察天上的文饰，日月九星、二十八星宿等群星运行的情形，日夜寒暑阴阳的改换，群星的轨道次序，就能察知时间的变化和时代的变迁。观察人类文明的进展，人间伦常的秩序与伦理道德，就能化成天下，使至于文明而止，教化就自然成功了。

【象证】贲卦下卦离为中女、为文明、为美丽。由外而内，自上而下，谓之来。上卦艮为少男、为阳刚、为止。今离卦美丽、文明来而在下，以修饰"艮止"的阳刚本质。以文明美丽的德性来文饰刚健知止的阳刚本质，所以能成功亨通。

有艮止的阳刚高居上位为本质，而去文饰、柔顺（离为中女、为柔顺，而居下卦）文明、美丽的外表，以质朴而步上豪华，失去真善诚挚知止的朴实，所以仅能小利有所前往。

互震，兑半见。兑为秋、为西，离为日、为夏、为南，坎为水、为月、为冬、为北，震为动、为春、为东，日月动于上，日月昼夜，四时运转不息，就是"柔来而文刚"。今刚上文柔，乃阴阳刚柔互相交错，是为自然现象所谓"天文"者是也。

"文明以止"，就卦德言，则内有离体的文明，外为艮体的静止。止谓各得其分，所以具有文明之德，以止于至善之境，即弥纶于人与人间之伦理以及常道，父子有亲、夫妇有别、长幼有序、君臣有义、朋友有信，使大家各尽其分，各成其德，所谓"人文"是也。

离为目、为观，故为观日月星辰为天文，来解释已见的昼夜四季的变化。日月星辰之行有迟有疾，所谓时变也、历数也、象法也。观天下星宿亦知时间、时代之变化，春则北斗七星斗柄东指，夏南、秋西、冬在北。彗星出，天下有战乱，荧惑（火）星见，天下多邪说、奸匿。毕好风箕好雨，客星犯帝座，知汉光武之见凌，苻坚犯太岁以伐晋，知兵败国亡……皆"观乎天文以察时变"者也。

刘向奏："《易》曰：'观乎天文以察时变。'若秦始皇之末，至二世时，日月薄食，山陵沦亡。辰星（水星）出于四孟，太白（金星）再经天；无云而雷，枉矢夜光，荧惑（火星）袭月，孽火烧宫，野禽戏廷，都门内崩，长人见临洮，石陨于东郡，星孛大角，大角以亡。及项籍之败，亦孛大角。汉之入秦，五星聚东井，得天下之象也。"（《汉书·孝成皇帝纪》）

《史记·五帝本纪》谓黄帝："顺天地之纪，幽明之占，死生之说，存亡之难，时播百谷草木，淳化鸟兽虫蛾，旁罗日月星辰，水波土石金玉，劳勤心力耳目，节用水火材物，有土德之瑞。"谓颛顼："养材以任地，载时以象天，治气以教化。"谓帝喾："顺天之义，知民之急，仁而威，惠而信，修身而天下服，取地之材节用之，历日月而迎送之，明鬼神而敬之，抚教万民而利诲之。"

尧命羲和正四时成岁，舜在璇玑玉衡以齐七政，合时月正，修五礼五玉五刑，使契为司徒，敬敷五教。子曰："大哉！尧之为君也。巍巍乎！唯天为大，唯尧则之。荡荡乎民！无能名焉。巍巍乎其有成功也，焕乎其有文章。"（《论语·泰伯》）是以圣人则天之明，因地之制，合"天文""人文"以成教化。

昔五帝三王能观天文以察时变，观人文以化成天下，使政治社会上轨道，体人情与人文，而制礼以教化天下，以修饰王道之盛美，天人兼修，内外一诚，所以能成其事功者也。

《象》曰：山下有火，贲。君子以明庶政①，无敢折狱②。

【音注】①庶政：繁庶小事，即"首出庶物，万国咸宁"（《易·乾》），所以庶政指国家的一切政务。庶，众也。　②折狱：折，断也。折狱指折断讼狱，判决诉讼案件。

【义译】《象辞》上说：山下有火，这是贲卦，文饰的象征，君子体察此象，以通明所有的政治事理，作全盘详明的考察，不敢轻易地直用果敢的心意，以折断讼狱，判决诉讼案件。

【象证】本卦上卦艮为山，下卦离为火，山下有火，光焰上照，光华四射，文采辉耀，此贲卦修饰之象也。君子以离之文明，修明庶政，而成文明之治，体艮卦之笃实，止于至善，而慎用刑罚，无敢轻易折狱。艮为山有笃实之象，为止，能知止，则有"定静安虑得"之功效，故能深密思考，而不敢掉以轻心以折狱。

贲卦与噬嗑卦相反。噬嗑卦有"刚柔分，动而明，雷电合而章"，故可以折狱，而"明罚敕法"。贲卦无此德，而文明以止，故"无敢"。惧乎虚伪之文饰，掩盖笃实之光辉也。恶人往往先告状而图冤狱，古今中外所在多有，没有包拯之明察，孰能轻易断案？造成冤狱则子孙灭绝矣，可不慎哉！君子体艮止笃实故无敢，言慎重也。

政者，乃群居生活之事，诸如正德、利用、厚生、民有、民治、民享、政治、经济，既琐且繁。君子则当体贲卦，本离卦聪明英明的光辉，文以明之，而期百姓乐业安居，是明庶政之事也。此乃攸关人群之福祉，而君子所当明者也。为政者在具备恭、宽、信、敏、惠的条件下，不扰民、省刑罚、薄税敛、轻徭役，制民之产，必使仰足以事父母，俯足以畜妻子，乐岁终身饱，凶年免于死亡。故谈到政治，必称道尧舜，务使老有养、幼有长、壮有用、男女各得正、鳏寡孤独废疾者皆有所养。广求民瘼，整饬吏治，乃至天下为公，外户不闭之王道政治，此是"明庶政"。

至于偶犯罪刑，亦人性之弱点，君子自应抒其悲悯之情怀感而化之，万勿轻率而致冤狱，且居文饰之时，多有虚伪，故不得详情，精思熟考，则无敢轻易折狱，此用刑之道也。是以孔子、孟子的政治思想为仁政，认为政治上最不可缓者为民事。孔子曰："听讼，吾犹人也；必也使无讼乎？无情者不得尽其辞，大畏民志。此谓知本。"（《大学》）如能弃外表之文饰，而披露内心的真情。庶政以明，而民心诚贞，则可以无讼矣，故无情者，不得尽其辞，大畏其民志，民皆依礼相让，修饰而至此，是可以无讼矣，是贲之至也。

初九：贲其趾[①]，舍[②]车而徒[③]。
《象》曰："舍车而徒"，义弗乘也。

【音注】①趾：古文作"止"，即足也。　②舍：废也，罢也，即舍弃之意。
③徒："步行也。"（《说文》）即徒步走的意思。

【义译】初九，修饰他的足趾，舍弃华贵的车子，而宁肯安步当车地徒行。

《象辞》上说：舍弃车子不乘，而徒步走，是说在道义上，不愿乘其车的意思。

【象证】初九，在贲卦修饰的时候，以阳居阳，得正，而在士农工商之位，故有修饰其足趾，安步以当车，晚食以当肉，安分守己，步行之象。三至五互震为足、为趾，故有"贲其趾"徒步之象。二至四互坎为车，上卦艮为止，三至五互震为足，故"舍车而徒"。古者大夫以上方可以乘车，故孔子曰："以吾从大夫之后也，不可以徒行也。"

初九得到士农工商的正位，于礼义而言，是不能乘车的，故《象》曰："义弗乘也。"然"古者有命：民之有能敬长怜孤，取舍好让，居事力者，命于其君，然后命得乘饰车骈马；未得命者，不得乘饰车骈马，皆有罚"（《韩诗外传·卷六》）。而今士未有命，故云"义弗乘也"《礼记》。诸侯国君乘车巡行国境时，大夫则跟随在礼车边徒步而行，若大夫乘车巡行，则元士就得跟随在礼车边徒步而行。此乃古之礼也。今士非位可荣，不贪慕富贵，而安于士位。所以安于徒步，义不乘其车。

齐宣王欲见隐士颜斶，斶谢绝，义不乘其车，既清且高。又如现在的经济罪犯、贪官污吏、高官及其夫人，若过于奢侈享受，得自己所不该得的东西，非义而取，所以成为罪犯，四处逃匿，或是受囹圄之苦。所以做人需安于本分，不合本分者，皆"义弗乘也"。

**六二：贲其须**[①]。

《象》曰："贲其须"，与上兴[②]也。

【音注】①须："颐下毛也。"（《说文》）毛在口边叫髭，在颊叫髯，在颐叫须。须又喻"待"也，即须待之须。　②兴："起也。"（《说文》）

【义译】六二，修饰他的胡须。

《象辞》上说"贲其须"，是说和上级一起兴起。

【象证】三至上互体颐，二在颐下，初、二震象半见，震为萑苇，二、三巽象半见，巽为寡发，须之象也。六二以阴柔居阴位，得正，而在贲卦"柔来文刚"之时，居大夫之位，在内卦之中，应该可以有为。然上无应与，唯亲比于九三之三公，故《象》曰："与上兴也。"言二随三而入仕升官也。互震为动、为兴之象也。

昔张良为韩人，秦灭韩，张良悉以家财求客刺秦王，为韩报仇。后从圯上老人得兵法之书，张良乃习诵之，修行自己有所待，以待兴业之主共灭秦。后刘邦出，佐刘邦灭秦，开创汉之大业。又如马援原为隗嚣部下，后说隗嚣归汉光武帝，乃是先培养自己的实力，而有所待，其待皆能成其功业者也。须，须也、待也，这都是"贲其须"，以修饰润泽其德业，而追随上级，上级一升，则亦与上俱兴矣，能"柔来而文刚"，故亨。

**九三：贲如①，濡②如，永贞吉。**
**《象》曰："永贞"之吉，终莫之陵③也。**

【音注】①如：语助词，为"状态"或"样子"的意思。 ②濡（rú）："霑濡也"（《说文》），是润也，湿也，即沾湿的样子。 ③陵：犯也，侮也，侵也。

【义译】九三，修饰呀！努力去修饰，修饰而致润泽有光耀呀！如能永远守着正道，就吉利了。

《象辞》上说，"永远守着正道"的吉利，就是说终久都没有人敢侮辱他呀！

【象证】九三，在贲卦修饰之时，以阳刚之才，居三公之位，而得其正位，是可以修饰成功的。下卦为离，离为火、为明，其文明之光足以被物之表，修饰如此，故曰"贲如也"。

二至四互坎，有坎之水以自润，故曰濡如也。如此修饰，德智双修而有润泽光泽，是可以出辅明王，而居三公之正位，以修齐治平，治国安邦，体刚履正，故"永贞吉"，坚守正道，故"终莫之陵"。外卦艮为山，陵象也。又内互坎，内卦离，水火既济，则用之至当，淫巧不造，朴实坚固，故曰"终莫之陵"。若一味华美，不守正道，华而不实，伪而乱真，过文为害或失正，则难免上陵下替，卑陵尊、上侮下，所以戒以永贞于吉。

项羽起义，在将成功之时，却放逐义帝而杀之自立，不正，所以被刘邦作为人身攻击的借口，终致失败。唐玄宗浮华息荒，造成安史之乱，内忧外患接踵而来，既不能永贞以守正，反致凌辱而不能卫妻子。反观汉文帝、景帝，仁肃恭俭，为政务在宽厚，以身守法，从不做过分的享受，守着正道，故开创西汉的治世，史称"文景之治"。是以帝王而得"永贞之吉，终莫之陵"者也。

**六四：贲如皤①如，白马翰②如，匪寇婚媾③。**
**《象》曰：六四，当位疑也；"匪寇婚媾"，终无尤④也。**

【音注】①皤（pó）："老人白也"（《说文》），鬓发斑白也。 ②翰：即"天鸡，赤羽也"(《说文》)。指白色马也，故"翰如"是白色良马，能疾行者，如飞翰一样。 ③婚媾：婚姻之遇合也；《易经》每以男女婚姻的遇合，喻君臣上下的遇合。媾，"重婚也"(《说文》)。"重叠交互婚姻"(段注)，又合也。 ④尤：怨也。

【义译】六四，修饰呀！不停地修饰，到了白发皤皤犹且不停止地修饰，本着德智双修，洁白的修饰，他想前往的心里如白马飞翰一样急切，这并不是想做寇盗以侵略他人，而是六四德智双修的诸侯想仕于天子，以安邦定国，故求天子的重用，犹如求婚媾一般的急切。

《象辞》上说：六四所以有贲如、皤如、翰如的象征，是因为六四在诸侯的正位，正当多疑惧的位子；因为"并非为寇盗以侵略，而是求国君重用的遇合"，所以终究不会有过尤的。

【象证】六四以阴居阴，得到正位，在贲卦修饰的时候，以诸侯之位，而不停地修饰，故有"贲如"的现象。三至五互震为长男，五变巽为白，故"贲如皤如"，能如此修饰，而身居诸侯之正位，宜可以有为。然六五的天子不得正位，己虽修饰至老，而天子犹不我知也，以故操心如白马飞翰之急，盖急于"进德修业，安邦定国，修齐治平"以及时也。君子欲使其君为尧舜之君，故求国君之重用，如是之急切也，非为暴寇也，乃求国君重用之遇合也。

巽为白，二至四互坎为马，巽为鸡，离为飞鸟，故白马翰如。坎为寇，离为中女，震为长男，四近承五之天子，故"匪寇婚媾"。一解作六四应于初九，乃是诸侯与门下元士之遇合，虽九三体坎，有为寇盗之疑，然六四所贲在初九，故有"婚媾"之象，当位"终无尤也"。至于以六四之诸侯而求录用初九之士，能急亲贤如此，亦贤诸侯，而无尤者也。

如姜太公修身至八十余，垂钓渭滨，以利见大人，求周文王之用己。伊尹五就汤，求汤之用己，为悲天悯人，而展内圣外王之志也，故皆"贲如皤如，白马翰如"，以求其君之录用也，终成治平之业，故无尤也。

六五：贲于丘园①，束帛戋戋②，吝，终吉。
《象》曰："六五"之吉，有喜也。

【音注】①丘园："丘谓丘墟，园谓园圃，唯草木所生，是质素之处。"(孔颖达《周易正义》)指山丘林园。 ②戋戋(jiān jiān)："浅小之意。"(朱子《周易本义》)《子夏易传》作"残"，残者伤也。

【义译】六五，以柔中之才，居天子之位，在贲卦修饰的时候，能光临于山丘园圃，礼聘隐士，虽然整束着浅浅纯朴的币帛作为礼物似有所吝惜，显得太小气些，但其礼薄意勤，能礼贤下士，终究能吉利的。

《象辞》上说：六五爻的吉利，是有喜悦的。

**【象证】**艮为山丘，乾为木果，震为林，故"贲于丘园"。在山林之间，贲饰丘陵，以为园圃者，隐士之象也。六五以柔居中位，虽失其正位，然能允执厥中，以阴柔之才，体中履和，礼贤下士，虽束帛浅少，然礼虽薄而意则诚，终吉而有喜者也，即《彖辞》所谓"分刚上而文柔，故小利有攸往"者也。上卦艮为手，六五为君位，巽为绳，为近利市三倍。《易》例阳为大，阴为小，六五阴爻，故束帛戋戋，以国君之尊，而戋戋束帛，不免过于吝啬小气故"吝"，但能变正以下贤，故终吉有喜。

如汤贲于莘，上求伊尹；文王贲于渭，以求太公，乃至刘备三顾南阳，以求诸葛亮，皆是礼贤下士之例，故终能成其功业。

**上九：白**①**贲，无咎**②**。**

**《象》曰："白贲无咎"，上得志也。**

**【音注】**①白：素也。　②咎：灾也。

**【义译】**上九，居宗庙隐士之位，当贲卦修饰的时候，不得正位，因此以白素质朴来修饰自身，能安分守己，所以没有灾咎。

《象辞》上说：白素质朴，没有灾咎，是因高隐在上而得其志的关系。

**【象证】**《易》穷必变，文穷反质，上九处贲卦修饰的极点，极则反朴归于质素，不劳文饰，九五变正，巽为白，故曰"白贲"。唯能质白其贲，则无过饰之咎。

上九阳居阴位，失位，变阴则得阴阳之正位，五既变阳，上既变阴，则本卦成既济，既济是既已成就的意思，故曰得志。能安分守己，清净贞正以自怡，过俭朴的生活，亦所在逍遥者也。若国君能贲于丘园，则出而辅佐，如舜尝耕于历山、伊尹耕于莘、傅悦尝为板筑、诸葛耕于南阳，及尧、汤、商高宗、刘备敦聘，而出山辅君长民，功业著于春秋，是"白贲无咎"而"上得志"者也。

如国君不礼聘，或不愿出世佐君，则高尚其志，泥涂轩冕，亦得逍遥自在而自得其乐者也。如许由、务光、商山四皓、崔子之清高，循足以与天地同流，清高如日月之光，终身不事王侯，俭朴以自怡，亦所以"白贲无咎"，而清高在山林之上，亦自得其志者也。

# 剥

山地剥

| 卦 体 | 下卦坤 | 上卦艮 |
|---|---|---|
| 卦 象 | 为 地 | 为 山 |
| 卦 德 | 为 顺 | 为 止 |

| 错卦 | 反卦 | 下互卦 | 上互卦 | 消息卦 | 附注 |
|---|---|---|---|---|---|
| 泽天夬 | 地雷复 | 坤卦 | 坤卦 | 九月辟卦 | 艮为床，为门阙 |

《序卦》曰："贲者，饰也。致饰然后亨则尽矣。故受之以剥。剥者，剥也。"大凡万物之理，盛极必衰。贲卦文饰彩绘，到了亨通之极点，极则必反。是以文采日久必定会剥落，此乃剥卦之所以次于贲卦之故也。

**剥**①：不利有攸往②。

【音注】①剥（bō）："裂也……一曰剥：割也。"（《说文》）而剥有四个意思：一、剥落，文饰彩绘之剥落，犹如树木老皮剥落；二、剥夺，小人道长，小人剥夺君子；三、剥削剥蚀，阴消阳长之谓也；四、裂开。　②往：出外曰往。

【义译】剥卦，剥夺剥落的时候，道德正义已被剥夺，小人壮而君子病，所以不利有所前往。

【象证】剥卦，在公理正义被剥夺的时候，若有所前往，则无所得，且可能有凶，故不利有所前往。此时君子道消，小人道长，若是执意有所前往，则可能为小人所害，故不利有攸往。社会呈现一片混乱，君不君、臣不臣，子弑其父、臣弑其君，而君子在这种时候只可明哲保身，以待时机之至，方能有所作为，所以不利有所前往。

剥卦上卦艮为山，下卦坤为地，山高出地上，常受风吹雨打和地震，渐渐而有被剥落、剥削、剥夺的形势，故曰剥。剥卦五阴在下，一阳在上，阴始自下生，渐长至于极盛，阴已剥阳而到达了极盛之位。君子势孤，故不利有攸往。故"剥柔长刚灭，天地盈虚"（《京氏易传》），又"山附于地剥。君子侯时，不可尚变。存身避害，与时消息"（《易·剥·象》），故言"不利有攸往"。

剥卦自初至五互体坤，而艮山有被地割裂剥落的危险，阴长而至极盛，唯上九为阳爻，此象阳之消而衰也，是以"小人壮而君子病"，故不利于君子的有所前往。小人树党于内，君子摒处于外。然外卦艮止，既处位外，正当顺而止之，以待阴势之衰，而"利天下于不见不闻之表"也。

明末袁崇焕，乃为乱世中之大忠臣。当时小人当道，正理公义不扬，阉党高捷、袁弘励等皆对袁崇焕的正直不阿有所忌。袁崇焕杀贪贿的总兵毛文龙，又乘机修复守备，并且扼皇太极于辽西……凡此皆使阉党宦官既恨又忌，于是合谋倾之。皇太极因纵反间，谓与崇焕有密约，奸臣遂诬崇焕引敌胁和，将为城下之盟，明思宗昏昧而惑疑此事，遂下崇焕于狱。次年，明思宗遂磔崇焕于市，一代忠臣终究是为小人所害。"剥，不利有攸往"，良有以也。刘邦死，吕后大封吕氏，周勃、陈平虚与委蛇，其后乘机灭诸吕立汉文帝而成其功，此则在小人得势，不利有攸往皆不往，待时机一至即发动清除小人，遂成其功者也。

《彖》曰：剥，剥也，柔变刚也；"不利有攸往"，小人长也，顺而止之，观象也；君子尚消息[①]盈虚[②]，天行也。

【音注】①消息：消，减少，减少的过程。息，增加，增加的过程。消息者，为增减生灭盛衰的过程，盛极必衰，衰极必盛者，《易》之道。 ②消息盈虚：万物增减、生灭、盛衰、成败的过程。万物生灭荣枯皆有其一定的次序，而人当顺此道而制一定行事的懿则。虚，空也，无也。盈，充满也。"天之寒暑往来，地之陵谷迁贸，盈则与时而息，虚则与时而消。"（孔颖达）

【义译】《彖辞》上说，剥就是剥落、剥夺的意思，即阴柔剥削改变阳刚的意思，而不利有所往，是因小人之道增长，往必有灾，所以不利所往。君子顺而停止，是因能观察明白此种现象，不利于有所往。君子崇尚消息盈虚的道理，是因天行原有此种现象，故君子效法它。在阳道将消尽之时，小人道长之日，不利有所前往。在阳道来复时，才可以有所前往。随时、随地、随消息盈虚，而制定行事的法则，就是效法天行而行，做到天人合一呀！

【象证】本乾之六阳，今变其阳刚而为阴柔，而只剩孤阳在上，有被剥落的危险，故云"柔变刚也"。小人的势力于此时正在膨胀，故君子明哲保身，随时隐退，以待有利的时候，故"不利有攸往"。内卦坤为顺，外卦艮为止，顺而止之象也。君子见小人不能容已，故不入于其党，但应顺其势而止于位外，故"顺而止之"。

十二消息之卦：十一月为一阳来复（建子，阳始息而阴始消）。十二月建丑临，二阳生，阳息至二，阴消至二。正月建寅，泰卦，三阳开泰，阳息至三，阴消至三。二月建卯，大壮，阳息至四，阴消至四。三月建辰，夬卦，阳息至五，阴消至五。四月建巳，乾卦，阳盈阴虚，至此阳极已盛至极，盛极必衰，一阴始生于下，而成五月。五月建午之姤，一阴始生，阳始消。六月建未，遁卦，阴息至二，阳消至二。七月建申，否卦，阴息至三，阳消至三。八月建酉为观卦，阴息至四，阳消至四。至九月建戌为剥卦，阴息至五，阳消至五。秋气肃杀，万物剥落，五阴盛进于下，一阳独存于上，阴盛阳衰，故为剥落之象。而至十月建亥入坤，则阳全剥尽（阳虚阴盈），阳气消灭，阴气全盛矣。故君子在阴柔消阳刚之时，小人害君子之际，不利有所往，因小人道长，往或有灾也。且内卦坤为顺而外卦艮为止，能顺而止之，故观此象，即知不宜轻进也。即至剥极必复，阴盛生阳，十一月建子复卦一阳来复，此时君子可以利有攸往矣。是以君子崇尚消息盈虚之理，顺宇宙自然之道，效法天道运行之规律，而制定行事之懿则，则可以保身延年，建功立业，故"君子尚消息盈虚"。

东汉魏晋南北朝时，宦官军阀无恶不作，国事已到绝望的地步。此情况自为有识者所不满，然而这些有识者既灰心于现实的政治，但为免干犯，为免忌讳，是以皆相率谈哲理为务，而逃避现实政治，如竹林七贤阮籍、嵇康等人皆不敢求在政治上有所作为，而且行为故作怪诞，即是为避人耳目，免为小人所忌，而招惹杀身之祸，此皆因其在剥时，能"顺而止之"故也。唯阮籍借此全身，而嵇康不免于死亡，故剥之不利可知也。唯陶渊明与释慧远等或隐居以避世，或组莲社念佛，则能全身免害，而由时之不利故也。至若狄仁杰顺应武则天之剥唐而止之，推荐张柬之以自代，待武后生病，张柬之等遂恢复唐室矣。能随时消息盈虚而建功业，伟哉！

《象》曰：山附于地，剥，上以厚①下安宅②。

【音注】①厚：敦厚，富厚也，不刻薄的意思。　②宅：位也，居处也。

【义译】《象辞》上说，山本高峻，而附于地，山势有倾颓的危险，这是剥卦的象征。为人君上者体会剥象，乃由下积渐而上所形成。为防止剥落，以免下颓而上倾，所以丰厚自己的下民，安定稳固下民的住宅与自己所居的地位。

【象证】艮为山，坤为地，山高附出地上，有风吹雨打和地震剥削之危，此为剥之象。是以高附于卑，贵附于贱，有君不能制臣，上不能制下，阴盛阳衰之险。坤为地、为厚、为下，艮为宅、为安，是以君上当丰厚其民生，然后可以安定其地位，则不至被剥困矣。

纣王暴虐无道，而其征伐、制作、田猎、祭祀、享宴皆为劳民伤财之举，使民生疾苦，怨声载道，完全得不到民心的拥戴，故武王伐纣时，便能一举成功，此乃纣王不懂"厚下安宅"之理。反之，武王深谙此道，是以灭商之后，即先安抚殷商的遗民，并使其百姓富足，而得到人民的信赖，从而巩固周朝的地位，遂王有天下。唐太宗曰："国佑于民，削民以自奉，犹割肉以充腹，腹饱而身未有不毙者。"故厚下以安宅，所以不败。《书》曰："民惟邦本，本固邦宁。"厚下正是所以宁邦也。

初六：剥床①以足②，蔑③贞凶。

《象》曰："剥床以足"，以灭下也。

**【音注】**①床：卧具也，可卧可坐，引申凡安置器物之终皆曰床。如，"人主处匡床之上，听丝竹之声，而天下治"（《商君书·画策》）。②足：脚也。③蔑：无，又当作灭。

**【义译】**初六，阴柔居下，在剥卦剥夺剥削的开始，有卧床被剥削先损其脚的象征，这时候阴气初长，正道渐减，如果没有守着正道，一定会遭遇凶害的。

《象辞》上说，剥床从其脚开始，是说从下部的基础开始剥落，然后渐及于上呀！

**【象证】**本卦五阴在下，一阳在上，且二至上体六画艮，上下皆艮，艮为门阙，故有床象、宅象、炉象。且本爻居于其下，为足之象，又错复下震为足，故有"剥床以足"之象。初为阳位，而今不得正位，故蔑贞。以阴居阳，阴剥阳，柔变刚，是邪侵正，小人消君子，且又无上应，故有"凶"之象。艮为身、为止，坤为民、为阴暗、为夜，身止于夜，故剥卦有人寝在床之象。

初六以阴虚居阳，不得正道，在剥夺之时为士农工商之位，已被剥夺矣！如不守正道，凶咎更甚，如能守正，则虽被剥害于一时，积德尚义，终有匡复之机。纵或杀身成仁，舍生取义，与有荣焉。此君子所以颠沛流离犹行仁守正者也。

坤为地，所以载物，变震而为木、为足，在下故称足，故有床足之象。而床所以安人，先从下剥，渐及于上，则君政崩灭矣，故言"以灭下也"。而足又比作基础，又下之势若所处之屋。床在人下，足在床下，剥床从足，是剥落从下开始，而渐次及于上，害床先害其足，害国也是先害其民，而君子就是国家的足。小人灭正道、消君子，是从根本上输起，这是最大的灾害呀！剥由初起，积渐而上，初被灭，元气已失，至二而大丧，至四而伤毁立至，以至于国破家亡。为国者宜有以自防，用君子则小人退而天下泰。用小人则君子遁而天下否，国势凌迟而至于剥矣！

明英宗信任宦官王振，杀害贤良，终有土木堡之兵败被囚之祸。明武宗任刘瑾，贬王守仁等忠臣。世宗任严嵩，大杀杨继盛、张经等贤良。熹宗任魏忠贤，杀熊廷弼、王化贞、杨琏、左光斗。思宗听宦官言，杀袁崇焕，由是群寇四起，民不聊生，李自成攻陷北京，清遂灭明而代有天下。是小人初害君子，若遂不改，则国遂以亡矣！故《象》曰："以灭下也。"

**六二：剥床以辨**①**，蔑贞凶。**

**《象》曰："剥床以辨"，未有与**②**也。**

【音注】①辨：别也，分辨也。下曰足，二曰辨，乃足上膝部之关节，所以分辨上下腿者也。　②与：助也。

【义译】六二，剥落了床身床脚的关键，如果没有守正道，则有凶害。

《象辞》上说："剥床以辨"，是说其上没有应与之人可以帮助的关系。

【象证】六二阴爻，所应在五，而五爻复为阴，所承之三，亦皆阴柔，无所应与。阴阳相应为有与，阴阳不相应为无与，故曰"未有与也"。初变内卦震为木，阳消至二，故曰辨。小人侵剥君子，若君子有助，则可以免害，而小人不能得乘；今未有人相助，所以被害而其凶祸可知。

大凡小人为害，假使其中有一君子与之为应顺以遏止之，则有所顾忌而不敢放肆以害君子。如狄仁杰先顺武则天，后乃推荐张柬之为相，张柬之等乘武则天生病而迎中宗复位，故能中兴唐室。如明思宗欲杀袁崇焕时，若有君子相救，而思宗亦可能听从，则明朝可以不亡，惜乎阴剥阳而阳无助，崇焕既死，明遂亡矣！

如君子无助，已既剥灭，国家寻亦灭亡。盖六二得正而在大夫之位，当剥落之时，上无应与，有被剥之险，所当谨慎，坚持正道，纵如此而死，亦君子之本分，虽死之日，犹生之年也。若不守正，则成害国害民之小人矣。文天祥、陆秀夫、张世杰、史可法，皆居剥而持正以卫国护民而牺牲生命，名留千古者也。至于张弘范、吴三桂、洪承畴，在国运倾剥而降敌不正，危害国家，当时寡廉鲜耻而忝窃富贵，死后富贵消灭而被唾骂千古，羞莫甚焉，是"蔑贞凶"者也。


**六三：剥之无咎**①**。**

**《象》曰："剥之无咎"，失上下也。**

【音注】①咎：灾殃也，归咎也，过咎也。如"郑伯效尤，其亦将有咎"（《左传·庄公二十一年》）。

【义译】六三，剥落剥夺了它，咎由自取，无所归咎。

《象辞》上说，剥落剥夺了它，无所归咎，是说失去上下的关系呀！（此有二解，详象证）

【象证】解一：六三以阴居阳，不得正位，而居三公之大任，在剥卦剥夺剥削之时，亦被剥夺剥落矣，故剥之。所以致此者，阴柔不中不正，失去君上之信任与下民之拥戴也，上下人心皆失，所以被剥夺者也。此咎由自取，无所归咎，无所咎责者也，故曰"剥之无咎，失上下也"。

如和珅得乾隆之信任而为相，残害忠良，贪鄙无厌。待乾隆死，嘉庆遂抄没其家，杀之。明世宗时严嵩为相，亦奸暴残杀忠良，后亦被抄没家产，其子处死，本身流离而死。斯皆阴柔不忠不正，身为三公，而残害忠良，剥削民脂民膏，终被抄没家产，失去上下之救助，被剥夺而死者也。

解二：先儒之解说多以六三以阴柔居阳位，位虽不正，而当群阴剥阳之时，独应于上九之阳刚，不剥阳而助阳，故当剥卦之时，独可无有灾咎，故曰"剥之无咎"。

初至五皆是阴柔，三处其中，而独应阳，不和同类相亲，与上下之阴不同，虽失去了上下群阴小人一类的朋友，而独应于阳刚这一个君子，而独从事于正道，故曰"剥之无咎"。失上下也，即如荀爽曰："众皆剥阳，三独应上，无剥害意，是以无咎。"

唐玄宗晚年以李林甫、杨国忠为相，朝中尽是小人当权，骄奢横纵，贤相良臣皆被害，然而生在此际的李白却不攀附权贵，还可在朝中为臣，且尝救郭子仪之命，其后唐室终赖郭子仪之助恢复两京，是"剥之无咎，失上下"，以助君子者也。又如春秋时，晋文公避难入曹，曹国君臣凌虐之。后文公率兵焚掠曹国，独免僖负羁者，以其能独馈食结交晋文公，而不与曹君臣凌辱文公也。

**六四：剥床以肤[①]，凶。**

**《象》曰："剥床以肤"，切[②]近灾也。**

【音注】①肤：身体的表皮也，如"肤如凝脂"（《诗·卫风·硕人》）。 ②切：切实。

【义译】六四，不但剥落了所安居的床，而且剥至床上人的肌肤，而将灭其身了，这是凶的。

《象辞》上说："剥落了床，以至于人的肌肤"，是说已经切实地迫近灾害了。

【象证】艮为手、为肤，六四在艮之下，故有"肤"之象。以阴变阳，至四而床毁，而切近床上人之肌肤，剥旁通夬，上卦错兑为毁折，剥下坤为阴暗，三变坎为灾害。且六四又无应于下，是以凶害切身。下卦坤以象床，上卦艮以象人，本爻居第四，乃上下两卦之际，下卦既已剥尽，上卦剥又已及之，床剥尽以及于人身，剥之增长不止，所以为害深且严重，故曰"剥床以肤凶"。六四以柔居柔，得剥削的正位，为诸侯之位，以窃位剥削人民，残害忠良，营私结党极盛，忠臣义士，多受其灾殃，时势至此，君子已无能为力，好像整床已被剥削，灾祸及于肌肤，切近灭身之灾，故是凶的。

  一个国家的权势全为小人所控制，小人的气焰已盛极，而守身如玉的忠贞之士，仍保持出淤泥而不染的节操。小人无终久得志的道理，至一阳来复，剥极必复，而小人失败，君子得势，则小人终亦被剥削而至灭亡，"剥床以肤"，灾殃及之。

## 六五：贯鱼①，以宫人②宠③，无不利。
《象》曰："以宫人宠"，终无尤也。

  【音注】①贯鱼：贯列之鱼，依序排列，如鱼游之先后相继，为骈列相次之象。如"论宫闱有贯鱼之美"（《北史·后妃传》），即言美女罗列也。又解作贯通贯穿之鱼，有次序的陈列者。贯，音冠，贯通、贯穿的意思，联络贯穿的意思。　②宫人：宫女，宫中给事的女子。　③宠：有荣耀，宠爱也。

  【义译】六五，以阴居阳位，不正，在剥卦剥夺的时候，而处天子的尊位，如何保国安民而不被剥夺呢？要控制齐头并进，像群鱼贯然相连一样地亲幸小人，列入管辖，以宠爱宫人嫔妾的态度，去宠爱他们，使他们生活无虑而不致操纵权势、贪渎凌虐，能听命于君上，而不害正事，则没有不利的了。

  《象辞》上说："以宫人宠"，终究是没有过尤的。

  【象证】当剥卦之时，小人成群以剥夺国政，残害贤良，六五以柔中居天子之位，当如《象辞》所谓"顺而止之"，以阻止小人势力继续增长，如此管理控制小人，则不至于剥矣。管理之法莫善于顺而止之，如宠爱婢妾，似贯鱼般同受宠幸，予以荣利，不予政柄，使受制于君子，则小人不害政柄，国家可以安矣。

  本爻变巽为鱼，而鱼又为阴物、为绳，故有贯鱼之象。而艮为手，自初六、六二、六三、六四、六五等五阴，依次递进。故有贯鱼以宫人宠之象。巽为长女，艮为宫室，而艮旁通兑，兑为少女，三变三至上体离为中女，坤母为后、为众，故有宫人之象。

  六五有止剥之势，然而却遇上艮卦，艮为止，六五体为艮止，下坤为顺，顺而止之，又近于上九的阳刚，相承而比，相亲而从，能制小人，"贯鱼以宫人宠"，能亲君子，则可以反剥而复，不至于亡国败家者矣！

如唐明皇宠杨贵妃而宠杨国忠及贵妃姊妹亲友、安禄山等，但给以荣利，而勿使掌政、军、财经诸权柄与职位，则安史之乱不作，而玄宗可以不败。汉光武帝刘秀、宋太祖赵匡胤给功臣富贵，而不使掌兵权，皆深得帝王之术，且不失君臣之亲，智哉！

崔憬曰："鱼与宫人皆阴类，以比小人焉。鱼大小一贯，若后夫人、嫔妇、御女，小大虽殊，宠御则一，故终无尤也。"虞翻曰："动得正，得观，故无不利。"即剥五变成观卦，而不成剥矣。

**上九：硕**①**果不食，君子得舆**②**，小人剥庐**③**。**
**《象》曰："君子得舆"，民所载也；"小人剥庐"，终不可用也。**

【音注】①硕：大也。又音义同"石"。　②舆：车也。　③庐：房舍。

【义译】上九，硕大的果实不被剥落吞食。若大德的君子，则可以得到车乘，若小人则有被剥去屋舍的危险。

《象辞》上说"君子得到车乘"，是人民所仰戴拥护的关系；"小人剥庐"，是说终不可以任用的意思。

【象证】上卦艮为果蓏，而本爻居艮之上，故有果象。阳大阴小，上九为阳刚，故言"硕果"。五阳皆消于下，一阳犹存其上，故有"硕果不食"之象。阴为小人，阳为君子，五阴载一阳，故有舆象。初至五互坤，为大舆，又三变坎亦为车，上九复在其上，故有"君子得舆"之象。

艮为宫室、庐之象，剥极必复，小人终灭族亡身。三大诸侯，纣杀其二，唯有文王硕果仅存，乃修仁行义，终使三分天下有其二，至其子武王遂得天下，此硕果不食，君子得舆之象也。至商纣与飞廉、恶来等，群小皆悉灭亡，终蹈"小人剥庐"之凶。袁世凯欲称帝，诛杀群贤，如宋教仁、陈英士，或囚禁忠贞，唯有蔡锷留居北京，假酒色以存身，后脱逃而归云南，即与唐继尧起兵讨袁，天下应之，终使袁逆失败，忧患而死，是"君子得舆，小人剥庐"者也。

# 复

地雷复

| 卦 体 | 下卦震 | 上卦坤 |
|---|---|---|
| 卦 象 | 为雷 | 为地 |
| 卦 德 | 为动 | 为顺 |

| 错卦 | 反卦 | 下互卦 | 上互卦 | 消息卦 | 附注 |
|---|---|---|---|---|---|
| 天风姤 | 山地剥 | 坤卦 | 坤卦 | 十一月辟卦 | 回复天理之正气 |

《序卦》云:"物不可以终尽,剥穷上反下,故受之以复。"物极则反于初,剥极必复,所以次剥也。

**复**①:亨,出入②无疾③,朋来无咎,反复其道,七日来复④,利有攸往。

【音注】①复:"反也"(《杂卦》),返回也,来复也。 ②出入:犹往来也。③疾:快速也,急迫也。 ④七日来复:七天回返也,七日循环也。古今注释多家,兹择数家于兹。李鼎祚以为,"剥卦阳气尽,于九月之终,至十月末纯坤用事,坤卦将尽,则复阳来;隔坤之一卦,六爻为六日,复来成震(下卦),一阳爻生为七日,故言'反复其道,七日来复'是其义也"。王弼、孔颖达以为阳气始于剥尽之后,至阳气来复,凡经七日。虞翻消乾六爻为六日,刚来反初故七日来复,天行也。侯果等人以四月乾,五月姤一阴生,六月遁,七月否,八月观,九月剥,十月坤,十一月复天行至子,阳复而阴升也。凡经七月,故曰"七日来复"。郑玄本《易纬稽览图》"六日七分"之说,以当七日。盖以一年十二月三百六十五又四分之一日,配六十四卦,以震离兑坎配春夏秋冬四季,为四方伯卦,主四时东南西北四方,余六十卦平分三百六十五又四分之一日,古代漏刻一日八十分,六十卦,每卦平分恰得六日七分(五又四分之一日为四百二十分除以六十得七分),举其成数故曰七日,此即是汉儒孟喜京房的卦气卦候之学。七日来复,谓七日换一卦,前卦既已,后卦将生,时经六日七分当七日也。一阳来复时经七日,一卦有六爻,返回为七,即七日循环一周,为一星期有七日的说明。

【义译】复卦,能够回复是可以成功的,在阳刚开始回复的阶段,有所出入往来行动,皆不要操之过急,应当稳重渐进以图复原;这时需要朋友来帮忙,所以有朋友来帮助,是没有灾咎的。阴阳消长循环,要返回其道是要经过七天才能循环回复的。阳刚君子之道,既已经回复了,这时正好利于努力前往去图功创业。

【象证】复卦震下坤上,坤为地、为阴,震为雷、为阳,雷动于地中,阳气开始回复的现象,故曰"复"。剥卦时阳气将剥尽,剥极必复,故曰"复"。初九为阳,六二、六三、六四、六五、上六为阴,一阳始生于五阴之下,对阴而言,乃盛极而将衰,就阳而言,则衰极而来返,阳已来返,象征君子之道的回返,所以可以亨通而成功。

由卦形来看,剥卦的上九剥落,则成为纯阴代表十月的坤卦,这时阳又在下方酝酿,到了十一月的冬至,一个阳爻又在"初"位出现,成为复卦。这样阴阳去而复返，上阳剥尽，下阳复生，既穷困于上，便返乎下，万物生机，终不至于断绝，使万物生生不息，所以亨通。故知阴阳始终在循环着，一沉一起，一治一乱，如昼夜运行，日往则夜来，夜往则日来，回复不息，又如四时的交替，经过严冬，春天来临，万物又生机蓬勃起来。阳既复生，君子在位，如旭阳之始生，如春气之来返，所以成功亨通。

阳气既出而返入于内，入者来也，阳气由外而回来；阴气被迫而出于外，出者往也，由内而外，便是泰卦的小往大来，所以亨通。唯阳刚始返，不可求速，欲速则不达。一阳在内故曰"入"，群阴出外故曰"出"，一阳始生，阴气犹重，泰卦未成，故出入无求疾速。如王安石变法，因操之过急，变法失败，故欲恢复，不要操之过急，慢慢来才会有成功的把握。

此外还要有朋友的帮助，朋谓阳，阳为君子，一阳进而群阳自来；即如君子进，则群君子相率而来，朋类同来，并力进取，其道不孤，何患之有？兑为朋，由十一月复至十二月临下卦兑，正月泰，二月大壮互兑，三月夬上卦兑，兑为朋，故有朋友来就没有灾难，无朋友来就有咎。

阳剥既尽，一阳复来，循环回复，历经七日故"七日来复"。一星期七天，秦汉前已经提出，中国古时之三坟五典已具，如《尚书·舜典》："在璇玑玉衡，以齐七政。"日月水火木金土，曰"七政"。古人乃至洋人以此记日，谓一星期七天，在《易·复·彖》则"反复其道七日来复"。星期日为日曜日、星期一为月曜日、星期二为火曜日，三、四、五为水、木、金曜日。

《象》曰："复亨"，刚反[①]；动而以顺行，是以"出入无疾，朋来无咎"；"反复其道，七日来复"，天行也；"利有攸往"，刚长也；复其见天地之心乎？

【音注】①反：返也，还也。

【义译】《彖辞》上说："复卦回复之所以能够亨通成功"，是因为阳刚返回来，君子之道开始回复增长。这时候元气刚回复，所以行动要能够顺天理人心，逐渐去回复，行之以顺，所以出入不遽迫，有阳刚之朋同心同德，同来帮助而没有灾咎。阴阳循环往复之道，经过七日，是天道运行的法则。有利于前往，这是因为阳刚之道渐渐增长的关系。从复卦可以见到天地生生不息，造化万物之心。

【象证】下卦震为动、为行，上卦坤为顺，故曰"动而以顺行"，能以顺而动，徐图回复之气机，方能回复也。如孙中山先生革命是也。逆天而行，无有不败者，以此徐谋发展，得道多助，应求友朋之帮助，方能有光复之大业，如越王勾践。行必以道，如出入过急，失道无朋，必不能复也，如夫差杀伍子胥。

消长相因，七日而来复，乃天体运行之规则，四季寒暑的更替，此往彼来，无有停止。黑夜与白天的循环不已，天道的运行正是如此，故祸兮福所倚，福兮祸所伏，盛极必衰，哀兵必胜，此人事运行之法则也。阳为刚，阳刚代表君子之道，复卦"刚反"是君子之道行，而小人之道消，国有道，天下太平，有利于前往，君子可以出任之时也。若阳刚消而阴柔长，正是小人得志，君子道消，隐遁之候也，则不利有攸往矣。

天地本无心，以万物之心而为心。一阳复始，万物萌动，君子观复之象，而见天地之心。使君子道长，小人道消，是天地之心。天地之心本不可见，圣人于复一阳来复，顺而以动行而见。有天下者，可不求天地之心以为心乎？宇宙万物之生机，动于天地大气之中，无一毫之间断，天地以之育群品、繁万物，吾人一毫恻隐之仁心，动于心中，以之子庶民，来百工，而化天下，故克己复礼为仁。能克制自己人欲之私情，方能回复天理本然之正道。一日克己复礼，天下归仁焉，为仁由己，而由人乎哉？故非礼勿视，非礼勿听，非礼勿言，非礼勿动，所以回复天理本然之正道，而修身复德，正心、诚意、齐家、治国、平天下者也。

故《易·系辞》曰："复以自知。"又曰："复，小而辨于物。"又曰："复，德之本也。"正是内圣外王之道，天地生万物育群品之仁，故曰"复其见天地之心"。

【笺注】"冬至子之半（十一月建子冬至，复卦十一月之卦），天心无改移；一阳初动处，万物未生时。玄酒（水也）味方淡，大音声正希（老子大音稀声）；此言如不信，更请问庖牺。"（邵雍《冬至吟》）

《象》曰：雷在地中，复；先王以至日①闭关，商旅不行，后②不省方③。

【音注】①至日：指冬至之日。周代建子以子十一月为正月，冬至在十一月，正是周代过年时，今人以冬至为过小年，肇因于此。　②后：君也，"林、蒸、后、辟、天、帝、公、侯，君也"（《尔雅·释诂》），是国君的意思。　③省方：省视四方之事。

【义译】《象辞》上说，雷在地中，是复卦的象征。先王在值冬至节气的时候，关闭关口，让全国休息，工商旅客皆不在外往来行走，而国君也不朝见群臣，不省察四方的事情。

**【象证】**复卦上卦坤为地，下卦震为雷，雷在地下之中，震雷为阳，坤地为阴，当阴阳相互激发时，才能产生雷。复卦一阳始生于地中，力量不足以激发雷，尚待培养酝酿，如阳气在地下开始酝酿，已有微阳始生之候，此时正有如冬至的时候，阴气虽凝冰于地上，而一阳已潜动于地中。斯时十一月仲冬天气凛寒，深水独温，何也？一阳来复于群阴深寒之下也。

先王修道养身，值此昼短夜最长之时，重在培养此几微的正气，使其潜滋暗长，不惊不扰，故一年八大节气，冬至独最受重视。周朝以建子十一月为岁首，故在冬至数日内，正是周朝过年的大节气，全民入室，以息老慈幼，士、农、工、商、旅客、外宾皆过年团聚，享受父母、子女、夫妇、兄弟过年团聚之乐。国君顺天时民俗，以享人伦过年之好，故不省察天下四方之事，而不再使吏民跋涉山川、履冰践雪以迎候，怨咨繁兴也。

古人以一年有四季、十二月、二十四节气、七十二候，凡君王的起居，政令推动，都要应季节决定，以人合天，使天人合一。若天人不合，古人以为必引天灾人祸。《礼记·月令》即有详明的记载，如十一月"土事勿作，慎毋发盖，毋发室屋，及起大众，以固而闭"是也，《卦气图》即是其说明。

**初九：不远复，无祇[①]悔，元吉。**

**《象》曰："不远"之复，以修身也。**

**【音注】**①祇（qí）：至。另解为"祇，大也"（侯果）。

**【义译】**初九，在士农工商之位，在复卦克己复礼的时候，得到正位，有失之不远，即立即回复善道的象征，能够复善，所以不但不至于有懊悔恨惜，而且有大吉利的象征。

《象辞》上说：失之不远，而能回复善道，这是能够随时迁善改过以修其身呀。

**【象证】**初九，在复卦阳刚初返之时，以阳刚居下卦之始位，一阳始生于五阴之下，昔为阴暗所剥，今则一阳来复，能存阳明而去阴暗，故能在事物刚开端之时，即能震惊醒觉，震为雷、为惊、为行、为动，所以能克己复礼。纵使有了过失，即在过失刚起不久的时候，则立刻复其善，如此修身，吉莫大于此，故孔子曰："过则勿惮改。"（《论语·学而》）孟子曰："人恒过，然后能改。困于心，衡于虑，而后作。征于色，发于声，而后喻。"（《孟子·告子下》）

颜渊不贰过，《易·系辞》谓之"有不善未尝不知，知之未尝复行也"，能不远复如此，是以能修身行仁而至复圣之功。人非圣贤，孰能无过？唯要能及早改过、及时回复才不至于犯更大错误。君子之道，以修身为本，曾子日必三省其身；子路人告之以有过则喜，恐其有过而不自知，不为改也，故能体圣成贤，为圣人之高弟。士农工商，以此自勉，可以无过而希圣近贤矣。

六二：休[①]复，吉。

《象》曰："休复"之吉，以下仁也。

【音注】①休：休止，亦解作美好。

【义译】六二，能够停止过去的过错而回复善道，是吉利的。

《象辞》上说，休复的吉利，是因能礼下仁德的君子。

【象证】复卦六二以阴居阴位得正，居下卦之中，在大夫之位，当阳刚回复之时，既中且正，能够停止过去的过错，而回复到善道，能克己以复礼，礼贤下士，与其百姓都能回复于善，这是吉利的。剥卦为止，返回复卦，故曰"休复"。震为木，于稼也为反生，比于初九贤德之君子，故曰"以下仁也"。

臧文仲知柳下惠之贤，而不与立，是不能下仁。公叔文子之臣大夫撰，与文子同升诸公，是能下仁进贤者。微曾子、子夏不闻丧明之罪，微子游、曾子不察袭裘之过，故能下仁，方可休复。

六三：频[①]复，厉，无咎。

《象》曰："频复"之厉，义无咎也。

【音注】①频：数次，常常。

【义译】六三，数次犯错，而数次皆能回复于善道，虽然很危厉，但是没有灾咎的。

《象辞》上说，屡次犯错，屡次改正的危厉，揆之义理，应该无有灾咎。

【象证】六三，以阴居阳位，不正，而在内卦震动的极点，三是多凶之地，且于上无应，在复卦回复善道，克己复礼之时，身居三公之位，频频犯错，频频改过，当然危险。复而在三，震为动，故曰"频复厉"。知过能改，在复卦回复善道之时，能改过如是，于情理德义上，理当无所咎责者也。故孟子曰："人恒过，然后能改。"此"频复"之谓也。

蘧伯玉行年五十，而知四十九之非。《论语·宪问》载其使者对孔子曰："夫子欲寡其过，而未能也。"《庄子·则阳》谓其"行年六十而六十化，未尝不始于是之而卒，诎之以非也"。是"频复厉"，非徒无咎，亦且可以希圣希贤。盖克己复礼，功在过勿惮改，视听言动，应当慎重，不可一错再错，必须彻底检讨，周详明审，活到老，学到老，复性成圣。

**六四：中行独复。**

**《象》曰："中行①独复"，以从道也。**

【音注】①中行：谓行中道也；行，"道也"（《尔雅·释宫》）。

【义译】六四，能够践行中道，而独自回复于善道。

《象辞》上说，"中行独复"，是说跟从道义而行的意思。

【象证】复卦五阴列于一阳之上，六四恰在五阴之中，前二阴、后二阴，故曰中，而震为行，故曰中行。六四以阴居阴位，得其正位，下应初刚，独能相应于初九有道的君子，能复善道，故曰"中行独复"。能允执厥中，以安守诸侯之正位，克己复礼，以礼贤下士，能遵从大道而行，必能保其禄位，合其民人，不言吉，而吉庆可知矣。

春秋之时，诸侯相互攻伐，莫能尊王攘夷，齐桓公用管仲，北逐北狄，以存卫安邢，率诸侯以尊崇周天子，正而不谲，懿然为五霸之首，是"中行独复"者也。晋文公虽强而有请隧招天子狩河阳之举，楚庄王有问鼎之邪志，宋襄公积弱不振而好战以败，秦穆公贪利好战只能称霸西戎，故五霸中齐桓公独能尊王攘夷，"中行独复"，孔子称之。至于荀子、孟子，从孔子之道，亦"中行独复"，以从道修身者也，虽未得行其志于当时，而弘儒道于千古，亦"中行独复"者也。

**六五：敦①复，无悔。**

**《象》曰："敦复无悔"，中以自考也。**

【音注】①敦：厚也。

【义译】六五，能够敦厚地回复善道，是没有懊悔恨惜的。

《象辞》上说，"敦复无悔"，是因能用中道来考察自己的关系呀！

【象证】复卦上卦为坤，坤为地，地以厚德载物为德，而五居外卦之中，五变坎为心，故"敦复无悔"，中以自考也。六五以柔中之德，在天子之尊位，当此返复的时刻，能笃于复善，敦厚以行仁，斯不致有懊悔者也。以阴居阳位，失位，本应有悔，变正，以永执其中，以自考察，故无悔。

昔禹伐有苗，苗民弗顺，益赞于禹曰："惟德动天，无远弗届。满招损，谦受益，时乃天道……至誠（诚）感神，矧兹有苗。"禹拜昌言曰："俞。"班师振旅，帝乃诞敷文德，七旬有苗格（《尚书·大禹谟》）。此是"敦复无悔"，执中以行者也。曾子之三省吾身，亦在敦复以行中道者也。

上六：迷①复，凶，有灾眚②，用行师，终有大败；以③其国，君凶。至于十年，不克④征。

《象》曰："迷复"之凶，反君道也。

【音注】①迷："惑也。"（《说文》） ②灾眚：伤害曰灾，妖祥曰眚。 ③以："凡师能左右之曰以。"（《左传·僖公二十六年》）即能影响推及也。 ④克：能也。

【义译】上六，迷而不知回复善道，它是凶的，同时也有灾害。如果用以行兵作战，最终必定有大败的凶险，而且凶害连及其国君；虽至于十年之久，还不能回复国势，不能征讨别人。

《象辞》上说，"迷复之凶"，是因为违反国君之道。

【象证】上六，以阴柔居复之终，距初爻阳刚君子最远，乃迷失其道而不知回复者也。坤为迷，又居高无应，以当隐士宗庙之位，是迷而不还者也，故"迷复凶"。

上卦既为坤，然五为阳位，伏阳焉，变而成坎，坎为灾眚，本爻居伏坎之上，故为"有灾眚"之象。三变正，二至上体师象，上六应之，下卦为震动，"用行师"之象也。坎为血，上六阴柔无应，当隐士宗庙之位，非将帅之才，故用行师，"终有大败；以其国，君凶"。

赵王用赵括为将，卒至长平，为白起所败，赵卒四十万皆被活埋，是迷复以其国君凶，十年犹不克征者也。南宋权相韩侂胄、史弥远及贾似道者，连年与金元争战，卒致败死。第二次世界大战，日本、德国发动侵略战争，引起世界大战，终战败而投降。

# 无妄

天雷无妄

| 卦体 | 下卦震 | 上卦乾 |
|---|---|---|
| 卦象 | 为雷 | 为天 |
| 卦德 | 为动 | 为健 |

| 错卦 | 反卦 | 下互卦 | 上互卦 | 消息卦 | 附注 |
|---|---|---|---|---|---|
| 地风升 | 山天大畜 | 艮卦 | 巽卦 | 九月大夫卦 | 真诚不虚 |

《序卦》曰："复则不妄矣，故受之以无妄。"能够克己复礼，则能无有邪妄，而为真诚者矣，所以继复卦之后为第二十五卦。

无①妄②：元亨，利贞，其匪③正有眚④，不利有攸往⑤。

【音注】①无："奇字，无也；通于无者，虚无道也。"（《说文》）意即虚无之道，今六经唯《易》用此字。　②妄："不妄指。"（《礼记·曲礼上》）即虚也；一说"望"之假借（《说文通训定声》），又"郑玄、王肃皆云'妄犹望'，谓无所希望也"（《释文》）。　③匪：非也，不也。　④眚："目病生翳也。"（《说文》）即病也，引申为灾害。　⑤往：出外曰往。

【义译】无妄，真诚没有虚妄，可以得到伟大成功，但利于坚守正道。如果不能守正不二的话，就有灾眚，不利于有所前往。

【象证】无妄，就是无有虚妄，无有邪妄。上卦乾为天、为健，下卦震为雷、为动；天之下有雷，高高在上，鉴临吾人，若有一念之不诚，邪妄之事，则天知、地知、己知、人知，故人不可存邪妄虚妄之念，当无有邪妄，则真诚矣。乾为大，故元。震为雷、为动，动而刚健，故亨。天下有雷，故宜利贞。初、二，三、四坎象半见，坎为险、为多眚、为灾，三、四不得正位，故有灾眚，"不利有攸往"。

《中庸》："惟天下至诚……可以赞天地之化育，则可与天地参矣。"又曰："曲能有诚，诚则形，形则著，著则明，明则动，动则变，变则化，唯天下至诚为能化。"故真诚至诚可以伟大成功。伟大成功利在坚守正道，方能长久伟大成功，否则终必失败。古今中外圣贤英雄所以能成惊天地、泣鬼神之志节与功业，照耀千秋而不失者，则以至诚无妄，而利贞坚守正道也。

其成功则功业传世，如尧、舜、禹、汤、文、武、周公、孔子、孟子；其不成功则成仁取义为英雄烈士，如文天祥、史可法、岳飞，本其无妄而坚持正道，生命以之牺牲尚且不顾，决不以尘世之富贵，而移其无妄真诚利贞的志节。

《彖》曰：无妄，刚自外来，而为主于内，动而健，刚①中而应，大亨以正，天之命也。"其匪正有眚，不利有攸往。"无妄之往，何之矣？天命不祐②，行矣哉？

【音注】①刚：刚健坚强而能"存天理的正气，去人欲的私情"。　②祐：助也。

【义译】《彖辞》说，无妄没有邪妄虚妄的真诚，是说能"存天理正气，去人欲私情"的刚健，能从外在的宇宙人生、国家社会里随时感发而得来，同时又能在我们心内做得起主宰，一切行动都能本着刚健的精神，刚健而又能允执厥中，同时又能应合于天理人生，这就是无妄，没有邪妄、没有虚妄的真诚呀。本此真诚无妄而得到伟大亨通，同时又能用正道来坚守，这是上天的教命呀！如果真诚无妄不守以正道，则有灾眚，不利于有所前往，这样的假无妄、假真诚，虚伪邪妄而想要有所前往，如何能行得通呢？这种假真诚、伪君子的态度，是得不到天命的护祐的，怎么行得通呢？

【象证】汉宋先儒多以卦变解，实则非是。无妄卦之外卦乾为天、为刚健，天理昭彰而高高在上，所以说刚自外来。我们心性的修养，对于这个"刚健坚强"而能"存天理正气，去人欲私情"的刚，要在一切外在的环境学习中得来，遇到任何环境、任何变化，都要随时感发兴起，自我教育，随时散发。

有了如此刚健的修养，又要拿到我们内心里做得起自己的主宰，能够对一切欲望的私情，如富贵、功名、声色、荣利、赞讥、毁誉、美丑、险恶、威胁、利诱皆不动心，才算是"刚自外来而为主于内"，才能如《大学》之"知止"（不动心）。像洪承畴遇到美女，就改变了他的报效国家的气节，就是"假的无妄"。

九五阳刚在外卦之中，大中而至正，所以说刚中。六二以阴柔得正居中与之相应，所以有"刚中而应"的现象。上乾为天、为君、为命，故曰天命。初、二与三、四坎象半见，四、上变正成水雷屯故"匪正有眚，不利有攸往"也。

君子本此：刚自外来而为主于内；动而健；刚中而应，所以能真诚无妄而行，大亨以正。外此不正，纵得天下亦不为也，故孟子曰："行一不义、杀一不辜而得天下，皆不为也。"（《孟子·公孙丑上》）此圣人无妄真诚守正而不动其心者也，如伯夷、叔齐，义不食周粟，许由、务光、崔子不以帝位动心。

"富贵不能淫，贫贱不能移，威武不能屈"（《孟子·滕文公下》），一切不动心才是"无妄，元亨，利贞"的修养，才能做大圣贤、大英雄、大豪杰，此为中国文化中圣人之学。

《象》曰：天下雷行，物与①无妄；先王以茂②对③时，育万物。

【音注】①与："犹从也、随也。"（裴学海《古书虚字集释》）②茂：茂盛，草木茂盛，美好貌；杨诚斋以为"懋"之同音假借，劝勉也。③对：当也。

【义译】《象辞》曰，天的下面有雷的震动，万物也就随着而真诚地繁荣发展了，这就是无妄卦的象征。先王体会此种现象，即勤勉地丰茂其真诚的德性，对正天时所宜，而繁育万物。

【象证】无妄卦上卦"乾"为天、为父、为君、为王，下卦震为雷，在天的下面有雷在动，正是天地阴阳相合，真实创生繁育万物的象征，而万物也就真实地各受其禀赋，而各正性命，毫无虚妄地化生了，所以说"天下雷行，物与无妄"。

古代帝王效法这一精神，配合季节时序，顺应万物的各别性质，自然而然地养育万物。乾为万物、为天，故"大哉乾元，万物资始"（乾卦《象》）。初至四互体颐，故"育万物"。

先王体无妄，乃以盛德配乎天地。夫天所以覆之，地所以载之，天覆地载以生化万物，至真至诚也，其真诚则见之于春生、夏长、秋收、冬藏，随顺地勃发其生机。先王体乎无妄之道，以盛德配之，教民春耕、夏耘、秋收、冬藏以辅相之、裁成之。故孔子曰："惟天为大，惟尧则之。"（《孟子·滕文公上》）即尧效法天道以繁育万民万物，故感麒麟在郊，凤凰巢阁，瑞草生郊，是本着真诚无妄以对时育物之功之所致也。

**初九：无妄，往吉。**
**《象》曰："无妄"之往，得志也。**

【义译】初九，本着无虚妄邪妄的真诚前往，则有吉利的象征。

《象辞》上说，以没有邪妄的真诚而前往，是可以得志的。

【象证】初九，处无妄之初，以阳居阳位，得正，于六爻之位为士农工商之位，乃"无妄，元亨，利贞"为真实无妄者也，故曰"无妄"。

下卦震为动、为往，故"往吉"。本无妄真诚之心以修身、齐家、治国、平天下，无往不利，无事不成，是以无妄之往，得行其志也。初、二坎象半见，坎为心，故"得志"也，如颜渊不贰过。

**六二：不耕获①，不菑畲②，则利有攸往。**
**《象》曰："不耕获"（或加：不菑畲，凶），未富也。**

【音注】①不耕获：《礼记·坊记》引作"不耕获，不菑畲，凶"。②菑畲（zī yú）：田一岁曰菑，二岁曰畲，三岁曰新。菑，刚开垦一年的新田。畲，"二岁治田也"（《说文》）。指开垦二岁之熟田。

【义译】六二，在无妄，真诚没有邪妄的时候，深知世界上没有不劳而获的事情。"不去耕田，就有收获""不去开垦新田，就有丰收正当的熟田"等，世界上假如有这样不劳而获的事情，就可以利有所往了。

《象辞》上说，不耕田而有收获，这是办不到的，因此也就不能得到富有了。

【象证】下卦震为雷、为动、为耒、为耕、为禾稼，二至四互艮为手、为获，故有耕获菑畲之象，在初曰菑，在二故曰畲。

得正故利有攸往，六二在真诚无妄之时，在大夫之位，居下卦震动之中，得阴柔之正，上应阳刚中正之九五，能如《象辞》之"刚自外来而为主于内"而守着真实无妄，则大有可为，且得无妄之卦义，体天道之真诚，故"利有攸往"。此自正面而言之者也，如包拯之铁面无私，担任法官，为民之青天，昭雪无数之冤狱，秉此真诚，为官清廉无妄，虽几遭不测者屡矣，然能真诚无妄，故上得帝王之重任，下为百姓之青天，是无妄而利有攸往者也。

利有攸往，《易经》此句是以相反的立场去衬托经文的正义，意谓假使不耕田而有收获，不垦田而有美田，不劳而有获的话，就可以利有所往。但世上是没有不劳而获的，所以我们要真诚无妄，才可以利有所往呀！假使不本着真诚，没有邪妄的无妄而有所前往的话，也就是以虚假、邪妄、骗人、贪污、巧取而前往。即是说，除非抢劫贪污，否则你不去耕田则不会有收获。除非强占强取，否则你不去开新田则不会得到丰收的熟田。像这样的假真诚的无妄，是绝对不能得到富贵的，故《象辞》曰："未富也。"郑玄注曰"必先种之乃得获，若先菑乃得畲也，安有无事而取利者乎"是也。

古今中外，多少贪污不法的官员及领导得到凶灾。石崇金谷园的富贵，得之于父祖的强劫与为官的贪渎，但终有抄家灭族的凶灾。这些都是卦辞之"其匪正有眚，不利有攸往"，及《象辞》之"无妄之往何之矣？天命不祐行矣哉"的深戒呀！知道此点，然后可以知道《礼记·坊记》引此句作"不耕获，不菑畲，凶"是多么的正确。

"匪正有眚"而凶者也，正面讲，侧面讲，反面讲，皆在申明此意，学易者其善自体会，方不致为其他外行易学者所误。

【笺注】子云："礼之先币帛也，欲民之先事而后禄也。"先财而后礼，则民利；无辞而行情，则民争。故君子于有馈者，弗能见则不视其馈。《易》曰："不耕获，不菑畲，凶。"以此坊民，民犹贵禄而贱行。（《礼记·坊记》）

六三：无妄之灾，或①系②之牛，行人之得，邑人之灾。

《象》曰："行人"得牛，"邑人"灾也。

【音注】①或：有。　②系：系挂。

【义译】六三，虽然真诚没有邪妄，却平白无故地得到灾害。比如有人牵牛而系挂于此，却被过路之人顺手牵走了，而住于此地附近的乡邑之民，就有被诬告偷牛的灾害了。

《象辞》上说：行人得牛，邑人就受波及而得到灾害了。

【象证】六三，以阴居阳位，不正，居"三多凶之地"，为三公之位，当无妄真诚没有邪妄之时，以不正故，却遭到了意外的灾害。人生在世，无妄之灾随处有，比如无缘无故损失金钱或遭窃，皆是无妄之灾。

三、四坎象半见，坎为灾，二、三坤象半见，坤为牛、为邑，下震为行、为长男，二至四互艮为手、为得，三至五互巽为绳、为木，故有"或系之牛，行人之得，邑人之灾"的现象。若能以正道守此无妄，遇环境的不正而受无妄之灾，则君子虽杀身成仁，舍生取义，亦必守其真诚无妄之正道。如岳飞、袁崇焕身虽受无妄之灾而死，但真诚无妄之志洁，却万世不朽。

九四：可贞，无咎。

《象》曰："可贞无咎"，固有之也。

【义译】九四，在真诚没有邪妄的时候可以守着正道，就没有灾咎了。

《象辞》上说，"可贞无咎"，是因本身能坚固地拥有真诚无妄，而守正不二的关系呀！

【象证】九四以阳居阴，不得正位，当无咎之世，为诸侯之位，能坚守真诚无妄之正道，即能无咎而守其富贵。虞翻说："动得正，故可贞。承五应初，故无咎也。"又云："动阴承阳，故固有之也。"九四阳刚在外，能够如《彖辞》所谓"刚自外来""大亨以正"而坚守真诚之正道，斯无咎之道也。

司马光平生无有不可对人言之事，真诚守正。及王安石为相，力劝改新法，安石不改，司马光本身仍持正不二，真诚无妄以待人。后为相，辽人不敢南侵，谓中国相司马矣。故能为一时之名相，惜其为相不久而鞠躬尽瘁耳。至于曹参继萧何为相，"萧规曹随"，安守正位亦无咎。

九五：无妄之疾①，勿药有喜。

《象》曰："无妄"之药，不可试②也。

【音注】①疾："病也。"(《说文》)一曰急也。 ②试：尝也，尝试也。

【义译】九五，真诚没有邪妄者却获得意外的疾痛的话，是不用药物即能自愈的，而后且有喜庆来临。

《象辞》上说，无妄的药，是不可轻易去尝试呀！

【象证】上九与九四变，则外卦坎，坎为灾眚，九五既陷伏坎之中，且三、四坎象半见，故有"无妄之疾"，因真诚却得到意外麻烦疾病的象征。下互艮，上互巽，艮为小石，巽为木、为草，为药石之象。三、四、上变正则成既济，艮巽不见，故"勿药有喜"，不见兑口之象，故"不可试"也。

九五阳刚中正，下应于六二之阴柔中正，当无妄之时，居天子之尊位，正是《彖辞》所谓"刚自外来而为主于内，动而健，刚中而应，大亨以正，天之命也"者也，乃真诚无妄而得天命，生机勃然之真命天子也。

天下重宝，天子重位，必有非分者窃欲得之，此九五之尊之所以有无妄之疾者也。然大中至正，真诚无妄，刚健而动，德服天下，至诚感神，故非分者不敢动，故不待兵革而天下定。

天子之位安，故"勿药有喜"。如叔孙、武叔等欲打倒孔家店者；桀、纣毁尧、舜，人皆所谓自作孽不可活者也，孔子、尧、舜皆无妄而"勿药有喜"者也。

上九：无妄，行有眚，无攸利。
《象》曰："无妄"之行，穷之灾也。

【义译】上九，以阳居阴，不得正位，在真诚无妄时，不可以有行，行则有灾害，是没有利益的。

《象辞》上说：无妄之行，是因穷至极而受到灾害的意思。

【象证】上九，以阳刚居阴位，失正，又当无妄上卦乾之终，最处穷极之位，为宗庙隐士之地，是无所发挥其才华抱负者也，故不能有行动，行则有灾眚。乾卦上九为"亢龙有悔"，既终而亢又失位，"有眚""穷灾"所以取象也。

又所应在六三，六三为下震之上位，震为足、为动，"行"之象也，皆失位不正，正是卦辞："其匪正有眚，不利有攸往"者也，故"行有眚，无攸利"。

昔尾生与女约桥下见，及约，大水，女子不来而尾生之以死，是无妄不宜行而行者也。如比干，圣人也，明知纣不可谏，而犹强谏；子路为卫国政变而牺牲，诚如孟子所谓："生亦我所欲也，义亦我所欲也，二者不可得兼，舍生而取义者也。"(《孟子·告子上》)不惧其灾眚，卓哉伟矣！

# 大畜

山天大畜

| 卦体 | 下卦乾 | 上卦艮 |
|---|---|---|
| 卦象 | 为天 | 为山 |
| 卦德 | 为健 | 为止 |

| 错卦 | 反卦 | 下互卦 | 上互卦 | 消息卦 | 附注 |
|---|---|---|---|---|---|
| 泽地萃 | 天雷无妄 | 兑卦 | 震卦 | 八月卿卦 | 畜：蓄也 |

"畜有三义：畜贤，畜养也；畜德，蕴畜也；畜健，畜止也。"（朱骏声《六十四卦经解》）总言之，畜具有此三层意思，故所畜者大，故名之曰"大畜"。故《序卦》曰："有无妄然后可畜，故受之以大畜。"是以无妄则真诚无虚妄，故可聚积为大畜，所以次无妄也。

**大畜**①：利贞，不家食②吉，利涉大川③。

【音注】①大畜：大积也，所积者大也，畜在此具有三义：蕴畜，艮上乾下，天本大而天在山中，所畜至大，故有蕴畜之义；畜止也，取艮之止乾，止而后有积，故有畜止之义；畜养也，即畜贤也。如"君赐生，必畜之"（《论语·乡党》）。畜（xù）："田畜也"（《说文》），"谓力用之蓄积也"（段玉裁），故畜者积也，今作蓄积之"蓄"。②不家食：食禄于朝，而不食于家也。③利涉大川：指利于勇往直前，渡过大川，济天下之艰难。

【义译】大畜，所蓄积的既大且多，利于坚守正道，方能保此大畜，而不至于失败。具此大畜的才德，不需要在家中求食，应当往外发展，去为天下国家服务，才是吉利的；以此既大且多的才华素养，有利于勇往直前地去突破一切难关，开创美丽的远景，纵使是跋涉危险的大川大河，也有成功的希望，是大有可为啊！

【象证】下乾为天、为刚健，上艮为山、为止，艮山能蓄止刚健，能包容宏大之乾天，故有大畜之象。上艮为宫阙，二至四互兑为食，三至五互震为足，二、五不得正位，易位成家人，大畜三至上互体颐养象，故"不家食吉"。家人二至四互坎为川，上巽为木，大畜乾为天，三、四与五、上坎象半见，二至四互兑为泽，故"利涉大川"。

子曰："事君大言入则望大利，小言入则望小利；君子不以小言受大禄，不以大言受小禄。《易》曰：'不家食，吉。'"（《礼记·表记》）如伊尹、张良、孔明及古今中外圣贤豪杰皆躲在家中求食，则不能成圣贤豪杰之业矣，故"不家食吉，利涉大川"。

《彖》曰：大畜，刚健笃①实，辉光，日新其德；刚上而尚②贤，能止健，大正也。"不家食吉"，养贤也。"利涉大川"，应乎天也。

【音注】①笃："笃行不倦"（《礼记·儒行》），或厚也。②尚：上也。

【义译】《彖辞》上说：大畜所积蓄的既大且多，乃因笃实，刚健的德性表现于内外，光辉宣著，其德又能日新又新，阳刚的君子能处上位，同时多能崇尚贤能的人。具备此六个条件，才能构成大畜，蓄积的既丰大且繁多。能畜止刚健，正是所以构成伟大而坚持正道的大畜啊！"不必在家中求食，吉"，是说国家、君王、上级应该保养此大畜的贤才啊；"利涉大川"，是说可应合于天命天时而努力去创造开拓啊！

【象证】所以构成大畜者，以大畜卦下乾为刚健、刚毅、坚固、坚强，能"存天理正气，去人欲私情"，一也。上艮为"笃实"，即脚踏实地、厚重切实，二也。三、四与五、上离之半象皆见，三至上互体离，离为日、为火、为光辉，能"刚健笃实"而又能光辉宣著，三也。离为日，坎为月，如日月之光明，日新又新。《大学》曰："苟日新，日日新，又日新。"这样的充实学问道德，四也。艮为少男、为阳刚而在上，故曰"刚上"；下乾为天、为君子、为贤，故曰"尚贤"；阳刚君子皆在上，五也。又能崇尚贤能的人，六也。具此六个条件所以成大畜，非特个人如此，国家乃至各企业、各集团能具此六条件，皆能成大畜，所蓄积的丰大而繁多矣。

上艮为止，下乾为健，能蓄止刚健的贤才，能止于刚健，存天理的正气，去人欲的私情，而坚强勇毅，正是大畜卦伟大而利于坚守正道的原因。上卦艮为宫阙，二至四互兑，为口、为食，六五为天子之尊位，二、五易位为家人，今不成家人，而为大畜，故有食君禄"不家食"之象。

国家之所以大畜，乃由于养贤也。周文王、武王得太公等贤才，商汤得伊尹等贤才，而皆能王天下；刘备得诸葛亮等人而鼎足三分，皆养贤才以成大畜者也。乾为天，兑为泽，坎为水，故利涉大川应乎天也。商汤、武王以大畜之才，利涉大川，一戎衣而有天下，是应乎天以成大畜之业者也。

大畜富盛辉煌腾达时，则必多欲，多欲则忘义，应当利贞。如袁世凯心怀不轨，欲图称帝，不久即败。当以天下为家，能够养贤容众。博施济众，而应天顺民，使天下长治久安浩然广大。

《象》曰：天在山中，大畜。君子以多识[1]前言往行，以畜其德。

【音注】①识：知也，认识也；记也，通作"志"。

【义译】《象辞》上说，天在山中，所蓄积的丰大而繁多，这是大畜卦的现象，君子效法它的精神，多多体认前代贤哲的嘉言懿行，以蓄积其才德。

【象证】上艮为山，下乾为天，天至大者也，而在山中，则是所蓄积者，既丰大而繁多矣，故谓之"大畜"。

往圣前贤之言，为智识、智慧与经验之泉源，吾人取以为吾之学问，格物而扩其知焉，往圣先贤之德行事业规范，吾人取以为吾德行之楷模，正心诚意而修其身焉，则能成大畜之才，可以修齐治平，而内圣外王矣。

乾为君子，乾知大始，二至四互兑口为言，艮为敦厚之德行，二至五互震为行，三至上互颐为保养，故"多识前言往行"，即古圣贤之嘉言懿行，皆理之所在，君子效法此大畜的精神，多识之，考辨以观其用，默识以求其心，德智双修则万物、万事、万行、万理，会通于我，我之才德人矣，使自我之生命，与古圣贤的精神光辉合一，斯真大畜者矣，才能做大圣贤、大英雄的事业。如孔子四十不惑、七十不逾矩是也。

**初九：有厉**①**，利已**②**。**

**《象》曰："有厉利已"，不犯灾也。**

【音注】①厉：危也，即《易·乾》"夕惕若厉"。 ②已：止也。

【义译】初九，前进有危险，利于停止，以蓄养其德，安分守己。

《象辞》上说有危险利于停止，是说不要冒犯灾难而行呀！

【象证】初九在大畜卦蓄积的丰大且繁多时，以阳居阳，得正，具大畜之才能者也，本当可以前往，但居士农工商之位，在大畜之初，当安养其才德以待时，若性体强健，不知天时而锐进，则必遭凶险，故宜停止以待时机。其六五之国君不得正位，不能知才，有应在四，六四又体乎艮止，故若贸然而进，则有危厉，故利于静止而不进，以蓄养待时，此正乾卦"初九潜龙勿用"之意。盖有大畜之才，而在下层阶级者，当度自己能力，多识前言往行，蓄积其德，否则锐志贸然过刚而进，必会遭到挫败而犯大灾。士君子戒之哉！

春秋时卫庄公之庶子州吁，杀兄自立，穷兵以攻郑，卒死于陈。大畜不知停止，故凶。

**九二：舆**①**说**②**輹**③**。**

**《象》曰："舆说輹"，中无尤也。**

【音注】①舆：车也。 ②说：脱也。 ③輹（fù）："车下缚也。"（《说文》）即垫在车箱与车轴间上方下弧的木头；亦有作"腹"者。

【义译】九二，车子脱去了车轴。

六十四卦上经　大畜卦 | 283

《象辞》上说：车子脱去车轴，是说九二坚持守中，而安分守己，车中刚实不会损坏，所以没有过尤。

【象证】九二以阳刚居阴位，在内卦之中，为大夫之位，在大畜蓄积的多且大时，居大夫之职，正是"不家食吉"，已为天下国家做事矣，但求安分守己，坚守其位则可，但以其刚健之本质，尚欲贪心而有所前往，以上应六五之君，唯皆失位不正。上体艮止，三、四坎象半见，坎为险陷，刚欲进，而艮止，坎险以止之，又以阳居阴，伏阴不进，故进退相抗衡，终致车子脱去车轴輹心，遂不能前进，因其不能前进而不至于险陷，所以无咎者也。居内卦之中，应于六五安守本分，坚守中道，故"中无尤也"。二、三、四爻互兑为毁折，三、四坎象半见，坎之为舆、为多眚之舆，故有"舆脱輹"之象。

昔柳宗元、刘禹锡以大畜之才，与王叔文任职于唐顺宗之朝，顺宗不到一年而传位于宪宗，自是王、柳、刘皆贬职。故虽为大畜之才，运不济，不可躁进。

**九三，良马逐，利艰贞，日闲①舆卫，利有攸往。**
**《象》曰："利有攸往"，上合志也。**

【音注】①闲：防闲也，闲习也，如"四马既闲"（《诗·秦风·驷驖》）。

【义译】九三，在大畜卦之时，以阳居阳，而为三公之位，正可大展鸿图，为天下国家服务，故驰逐良马而前进，观六五柔中之君，未得正位，而自己刚健为其下属，当体创业唯艰的精神，利于艰难兢业警惕地去坚守正道，平时需闲习修身、治国、治军之事，如驾车防卫，以保国卫民，如此大畜，而后方能利有所往。

《象辞》上说："利有攸往"，是说上合君上的心志呀。

【象证】乾为良马，互震为动，为作足之马，故有"良马逐"之象。体乾九三，终日乾乾，夕惕若厉，故"利艰贞"。又九三以阳居健体之极，为三公之正位，正宜多识前言往行，"闲舆卫"学习保家卫国的文武军政的大畜之才，涵养其笃实刚健辉光日新之德，自然而然地因其畜极，而利用有所前往矣。旁通萃卦，坤为大舆，震为动，乾为良马，离为日，故"日闲舆卫"。坎为川，兑为泽，震为动，乾为健，故可以"利有攸往"。

诸葛孔明之为蜀相也，"抚百姓，示仪轨，约官职，从权制；开诚心，布公道，善无微而不赏，恶无纤而不贬，庶事精粹，入物理其本"（《蜀志·诸葛亮传》），如此"日闲舆卫""良马逐"，故能治蜀伐魏，惜其年寿不永，无以成"匡复汉室"之功耳。汉文帝时贾谊一年三迁，图进太速，绛侯周勃灌夫嫉之，遂使文帝疏之，贬长沙王太傅，卒伤心以死！时运不利，然亦不知以艰难守之也。屈原不能和光同尘而以渐革恶俗，晁错图进过猛，虽"良马逐""日闲舆卫"，而未能艰难以守之，终致饮恨，悲哉！

**六四：童牛之牿**[①]**，元吉。**
**《象》曰："六四元吉"，有喜也。**

【音注】① 牿（gù）：福也，"牿，牛马牢也"（《说文》）。"牿字训牛角木，牛触人，角着横木以防其触人。"（《说文通训定声》）牿施于未角之牛，则易于收功防患未然。

【义译】六四，在大畜蓄积繁多而丰大的时候，得到诸侯的正位，他的刚健笃实辉光，日新其德，文武全才德智双修的训练应该从小开始，就像施牿于幼牛头上，非常容易收功，是吉利的。

《象辞》上说：六四从小开始蓄积贤德的训练是大吉而有喜庆的。

【象证】六四，艮体居上，当蓄积之时与初相应，以阴居阴，得到正位，而在诸侯之位，当大畜之时，正宜提早在幼年时代开始训练其多方面的才能，以便养成大畜的才德，长大可以为诸侯而治理其民，方容易收功。效法"童牛之牿"，使其服帖而不觝触，不发其性，以此临民易而无伤也，所以言"六四元吉，有喜也"。所以从小训练，防微杜渐，防患于未然，预则立，不预则废，即由此意而加以延伸也。

昔汉文帝派贾谊为幼小之长沙王傅，良有以也。《礼记·学记》曰："大学之法，禁于未发之谓豫，当其可之谓时，不陵节而施之谓孙，相观而善之谓摩。此四者，教之所由兴也。"而自小开始训练容易收功。故周以三德六艺教国子，皆自幼训练，犹施牿于童牛之易，若年长而不教，则长大无才以治民，必凌虐暴戾，以至于亡身灭家。如牛到壮大始牿，则不易收功，而有触人之危。

**六五：豮**[①]**豕**[②]**之牙，吉。**
**《象》曰："六五之吉"，有庆也。**

【音注】① 豮（fén）：猪去其势谓之豮，阉割之豕也。　② 豕（shǐ）：猪也。

【义译】六五，以柔中之德，在大畜之蓄积且繁多而丰大时，未得正位，以居天子之尊，必须自小开始训练其才德，教以领导统御之方，长大为君，方不致有越轨的行为，而能制刚暴之民，使之驯服。犹如大畜牧场，欲繁殖管理其猪群，必先将大部分的公猪阉割去势，而留小部分公猪以与母猪交配繁殖，才能使牧场兴旺发达，而便于管理；若不先豮去大部分公猪之势，则公猪性好斗好淫，牙又锋利，则喋血猪园，相与残杀而畜牧业必经营失败矣。今能先有所备，豮去其势，则大部分公猪驯服而容易长肥长大，又不会以牙相伤，而大得繁盛矣。国君在幼小之时，即施以德智文武各方面之教育外，犹需教以领导人民、除暴安良、丰财养民之方，以成大畜之才，长大临民治民，自容易收功。故曰"豮豕之牙，吉"。

《象辞》上说，国君能预先学习修齐治平之道，防患于未然，当然是吉利有吉庆的。

【象证】二变则二至四互坎，三、四与五、上皆坎象半见，坎为豕，为阳刚，三至五互震为动，二至四互兑为口、为牙、为毁，五变巽为木、为绳，故有豮豕之牙之象。豕者猪也，豕本刚躁之物，而其牙猛利，易侵人，公猪尤其厉害，若强制其才，则用力劳而不能止其躁猛，虽系之维之，亦不能使之变，未若豮去其势，则牙虽存，而刚躁自止，其用如此，所以言"豮豕之牙吉"也。所以君子法豮豕之义，知天下之恶，不可以力制也，故察其机，持其要，施其本原，所以能不假刑法严峻而恶自止也。

其本则为君者，需兴天下之善，而除天下之恶也，而此需自小开始训练，长大后方能治民统御天下。古代国君之治民，犹畜牧家之牧牛羊豕，故管子有《牧民篇》教国君治民之方，盖民皆有其欲心，见利则心欲动，若不知教之，百姓迫于饥寒，虽刑杀日施，民亦铤而走险而为盗贼矣。

古圣先贤探其根源，知制止之道，先制定一套道德仁义之规范以教民，又制定五刑之法律以规范人民，并教民农桑之业、养生之道、忠孝之节，如此而后廉耻荣辱自生，如此而善者赏之，而恶者罚之，如此必能止恶，除暴安良，刑罚不滥而人民繁殖，士农工商各安其业，可以为大畜之国矣。

是犹"豮豕之牙"，不制其牙，而制其势，以礼乐刑政教民，领导、启发人民，则善政成而天下治矣。此等治才，皆需幼小开始训练，故昔商代帝王令其太子长于民间，使知民生疾苦，并延师以教之。及其在位也，复延贤能以相辅，以助其治民，因势利导故易为功。不此之图，则徒劳无功矣，倘知其本，先之以学习之功，教之以领导人民之道，则可以逸待劳，而且天下人民诚心归服，天下之福庆自至也。

故《周礼·天官》曰："惟王建国，辨方定位，体国经营，设官分职，以为民极。"而《大学》曰："自天子以至于庶人，壹是皆以修身为本。"则天子之治国治民之教育可知矣。

杨诚斋曰："尧以心惟危，故逸乐慢游之过绝，汤以礼制心，故声色货利之念消。皆'豮豕之牙'之义也。吉而有庆，孰加于尧汤乎！"是则虽圣人犹且自我训练如此，况凡君乎？

**上九：何天之衢**[①]**，亨。**
**《象》曰："何天之衢"，道大行也。**

【音注】①何天之衢（qú）：犹言担负天下之重任。何，"荷"之假借也，担也，负荷，担当的意思，如《诗·商颂》有"何天之休"。衢，四达的道路。

【义译】上九，以阳刚之才，而居大畜之极，乃蓄积丰大而繁多的大才，可以担当国家的重任，而获成功。

《象辞》说："何天之衢"，是说其道得以大行于天下，生民同被其泽的意思。

【象证】乾为天，上互震为大涂，艮为径路，乾为天，故道大行。上九居天位之极，当大畜之盛位，以宗庙隐士出而挑担天下国家的重任，故有"何（荷）天之衢"之象。蓄之既久，其道大行，既不家食而可以担负廊庙之重任者也，故能"何天之衢，而道大行也"。

如伊尹、诸葛孔明本皆耕读传家，为隐士以安守本分者也，及商汤、刘备礼聘之，出而挑担重任或拯斯民于水火，而登之于安乐之天，或鼎足三国，而成一时之盛业，诚以大畜之才，"不家食吉"，"利有攸往"，以荷天衢之重任而大行其道者也，故"道大行也"。

# 颐

山雷颐

| 卦体 | 下卦震 | 上卦艮 |
|---|---|---|
| 卦象 | 为雷 | 为山 |
| 卦德 | 为动 | 为止 |

| 错卦 | 反卦 | 下互卦 | 上互卦 | 消息卦 | 附注 |
|---|---|---|---|---|---|
| 泽风大过 | 山雷颐 | 坤卦 | 坤卦 | 十一月卿卦 | 自养、养人、养望、养德 |

卦象外实内虚，上下两阳象上颚与下巴，中四阴象口齿面颊，合之正是颐卦颐养之象。养生之物，自颐而入，故其义为养。《序卦》曰："物畜然后可养，故受之以颐。颐者，养也。"因此继大畜之后为第二十七卦。

**颐**[①]：**贞吉，观颐**[②]，**自求口实**[③]。

【音注】①颐：口下为牙车，口上为辅，合口、车、辅三者为颐。上颚之下，下巴之上，包括口、齿、唇、舌、面颊全部曰颐，车指牙车、牙床也。 ②观颐：观，观看考察。观颐，即观察一个人所以养生、养物、养人、养贤的道理。 ③自求口实：实者粮也，或"颐中有物曰口实"（郑玄），所以一个人能自力更生去求取，足以填满口腹之物来养活自己，此即颐养之道。

【义译】颐，保养合乎正道就吉利，我们要深切观察所以保养、养生、养物、养民、养贤的道理，同时要自己能够自力更生，自己要能保养自己，就是颐卦保养之道。

【象证】颐卦上卦艮为山、为静止，静止在上，表示吃东西时大半上颚不动。下卦震为雷、为动，乃指下颚的活动。初、二与五、上离象半见，离为目，故有"观"象，本卦为颐，故曰"观颐"。中为四阴，坤象，坤为自、为养。初、二兑象半见，错大过亦有兑口象。坤地载物以养人，人得以食，颐即求得其物以食之，此"自求口实"之象也。

享受惯了逸乐，就可能乐极生悲，而流于懈怠懒散，因循苟且，忘却了养己、养生、养物的保养之道，所以我们要深切地观察保养之道，故曰观颐。保养生息之道能循着正道，对自己、对家人、对国家的前途都是大吉大利的。所以"颐贞吉"，国家固需要经济的发展，以求养民、养贤、养君以卫国，而人民也需要有自由经济的发展，以自求口食，养己、养物、养家。

《象》曰："**颐，贞吉**"，**养正则吉**[①]**也**；"**观颐**"，**观其所养也**；"**自求口实**"，**观其自养也。天地养万物，圣人**[②]**养贤以及万民。颐之时大矣哉。**

【音注】①养正则吉：恰到好处，合乎正道的保养，才是吉利的。 ②圣人：天子，领导者，帝王，总统。古人对帝王的尊敬，因此以最好的名词圣人称之。

【义译】《象辞》上说，"颐贞吉"，是说保养合乎正道，就吉利。观颐，是观察所养之道；所养之道，在乎养人、养生、养物、养才、养德……都需深切观察。自求口实，是观察它保养的道理；自己保养之道不仅自养其生，且自养

六十四卦上经 颐卦 | 289

其德、其才、其名，扩而大之，则天地保养万物，使万物各得畅茂生长，是大公无私。聪明的君王领袖养贤能的人，使他为人民谋福利，将福泽推及万民的身上，使人民安居乐业，是养得其正，且合其时，与天地同其伟大。颐卦，保养的时宜、时机是多么的重大呀！

【象证】颐者保养也，保养之以正则吉。保养之道如养生、养身、养人、养物、养贤、养民、养才、养德、养望、养名……皆宜合于正道，一正百正，方能得吉，故"养正则吉也"。

如养身之道太过或不及，皆致病之由，总以恰到好处，合于正道为原则。例如庖丁解牛，所好者道也，即顺乎事物之理，故能迎刃而解。故《庄子·养生主》："缘督以为经，可以保身，可以全生，可以养亲，可以尽年。"督者中也，合中道以为经，通任督二脉、奇经八脉，是养身、养德兼具者也，如此是善调养。

"观颐"，即观察颐养之客观意义与价值，《象辞》顺着原则，推扩颐养之义为二：所养：养人、养物、养民；自养：养生、养身、养才、养德、养名。是以"观颐，观其所养也"与"自求口实，观其自养也"，当为互文以见义。不论所养或自养，其层次有二：养生、养德。而当层次提升到最高境界时，则天地一颐也，"天地养万物"，既顺自然生命以养其生，亦顺精神生命以养其德，而展现其颐养之正道。

圣人者，天子也、君子也、君王也，继天立极，为人中之领导者也，当仰体天心，以人合天，而与天地合其德者也。故能体现天地颐养万物之道，顺精神与物质生命之层次，以尽"裁成天地之道，辅相天地之宜"（泰卦《象辞》）之功，而颐养万民之生与其德，是谓为天地立心、为生民立命，而成内圣外王之功者也。至于贤者，亦万民之属，唯其精神生命为高一层次，圣人（君王领袖）颐养之者，所以玉成之也，所以为君王保养万民者也，天下亿兆之人，非天子一人之所能尽养，是故天子当得群贤，以助其养民。是以舜得禹、皋陶、契、八元八恺等二十二贤哲而天下治，汉光武得二十八贤而有天下，可以子万民。故曰："圣人养贤以及万民。"

颐卦所设定之境况，乃象乎宇宙间之生命，当然除了所养之他人，也包括自己，所以应能自养，亦即适应环境，因时制宜，进而创造自己的生活，才能成就颐养之道的价值，使达于至正至妙，尽善尽美，大矣哉！颐之道也。颐之时，即颐养保养之时宜、时机，得其养则可以保生全身，可以保民而王，失之则己身灭亡而失天下矣，故叹其时之大。如纣之肉林酒池，以丧生而失天下。

【笺注】程子曰："动静节宜，所以养生也；饮食衣服，所以养形也；威仪行动，所以养德也；推己及物，所以养人也。养道之可贵，惟正而以矣。"（《二程集》）

《象》曰：山下有雷，颐。君子以慎言语，节饮食。

【义译】《象辞》说，春雷在山下震动时，万物皆萌芽生长，这是颐卦养育的象征。君子观察此种现象，以为言语及祸害皆自口颐而出，所以应该谨慎之而不敢妄发，以修养其德性；凡百病痛及饮食自颐而入，所以应该节制之而不使过度，以养其生。如此既养其德，又养其生，才是颐卦尽善尽美的保养呀！

【象证】上艮为山，下震为雷，故曰"山下有雷"。艮为止、为节，震为言、为动，旁通大过，上兑为口，下巽为入，祸从口出，故言语当慎；病从口入，故饮食必节。

如《说苑》记载"螳螂捕蝉，黄雀在后"的故事，吴王欲伐荆，告其左右曰"有敢谏者死"，故少孺子利用寓言，暗示吴王勿只见前利，而不顾后患，如此少孺子不仅免了死罪，更使吴王罢其兵。又如触龙说赵太后，以饭食日常之道而感悟赵太后，终挽救国家之危亡。此非特能慎言语，抑且能用深谋以护国而养民，故慎言语亦可救国养民，斯之谓也。常言道："谣言止于智者。"又云："积非成是，众口铄金。"正是要人慎言语以免祸从口出而贻祸天下国家，乃至害己害民也，故言语宜慎。

商纣之时酒池肉林，极尽享受之能事，如此饮食不节，致残贼群生，终于自取灭亡。故饱食不节，劳民伤财，非特不能养生养民，抑且丧国灭身。一般人常因肉吃太多，而导致血管硬化、高血压，吃得太少而营养不良，亦不可。故言语、饮食当深思而为，切忌过度、过少，而有失养生、养民、自养养人之道。昔魏晋时清谈，五胡乱华，西晋灭亡时王衍始叹清谈误国，而何曾则以奢侈贪食而丧家，祸延子孙，故"慎言语节饮食"，君子所重。

【笺注】程子曰："慎言语以养其德，节饮食以养其体。事之至近，而所系至大者，莫过于言语、饮食也。"（《二程集》）

初九：舍[①]尔灵龟[②]，观我朵颐[③]，凶。
《象》曰："观我朵颐"，亦不足贵也。

【音注】①舍：舍弃。　②灵龟：龟在古代用来占卜，又能多日不吃不喝，所以称"灵龟"，以喻其明智而可以不求养于外也。　③朵颐：是下颚下垂，张口想吃东西的形象，成语"大快朵颐"，由是而来。朵，原义是树枝下垂。

【义译】初九，以阳刚之才在士农工商之位，而得到正位，在颐养之时，应该自养，但因与六四的诸侯相应，以致产生贪欲，蠢蠢地观望着，将自己如同灵龟般的智慧舍弃，呆呆地张着口，观望他人大快朵颐，羡慕他人的富贵，这是凶的。

《象辞》上说，只羡慕我的大快朵颐、富贵的享受，不知道运用自己的智慧去努力，这是不足珍贵的。

【象证】颐卦初、上为阳，中有四阴，有离卦之象焉，且初、二与五、上半体离，离为目、为观、为龟，眼睛为灵魂之窗，故目有灵义。上艮为手、为舍，故曰"舍尔灵龟"。初、二兑象半见，兑为口，坤为我，指六四诸侯之位，下卦为震，震为动、下垂，故曰"观我朵颐"。

孟子曰："饮食之人，则人贱之矣，谓其养小以失大也。"社会上一些作奸犯科的人，就是被物欲所蒙蔽，因而泯灭其人性，不择手段做出抢劫、杀人等勾当，终难逃法网；假若能安分守己，怎会沦落到如此地步？孟子谓乐正子从子敖到齐国，只是为了富贵的享受（徒哺啜也），我不意子学古之道而以哺啜也。今人多不重古学，而徒重俗学，悲乎！清高而不羡慕他人大快朵颐的富贵者，如许由、巢父、务光、崔子，乃至颜斶辞去齐宣王的富贵，而愿晚食当肉，安步当车。如此的安分守己，开源节流，以自养养家即不凶矣。

**六二：颠颐①，拂经②，于③丘颐④，征⑤凶。**
**《象》曰："六二征凶"，行失类也。**

【音注】①颠颐：反过来求养于人。颠，倒也。　②拂经：违反经常之道也。拂，违也。经，常也。　③于：前往也。　④丘颐：喻高级的享受。丘，高墩，在上之义。　⑤征：往也。

【义译】六二，阴柔得正，在颐卦保养之时，居大夫之位，应该自养，同时养人，然而却颠倒了保养之道，违背了常理；而贪求富贵的高级享受，如此前往的话，会遭遇凶险的。

《象辞》上说："六二"前往贪求高级富贵的享受，他的行为是失去做大夫这个职位的本分了。

【象证】六二以阴柔而居下卦之中，得大夫之正位，当颐养之时，其理当"观颐，观其所养也；自求口实，观其自养也"，具备养民与自养的责任，却颠倒了保养的道理，贪求他人的供养，违背了保养的正道，而贪求高级享受，忘却了自己大夫养民自养的本分，所以凶。

古今中外之贪官污吏是也。清乾隆时之和珅贪污卒被嘉庆抄家灭族。而晋代何曾日食万钱，卒遭恶报。吴起贪富贵弃母而仕魏楚，终被楚人杀死。

下震为蹄足，为作足之马，六二乘于初九阳刚之上故有"颠颐"之象。上卦艮为山丘，下震为行，故曰"于丘颐"。六五之君失位不正，六二为其下，又上乘初九之阳，实不合时之宜也，故曰"拂经"。又下卦震为足，故曰"征"。因六二如果求应于六五或上九，徒羡慕高级富贵的享受而有所前进，则"拂经"，其往则凶。且无应而往，不合大夫之本分，乃为行失其类，是以君子而乞食于权门，贪求非分之享受者也，非其族类，妄往求之，取辱得凶，是必然的。

昔孔子周游列国，将适赵，闻赵简子之杀贤士也，终不往，不往则不致有"于丘颐"之征凶矣。孔子返回鲁国教弟子三千，通六艺者七十二人，开万世之太平，是能自养、养人、养德、养才、养万世者也，吉何如之？

**六三：拂颐，贞凶。十年勿用，无攸利。**
**《象》曰："十年勿用"，道大悖①也。**

【音注】①悖：谬也，违也。

【义译】六三，违背了保养之道，虽正也凶，虽经过了十年，也无可适用，是毫无利益的。

《象辞》上说：所以会"十年勿用"，就是因为六三大大地违背了颐养的道理呀。

【象证】六三，阴柔处阳位，在三公而不得正位，在颐养之时本当自养，自求口食，观其所养之民，也就是替国君养民者也，然以处下卦之上位，不中不正，违背了颐养的道理，虽正也凶，何况不正呢？十年，言其凶之大也。下卦震为动，六三既不中不正，以体震动之极，是妄动也，与上九相应，上体艮止，皆失位，非颐养之正，故"拂颐贞凶"。二至上体剥，不利有攸往，故"拂颐贞凶"，"十年勿用"。颐卦中四阴互坤象，坤为地，地之数十，此"十年"之象，十数之终，以形容大凶不可用。

王莽、曹操、司马懿、司马昭弄权窃柄，阴谋本身或子孙的篡位，违背了三公替国君养民及自养的道理，以致本身或子孙被诛灭，虽孝子慈孙百世不能改其凶名，是其凶也大矣！德、日二国第二次世界大战时，以其颐养自足，而又国富兵强，遂采侵略手段，以扩张领土，增加经济实业，导致世界紊乱，人类遭受战争之苦痛。其目的在增加自己国家的领土，增加非分的富强享受，而又违背了自己国家的保养之道，使得很多国家与人民失去保养，且今世界人类之危机，皆肇因于德、日的侵略，其凶险为何如也？故拂颐大凶。

**六四：颠颐，吉。虎视眈眈[①]，其欲逐[②]逐，无咎。**
**《象》曰："颠颐"之吉，上施光也。**

【音注】①眈眈：视近而志远也，虎垂目注视貌。　②逐：追逐。

【义译】六四，以阴柔处阴位，在颐养的时候，得诸侯的正位，能够受君王的重用，帮助君王保养下民，而不需下民来保养他以至颠倒了保养之道，是吉利的。当观察四周的环境如老虎正在眈眈地、眼睁睁地垂目而视，他人想要取而代之得到诸侯之位的欲望，正在深厚地追逐期待呀，能够如此了解自己所处的环境而守之以谨慎小心，才能确保无咎。

《象辞》上说："六四"反过来保养下民的吉利，是因为做君王的上级施给了恩光，才能居诸侯之位而临民保民呀！

【象证】六四，得诸侯之正位。古今儒者之解释未能尽善，盖六四应于初九士农工商之位，而倒以养之，故初九曰："舍尔灵龟，观我朵颐凶。"言初九资上之养，而不努力自养，故舍灵观朵也，四能养下，是以有"颠颐"之象。且四、初各得其正位，而四能为君王保民，故吉。又本卦有离象，且初、上与五、上半体离，离为目，此"眈眈"所以取象也。初、二与五、上皆坎象半见，坎为险，上艮为山、为黔象之属、为虎，六四诸侯之位，虎者山君，故有"虎视眈眈"之象。

"欲"者，取象于阴爻，本卦六二、六三、六四、六五皆属阴柔，并依次逐渐上升，下震其于马也，为作足、为馵足，故有"其欲逐逐"之象。又六四得正，承上养下，能如《象辞》"养民""观颐"观其所养之民，乃至群僚百官，虽虎视欲深而无咎。又能自求口食，得上之恩光，得养之正，故无咎。正说明了卦辞、《象辞》未尽之意，如此光明正大，能保民养民照顾民生，深得无咎之道。如国家每年的税收，用在民生，照顾百姓，发展经济建设，造福人群，亦得颐养之道，无咎之道也。

《尚书·舜典》："舜曰：'咨四岳，有能奋庸，熙帝之载，使宅百揆，亮采惠畴。'佥曰：'伯禹作司空。'……帝曰：'弃，黎民阻饥，汝后稷，播时百谷。'帝曰：'契，百姓不亲，五品不逊，汝作司徒，敬敷五教，在宽。'……帝曰：'咨！汝二十有二人，钦哉！惟时亮天功。'"禹等二十二人皆舜所重用，得君上之施光，以助君养民保民，故能成修齐治平之业，百姓和顺仰慕，深得颐养之吉。

**六五：拂经①，居贞吉。不可涉②大川。**
**《象》曰："居贞"之吉，顺以从上也。**

【音注】①拂经：拂经者，违背常道。 ②涉：渡也。

【义译】颐卦六五以柔顺守中，在颐养之时，居于元首之位，资"上九"刚明之贤，六四柔顺之才，以养民。这样做，虽违背常理，但能养贤以及万民而养天下，动机纯正，只要坚持以正道自处，顺其时宜，亦可无为而治，可以获吉。然柔中之君，未得正位，所以不可以渡涉艰险的大川，自行地去冒险行动。

《象辞》上说：柔顺地以坚持正道而自处，因而得吉，是说能顺从上天、前辈、父师以保天命。

【象证】六五以阴居阳位，失正，无应于下。三至上互体剥夺，是则无以成其养，此"拂经"之象也。上卦艮为止，艮为居，六五体艮，在外卦之中，失正变正，故"居贞吉"。本卦互体离为火、为明，旁通坎，坎为水，又初、二与五、上坎象半见，故有"大川"之象。

坎为险，本爻既失位，又无应，体艮为止，此"不可涉大川"之象也。近于上九阳刚之天位，六五柔顺之爻，四、五坤象半见，坤为顺，故顺以从上，可以得"居贞之吉"。

周成王登位之时尚幼弱，周公辅政而管叔、蔡叔、霍叔流言"周公将不利于孺子"，而与武庚、淮夷叛。周公亲自东征，三年管蔡平，成王本有疑心，及发《金縢》之书，遂坚信周公，又削平淮夷之叛乱。成王能顺其叔周公，任之为相，制礼作乐，遂王有天下，肇中兴大业，达成艰巨之使命，开创周朝八百年之江山。是以柔中之才为君，能顺从于上九帝王师之贤，方能颐养天下者也。又刘阿斗信诸葛孔明，亦王蜀一时，及孔明殁，方为司马昭所破。故顺上九阳刚之才，则柔中之君，可以养民而安国，唯不利于冒险耳。

上九：由颐，厉吉，利涉大川。

《象》曰："由颐厉吉"，大有庆也。

【义译】上九，以阳刚之才，在宗庙隐士之位，当颐养之时，得六五柔中之君的信任，而保养万民，因为没有得正位，居于师傅宗庙之位，而当天下的重任，所以有危险。能常存戒慎恐惧之心，才能得吉利，要努力地奋斗，如跋涉大川一样地奋勇直前，就能够排除一切困难而得大畜了。

《象辞》上说："上九辅助元首保养万民虽危险而吉利"，是说终能突破难关而大获吉庆的意思。

【象证】上九以阳高居柔中之君之上，而应于六三，当颐养之时，上九为一卦之终，众阴顺从，得国君之信任，以养其民，故有"由颐"之象。三至上互体剥，上九以阳居阴，失正，"硕果仅存"故有危厉之象，有应于六三，故曰"厉吉"。得六五之信任相顺，二至五互坤为顺，五、上坎象半见，坎为水，以阳刚之才，又有应于下，下顺以相从，故"利涉大川"。

伊尹、周公、诸葛孔明身当天下大任，佐太甲、成王、刘禅奠定国之基业，而且能忧勤克畏，协助柔中之君，以卫国养民，故虽厉而吉，以阳刚之贤济天下之艰危，竭其才力，心存惕厉，使天下人被其德泽，故可以涉大川而大有福庆也。故伊尹尝放太甲于桐，太甲改过又迎之为君，周公东征三年，孔明六出伐曹魏，欲匡复汉室，皆利涉大川，而大有福庆者也。

# 大过

泽风大过

| 卦体 | 下卦巽 | 上卦兑 |
|---|---|---|
| 卦象 | 为风 | 为泽 |
| 卦德 | 为入 | 为悦 |

| 错卦 | 反卦 | 下互卦 | 上互卦 | 消息卦 | 附注 |
|---|---|---|---|---|---|
| 山雷颐 | 泽风大过 | 乾卦 | 乾卦 | 十月公卦 | |

阳，大；阴，小。四阳二阴，阳居中而过盛，阳大大地超过，所以大过便是大相超过之意。《序卦》曰："颐者，养也，不养则不可动，故受之以大过。"凡物养而后能成，成而后能动，动而成，则必有大大超过人之才能，大过之所以次颐也。大畜是蓄积繁多而丰大，颐是养育保养，能蓄积丰大繁多，则养育保养好，方能大大超过而有所行动，方能创不世之大功，成非常大德，创非常大业。此大过之最善者也。《杂卦》曰："大过，颠也。"盖过犹不及，超过太多，入于极端则颠矣。此大过所当注意预防者。

**大过**[①]：**栋**[②]**桡**[③]，利有攸往，亨。

【音注】①大过：大大地超过，大大地逾越常度。过，"度也"（《说文》），度，越也，超过也，逾越常度也。 ②栋："梁。"（《尔雅·释宫》）即"屋脊也"（郭朴），是屋中正梁也，即承椽瓦之屋脊。 ③桡："曲木也。"（《说文》）弯曲的木头，曲折也。

【义译】大过，大大地超过常度，就像在栋梁桡曲有待扶正的时候，利于去努力。吾人在大过之时，而有所前往，以匡时济世，即可以成功。

【象证】大过卦下卦巽为木，上卦兑为泽。泽在木之上，足够将木湮没，泽本用以润养树木者也，今反居木上，不以润养，反而相灭，逾越常度太大矣，因称为大过。依《易》例，阳为大，阴为小，大过初六、上六为阴，中四爻九二、九三、九四、九五为阳，四阳二阴，四阳居中过盛，大大超过了阴，故为大过。如圣贤道德功业，大过于人，凡事之大过于常情者，皆是此意。所谓大过者，常事之大者耳，非有过于理也。例如贤君以道养天下，而治平日久，但治平日久，则乱阶必萌，所以宜防微杜渐，其比常所见者大，故谓之大过。

下巽为木、为长女、为长、为高，又初至五互体巽，巽为木，故曰栋，大过中四阳，亦栋之象也。初、上皆阴柔，不足载动阳刚之超过，故曰"栋桡"。栋取其胜重，四阳聚于中可谓重矣。初与上皆阴柔不胜其重，所以弯曲，本末弱而中强也。又上兑为金、为毁折，下卦巽为木，金克木，故有"栋桡"之象。大厦将颠之时，盖阴弱小而阳强盛，君子盛而小人衰，因此利有所前往，而且能成功。在这个时候因为天下极困难，因此天下过人之贤才，便能大施其长才。在这种情况之下，任何困难之事，唯靠贤能扶持。

尧之让位与舜，而舜传位给禹，是大过于常道而非常伟大者也。又如汤放桀、武王伐纣，皆圣人所行之丰功为大过。姜太公钓鱼渭滨，周文王乃用其贤能，以肇周家八百年之天下，皆以大过人之才，成大过人之德业者也。再如华盛顿之领导美国革命、林肯总统之改革，均以大过人之贤才，利有攸往，成大过人之事业者也。

《彖》曰："大过"，大者过也；"栋桡"，本末弱也；刚过而中，巽而说行，"利有攸往"，乃亨；大过之时大矣哉。

【义译】《彖辞》上说：大过，大大超过，是说大的事情有所超过的意思，在这个时候便是显现大过人之贤才的时候。栋桡，是因为上下两爻为阴爻，皆是柔顺的，所以本末衰弱，不足以承起大责重任的关系，因此正是许多有心的贤士，风起云涌地起来拯救时难，而表现阳刚之德大有所超过的时候；如果能够大大有所超过地表现阳刚之德，刚毅坚强，存天理之正气，去人欲之私情；又能允执厥中，恰到好处；同时谦卑恭顺；又本着欢悦的精神去行事；本此数种精神去努力，而有所前往，方能通达成功。然必有大过人之才，遇大过的时候，方能成大过的事业，所以大过的时机时宜，是很重大的啊！

【象证】大过，大者过也，阳为大，阴为小，四阳二阴，阳超过阴一倍，阳大大超过了，故曰"大者，过也"。四阳相比而居中，过盛而逾越常度，故曰"大者，过也"。而阳为大、为君子，故四阳居中，就比喻大德之君子过越常分，以拯救时艰，所以就叫作大过。

清朝末年，孙中山先生身为医生，转而从事革命救国拯难之事业，这便是以大过人之才，遇大过的时机，做大过的事业。吾人观古今中外许多改朝换代的故事，几乎都是有大过人之才者襄助，方能顺利成功。

巽为木、为长女，初至五互二巽木，初为本，上为末，二阴在上下，故曰："栋桡，本末弱也。"商纣荼毒天下百姓，致民不聊生，便生大乱，武王起而伐之，正是此时。

唯创大过人之业者，需具备五个条件：阳刚超过有非常刚健之才华，能坚毅刚强，坚忍不拔，存天理的正气，去人欲的私情。本卦四爻，阳超过，故曰"刚过"；坚守中道，能"允执厥中"尽善尽美，恰到好处。本卦阳过而中，四阳皆在中，二、五又各在内外卦之中，故曰"刚过而中"；巽，谦卑恭顺地去做事；悦，以欢悦的精神，笑脸迎人和悦的态度去做事；利于前往。下卦巽为谦逊、为股、为入，五、上震象半见为行，故曰"巽而说（悦）行"，谓以巽顺和悦之道而实行。所以在大过之时，以刚、中、巽、悦、行去前往创业，利有所往，才能成功亨通，如此以行事，必能洽舆情，而无不利矣，所以说亨。

就其义象而言，大凡齐家治国，过刚则有失威猛，故必得其中，允执厥中以行。巽顺则有失勉强懦弱，故必"说（悦）行"，方能利于有所前往，才得成功亨通的吉庆。就人事而论，其人体质本是非常的刚毅有为，而又用之以中，不过乎刚，德性本是巽顺，而又行之以和悦，非于临事而强为之也。不背乎义理，不拂乎人情，而其严正之气象，在平时已足以使人敬重矣。故一用巽顺而人遂悦行，所以利于有所前往才能成功。

桃园三结义之关羽与张飞刚过，而刘备济之以中，巽顺而悦行，合此三人，济之以诸葛孔明和赵云，方能成鼎足三国，大过之事业。项羽之所以失败，乃是仅能用其刚毅之武力，不能以中调节，又不知以巽顺悦行济之，以招近者悦、远者来之政治事功，遂失天下，惜哉！拿破仑的英雄皇帝梦之所以破灭，也是因为不合此四条件之缘故。"大过之时岂不大矣哉！"

夫作《易》者，既俯仰天地，体察宇宙之道、人间之理，于是设为六十四卦，以序列穷尽其境况，大过卦即所设定境况之一。此一境况，四阳相比居中，二阴分属上下，相形之下，四阳相比居中，逾越常度而过盛。自其取象之立场而言，固宇宙、人间之实状。自其设象之立场观之，则共示乎非常之境况，而有期于非常之作为。程子《周易传》曰："如立非常之大事，兴不世之大功，成绝俗之大德，皆大过之事也。"故极致其大矣哉之赞叹。

盖非常之境况，非常之作为，必待大过之贤才，具此五条件者，方能完成，而大过之时，岂易遇到？古今中外具大过人之才者多矣！而生不逢时，无施其才者众矣，故亟叹其时机之重大！因有大过人的贤才，行大过之事，适其时，当其事，方能成大功、立大德、建大业，此非仅一人一国之利，而是天下百世之利也。推而论之，能开万世之太平，能立生民之命，大过之时，不其大哉！

如尧遇舜方有禅让之美举，汤遇夏桀、武王遇商纣之无道，方有汤武放伐之成功。清末腐败，终于国民革命成功。至如大过而大坏者，如日本、德国的侵略是也。侵略必败，遂使天下惨遭大战的惨痛，至今世界暴乱不已，犹受其大过之害。故虽大者过，然亦当思患预防而持之以正，方是大过之善者也。唐太宗之所以能有"贞观之治"之美名，即在此。盖无其时，则不能成其事，有其时而无其才，亦不能成其大过之业，故极称其时大矣哉！

《象》曰：泽①灭②木，大过，君子以独立不惧③，遁世④无闷⑤。

【音注】①泽："光润也"（《说文》），"水草交厝曰泽"（段玉裁注），即水流会合的地方，如沼泽。在八卦中为兑卦之本象曰泽。 ②灭："尽也。"（《说文》）即沉没也。 ③惧："恐也。"（《说文》）害怕，如恐惧。 ④遁世：有远避现世，对人间俗事不表关心的意思。遁，"逃也"（《说文》）。 ⑤闷：心情不舒畅，烦闷，忧闷之意。

【义译】《象辞》上说，泽本来是润木的，而今竟然灭木，这是大过卦的象征。君子见此象，则以勇毅独立，而不惧于一切，身遇不可为的时代，虽至逃避世间，亦不至于烦闷。

【象证】大过上卦兑为金、为泽、为毁折，下巽为木，兑金在巽木上，金克木，故曰"泽灭木"。木本在山上，若木近于水泽就易茂盛，如今木却在泽下，泽中之水冒出于柔木之上，相形而言便知泽大木小，乃至灭没于木便是大过之象。

二至五体乾，为君子、为刚健。初、二坎险半见，初至五体遁卦，能遁而亨，能刚健中正，故"独立不惧，遁世无闷"也。君子体察大过之现象，既遇非常之境，当有非常之作为。所谓非常之境况，乃谓由于社会之演进，时代之推移，而产生之问题，一般世人但习之而不自知，忍焉而不求变，徒见其问题之扩大，泛滥而已。

体乎大过之君子，则当本其雄浑之生命、坚贞之志节，就其积极方面而言：独行正道，冒险立身，不随俗浮沉，不同流合污，亦毫无畏惧之心，而自己有所承当，生意盎然，虽违背流俗，亦无不乐之心，信道笃，立志坚，虽人不知亦不愠，得时则泽被生民，为天下开万世之太平，以成大过之事业，能克服一切阻力，故曰"独立不惧"。方其创业时，择善固执，虽天下非之亦不顾，这种事，必有大过人之学问义理，方见得明，有大过人之操守，方能脚跟立得稳而做此等事，有"自反而缩，虽千万人，吾往矣"的精神，故"独立不惧"。

在消极方面而言：当小人道长之时，就隐遁岩谷，怀其耿介，超然物外，遁世无闷，放怀乐天，但其所谓无闷，是不求人知而求天知，所以能无闷也，即"龙德而隐者也，不易乎世，不成乎名，遁世无闷，不见是而无闷，乐则行之，忧则违之，确乎其不可拔，'潜龙'也"（《乾文言》）。故亦曰："君子依乎中庸，遁世不见知而不悔。"（《中庸》）此亦大过之道也。如伯夷、叔齐耻食周粟，自隐首阳山以死，"遁世无闷"者也。

盖有大过人之才，然后能自守，而学有本，养有素，方可砥柱中流，为大过人之业。尧、舜、禹、汤、文、武、周公、张良、韩信、诸葛亮、岳飞、孙中山先生、华盛顿、林肯皆独立不惧，以成大过之业。至于许由、务光、伯夷、叔齐、颜回皆"遁世无闷"，不改其乐，亦大过人之不得志者也。

**初六：藉①用白茅②，无咎。**
**《象》曰："藉用白茅"，柔在下也。**

【音注】①藉："祭藉也。"(《说文》)且"凡承藉，蕴藉之意"(段玉裁)。即古人说的草垫子。 ②白茅：即白色之茅草。茅，"菅也"(《说文》)。缩酒为藉。其为多年生草，有青白两色，用以盖屋顶，制绳索。

【义译】初六，在大过之时，在士农工商，而未得正位，所以非常谨慎地去做事，比如说当祭祀时，使用非常洁白的白茅作为祭品(牺牲、花、果、酒、菜)的垫子，作为凭借而祭祀。这样谨慎小心，纯洁朴素而干净，是没有灾害的。

《象辞》上说：祭祀时，荐藉着皎洁的白色茅草，是因为柔顺在下，一顺百顺，谨慎小心，所以无咎。

【象证】大过卦初六，以阴居阳位，不得其正，因为是柔顺之才，在士农工商之职，故能谨慎任事，以避灾咎。藉者荐也，承荐其物也，而初在下，上承四刚故曰藉。内卦巽为白，外卦兑在西方；后天八卦为庚辛西方金，配白色，亦是为白。而巽为草木，初六柔所以有白茅之象，初在三才之位为"地"位，初阴故曰"藉用白茅"，谨慎不失礼，故"无咎"。

子贡欲去告朔之饩羊，孔子则曰："赐也，尔爱其羊，我爱其礼。"(《论语·八佾》)盖以其过而去之，宁过而存之，以存古代告朔之礼，亦慎之至也。是以孔子曰："苟错诸地而可矣，藉之用茅，何咎之有？慎之至也。夫茅之为物薄，而用可重也。慎斯术也以往，其无所失矣。"(《系辞》)可见其敬慎之至，可以无咎也。

而大过之卦义主做大事。自古做大事的人，不但有大智大勇，而且他们做事更特别小心。不小心，虽有大智大勇，也是不能成事。所以圣人在初爻便发明此义。初阴柔，是能谨慎的，又为巽主，是慎而又慎的。譬如将一件东西安稳放下，未尝不可，若更在下面垫好，不让那些东西着地，也就很慎重了。垫物用各种物品皆可，用茅，柔洁最宜，今所垫的不但用茅，且用白茅，洁而又洁，慎而又慎。人做大事，能如此小心，那是不会有半点过错的。

诸葛亮、张良、韩信等辈，当大过之时皆以刚柔相济，能坚忍谨慎，从庸言庸行，谨慎而算无遗策为务，故能无咎，以创功业。

中日甲午战争，中国值慈禧太后的庸碌无能掌权，而日本值明治维新，以侵略扩张的暴力加诸朝鲜。朝鲜为中国属国，中国出兵救助朝鲜，海军以北洋舰队抗日，而南洋舰队袖手旁观，不晓得以南洋舰队直捣日本东京，捉天皇逼以城下之盟。北洋舰队，又以小舰抵抗日本大舰，不知以大舰战大舰，战胜，又值无炮弹，不能从速整顿追击，以致被凶残的日本回头打败。此失之慈禧无能领导故也，亦以值清朝之衰落期耳，若遇康熙、雍正、乾隆，则日本覆亡矣。孙子曰："庙算胜者，得算多也……多算胜，少算不胜，而况于无算乎？"（《孙子兵法·始计》）我方无算，以遇狡诈多算之日本，又炮弹不足故败，败而赔巨款。八国联军只赔四亿五千万两白银，而日本一国即索二亿五千万，又割朝鲜半岛、台湾、澎湖，开辟五港通商，当年之日本，狡猾残忍极矣！

**九二：枯①杨②稊③生，老夫得其女妻，无不利。**

**《象》曰："老夫女妻"，过以相与也。**

【音注】①枯："槁也"（《说文》）；草本焦黄，没有生气，如枯萎、枯干。 ②杨："蒲柳也。"（《说文》）乔木名，跟柳相像，不过其树枝是向上挺的。 ③稊（tí）：本为形状像稗，实中有细米，可吃之草。今解作树木重新生出的新叶。如"柳稊，稊也者，发孚芽也"（《大戴礼记·夏小正》）。

【义译】九二，枯萎的杨柳树重新发芽而生出新叶；老男得少女为妻，能生育子女，接续香火，这是没有不利的啊！

《象辞》上说，老夫少妻的配合，是说超过了常态，而互相帮助的啊！

【象证】九二，当大过之时，以阳居阴位，失位无应，在大夫之位，当大过之时，二至五互体乾，乾为父、为老夫，上兑为少女，下巽为木，初柔为枝芽，初、二坎水半见，故有"枯杨生稊，老夫得其女妻"之象。

当大过之时，九二阳刚居中，才足以济难。以其象而言，大过象坎，坎为水；九三，水边也。巽为杨，杨之象也；杨多生于水边，以其不畏水之灭之也；虽为枯杨，但得小水即能生稊，而杨之言枯者，因杨乃木之弱者，四阳之刚皆同为木，但二、五近本末之弱，故取其大过于时义。因此二、五都说为枯杨，三、四成乾之坚刚，故言栋也。

而九二变艮，艮者，成终而所成始也，因此枯杨就萌生新的根芽了。九二体乾为父，所应在五，五在兑卦之中，兑为少女，九二阳居中而所乘初六为阴柔，皆"老夫得其女妻"之象也。九二得阳刚之中，当大过之时，正"刚过而中"者也，故取诸物，有枯杨生稊，取诸身，有老夫得其少妻之象，可成生育子女、延续后嗣之功，见生机之盛，传续祖先的香火，守祖先的宗庙产业，得相得益彰之美，"无不利"者也。

老夫得少女，得助而孤老可免，少女配老夫，而人生经验、德智培养、才能训练，皆获增长，如是阴阳合德，而刚柔有体，以体天地之撰，以补人生之遗憾，虽为大过之时，而亦有利者也。老夫过越常度，而有少妻之相应，正如九二以刚阳而谦柔得中体巽逊，下比初六，居大夫之位，能虚心下士而得士农工商之助者也。依此而能调剂适宜，就能济乱拯时，而有益后嗣，开当世及后世之太平，则大厦自可不倾而复起矣，故曰"无不利"也。故古时帝王将崩，必寻托孤之重臣，以辅幼主亦如此义也。

刘备身为豫州牧，年高德劭，而下求年轻有才之诸葛孔明，以创兴废继绝、起衰振弊之功，不亦伟哉！正如彼枯槁之杨柳，更生稊穗，衰老之夫而得身强之少妻，足以有拯救国家，匡复汉室之效。萧何必荐韩信，以助刘邦统一天下，拯弱兴衰。而邓禹必荐寇恂，是得一良将如枯木生根蒂，老夫得女妻。又如罗斯福得麦克阿瑟、艾森豪威尔，在东、西战场获得胜利，均是这种兴衰起弊之人，故"无不利"者也。

**九三：栋桡，凶。**

**《象》曰："栋桡"之凶，不可以有辅**[①]**也。**

【音注】①辅：从旁协助，如辅助、辅导也。

【义译】九三，在大过的时候，阳刚超过而不中，有栋梁桡曲之现象，那是一种很糟糕的情况，所以是凶的。

《象辞》上说：栋梁桡曲的凶恶现象，是不可以有所辅助的。

【象证】下巽为本，本卦初、二坎象半见，本爻变亦坎象，坎于木也为坚多心，栋之象。上兑为毁折，三变则成困，三之栋材桡折而受困，因此有"栋桡"之凶之象，也就是有栋折室崩而导致凶灾的危险。

九三以阳居阳，得三公之位，位于下卦之极，上应于上六之阴柔，而此时正处大过之时，应当如《象辞》"刚过而中，巽而说（悦）行"，方可以有为。九三刚过而不中，在下位之极，上卦之下，故有栋桡折之象，斯凶之道也，盖过刚则折。老子曰："果而勿强，物壮则老，是谓不道，不道早已。"又曰："柔弱胜刚强。""强梁者不得其死。"九三与初柔同体巽柔,又上应上六之兑柔,本末皆弱,不可以有辅而致凶。

盖在大过之时,兴大过之功,立大过之事,非刚过得中,"巽而说(悦)行",取于人以自辅,则不能为功。既过于刚强,则不能与人同常,云何成功?常之功尚不能立,况大过之事乎。以过甚之刚,动则违于中和,而拂于众心,安能当大过之任乎?故不胜其任,如栋之桡,倾败其室,以其本本弱,又无辅而不能胜其任,所以致凶也。

项羽过刚而不中,终失帝位于刘邦。秦始皇过刚却不善待百姓,终于在其子胡亥之手失江山矣。墨索里尼、希特勒过刚而不知修中道,不能"巽而说(悦)行",终于失败于第二次世界大战。此皆栋桡致凶,而不可以有辅者也。如王安石变法之失败正在此,世以为拗相公,北宋因其变法失败,而国势益衰。

**九四:栋隆<sup>①</sup>吉,有它吝<sup>②</sup>。**

**《象》曰:"栋隆"之吉,不桡乎下也。**

【音注】①隆:"上也"(虞翻),即隆盛也,隆起高耸也。 ②吝:"恨惜也"(《说文》),即吝惜鄙啬。

【义译】九四,在大过的时候,有栋梁隆盛高耸的现象,它是吉利的;但有其他吝咎顾虑。

《象辞》上说,栋梁隆起的吉利,是因为不被下面所桡曲的关系啊!如果下面桡曲,就"有它吝"了,所以应该小心谨慎呀!

【象证】九四,"栋隆吉"者,巽为木、为高、为隆,九四以阳居阴,为诸侯之位而近君,在下卦巽之上,而有应于初,在大过之时,阳刚超过,然以阳居柔位,既不过刚,也不过柔,是国家的栋梁,有救难之心,可以挑起国家的重任,如卫青、霍去病、岳飞、韩世忠、左宗棠等是也。能胜其任,如栋之隆起,是以吉也。

"有它吝"者,恐人我之咎也,如岳飞受害于宋高宗与秦桧。九四失位不正,变阴则外卦成坎,坎为险,下巽为入,故动入险,即变为井卦,故陷于井,因此"有它吝"之象。盖大过之才,成大过之业,要刚过而中,"巽而说(悦)行"则吉。今刚过而不中,又失位不正,而应于不得正位之初六,则以柔济之,本即柔弱,其栋大不能隆起,故有他吝。而初六为下巽之始位,巽风桡于下,吝之象也。所以初四虽阴阳相应,心中却难免不相系系。

在办大事的时候，必定要"公而忘私，国而忘家"。如大禹治水三过家门而不入，不要有其他分心的事，那才能够专一。办理国家大事，一面系恋其他的私情，而为下面的私情所桡曲，那便有疵累而不能全吉了，故曰"有它吝"。如唐玄宗之迷恋杨贵妃，而致败国；汉武帝晚年迷恋李夫人，信巫者江充而不辨是非。王安石误于吕惠卿的新法剥民，宋高宗迷于秦桧，拿破仑牵于男女私情，真是为了私情而有所桡曲，所以有遗憾。故为大过之事，"不桡乎下"者，方能有为。

**九五：枯阳生华**①**，老妇**②**得其士夫**③**，无咎无誉**④**。**
**《象》曰："枯杨生华"，何可久也？"老妇士夫"，亦可丑也。**

【音注】①华："花"之古字，"荣也"（《说文》），而"木谓之华，草谓之荣，荣而实者谓之秀，秀而不实者谓之英"（段玉裁）。 ②老妇："已嫁而老者也。"（来知德《易经集注图解》） ③士夫："乃未娶者。"（来知德《易经集注图解》） ④誉：声誉。

【义译】九五这一爻，是有已枯萎的杨柳树开花的现象，象征着老妇得到年轻的男人为夫的现象，它是没有灾咎，也没有荣誉的。

《象辞》上说："枯杨生华"，怎么可以长久呢？"老妇得少男为夫"，也是可丑的事呀！

【象证】九五以阳居阳，当大过之时，刚过而中，为大君之位，应该可以有为，但如狎匿于阴私，迷恋于男女私情，如唐玄宗之迷恋杨贵妃，而致败国殄民，国几乎灭亡，故圣人特设此戒。

二至上互体夬，夬在十二消息，为三月之卦。三月之时，枯杨得雨泽，忽然开花，四、五月艳阳高照，忽焉而亡，故不能长久。下卦巽为长女，故为老妇。二至五互体乾，乾为父，故为老。上卦兑为泽、为少女，故为少。五、上震象半见，震为长男，士夫象也，初爻至五爻互体姤卦，姤一阴遇五阳，故淫。淫故"可丑"也。清光绪皇帝被慈禧太后所扰权，不得振作，彼慈禧太后皆可丑也。

是此象，九五于三才位为天位，于贵贱位为天子之位，而九五阳刚得正位，于大过之时，应该做一番过人的事业，然下无正应，无人辅助，做事困难，如不能"巽而说（悦）行"。谦虚下士，终必狎匿于私情，固不能成大过之功者也。因以刚居中为天子位，故"无咎"，上比于上六之阴柔，于下无应，不能成大过之功，故"无誉"。

九五以国君（士夫）刚过而中之位，却与过时的老妇相亲比，如枯杨之生花，老妇之得士夫，以大有为的资格，竟被一老妇所狎昵，虽如此过甚而逾越常度，犹存生机，故可以"无咎"。然而，其枯，其老，已逾越常度矣，可坐而待也，以阳居阳，不能拯救衰难，生机将绝，犹如枯槁之杨，虽复生华，寻见灭绝，衰老之妇而得少壮之夫，不能繁育子孙，传续香火，才得免咎而已，既不能拯救于人，复有丑辱羞恶之事临之，故无声誉之美，为君避讳耳，实天下将亡，不仅"无咎无誉"，而且有丑恶如周幽王之为取得褒姒一笑，而失信于诸侯，终至沦亡，非特有碍名誉，实可丑之行为。此作《易经》圣人文王、周公，有以深戒乎为国领袖者也。

**上六：过涉**①**灭顶**②**，凶，无咎。**
**《象》曰："过涉"之凶，不可咎也。**

【音注】①涉：涉水也，跋涉也。　②灭顶：灭没其顶，则死矣。

【义译】上六，在大过卦之最上一爻，有不能过河，而强要徒行跋涉以过河，终遇灭顶死亡的现象，它是大凶的。

《象辞》上说，"不能过河"，而竟然过于涉河而有灭顶之凶灾，是不可怨咎的。

【象证】上六以阴居阴位，得位，以处宗庙隐士之位，而居于九五阳刚之上，乘刚而处于大过已极之时，不能为大过人之事，履险蹈祸，是救难过甚，遂有灭顶之险也，为救时之苦，身至丧亡，深可哀叹，何可怨咎？唯悯其情耳。

若用一比喻，可说在过极时候，国事已无可为，虽鞠躬尽瘁，犹维持国是，冀挽国运。如汉末孔融、弥衡，志在维持汉室而遭曹操陷害。明末东林党，遭宦官群小杀害，不能救亡，转致速亡。如屈原当楚王之愚昧，上官大夫、令尹子兰之奸诈陷害，举世浑浊我独清，众人皆醉我独醒，义不容生，故投汨罗江以死，诚"过涉灭顶"，而不可咎者也。

本爻上六兑主和悦，因大局既不可救，又思自己才弱，也不能救，遂纵容和顺，自处局外。如东汉的申屠蟠、郭泰一流人物，虽处在过涉灭顶凶的时候，而自己依然从容自得，天下后世却没有说他不对的，这是免于世患之道。至于国家将亡，忠臣要挽国运，虽至杀身成仁，亦且为之，如文天祥、陆秀夫、张世杰、史可法、袁崇焕，彼等虽身遭大祸，可谓极凶，而浩气常留于天地间，哪能有咎呢？故"不可咎也"。

　　上六以阴柔处大过之最极，志在拯难，而阴柔不足以负荷，犹彼过涉大川，而至于灭顶，斯凶之道也。智慧有所不足，而累及国家宗室，如曹爽忽略司马懿，终被司马懿发动政变，从此曹家丧权，司马家祖孙三代，终代曹而有天下。唯司马炎之子晋惠帝，才不足以济时救难，其后终陷八王之乱、永嘉之祸、五胡乱华，既国亡家败，而人民流离，其悲惨皆肇因于无才无能，而当大任者也。非特自己乃至子孙凶危，全国亦为之大凶，凶何如之？此等之凶，实小人处大过之时当大任，以致"过涉灭顶"之凶，咎由自取，故"不可咎也"。

　　大过之世，君子逊遁于不可为之时，然当不义则争之，若比干为纣之叔父，谏而死是也。比干宗庙之位，当纣暴政之时，明知不可为而不能不谏，谏而以死亦无悔，亦"过涉灭顶凶无咎"之另一义也。俯思君子处大过既如此，小人处大过又如彼，大过之时义大矣哉！后之人其鉴诸！

# 习坎

坎为水

| 卦体 | 下卦坎 | 上卦坎 |
|---|---|---|
| 卦象 | 为水 | 为水 |
| 卦德 | 为险 | 为险 |

| 错卦 | 反卦 | 下互卦 | 上互卦 | 消息卦 | 附注 |
|---|---|---|---|---|---|
| 离为火 | 坎为水 | 震卦 | 艮卦 | 冬天方伯卦 | 学习应付危险 |

上下皆是坎，双重的危险险陷，计中计，陷阱中之陷阱，危险中的危险，这是人生所常遭遇的。要在心中先有准备，预先练习应付的能力、适应的本领，方不致临危而慌乱，以致失败死亡。《序卦》曰："物不可以终过，故受之以坎，坎者，陷也。"继大过之后，是盛极必衰。超过太多，将陷落于危险陷阱之时，故继之以习坎，为《易》第二十九卦。上下无据，一阳陷于二阴之中，故有坎陷之意；有坎陷，必先加之以闲习之功，方能适应，而有突破危险之道，故曰习坎。

**习坎①：有孚②，维③心亨④，行有尚⑤。**

【音注】①习坎：习，闲习，熟习。坎，陷也，险也。学习应付危险曰习坎。②孚：信也。　③维：惟也。　④亨：通。　⑤行有尚：行有嘉尚，谓有功也。尚者，上也。

【义译】习坎，闲习应付重重的危险。首先要有诚信的道德修养，有信心、有自信，即"有孚"。其次要心有成算，自我坚强，力持镇定冷静以谋脱险的方法，即"维心亨"。最后要用行动，行有嘉尚的行动。具备此三点而发出行动，就行有嘉尚，而能突破重重的危险了。

【象证】坎卦上下均为坎，坎为险、为陷、为穴、为陷阱、为盗，今重坎，是重重的危险，险中复有险也。习坎便是去学习应付这种重重的危险。需具有："有孚"（诚信）、"维心亨"、"行有尚"三者，方能克服危险，突破难关。

重重之水，水流不已，盈科而后进，朝宗于海，万世不绝，又如日月之经天，故有信而亨通无碍，故曰"有孚"。坎中满，坎为心，一至四互震为行，故"维心亨，行有尚"。九二、九五阳刚在中，能脱然无累，而出险可期矣。

出险首要条件为"有孚"，能内外皆孚，己助、人助、天助故也。既入乎险，唯有"心有成算"力持镇定，洞察时势必"维心亨"，以思得出险之计，又用行动以克服险难，如此去行而有万全之计，又勇敢突破艰难，即有出险之期，而成出险之功，故"行有尚"矣。具此三者，而后可以习坎出坎，成功脱险。

孙中山先生在伦敦为清吏所骗而关在监牢之中，能以其"有孚，维心亨，行有尚"，而思出险之计，求之于狱卒，请彼带书信于其师康德黎，卒得释放。舜之父与其后母及后母生之弟象，天天想方设法害舜，挖井而加盖于其上，使不得出，或使升屋顶修屋而去其梯，舜皆能由重险中徐图出险之策，既由其诚信之感天，亦由其镇定、冷静之头脑，有以想出出险之计也，是亦习坎出坎者也。

故孟子曰："人之有德慧术智者，恒存乎疢疾。独孤臣孽子，其操心也危，虑患也深，故达。"（《孟子·尽心上》）操心危，虑患深，而有德慧术智以出险，正是"有孚，维心亨，行有尚"者也。盖在险陷逆境中愈有意志者，愈有信心者，愈能行动者愈能突破险危，迎上光明美丽的前程。正出险之不二法门，亦是古今中外圣贤英雄从艰险中克服险陷，而建功立业万古不朽者也。

【笺注】张载："坎维心亨，故行有尚。外虽积险，苟处之心亨不疑，则虽难必济而往有功也。"（《正蒙》）

《彖》曰：习坎，重险①也。水流而不盈②，行险而不失其信；"维心亨"，乃以刚中也；"行有尚"，往有功也。天险不可升也，地险山川丘陵也，王公设险以守其国。险之时用大矣哉！

【音注】①险："国曰固，野曰险。"（《周礼·夏官·掌固》郑玄注）因谓要隘之地曰险，即阻难也；又倾危也，邪恶也。 ②盈：充满也，溢也。

【义译】《彖辞》说，习坎就是因为有双重的险难，所以要学习突破险难的意思。坎为险、为水，水是流动的、不会盈满的，到了装满坎穴的时候，就自行流走了，所以险陷是不会长久的，天无绝人之路啊！所以当行此危险的时候，最要紧就是不要失去诚信（"有孚"），同时心思力求镇静，坚强成功的意念，能系心于此，就能成功了（"维心亨"），因为拥有坚强的意志，能存天理的正气，去人欲的私情；允执厥中，尽善尽美。能如此去行动，而有嘉尚（"行有尚"），定能出险而有功的。

天的险要如日月星辰，是不可得而常升的；地的险要像山川丘陵。王公效法此种精神，设置城池关隘、大山大河、大海大洋等险要，以保护他的国家与人民的安全。当险的时机，虽圣贤英雄也受困，但险的用处，正是考验和造就圣贤英雄的时候，所以险的时机和功用是很重大的。

【象证】上下皆是坎卦，坎为险，故曰"习坎，重险也"。坎为险陷、为陷阱、为坎穴、为水流，水流到将满坎穴湖潭之时，即自行流通，直到朝宗于海，所以"水流而不盈"。坎为水、为险，所以危险是不会常有的，所以天无绝人之路，流而通之，则化险为夷。能行险而不自失其诚信之心，同时又能内心自我健强，必能成功地脱险。坎为心，二、五阳刚得中，故"维心亨，乃以刚中也"，有刚中之德，所以能脱险也。如此去行，则有嘉尚，终能出险而有功。二至四互震为行,故"行有尚",此人之险。

《易》有六爻,天、地、人之道也,初、二地道,五、上天道,而三、四在中为人道。天道之险如日月星辰,坎为月、离为日、艮为星,皆天险也,不可以飞升上去而常住其上也。地险在乎山川、河岳、丘陵,三至五互艮,艮为山陵,坎为河川,故"地险山川丘陵也"。

王公设置种种关口、城隘、要塞、山川、海峡以卫护其国,以护其天地人之三险,而保存其家国,以习坎焉,故叹坎卦时用之大,盖因时设险,因地、因天以守国,以存民命,开太平,故险之时用非常重大。能用险以突破难关,则周武王一戎殷而有天下。险之时用,不其大哉?《吴志·孙皓传》引陆机《辨亡论》:"古人有言曰'天时不如地利。'《易》曰'王公设险以守其国。'言为国之恃险也。"

孔子过匡,匡人以为阳虎而围之,弟子惧。孔子曰:"文王既没,文在不兹乎?天之将丧斯文也,后死者不得与于斯文也,天之未丧斯文也,匡人其如予何?"(《论语·子罕》)其"有孚"自信如是,自命以道之重也如是,是"维心亨"者也,卒使从者为宁武子臣于卫,然后解围得去,是"行有尚"也。

《史记》载鲁定公卒,孔子到宋国,与弟子习礼树下,宋司马桓魋欲杀孔子,拔其树,孔子去,弟子曰:"可以速矣。"孔子曰:"天生德于予,桓魋其如予何?"孔子遂前往郑国,其"维心亨"之信心,坚定如是。

孔子在陈蔡之间,楚使人聘孔子,陈蔡大夫发兵围孔子于野。孔子不得行,绝粮,从者病,莫能兴。孔子讲诵弦歌不辍,子路愠见曰:"君子亦有穷乎?"孔子曰:"君子固穷,小人穷斯滥矣。"(《论语·卫灵公》)孔子召子路、子贡、颜回而问焉。"《诗》云:'匪兕匪虎,率彼旷野。'吾道非邪?吾何为于此?"颜渊曰:"夫子之道至大,故天下莫能容。虽然夫子推而行之,不容何病?不容然后见君子!夫道之不修,是吾丑也;夫道既已大修而不用,是有国者之丑也。"(《史记·孔子世家》)于是使子贡至楚,楚昭王兴师迎孔子,然后得免。

然则圣贤英雄固常在险中,因其能习坎,预先闲习应变之道,出险之方,处险之法,能"有孚,维心亨,行有尚",终能脱险,而成为大圣人、大英雄。如不能闲习于险,用险,则凡夫矣。险之时用不其大哉?况"天将降大任于斯人也,必先苦其心志,劳其筋骨,饿其体肤,空乏其身,行拂乱其所为"。天要造育人才多使其受险难,而圣贤英雄能于此"动心忍性,增益其所不能。人恒过,然后能改,困于心,衡于虑,而后作。征于色,发于声,而后喻"。能从险难中习坎，出坎，故能成英雄圣贤。

非唯吾人如此，国家亦然。美国独立战争、中国之抗战卫国，皆经艰苦之奋斗，天助、自助然后人助，终皆成功，是亦习坎出坎者也。尤其吾国自饱经忧患中，孕育出坚毅不拔的民族性与深切的民族睿智，藏在古书中，如《易经》《尚书》《春秋》《左氏传》《三礼》《诗经》《史记》《汉书》《战国策》《孙吴兵法》《长短经》……皆所必读，希望永勿忘记才好！

《象》曰：水洊至[1]，习坎；君子[2]以常德行，习教事。

【音注】①洊（jiàn）至：相仍不断地到达，谓之洊至；洊，再也。　②君子："博闻强识而让，敦善行而不怠，谓之君子。君子不尽人之欢，不竭人之忠，以全交也。"（《礼记·曲礼》）唯有德者位居上级，故有官守者亦谓之君子。

【义译】《象辞》说，水一而再，再而三延续不断地到达，这就是习坎，闲习适应，应付重重险难的象征。君子体察并效法它，则用以长久地蕴蓄其德行，闲习于教导其臣下百姓的政教，则自己与国家也就不至于因陷入险难而危亡了。

【象证】坎为水、为险、为常、为习，二、五乾爻为德、为君子，互震为行，故"常德行"。半见巽象，为令、为教令，三、四坤象半见，坤为臣下百姓、为事，故"习教事"。

孔子在川上曰："逝者如斯乎，不舍昼夜。"今水洊至，故君子德在常学常行，教在常习常教；则身修而家齐国治天下平矣。孔子曰："默而识之，学而不厌，诲人不倦，何有于我哉？"又曰："德之不修，学之不讲，闻义不能涉，不善不能改，是吾忧也。"又曰："志于道，据于德，依于仁，游于艺。"《尚书》曰："厥德靡常，九有以亡。"皆是"常德行习教事"之事，亦皆内圣外王之事，亦即陆象山所谓宇宙内事，即自己分内之事，如是以"常德行习教事"则无险矣。

初六，习坎，入于坎窞[1]，凶。
《象》曰："习坎"入坎，失道凶也。

【音注】①窞（dàn）："坎中小坎也。"（《说文》）即"坎中小穴"（虞翻），或"坎之深者也"（干宝），就是陷阱中的陷阱，穴中之穴。

【义译】初六，在习坎，闲习坎险的时候，进入了陷阱中的陷阱，这是凶的。
《象辞》上说："习坎入坎"，是因为失道而凶。

【象证】初六当习坎闲习重险之时，以阴居阳位，失位不正，于六爻之位为士，坎为穴、为陷阱，而初六在最下，有陷入双重的坎穴而难自拔的凶象。史征《周易口诀义》曰："始习险事，处坎之底，无人救援，失道而穷。"盖初六以柔弱之质，入重重险地，深陷坎底，进入陷阱中的陷阱，是多么危险呀！所以凶。

处险之道要："有孚，维心亨，行有尚。"而初六失位无应，失处险之道，故"失道凶也"是也。如不守正道，而甘于为非作歹者，皆必败无疑，必陷入重险而危亡。杨诚斋曰："绐（诈欺）道而陷善类，未有不自陷而凶。"

**九二：坎有险，求小得。**
**《象》曰："求小得"，未出中也。**

【义译】九二，在坎穴陷阱之中，仍然还有危险的存在，仅能在此求得小小的获益。

《象辞》说，"求小得"，是说仍然还在坎穴陷阱之中，尚未离开危险之中。

【象证】九二，仍然在双重的坎险之中，上下皆坎，故未能出险，但以刚中之才，正《象辞》所谓"维心亨，乃以刚中也"，故可以在重重危险的陷阱中求取小的获益，以作将来出险的基础。三至五互艮为手，二至四互震为动、为足，故陷阱中求得略有进益，以渐求脱去一层危险，再求脱去上层，则双险得出矣。从大处着眼，小处着手，不好高骛远，方能在双重坎险中"求小得"，积小致大，图难于易，在事之既久，则径可脱险而平安，行有嘉尚矣。

昔项羽为西楚霸王，惧刘邦与之争天下，故封刘邦王巴蜀汉中，地势险阻，外塞之以三秦王，以镇压之，又其外尚有殷王、赵王、燕王以封锁之，刘邦是陷于重重的坎险之中矣，手下将士多有逃归者，韩信亦逃矣。在此时，萧何追回韩信，立以为将，用明修栈道，暗度陈仓之计，而下三秦，遂占有关中，渐至蚕食诸侯，而与项羽争天下，虽数为项羽所破，然数年后终成大业。是陷坎险而求小得，积小得而出险，而成大功者也。

又春秋时郑国处晋楚南北两大超级强国间，常为侵害，数有亡国之危。子产为相，因时制宜，折冲于晋楚之间，四十余年，郑赖以小安，是以刚中之才，在重险中求小得者也。

**六三：来之坎坎①，险且枕②，入于坎窞，勿用。**

《象》曰："来之坎坎"，终无功也。

【音注】①来之坎坎：之，往也。由内而外曰往，由外而内曰来（《易例》）。来之坎坎，谓来往都是坎陷也。　②枕：卧具，卧时所以荐首者，俗谓枕头，此犹言后靠也。

【义译】六三，在习坎重险中，来来往往，或进或退，皆在坎穴险陷当中，想要有所前往，则前有险难，想要后退，则后又枕靠着险难；它是进入双重的坎穴之中的深穴了，是无有可用的了。

《象辞》上说：来往都遇坎险，是说终于没有出险之功了。

【象证】六三，在上下坎之间，故上下来往皆遇坎。三才之位为人位，犹在下坎，上面有上卦之坎，初、二巽半象，巽为入，故入陷阱中之陷阱，双重的坎穴危险之中，无可出险。三至五互艮，为手、为止、为枕，二至四互震为行、为往，三公之位，而失位不正，想要有所进退，皆遇坎险重重陷阱之中，由内而外曰往、曰之，由外而内为来，爻位当内外两坎交接之际，是来往皆坎者，坎为险陷，进退不离险象，是"险且枕"。三在下坎之上位，故有以首枕"险"之象。位于上坎之下，下坎之上，双重坎穴，故"入于坎窞"，险又柔弱，爻位不中不正，不自量力，深入险地，入于险中险、计中计、陷阱中的陷阱中，是无所可用，而终致无功之凶。

梁惠王大将庞涓屡次设计侵略诸侯，先虽得胜，后终大败，先是计害其师兄孙膑刖去双脚。适齐宣王使者田忌来，计迎孙膑。梁惠王派庞涓侵赵，赵求救于齐，齐用孙膑之策，围魏救赵，并在马陵道设陷阱，庞涓失算，前后受伏兵，进退不得，终乱箭穿胸而亡，而梁（魏）国大败。梁惠王从此东败于齐，长子死焉，西丧地于秦七百里，是习坎而"来之坎坎，险且枕，入于坎窞，勿用"，大无功者也。

**六四：樽①酒，簋②贰，用缶③，纳约自牖④，终无咎。**

《象》曰："樽酒簋贰"，刚柔际也。

【音注】①樽：酒器也。　②簋（guǐ）：盛饭之容器。"陈馈八簋。"（《诗·小雅·伐木》）　③缶："瓦器，所以盛酒浆，秦人鼓之以节歌。"（《说文》）为古代腹大口小之盛酒瓦器。　④牖（yǒu）：旁窗也，所以助明者也。

【义译】六四，在习坎重险之中，已离开了下卦的坎险，而到达上卦的坎险之中，仍然有险难等待突破，此时唯有"有孚，维心亨，行有尚"，才有出险的机会。所以要乐观奋斗，俭约其身，故在险难中，虽然一樽酒、两碗饭菜，用陶瓦之器盛着水，且以之为乐器，就从窗户里送进这样俭约的物质与精神的补助，是没有灾眚的。

《象辞》上说："樽酒簋贰"是因在将出险未出险的刚柔险难之中啊！要能刚能柔，得到刚柔合宜，恰到好处，才有出险之期。

【象证】六四，在习坎重险中，已到上卦的坎卦，所以只剩下了一层的险难陷阱，有待最后的突破了，初、二、三下卦三爻，在习坎之下，上有坎卦，故皆在重险双层陷阱之中。

到了六四，九五，只剩下一层坎卦的险陷了，所以当徐图出险之计，要出得危险一定要精神、物质，心身双方得到适当的平衡供养，与自我心理建设，乐观奋斗，沉静以图出险，才能成脱险之功。六四以阴居阴位，得到正位，在习坎重险中，为受难的诸侯之位，上承九五阳刚险难的国君，下有阳刚而在重险的九二，夹于二阳之中，同时已离开了一层的危险，除了保持身心健全，用高深的睿智，以求出险外，还可有望于救兵来援助。

周文王为无道的商纣囚禁于羑里。文王长子伯邑考求纣释父，被斩成肉酱以贻文王，文王忍泪食之，然后吐之。故《易·明夷》曰："内文明而外柔顺，以蒙大难，文王以之。"既冷静镇定，强忍所不能忍，而内心睿智文明，外表柔顺以蒙难，不失其身心之调养，精神物质皆得最俭约的平衡。文王终得散宜生、闳夭等贤大夫设计送厚礼于商纣，而得脱险。

互震为苍筤竹，互艮为山、为土、为手。三、四坤象半见为土，坎为水、为酒，故有"樽酒簋贰用缶"之象。二至五互体颐卦保养口食之象，阴小故纳约。旁通离卦，离为目、为明、为窗牖之象，且二、三与四、五皆离象半见，故曰"牖"。

**九五：坎不盈，祇①既平，无咎。**

**《象》曰："坎不盈"，中未大也。**

【音注】①祇："地祇提出万物者也。"(《说文》)《说文》《孟氏易》及虞翻、京房皆作"禔"，解作安也。祇，地之神祇，所以安民。

【义译】九五，在习坎重险之时，已在外卦之中，险难将近尾声了。所以有坎险不满，是安定而且平安的，没有灾眚的现象。

《象辞》上说：坎险不满，是说还在坎险之中，所以尚未构成伟大的局面。

【象证】九五以阳居阳，得正位，在外卦之中得中，以阳刚中正之才，在天子之位，在习坎重险之时，已离开一层的危险，而到上坎的危险之中，险难将平了，正是卦辞之"有孚，维心亨，行有尚"与《象辞》之"水流而不盈，行险而不失其信，维心亨，乃以刚中也，行有尚，往有功也"所陈述的了，以其可以出险，故有"坎不盈"的现象。坎不盈可以行有尚，往有功，而平安以出险了，所以"祗既平"，但是仍在习坎九五之位，外坎险陷之中，故"中未大"也。上互艮为止，故"坎不盈"，坎为水、为水平，故为平。三、四坤象半见，坤为地，为安贞吉，故为安、为祗，得位居中可以出险故无咎。

刘邦多次与项羽交战，屡次被项羽打得落花流水，一败涂地，而刘邦屡屡失败，屡屡脱困，是"坎不盈，祗既平，无咎"。最后韩信终能设计在垓下之役，获决定性的大胜，而使刘邦荣居九五之尊。孙中山先生十次革命失败，亦屡败屡战，屡陷屡出，历尽了艰险之后，而能脱离险境，是由"坎不盈，祗既平而终无咎"。最后终于第十一次武昌起义成功。

上六：系①用徽纆②，寘③于丛棘④，三岁不得，凶。
《象》曰："上六"失道，凶三岁也。

【音注】①系：缚也，系也，牵系也，捆缚也。　②徽纆（mò）：徽，束也，绳束以三股。纆，绳束以二股。　③寘（zhì）：音义同"置"，放也。　④丛棘：就是监狱，古时在监狱外种以九棘，故曰丛棘。

【义译】上六，用绳束索层层地捆缚，而被放置在监狱之中，三年不得出去，它是凶的。

《象辞》说，上六失道，是说受了三年凶灾的意思。

【象证】上六，在习坎重险的时候，以阴居阴位得到正位，为宗庙隐士之位，处坎险的最极，下无应援，又上乘于九五阳刚中正之君，是最极危险者也，故有陷坎险之中，拘禁于监狱之象。被执缚，用三股黑绳或两股黑绳以捆缚，受三年以上之囚禁者也。四、五与初、二皆巽象半见，巽为绳，上互艮为手，坎为丛棘、为险穴、为陷阱、为加忧、为盗，下互震为足，故有手足被捆缚，监禁在监狱中之象。虽三年犹不得出，凶可知也。

古今中外之盗匪、政变及革命失败者，或被杀或为囚是也。以置九棘取改过自新，若置之九棘之中而不能改过自新，必致罪咎，故曰"三岁不得凶"也是也。

六十四卦上经　习坎卦 | 317

【笺注】郑玄曰："系，拘也，爻辰在巳。为蛇，蛇之蟠屈似'徽纆'也。三五互体艮，又与震同体，艮为门阙，于木为多节，震之所为，有丛拘之类，门阙之内有丛木多节之木，是天子外朝，左右九棘（监狱）之象也。外朝者，所以询事之处也。左嘉石，平罢民焉。右肺石，达穷民焉；罢民，邪恶之民也。上六乘阳（在九五之上）有邪恶之罪，故缚约徽纆，置寘于丛棘。而后公卿以下议之，其害人者置之圜土，而施职事焉，以明刑耻之，能复者上罪三年而赦，中罪二年而赦，下罪一年而赦。不得者不自思以得正道，终不自改，而出诸圜土（监狱）者杀，故曰'凶'。"（《周易郑注》）

# 离

离为火

| 卦体 | 下卦离 | 上卦离 |
|---|---|---|
| 卦象 | 为火 | 为火 |
| 卦德 | 为明 | 为明 |

| 错卦 | 反卦 | 下互卦 | 上互卦 | 消息卦 | 附注 |
|---|---|---|---|---|---|
| 坎为水 | 离为火 | 巽卦 | 兑卦 | 夏天方伯卦 | 光明美丽 |

离为文明、为美丽、为丽属、为归属的象征。离在地为火，在天为日，在天者用其精，在地者用其形。《序卦》曰："坎陷也。陷必有所丽，故受之以离。"陷于险陷的陷阱中，必有美丽的前景作归属，方有光明的来临，故离继坎，而为《易经》第三十卦，为上经的最后一卦。坎为月，离为日，月往则日来，所以继坎。

离①：利贞，亨，畜牝牛②，吉。

【音注】①离：为火、为光明。　②畜牝牛：畜，蓄积培养，饲养也。牝，雌性的动物，喻阴柔。牛者，外强内顺，能顺人意而任劳任怨之动物。畜牝牛，喻培养柔顺、顺从而又任重道远、任劳任怨的刚健德性也。离卦之畜牝牛，犹坤卦之利牝马之贞，皆取象在此，而真义在彼。

【义译】离卦，英明、聪明而拥有光明美丽的前途。要能够利守正道，才是有利的，才能成功；要培养柔顺、顺从，而又能任劳任怨、任重道远的刚毅气概，就像畜牧之家，多蓄养牝牛，才能大繁殖富贵，而有光明美丽的前途一样。

【象证】离火为光明、为中女、为丽、为目，光明在前，故需利贞才能亨通。离为阴、为中女，二、五坤之爻，坤为牛、为顺，离二索而得女，故取坤象，外强内顺，故牛顺物，能任重道远、任劳任怨，顺从人意，牝牛则顺从而能任重之至也。畜牝牛者，培养柔顺、顺从、任劳任怨、任重道远之德也。养顺德于中者，正所以消其炎上之燥性，而得光明美丽的前途也，故吉。畜牧时代多"畜牝牛"，牝牛顺从且任劳任怨，则多获富贵，而前途似锦矣，故取此象。

自古能立功业之圣哲，又能保持其功名富贵而不失者，多需有"畜牝牛"之德，能外强而内顺，有刚健文明之德，而又有柔顺的实质，能顺从、柔顺、委婉地任重道远、任劳任怨。如张良、萧何能保全富贵而免于刘邦之危害，创功立业者，全仗此德也。

《彖》曰：离，丽也。日月丽乎天，百谷①草木丽乎土，重明②以丽乎正，乃化成天下。柔丽乎中正，故亨，是以"畜牝牛"吉也。

【音注】①百谷：百，形容很多。百谷，指各种的谷物。　②重明：重重的光明、英明，有日月的光明之象。

【义译】《彖辞》说，离卦是丽，属于光明美丽的意思。太阳、月亮光明美丽地附属于天，所有百谷草木美丽繁盛地附丽于地，重重的英明、光明又能够丽属于正道，才能够成就"感化天下、教化天下"的功绩，柔顺又能够丽属于大中至正，所以能成功。因此蓄养"牝牛之德"，柔顺、顺从而能有任重道远、任劳任怨的德性，是吉利的。

【象证】离为日、为火、为文明。相彼日月，则附丽乎天，随天运转，以成昼夜，而照明三千大千世界，福祐宇宙苍生。百谷草木，则附丽于土，随土生长，以成万物，而美丽了山川大地，带来了生生不息的吉利。上下皆离明，离之用以正为贵，今重重的光明、英明而归属于正道，可以化成天下矣，阴柔而能附丽于大中至正之道，故能亨通成功。

舜与四岳丽属于尧，禹等二十二贤丽属于舜，益丽属于禹，伊尹丽属于商汤，太公丽属于文王、武王，周公丽属于武王、成王，皆是重重的聪明、英明而丽属于大中至正之君，柔顺而又顺从、刚毅而又能任重道远有"畜牝牛"之德的臣子，归属于大中至正之君，君臣皆明，所以能化成天下，教化万民，开万世之太平，而皆成功吉利。又如明治天皇与伊滕博文的明治维新，而使日本强大起来，但是却以之而侵略中国的属国朝鲜，中日遂发生甲午之战，使中国首遭其殃。日本贪心，无道义，不能大中至正，不知王道，只图霸道，后世子孙继之，终发起第二次世界大战为害天下，此正是日本文化的缺点。

柔，六二、六五也，为阴、为柔。二附丽乎下卦二阳之中，五附丽乎上卦二阳之中，此则指柔丽刚，臣顺君。故夫离者，坎之俪也。俪省形为丽，坎二未出中，坎五祗既平，坎离皆自乾坤来，"丽乎中正"则乾坤成矣。坤为牛、为阴，乾为马、为阳，故有牝牛之象焉，犹坤之取牝马也。乾为天，坤为地，坎为月，离为日，震巽为百谷草木，震、巽半象皆见，故有天地、日月、百谷、草木之象，日月双重光明，故有重明之象。内心外身，大中至正，是其吉也。是以《中庸》云："喜怒哀乐之未发，谓之中。"《大学》亦云："身有所忿懥则不得其正。"

大中至正，而加之以养其柔顺、顺从、任重道远之德，如是才能吉利。为人下级要柔顺且守着正道，又有任劳任怨、任重道远的刚毅，才能亨通。如孔老夫子为鲁司寇，摄行相事，为人谦虚，集诸德之大成，三月而鲁治，道不拾遗。司马光一生行事没有不可告人的，而为众生之楷模，为相而辽不敢南侵，是"畜牝牛吉"者也。

《象》曰：明两作①离，大人②以继明③照于四方④。

【音注】①作：兴起也。　②大人：以德言则圣人，以位言则君王也。　③继明：

前后明也，继续日月之光明也。　④照于四方：犹《尚书·尧典》之光被四表也。

【义译】《象辞》上说，上下两卦都是离火的光明，这是离卦光明两作的象征。伟大的人物，要继续日月之光明，使生民咸被其泽，明明德于天下，这样他的德性的光辉便可照耀于天下四方了。

【象证】离为明、为日，上下皆离，下明终而上明始，上明终而下明始，故曰"明两作离"。大人体察此象，故继续日月之光明，使天下万物各得其所，各沾其光辉之德泽，故曰"继明照于四方"。

《尚书·尧典》曰："昔在帝尧，聪明文思，光宅天下，允恭克让，光被四表，格于上下，百姓昭明，协合万邦。"《诗》曰："日就月将，学有于缉熙于光明。"施之政事，若能如此，亦自缉熙光明而广大弘远也，亦即"大学之道，在明明德，在亲民"者也。如尧、舜、禹，皆能继日月之光明，福祐百姓，荐贤自代而开万世之太平。

乾为君、为君子、为大人，坎为月，离为日、为明，日往则月来，月往则日来，故有"明两作"之象。坤为国、为天下、为四方。坎离自乾坤来，震兑雨象皆见，震东、兑西、离南、坎北，故有"四方"之象焉。

**初九：履①错②然，敬③之，无咎。**
**《象》曰："履错"之敬，以辟④咎也。**

【音注】①履：践履也，实行也。　②错：本为磨刀石，引申有杂错交错，错误之义，如错怪、错过、错谬、错觉皆有差错之义。　③敬：恭敬谨慎。　④辟（bì）：避去。

【义译】初九，在重重光明美丽的时候，而以阳刚得正之才，在士农工商之位，以处其开始，因眩惑于光明美丽的纵横交错，而有做错事的样子，只有本着敬业而谨慎的精神去做，才没有灾咎。

《象辞》上说：因迷惑于杂错交错而做错事，因而敬慎临事，不敢躁进者，正是所以避免过失的意思呀。

【象证】初、二震象半见，震为足、为行，故为履。二至四互巽，巽为股、为入、为进退不果，是以有"履错然"之象。

旁通坎，坎为险、为祸、为敬，离为日、为文明，初为阳刚，二为阴柔，阳刚而居阴柔之下，故需"敬以避咎"，故曰："履错之敬，以辟咎也。"初九得正，故无咎也。是以项平甫云："相丽之初，不可不谨；邪正错然并陈于前，一举足履之，便有得失荣辱之机。所以欲其敬者，未论求福，且避咎也。"（《周易玩辞》）王弼解"错然"为敬慎貌，孔颖达谓"警惧之状"，史征谓"初九处无位之地，心常不安，常虑危害，若能恭敬为本，以避于害，即得无咎"。

离三至上互体为革。革，变也，初变明为暗，斯有咎矣，故以敬避咎也。如诸葛亮的空城计、谢安的淝水之战、班超的降服西域五十几国，或所履错误而为敌人所乘，或敌人履错而来伐我，因能谨慎行动，或保无咎，或获得成功，皆能免于灾害者也。

**六二：黄离[①]元吉。**
**《象》曰："黄离元吉"，得中道也。**

【音注】①黄离：黄，五行之中色也，喻中也。黄离者，丽乎中正也，以人事论，乃顺以存心而不邪侧，顺以处事而不偏倚也，盖六二柔丽中而得其正。

【义译】六二，以柔居阴位，得正，又处内卦之中，得中，在离卦重重光明美丽的时候，居大夫之位，得黄中之美。能够坚守中道，以附丽于正道之君，就有光明美丽的前程，是大吉利的。

《象辞》上说，六二笃守正道而附丽光明的大吉，是因为做事能得中道的关系。

【象证】离为明、为日，而六二阴爻，阴为子女、为臣子、为下级的象征，六二居中得正，为大夫之位，在重明丽正的时候，能笃守中正之道，则能大吉利。王弼曰："居中得位，以柔处柔，履文明之盛，而得其中，故曰黄离元吉。"亦即是《彖辞》"重明以丽乎正，乃化成天下，柔丽乎中正，故亨"者也，故大吉。郑玄曰："离南方之卦，离为火，土托位焉，土色黄，火之子。喻子有明德能附丽于父之道，文王之子发、旦是也。慎成其业，故吉矣。"（《周易郑注》）武王、周公继父之业，而光耀天下，亦得"黄离元吉"。

如孔子先人有正考父者，有谦俭之德，自铭其鼎云："一命（为士）而偻，再命（为大夫）而伛，三命（为卿）而俯，循墙而走，亦莫余敢侮。馈于是，鬻（粥）于是，以糊余口。"（《左传·昭公七年》）人谦虚柔顺不一定就会遭侮辱，反而会使人尊敬而显得自己更高尚，获得大吉利，此"黄离元吉"之证也。

**九三：日昃[①]之离，不鼓[②]缶而歌，则大耋[③]之嗟[④]，凶。**
**《象》曰："日昃之离"，何可久也。**

【音注】①日昃（zè）：日已偏西，将没的时候。昃，侧也。 ②鼓："击鼓也"

(《说文》),弹奏。 ③耋（dié）：八十岁的老人。 ④嗟：忧叹之辞也。

**【义译】** 九三，是说明生死是自然的道理，人应当乐天知命，努力奋斗。九三以阳爻居阳位得正，但在上下两个离卦光明的中间，前一个离日的光明已夕阳西下，后一个离日的光明将要旭日东升。人类的升沉生死，乃至功名富贵，本有一定自然的道理。九三在重重的光明美丽的时候，得三公的正位，在下卦离日之上，所以有夕阳西下的光明现象，但不要悲观，应该乐观奋斗；假如不能敲着瓦缶酒器高歌，以乐观奋斗，则到了阳光没尽的风烛老年，就要空自自怨自艾，徒然悲伤了，这样当然凶险。

《象辞》上说，夕阳西下的光明，就算稍稍的还有光明，哪还能长久呢？正是夕阳无限好，只是近黄昏呀！

**【象证】** 本卦下卦离为日。九三在离日之上，日已过中，故曰"日昃之离"。初、二与四、五震象半见，震为动、为鼓、为缶，又离中虚为大腹，亦象乎"缶"。三至五互兑，兑为口，二、三与五、上艮象半见，艮为手，手所以鼓，所以歌舞象也。

二至五互体大过，老之象也，乾为父、为老，又九三阳刚居下卦之终，亦老之象也，故曰"日昃"。又兑口，所以"嗟"叹也，三多凶，故有"凶"之象也。盖九三以阳居阳得正，以当离明之时，在下卦离日之上，处上卦离日之下，乃继明之时，日昃者日下侧西斜也。日既下侧，故曰"日昃之离"，犹人之将暮年，若不努力奋斗，坚守正道，乐天知命，鼓缶而歌，而唯忧戚是担，则至衰老之年，必因身心不调，徒然嗟怨而辗转病床，是凶之道也。

如洪承畴投降清朝，以亡明朝，立身不正，故不能"鼓缶而歌"，因此而为人瞧不起，终于抑郁而死。又如秦桧贵为三公，任一国之相，而勾结外邦，不能持正，以乐观奋斗，徒慕虚荣，终至死后官位被追回，而遗臭万年。乐观奋斗，下离既尽，而上离继之，能继明照于四方，若谢安为相，坚定稳重，以守正谋国，淝水一战而安半壁江山，青史美之，则不致大耋之凶，反有开太平之功，而有荣显之吉庆。

九四：突①如②其③来如，焚④如，死⑤如，弃⑥如。
《象》曰："突如其来如"，无所容⑦也。

**【音注】** ①突：突出，突然；而郑玄写成"宄"，云"不孝子"（《晁氏易》引）。②如：语末助词，表示情形，犹"焉"。 ③其：犹"又"。 ④焚：燃烧。 ⑤死：

生物失去生命，熄灭。　⑥弃：抛弃，唾弃。　⑦容：接受，收纳，包容。

【义译】九四，在离卦重重美丽光明的时候，居诸侯之位而不得正，以其重重的离火炎上之势，紧密接近六五柔中之君，六五柔中之君有突然而来的激切的压迫感，为人臣子，而使君父动疑如此，必定会被杀死，而有焚烧、死亡、唾弃的危险。若能以刚变正，以事六五柔中之君，方能免祸。

《象辞》上说："突如其来如"，是说天地虽大，将是无所容其身的。

【象证】《说卦》曰："离也者，明也，南方之卦也，圣人南面而听天下，盖取诸此也。"故离以其为日、为明、为南方之卦，亦象征着国君之位。离为火、为日、为明，九四以阳居阴，不得其正，当离火之时，处上离之下，下离之上，下离既终，上离将始，突来而见明，故曰"突如其来如"。

离火炎上，九四为诸侯之位，而不正，位近五之君位，欲进而炎焚其君，故有焚如之象。以臣害君，势所不敌，命必不保，故曰"死如"。既违臣下之节，以陵逼其上，众莫有容者，卒为众之所弃，故曰"弃如"。阳刚不中正，昏暴到了极点，所以有突如其来、不能容身的现象，不是人不能容，是自己闹得走到绝路上去。

例如商鞅所定的法非常严苛，人们一不小心就会触犯刑罚。及秦孝公死，秦惠王继位，惠王为太子时受尽其气，一即位而杀之。商鞅逃亡，所至不纳，百姓纷纷要捉来治罪，而叹曰："嗟呼为法之弊，乃至于此。"卒被车裂而死。由商鞅的末路，才知立法不良，无所容身，家也就不保了。如王莽弑汉平帝，立二岁之刘婴为帝，后篡位，暴戾，创焚如之刑，终于激起民变而死。董卓废少帝而立献帝，终死其义子吕布之手，是"焚如、死如、弃如"者也。

郑玄曰："震为长子，爻失正，又互体兑，兑为附决，子居明法之家而无正，何以自断，其君父不志也，'突如'；震之失正，不知其所如。又为巽，巽为进退，不知何从，不孝之罪，五刑莫大焉，得用议贵之辟刑之，若如所犯之罪：'焚如'，杀其亲之刑；'死如'，杀人之刑；'弃如'，流宥之刑。"（《周易郑注》）

**六五：出涕沱若①，戚嗟若②，吉。**
**《象》曰："六五"之吉，离王公③也。**

【音注】①出涕沱（tuó）若：涕，鼻液。人哭泣时，鼻涕和眼泪一起掉下来。沱若，涕垂貌。出涕沱若，涕泗纵横，伤心之至，忧惧之征于色也。　②戚嗟若：忧惧之发于声也。戚，忧愁也。　③离王公：附丽于王之公也。

【义译】六五，在重重光明美丽的时候，柔弱不正；在君位，被上下的阳刚逼迫，因此有涕泪纵横交下，忧戚悲伤叹气的现象，然而居外卦得中，以柔中的性格，虽处境危险，然能日夜忧惧，庄敬自强，时刻警觉，终能化险为夷，所以吉祥。

《象辞》上说：六五的吉祥，是因为能附丽于王的公爵，终得解救，而天下得安，所以吉祥。

【象证】上卦为离，离为目，错坎为水，故有"出涕沱若"之象。又坎为加忧，故曰"戚"。三至五互兑，兑为口，故有"嗟"之象也。离为美丽、为附丽，以柔居中，故"吉"。正是卦辞"畜牝牛吉"，《象辞》"柔丽乎中正，故亨"者也。

六五以阴柔得中，而顺从于上九宗庙隐士之位，资其刚才，得其所丽也。如成王附丽于周公，太甲附丽于伊尹，阿斗附丽于诸葛孔明，得丽王之公爵，天下赖之而治，故吉。下又无应，是以虽有附丽之机，而乏相称之德，则难免忧容戚叹矣。其占曰吉，或所以寄殷忧启圣之微旨。例如尧虽贵为一国之主，常勉励身边二十余大臣，又能以舜为相，随时纠正他的缺点，而使国家太平。又如唐太宗，随时接受魏征的劝诫忠告，而使国家大治。

上九：王用出征①，有嘉②折③首④，获⑤匪其丑⑥，无咎。
《象》曰："王用出征"，以正邦也。

【音注】①征：讨伐。 ②嘉：庆也。 ③折：弄断，喻诛杀。 ④首：领袖人物，首脑。 ⑤获：得到。 ⑥丑：类也，众也。

【义译】上九，是说明邪恶应当断然地排除，但只杀首恶，不究附从。上九在重重光明美丽的时候，为宗庙隐士之位，有见于君国危亡，故奉诏勤王，受王命出征，以诛杀暴乱恶人，而深获国王的赞许，因为所诛杀的多是首脑人物，而非其大众附从之士，这是不赶尽杀绝的仁慈，所以无咎。

《象辞》上说：国王用兵出征，是端正国家的政权呀！

【象证】离，自乾坤来，乾为首、为王，坤为邦，离为甲胄、为戈兵，上九变正震为征，故曰"王用出征"也。上九为六五所丽，为重明的顶点，"有嘉"之象。凡上爻称首，乾为首，三至五互兑为毁折，折首之象也。离为科上槁，亦"折首"之象。上九为六五所丽、所依靠，上九有"王用出征"之象，坤为众、为丑，五、上与二、三艮象半见，艮为手、为获，不见坤，故获"匪其丑"。协从罔治，唯折其盗首，坤为邦，故"王用出征，以正邦也"。错卦坎，坎初至四互体师，故有出征之象。

如管叔、蔡叔、霍叔煽动武庚叛变，周公辅成王，东征三年，诛管叔、武庚，放蔡叔、霍叔，而其余殷民则不诛，而以封微子于宋，是"王用出征，有嘉折首，获匪其丑"，而以正邦者也。

本爻以阳为六五之君所丽，而六五《象》曰："离王公也。"是以上九居离卦之终，离以阴丽阳为义，上九既居终，又处离卦光明美丽英明的顶点，是宗庙之位，如伊尹、周公，辅佐柔中之君之位，以刚明之才，居柔顺之位，在光明、英明的顶点，故能刚能柔，可以出征而擒贼擒王。但把罪魁斩了，能本王道之柔和，故其余被胁从的小丑，概不治罪，此杀一以儆百，恩威并用，深合六五柔和仁慈的心思，可以长治久安，实在无有一点过错，所以在上的得了此等贤哲，一定是有嘉奖而无咎的。《书》曰："歼厥渠魁，胁从罔治。"(《胤征》)

《汉书·陈汤传》："刘向上疏云：《易》曰：'有嘉折首，获匪其丑。'言诛首恶之人，而诸不顺者皆来从也。"是王道也。因为破坏社会安宁的恶劣分子，应当断然扫除，但不可赶尽杀绝，要宽大，只要铲除首恶，附从的分子则令改之，方合于王道的精神，故孟子以为"不嗜杀人者方能一天下"(《孟子·梁惠王上》)，而《易经》则云："古之聪明睿知神武而不杀者夫"(《系辞上》)，是皆既仁且智，是中国文化中的王道思想。